国家社科基金后期资助项目

《殷虚书契后编》考释

叶正渤 著

2019年·北京

图书在版编目(CIP)数据

《殷虚书契后编》考释/叶正渤著. —北京:商务印书馆,2019
ISBN 978-7-100-17518-0

Ⅰ.①殷… Ⅱ.①叶… Ⅲ.①甲骨文—研究 Ⅳ.①K877.14

中国版本图书馆 CIP 数据核字(2019)第 100197 号

权利保留,侵权必究。

《殷虚书契后编》考释

叶正渤 著

商 务 印 书 馆 出 版
(北京王府井大街 36 号 邮政编码 100710)
商 务 印 书 馆 发 行
北京通州皇家印刷厂印刷
ISBN 978-7-100-17518-0

2019 年 8 月第 1 版　　　开本 710×1000　1/16
2019 年 8 月北京第 1 次印刷　印张 28¾　插页 1
定价:100.00 元

国家社科基金后期资助项目
出版说明

　　后期资助项目是国家社科基金设立的一类重要项目,旨在鼓励广大社科研究者潜心治学,支持基础研究多出优秀成果。它是经过严格评审,从接近完成的科研成果中遴选立项的。为扩大后期资助项目的影响,更好地推动学术发展,促进成果转化,全国哲学社会科学工作办公室按照"统一设计、统一标识、统一版式、形成系列"的总体要求,组织出版国家社科基金后期资助项目成果。

全国哲学社会科学工作办公室

《殷虚书契后编》1916年初版书影（河南师范大学图书馆典藏）

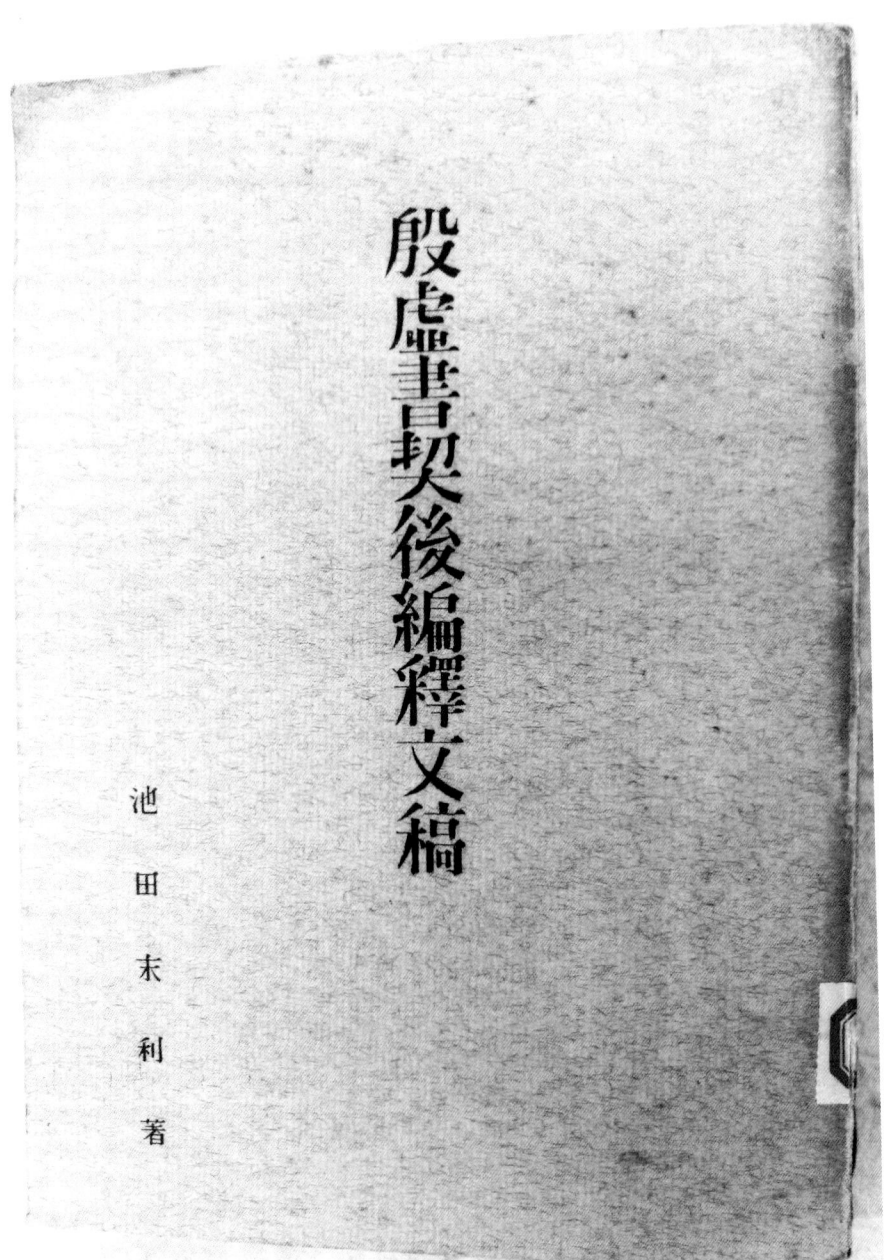

《殷虛書契後編釋文稿》1964年初版書影（台灣"中央研究院"傅斯年圖書館典藏）

前 言

《殷虚书契前编》《殷虚书契后编》《殷虚书契菁华》和《殷虚书契续编》，是罗振玉将他以及他人所藏的甲骨拓片整理编辑而成的四部著录甲骨拓片的资料性的专书。这四部著录著作的出版为甲骨文研究提供了第一手资料和便利。中国青年出版社1999年影印再版，线装。

《殷虚书契前编》八卷，收录罗振玉自藏及别家所藏甲骨拓片2229片，1913年出版。该书出版发行以后，就有学者对该书所著录的甲骨拓片进行了隶定与考释，取得不少成果。从学术研究的角度来看，隶定与考释工作本身就属于一种研究。此后，丹徒叶玉森作《殷虚书契前编集释》，共八册，1934年10月上海大东书局石印出版。该书集各家之说而成，是一部汇集前人隶定、考释成果，同时阐述自己研究见解、修正前谬的一部著作。

《殷虚书契后编》二卷，收录罗振玉自藏以及他人所藏甲骨拓片1104片，1916年出版。叶玉森在《殷虚书契前编集释》自序里提到他曾纂《殷虚书契前后编集释》。叶玉森的至交柳诒徵的孙子柳曾符教授也曾撰文说叶玉森《殷虚书契后编集释》亦已完稿，可惜未能刊行，后来被人盗卖至扬州书肆，下落不明。

鉴于前之甲骨学者多所引用《殷虚书契后编》的资料，故笔者觉得有必要对该书进行隶定与考释，以供学术界研究参考。据笔者所知，对《殷虚书契后编》做隶定的人，较早是王国维。据说王国维曾在他的书上写有眉批，并不是完整的考释。王国维眉批本现藏某大学古文字资料室，秘不示人，故未知其详。

其后，日本广岛大学文学部中国哲学研究室池田末利教授曾著《殷虚书契后编释文稿》，日文版，日本创元社1964年12月刻印，后收入四川大学出版社《甲骨文献集成》第九册，2001年6月出版。此后再无人对该书加以隶定与考释。

本次对《殷虚书契后编》所做的隶定与考释，以河南师范大学图书馆古籍部通过馆际交流提供的比较清晰的初版《殷虚书契后编》（1916年版）照相电子版为工作底本，同时参照《罗雪堂先生全集》第七编所收《殷虚书契后编》的影印本(1968~1977年台北文华出版公司、台北大通书局影印)，本人熟悉日文，故以池田末利教授的《殷虚书契后编释文稿》(1964年刻印本)为主要参考文献。

本次考释，主要做了以下四个方面的工作。一是对《殷虚书契后编》所收甲骨拓片上所刻的文字进行隶定，也即做释文。这是甲骨文研究的一项最基础的工作。二是对甲骨刻辞中出现的比较冷僻的语言文字、词义，运用古文字研究方法以及甲骨学界的最新研究成果，结合具体的甲骨卜辞进行考释，尽可能做出较为合理的解释。三是对甲骨刻辞所涉及的殷代世系、历史地理、王室生活、宗教祭祀等历史文化现象，在参考前贤研究成果的基础上也尽可能做深入的研究探讨，提出自己的见解。四是对池田末利教授《殷虚书契后编释文稿》所做的隶定、考释等，做必要的修订和补充，取其正确的研究成果，辩证其是非，扬弃其不足。

释文尽量用严式隶定，以便研究参考；考释则用宽式字体，以便印刷。对学术界人所皆知的那些甲骨文字，就用目前通行的字体书写，不再用隶古定的方式。对一些冷僻字则采用隶古定的方法写出，以便研究探讨。比如，卜辞中的吉凶字，可以指占卜下一句的吉凶，也可以指贞卜殷王的行事，如出行、田猎等是吉还是凶。由于不同时期其写法不完全相同，或作?，或作?，或作?，或作?，或作?，往往构成"王占曰……旬亡尤"或"……卜……亡?"等句式。前之学者根据称谓、世系、贞人、周祭和岁祭、字体和辞例等要素，大致概括为：武丁时期一般写作亡?；祖庚、祖甲时期写作亡?；廪辛、康丁时一般写作亡?，或亡?；武乙、文丁时期写作亡?；帝乙、帝辛时写作亡?。当然，以上各种写法也有可能从上一个王世延续到下个王世，字体的不同主要取决于史官即贞人的书写习惯。在隶定时，本书尽量保持原有的写法，以便在历史断代时作为参考。

本次隶定与考释，首先刊布比较清晰的《殷虚书契后编》原书影，本书影根据中国青年出版社1999年出版的影印本，按初版页码顺序复印，整理制成，以便读者研究时检阅参考。同时作为一部完整的资料，也便于保存和流传。释文顺序一依《殷虚书契后编》所收拓片次序，以便读者查检核对原书。

本次考释，有诸多收获。如：卷上第12.1等片卜辞常见"王其每"或"王弗每"之语，每，《释文稿》以为读作悔，悔咎、反悔。此解于卜辞扞格不畅。结合卜辞，本书以为当是倦怠、疲倦义。用此义来解释卜辞，则豁然顺畅。卷上第12.11片、卷下第9.4片等有从席从双臂的?字，像双手铺席之形，是"布席""拚、铺"之初文，既非"寻"字，亦非"谢"字，卜辞当表示一种席坐告祭礼。

卷上第14.10片中有个从隹夷声的雉字，《释文稿》曰"未知何鸟"，学界或隶作雉。见《甲骨文字诂林》第1780条。雉，根据字形结构当从隹夷声，隹和鸟是同类，因此古汉字可以互用，且上古音从"夷"得声的字读 tí，如《诗经·静女》"自牧归荑"之"荑"，所以与"鹈"当是同字。《尔雅·释鸟》《说文》《正字通》等语文工具书皆有解释，即鹈鹕，是一种大水鸟。

卷上第18.5片："癸卯卜，宾贞，井方于唐宗，侙。"唐，方国名，其地望《释文稿》无说。据《辞海》，山西境内上古有二唐国：一在平阳（临汾），尧所徙且王于此，即《诗经·唐风》之唐；一在翼城西，尧之后所居，为周成王所灭，叔虞封于此。结合商代地理范围考察，卜辞"井方于唐宗"当是翼城西之唐。

囿于本人见闻，加之水平有限，所以，本书在隶定与考释过程中仅将手头和所见到的资料作为参考文献，未能将时贤的全部研究成果收进。况且，所有学术观点也不可能全部采用收录，只能有选择地采用，故祈请有关同行专家见谅。

本书在搜集资料过程中，曾得到本校图书馆特藏部、技术部和读者服务部以及河南师范大学图书馆古籍部馆际交流的帮助，还得到台湾"中研院"历史语言研究所蔡哲茂教授的帮助，还得到鹏宇博士后的热情协助。于此，一并致以谢意。

叶正渤　谨识
2018年3月18日

目 录

前言 ·· 1

上编 《殷虚书契后编》原书书影

下编 《殷虚书契后编》考释

卷上 ·· 165
卷下 ·· 297

参考文献 ·· 439
附录 ·· 441
  一、冷僻字索引 ·· 441
  二、本书作者古文字研究成果目录 ································ 443
后记 ·· 446

上　　编
《殷虚书契后编》原书书影

上编 《殷虚书契后编》原书书影

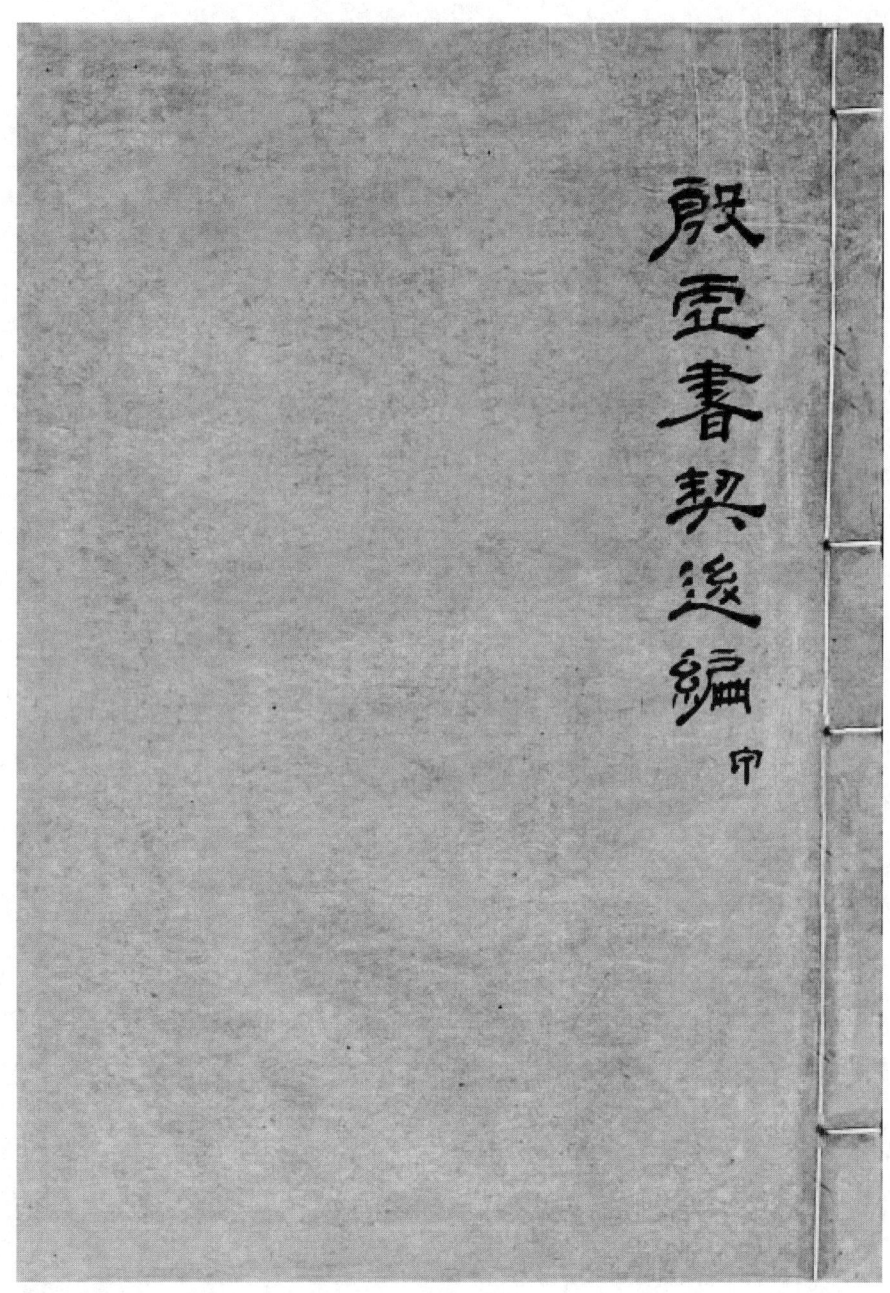

丙辰莫春編印

宣统壬子夏既类次所藏殷虚文字为书契前编八卷书既出举苦其不可读也越二岁予乃发愤为之考释和意匡字之大圆颇方趾之众必将有韶于而阐明之著乃久而阐然後志盖世之士或不乐为此寂寞之学倘有余暇殷虚文字四续我书者久亦阒然无所闻也一若发潜阐出为匡之人之责者至是予乃盖自属曰天不去神物于我也之前我士之後是天不与之敢不勉天哀以乙卯仲春渡海陟恒书我也天与之人与之敢不勉天哀以乙卯仲春渡海陟恒书府归而发遣豪出所藏胃甲数万遁选前编中文字所未备武乙民之故虚优发掘之遗逸虎然如见殷大史藏书之故者偿得千条照手跋锺墨百日而竣方谋所以流传之家人闻而遥笑曰柱以印书故蟲或不黔今行见鉴鱼美予乃亦

一笑而罷然固未嘗慼慼也今年春游滬瀆始知歐人哈同君者寓滬我國古文字之學嘗設立學舍以養諸生君之日倉頡大學其趨向可知也聞予為此書請而刊焉乃以十日之力亟聲為二卷付之槧与前編共傳當世俾嘗言學術傳布之責天下有力者當共肩之乃久無所遇今果得之哈同君子所箸書及屬州未就者積累為夥許聞哈同君且特一一諿而刋之其好義有足多者必固不乏其哈同君之力者倘有聞哈同君之風而興起者乎予愛書哈同君行誼以吕之歲次丙辰上巳永豐鄉人羅振玉書於殷禮在斯堂

殷虛書契後編卷上　　上虞　羅振玉　類次　集古遺文第一

上编 《殷虚书契后编》原书书影

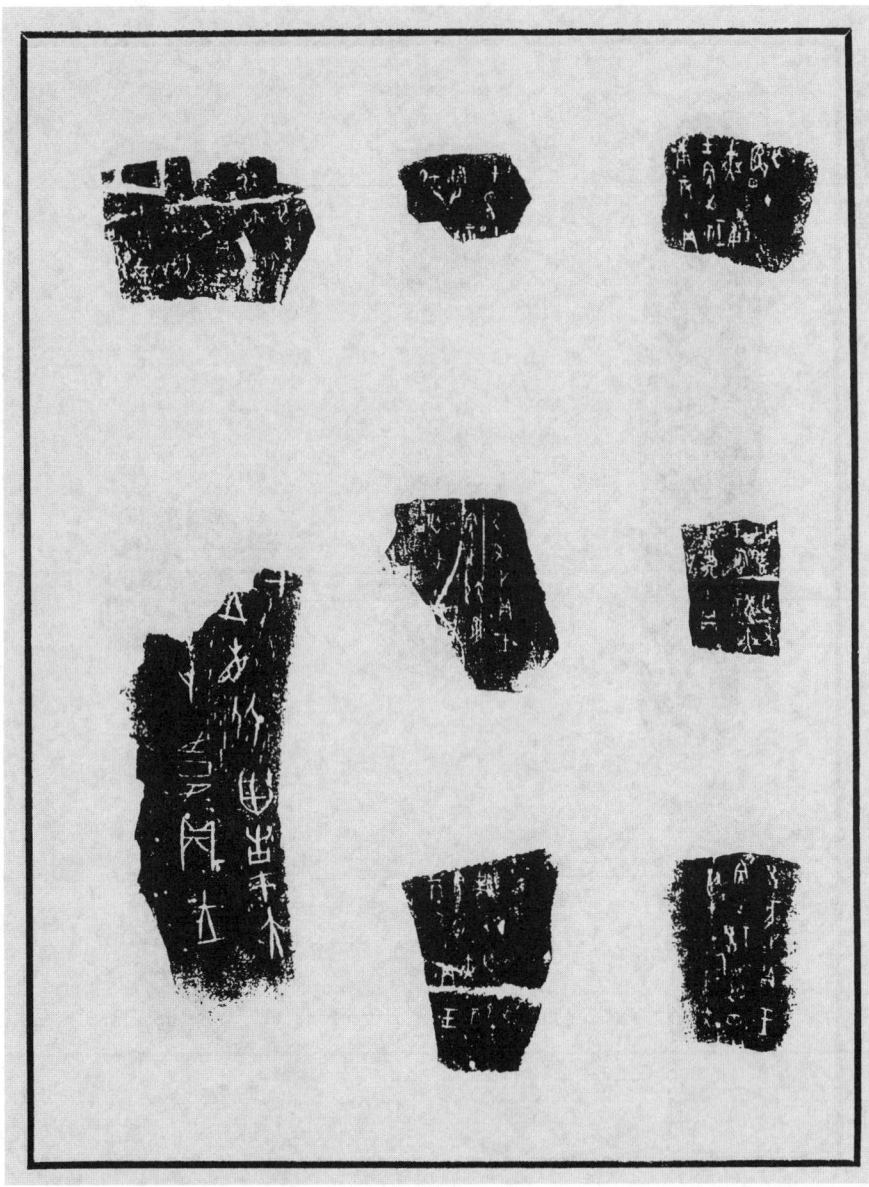

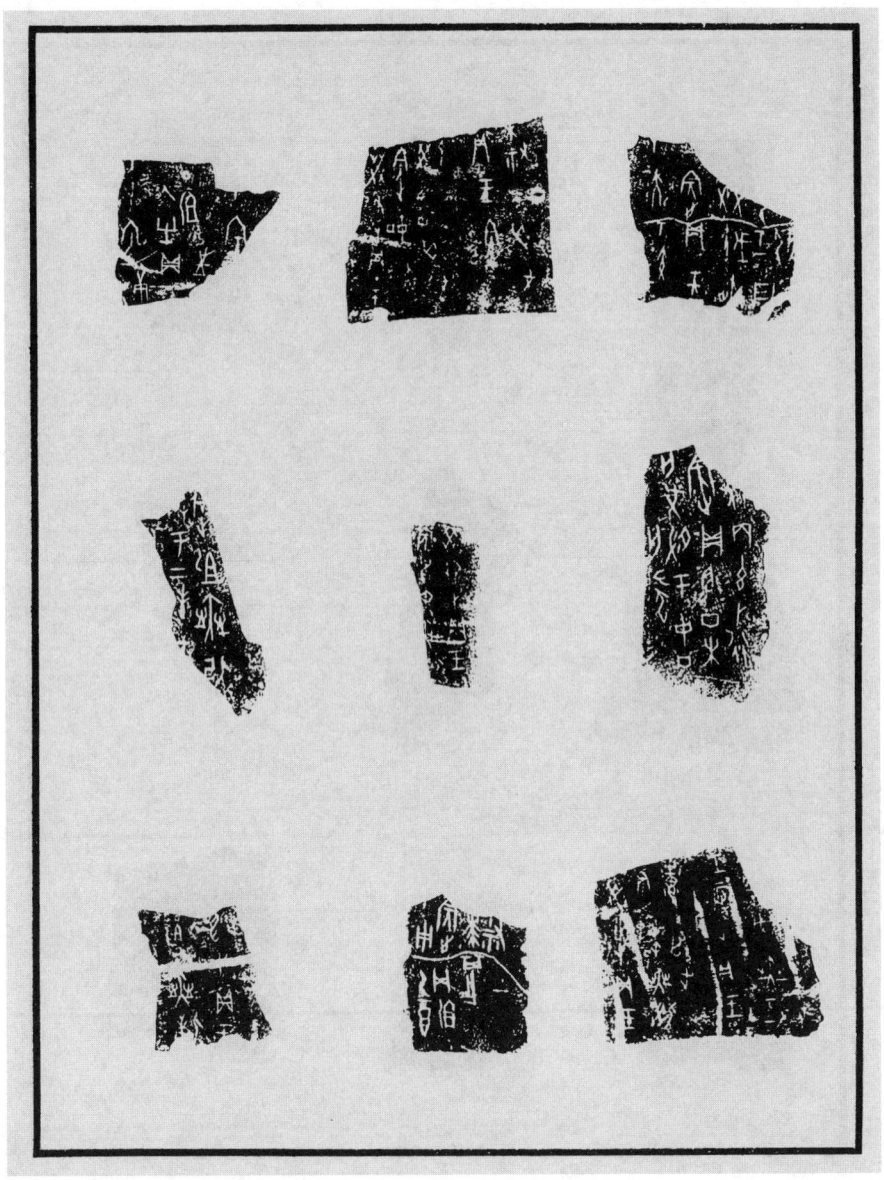

上编 《殷虚书契后编》原书书影

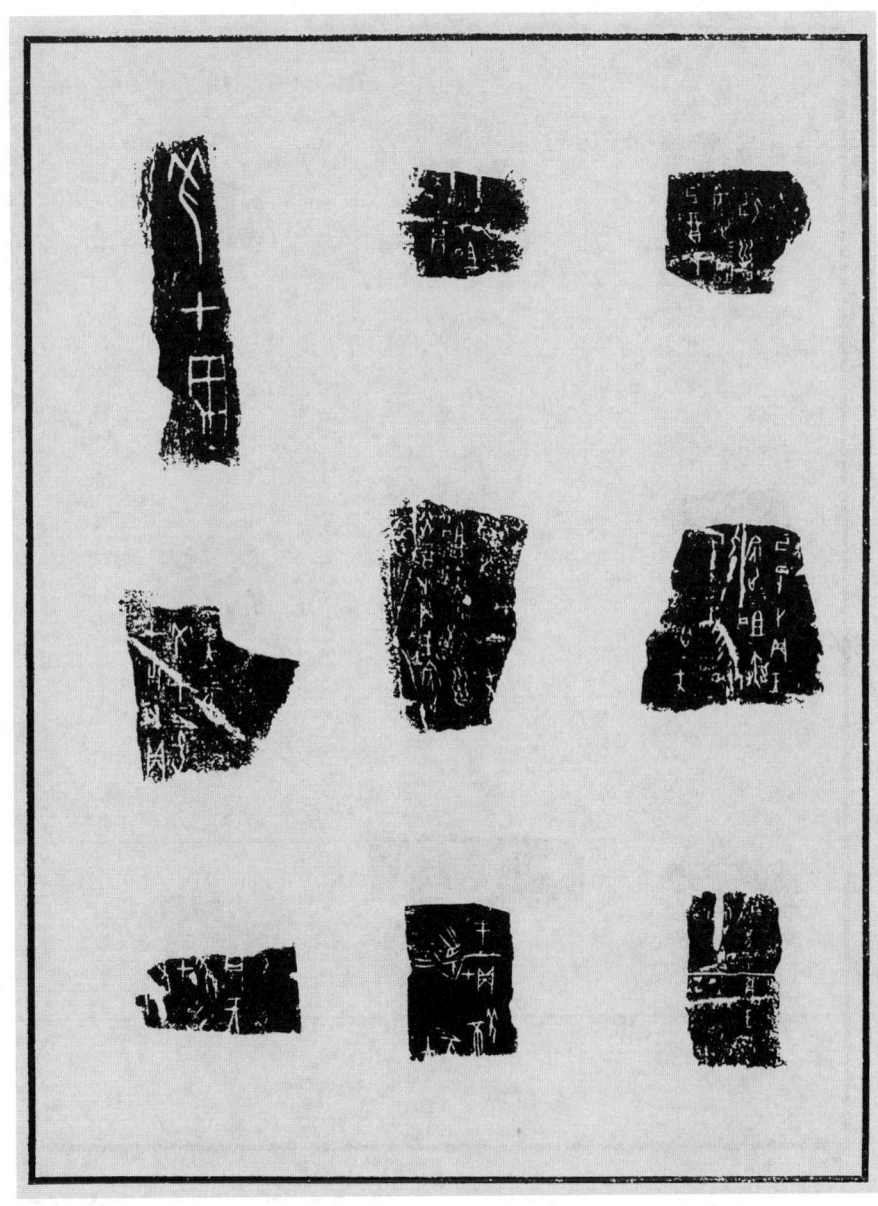

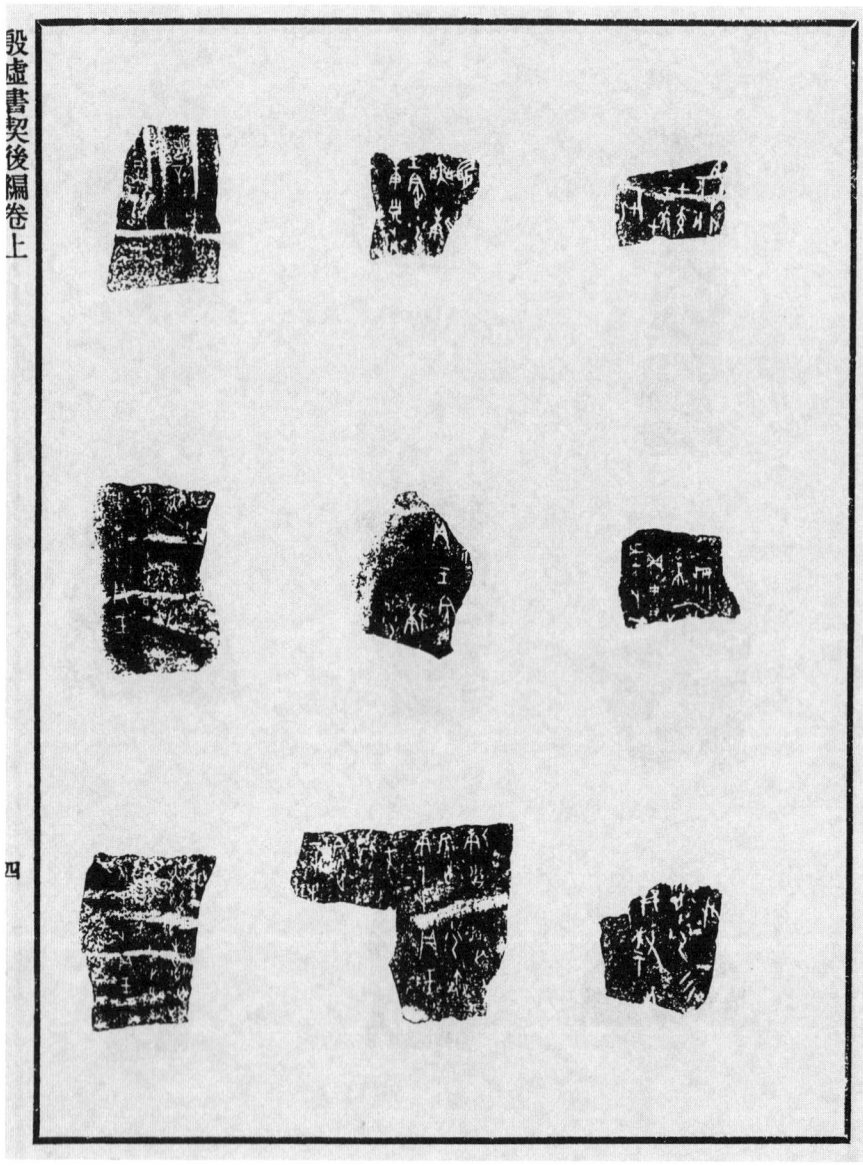

上编 《殷虚书契后编》原书书影

上编 《殷虚书契后编》原书书影

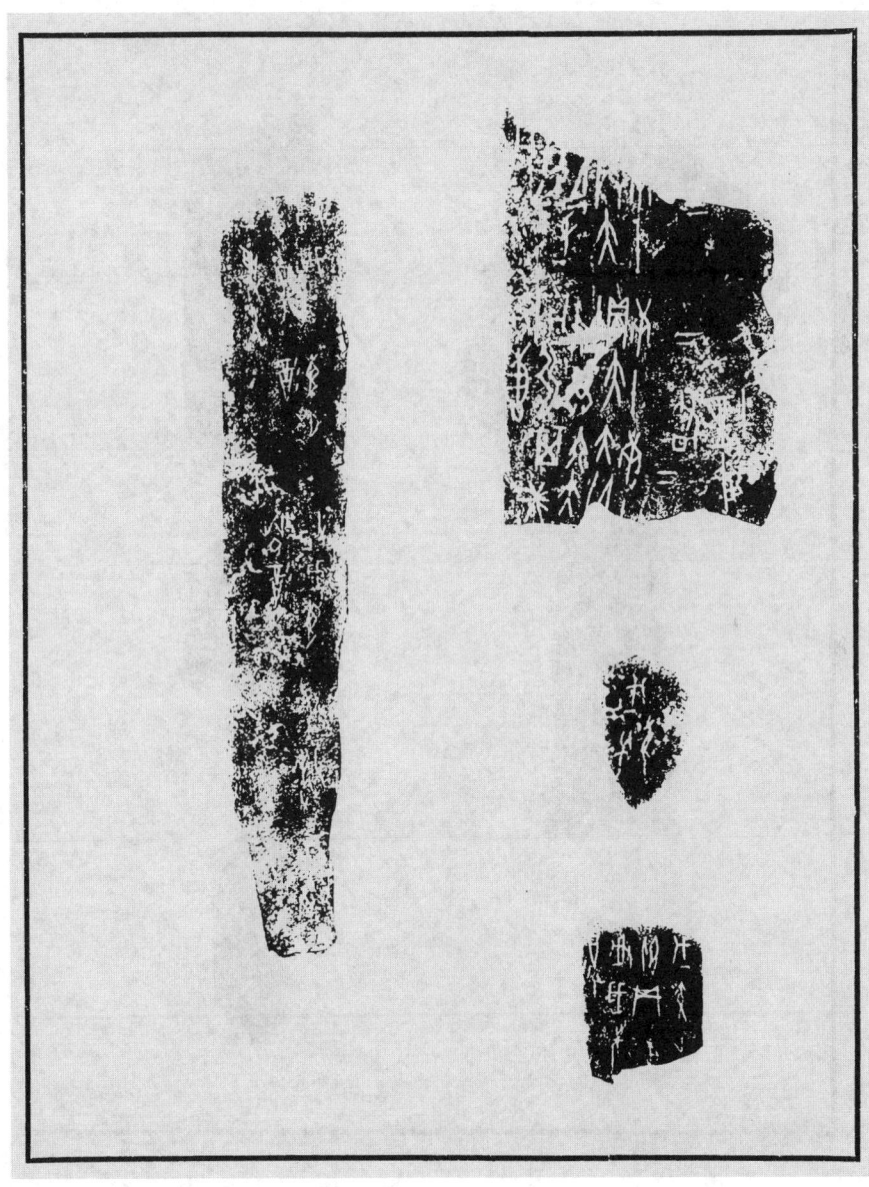

17

殷虛書契後編卷上

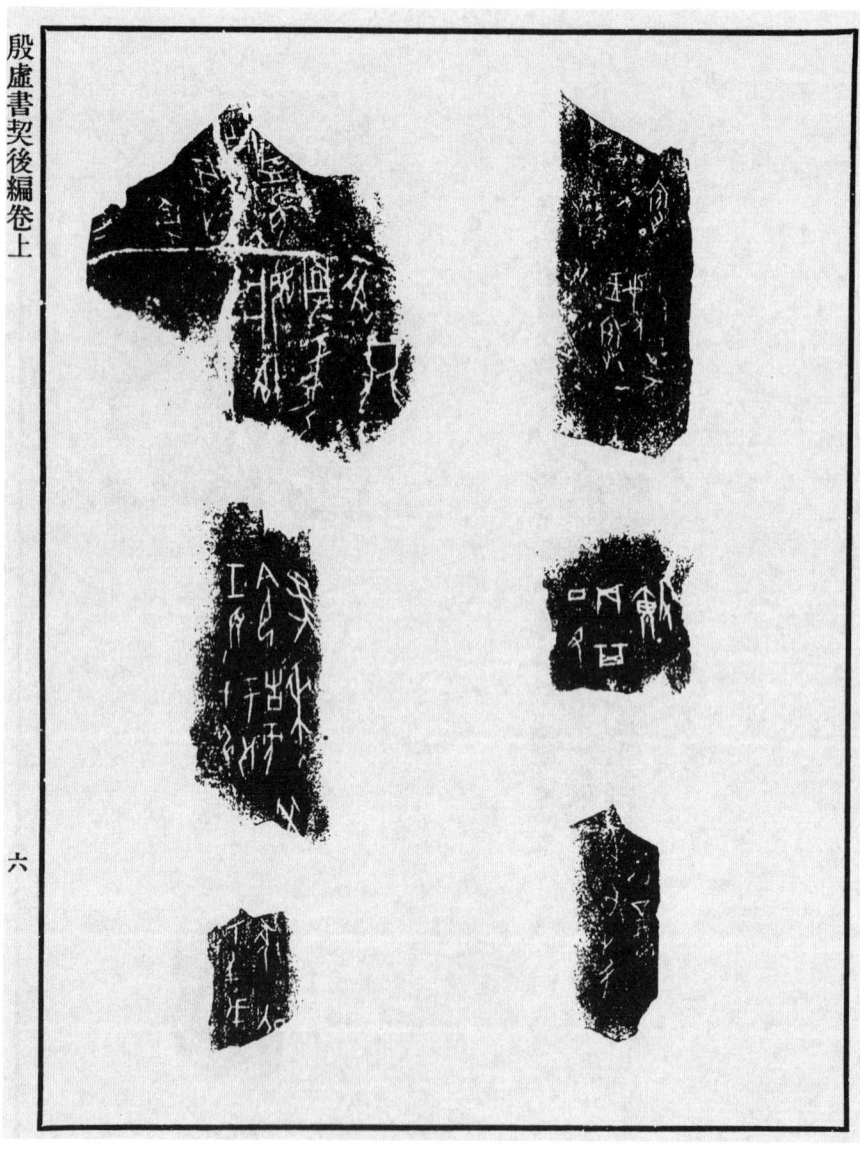

六

上编 《殷虚书契后编》原书书影

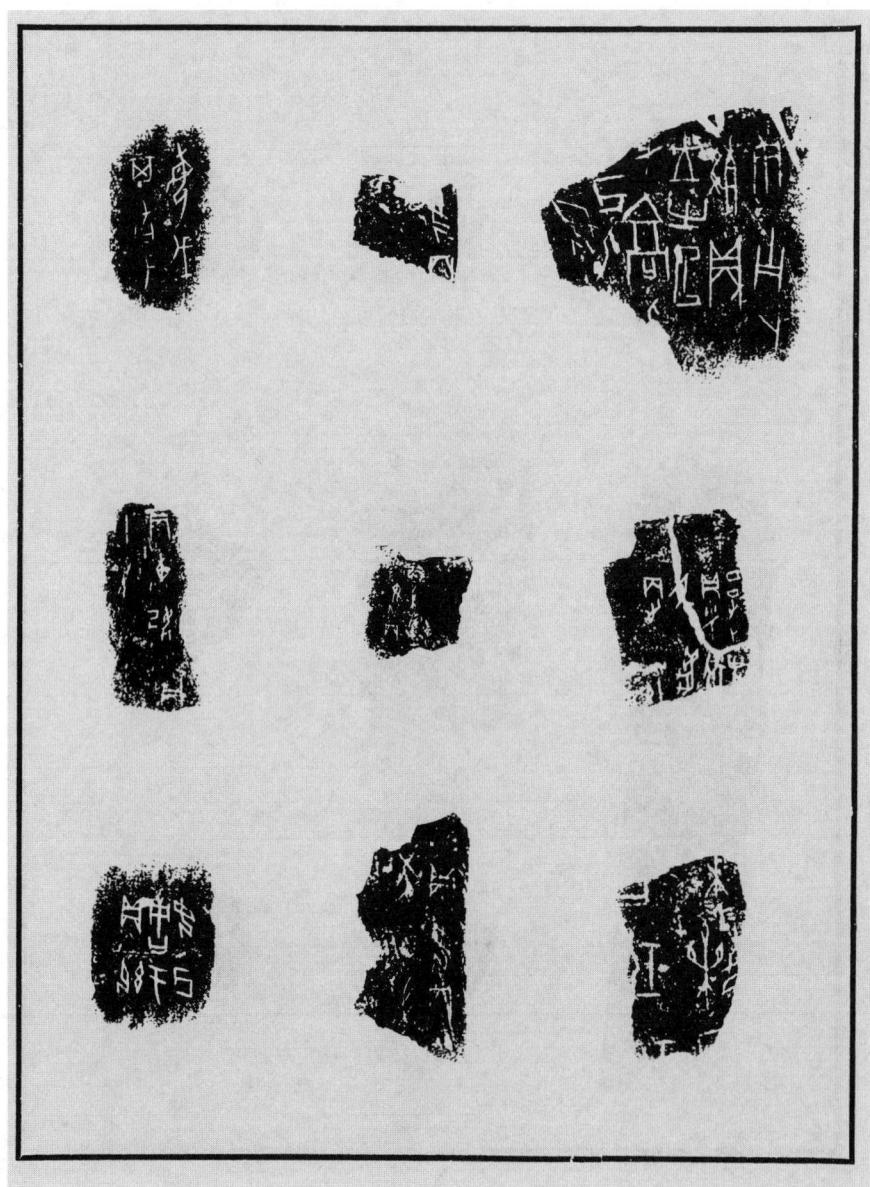

19

上编 《殷虚书契后编》原书书影

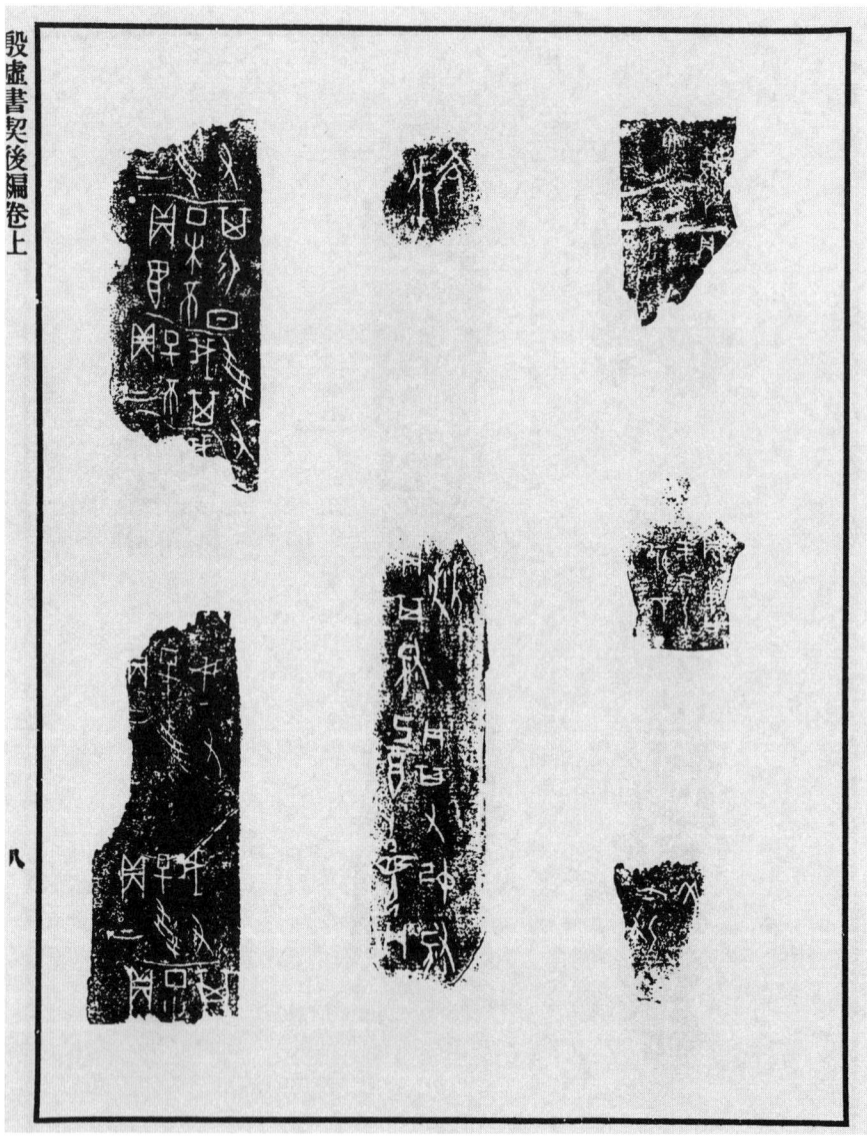

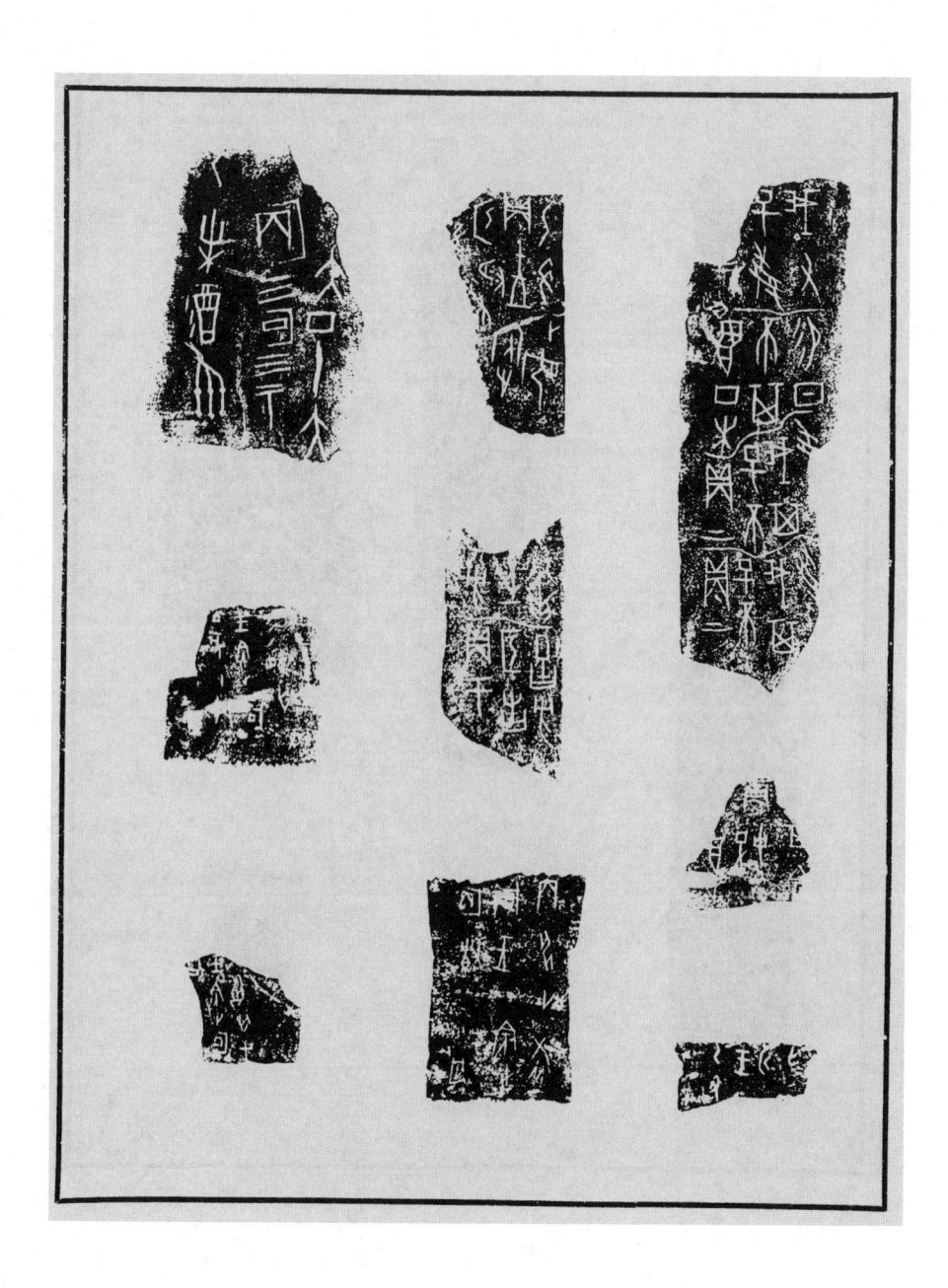

上编 《殷虚书契后编》原书书影

23

殷虛書契後編卷上

九

上编　《殷虚书契后编》原书书影

殷虛書契後編卷上

十

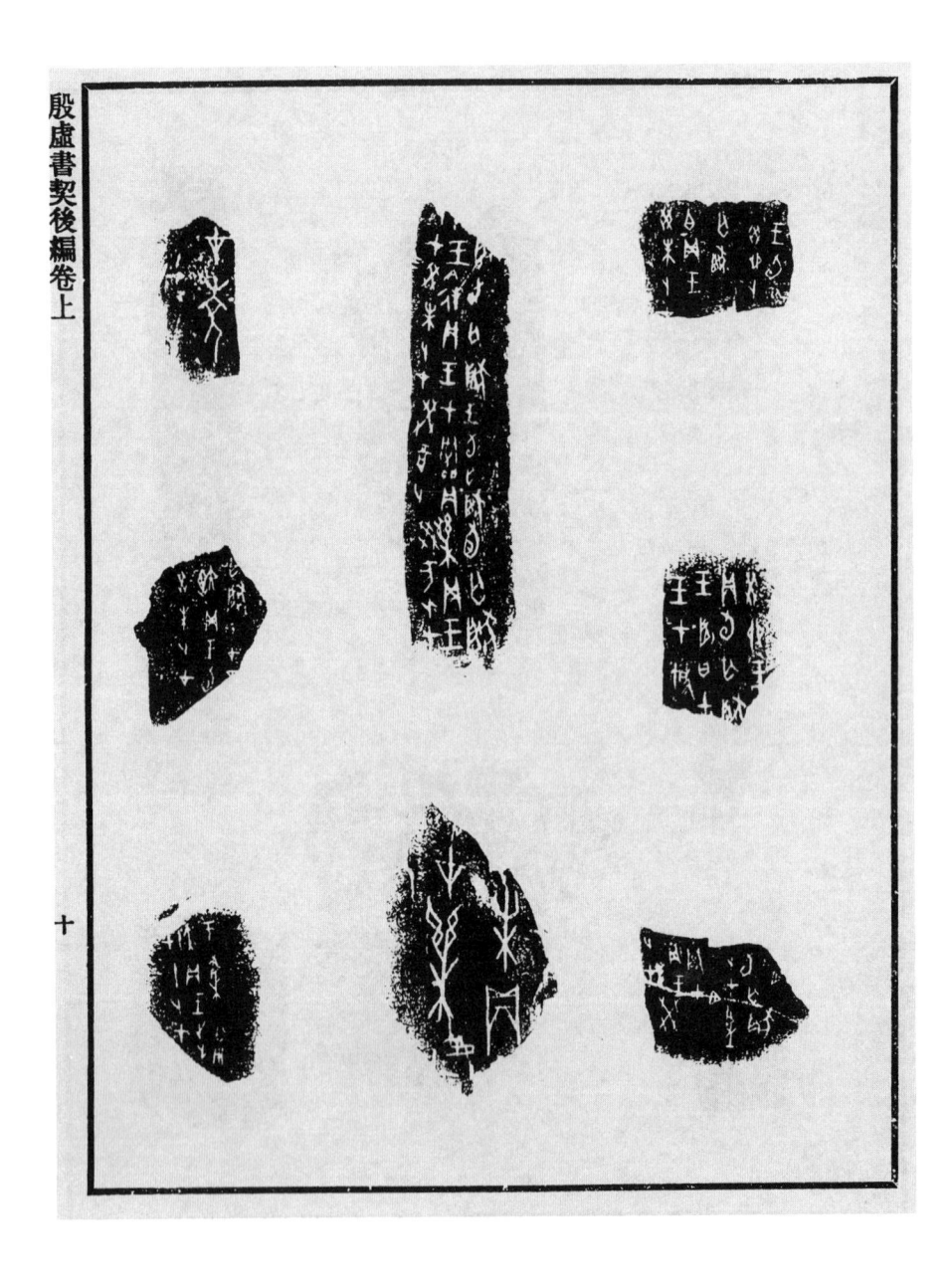

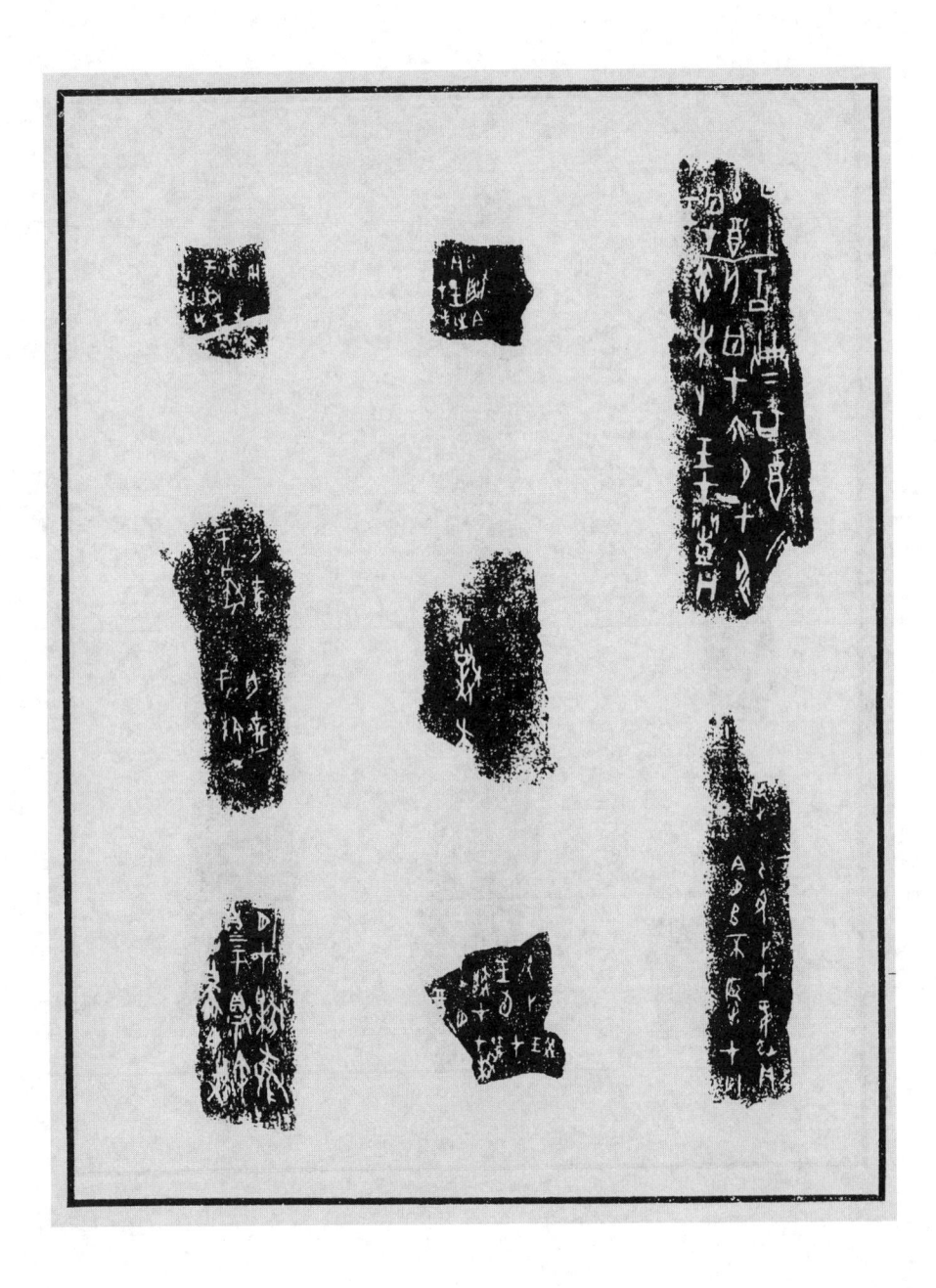

上编 《殷虚书契后编》原书书影

27

殷虛書契後編卷上

十一

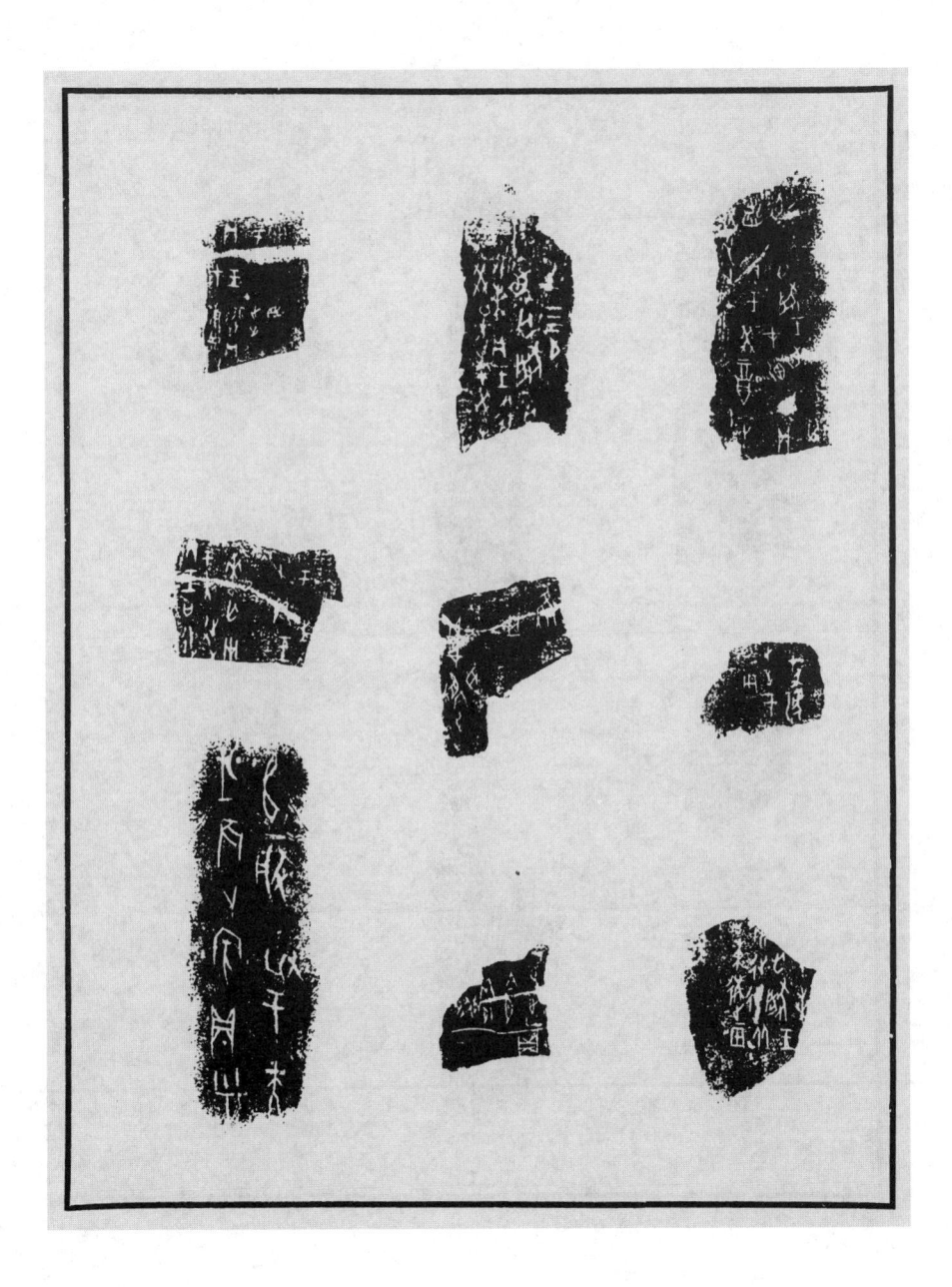

上编 《殷虚书契后编》原书书影

29

殷虛書契後編卷上

十二

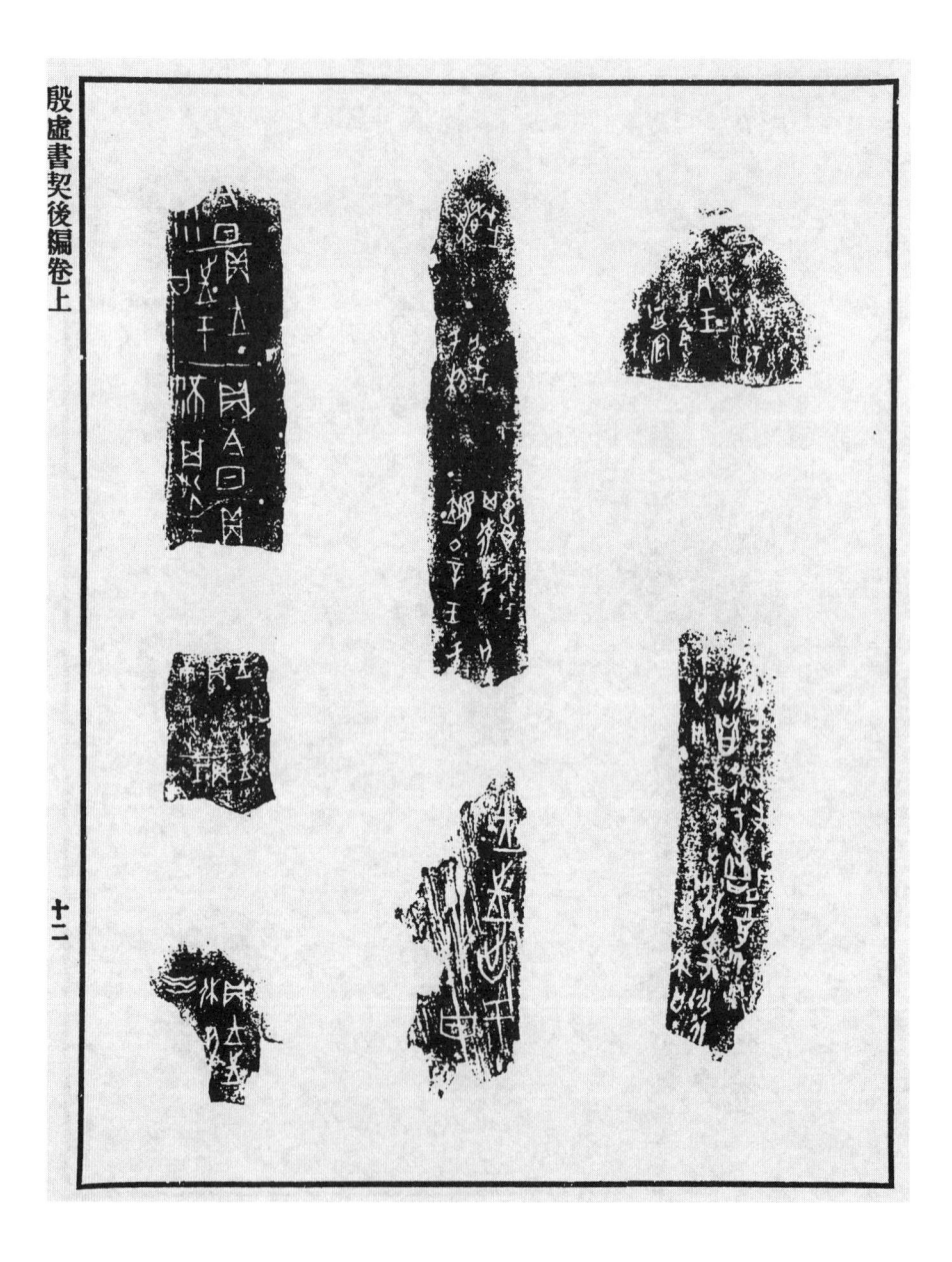

上编 《殷虚书契后编》原书书影

殷虛書契後編卷上 十三

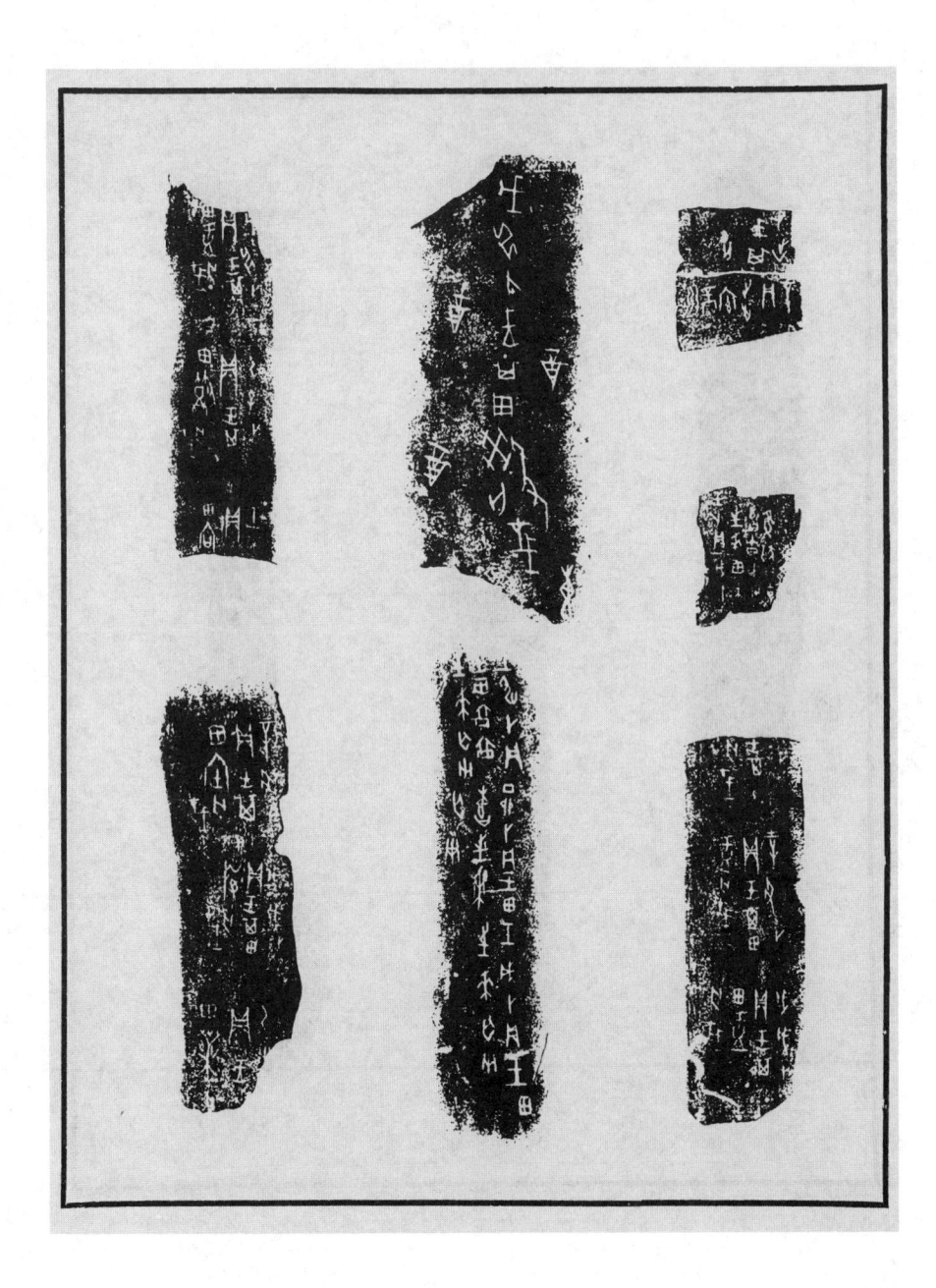

上编 《殷虚书契后编》原书书影

33

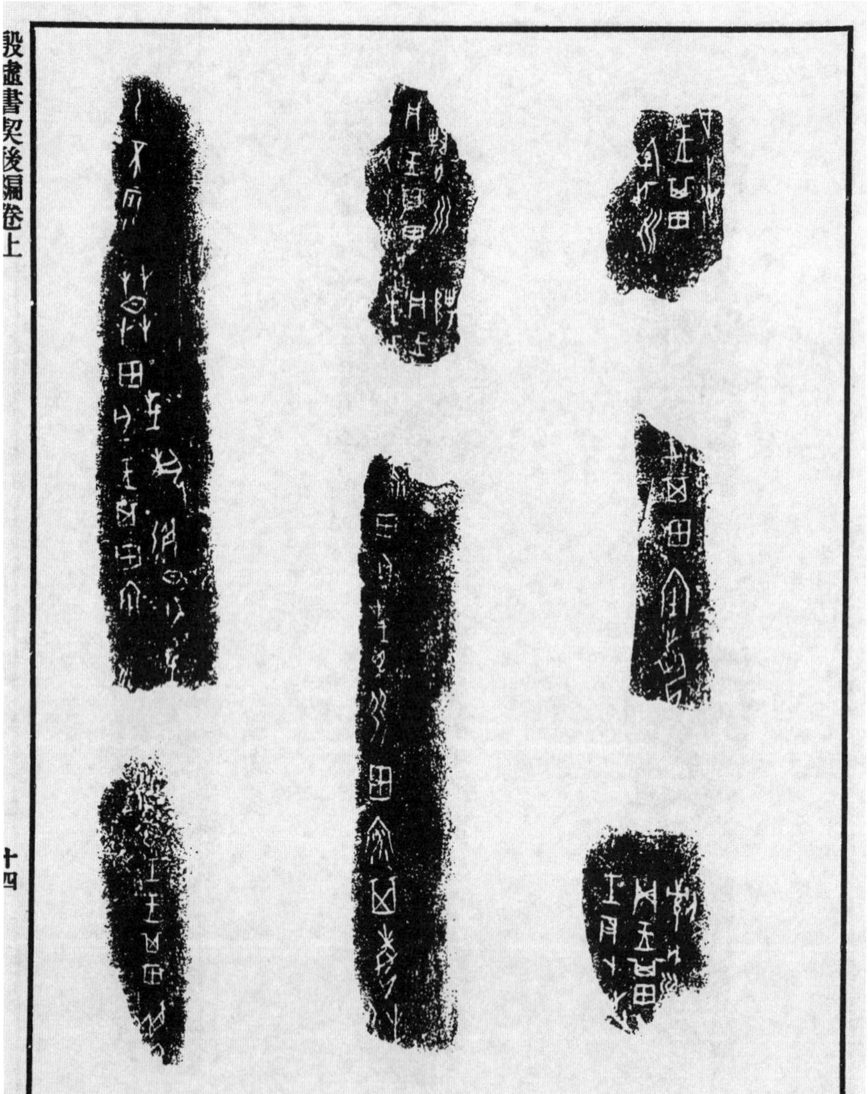
殷虛書契後編卷上
十四

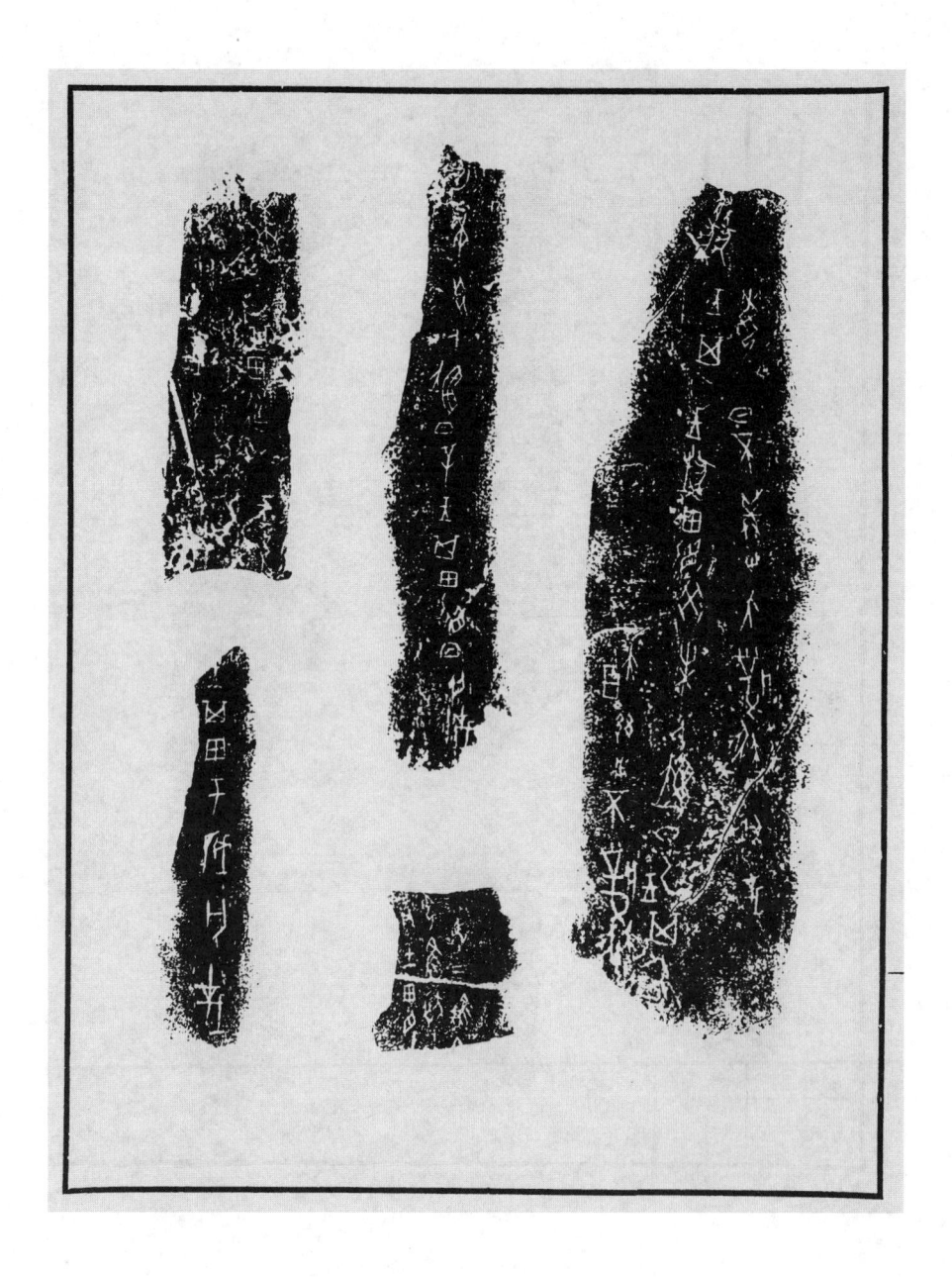

上编 《殷虚书契后编》原书书影

35

殷虛書契後編卷上

十五

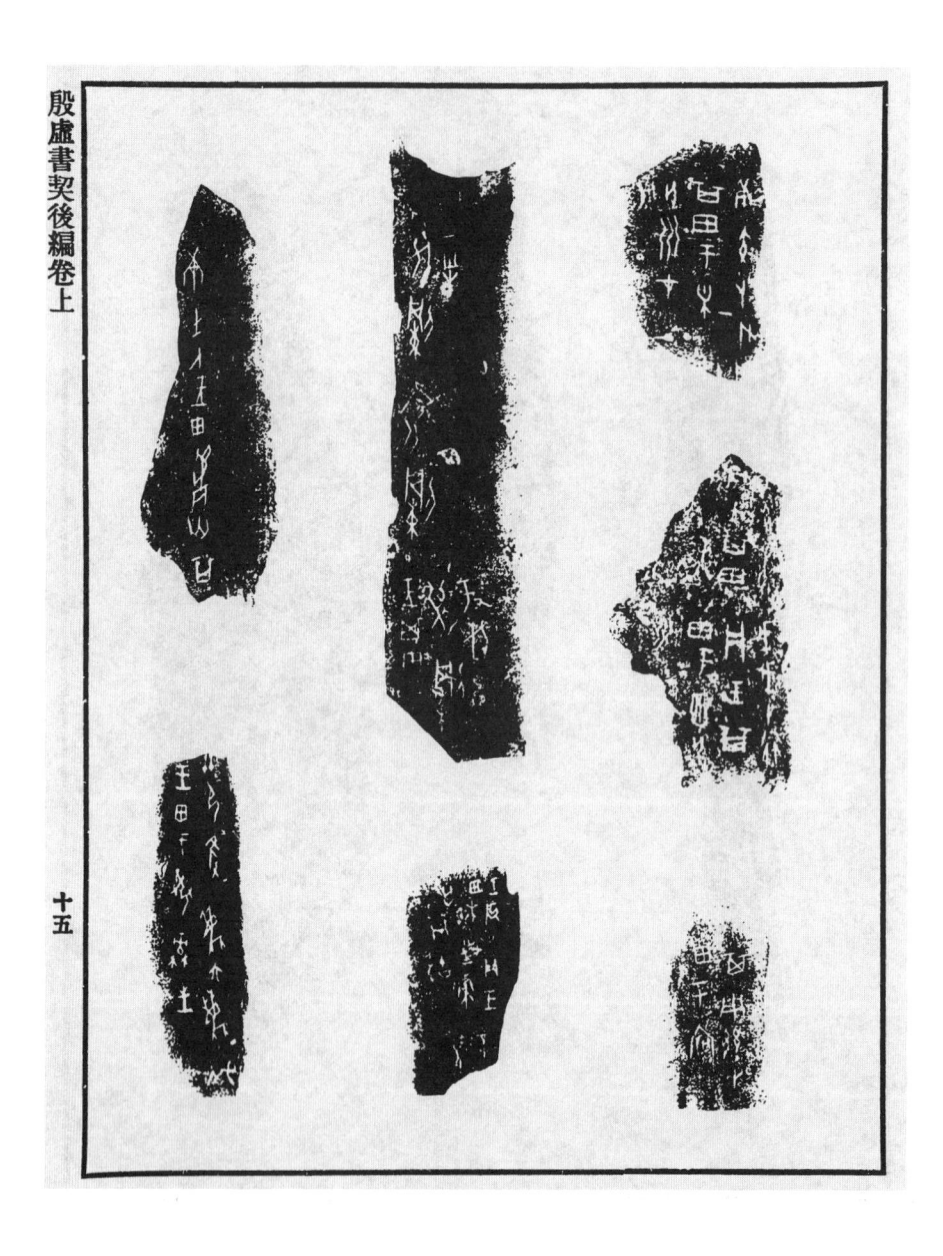

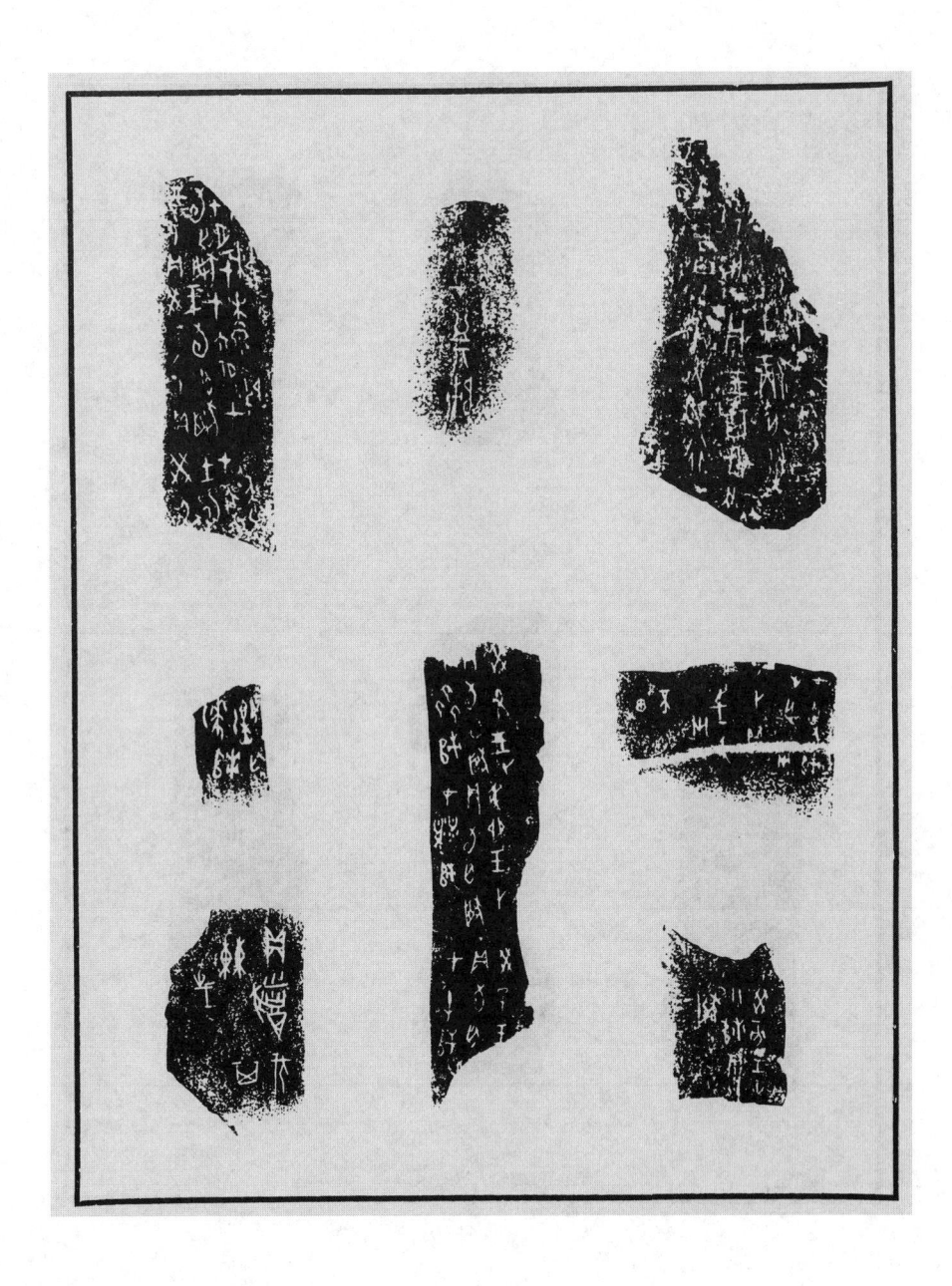

上编 《殷虚书契后编》原书书影

37

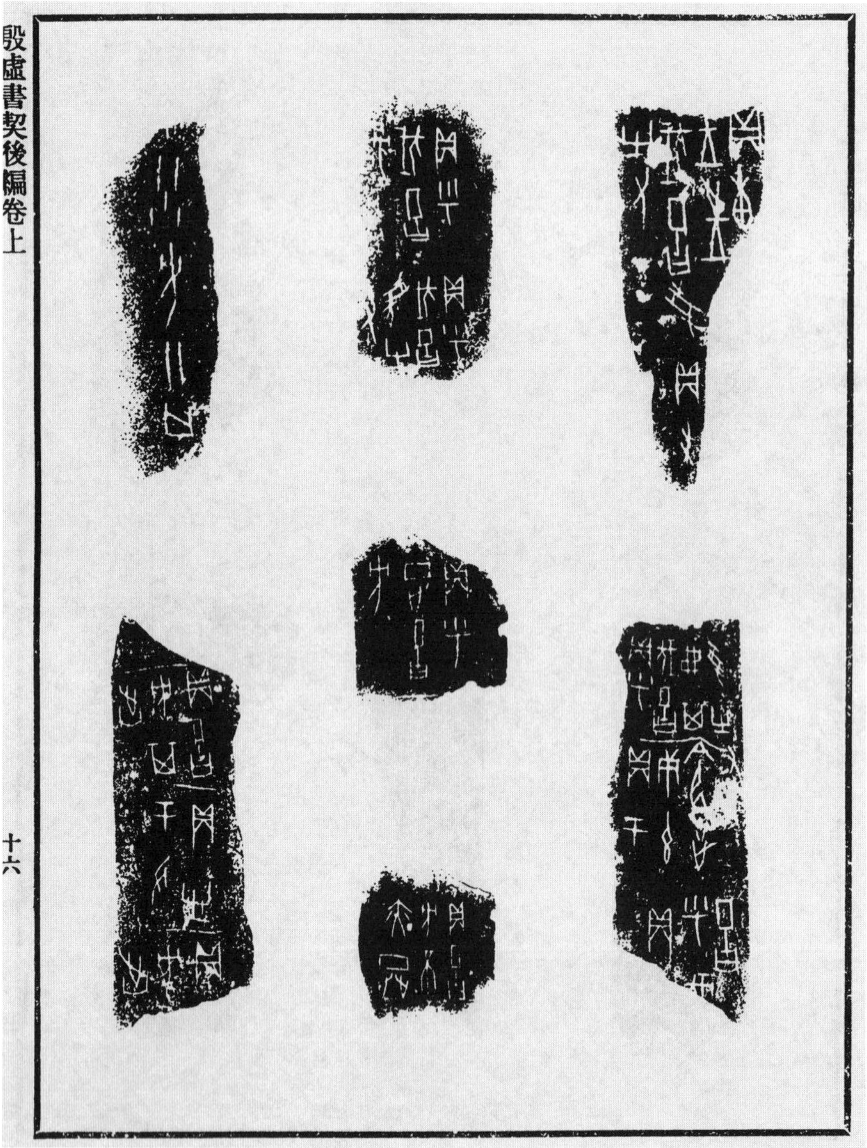
殷虛書契後編卷上
十六

上编 《殷虚书契后编》原书书影

39

殷虛書契後編卷上

十七

上编　《殷虚书契后编》原书书影

殷虛書契後編卷上

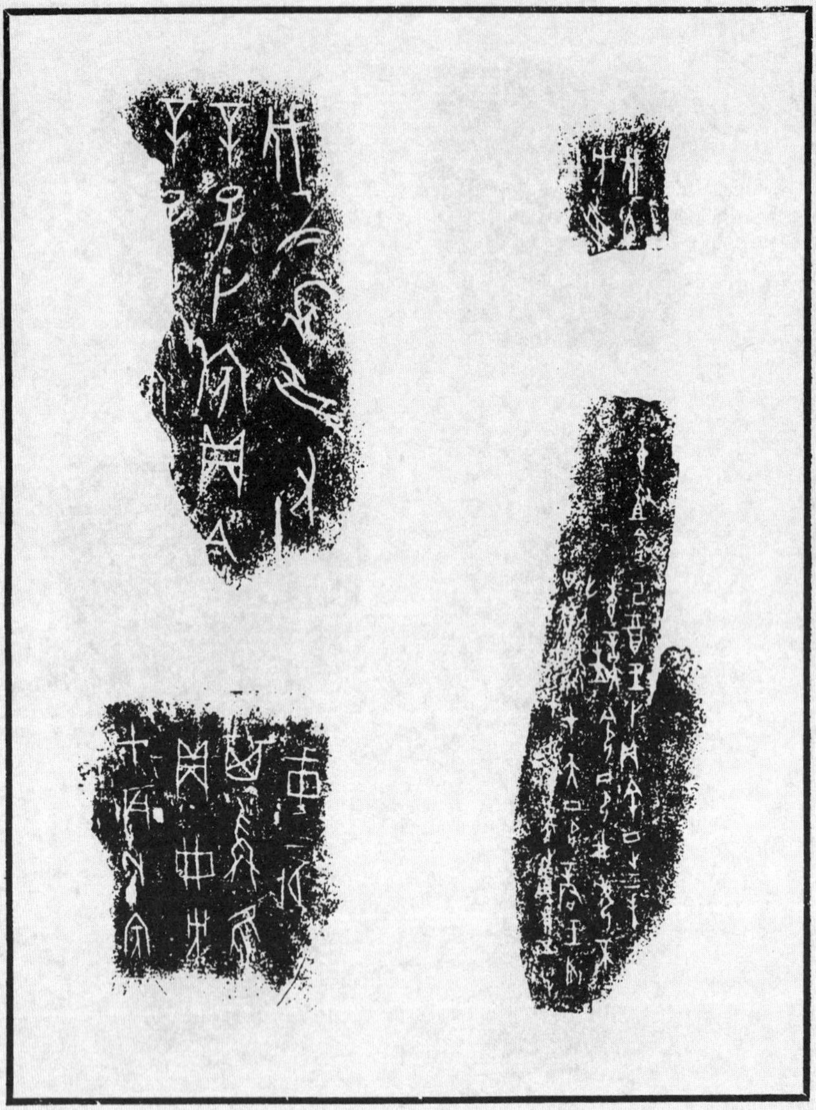

十八

上编 《殷虚书契后编》原书书影

殷虛書契後編卷上

十九

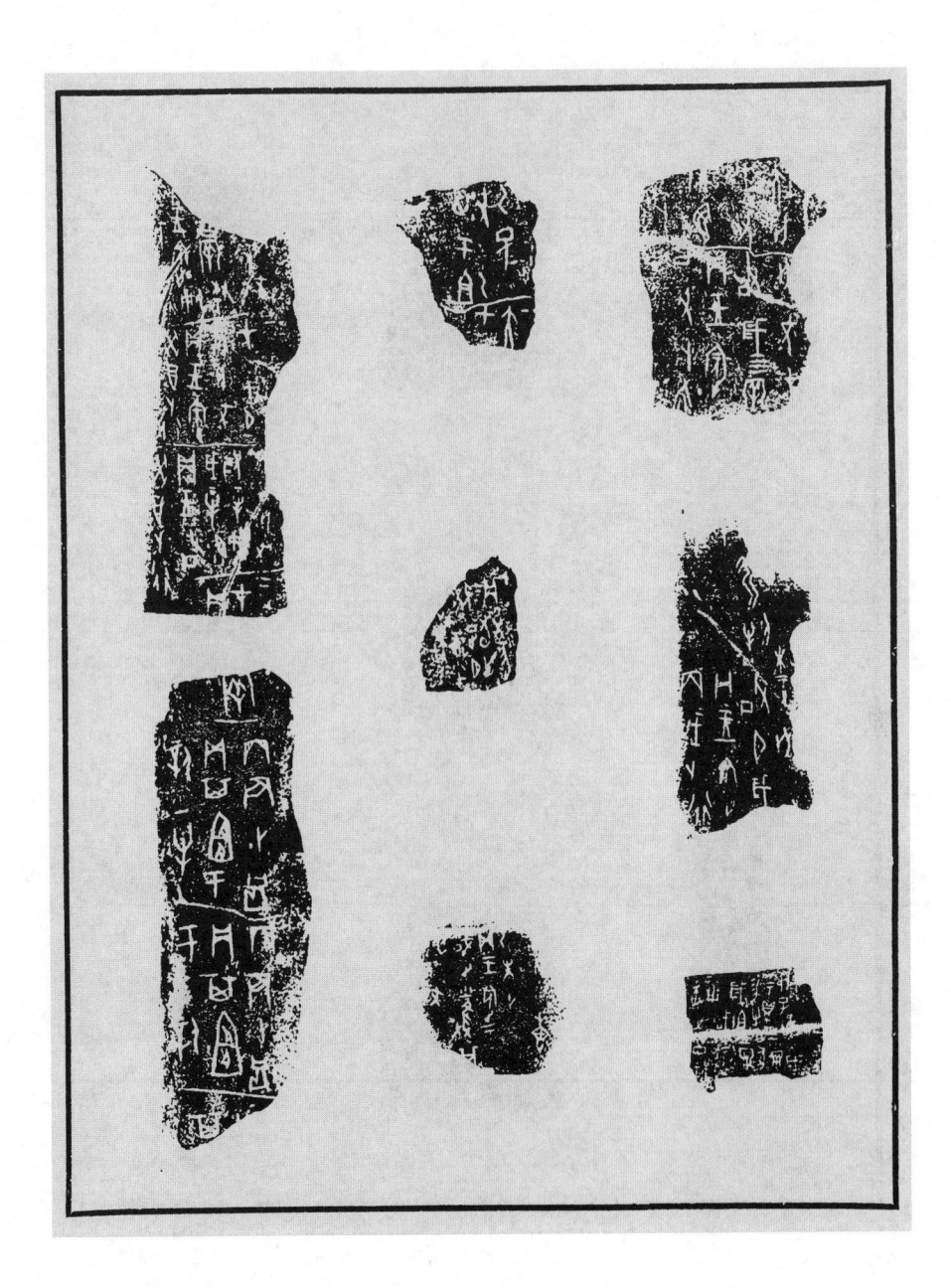

上编　《殷虚书契后编》原书书影

45

殷虛書契後編卷上

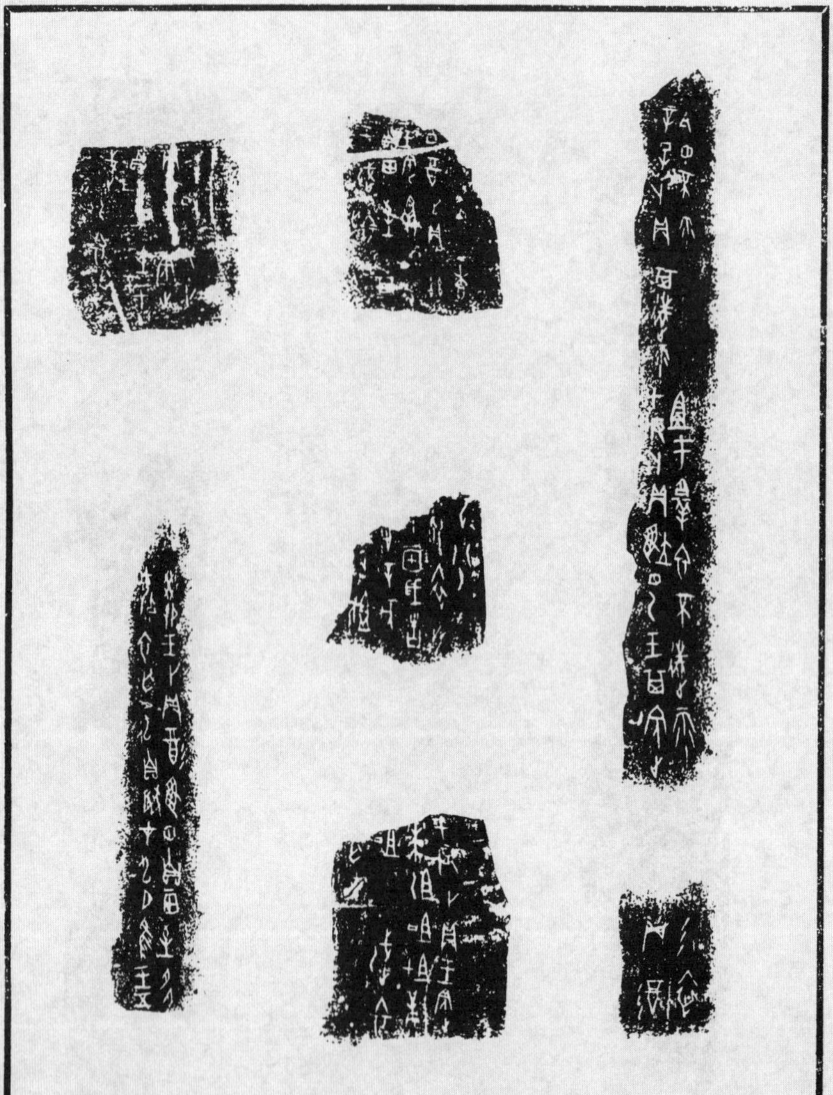

二十

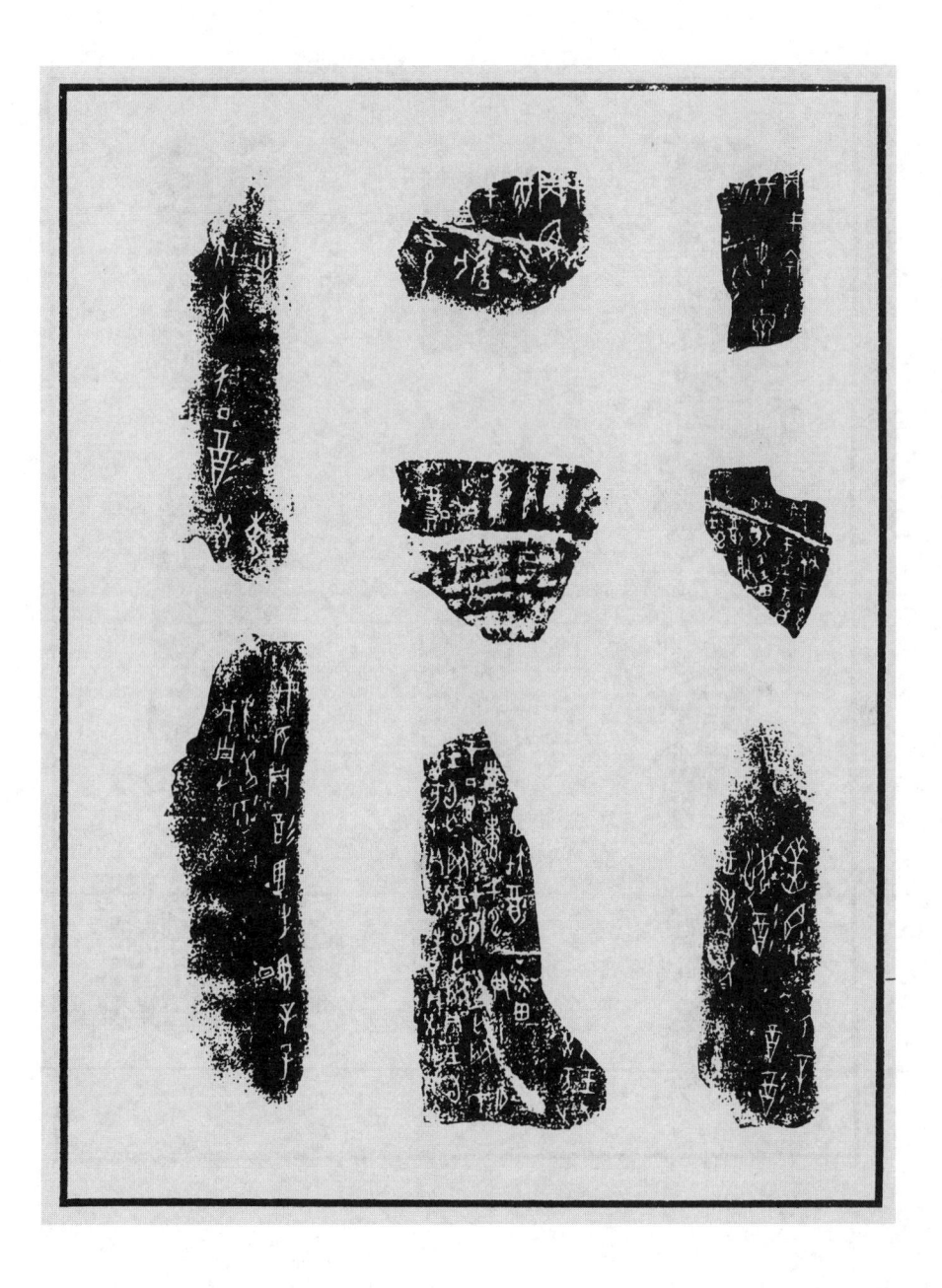

上编　《殷虚书契后编》原书书影

47

殷虛書契後編卷上

二十一

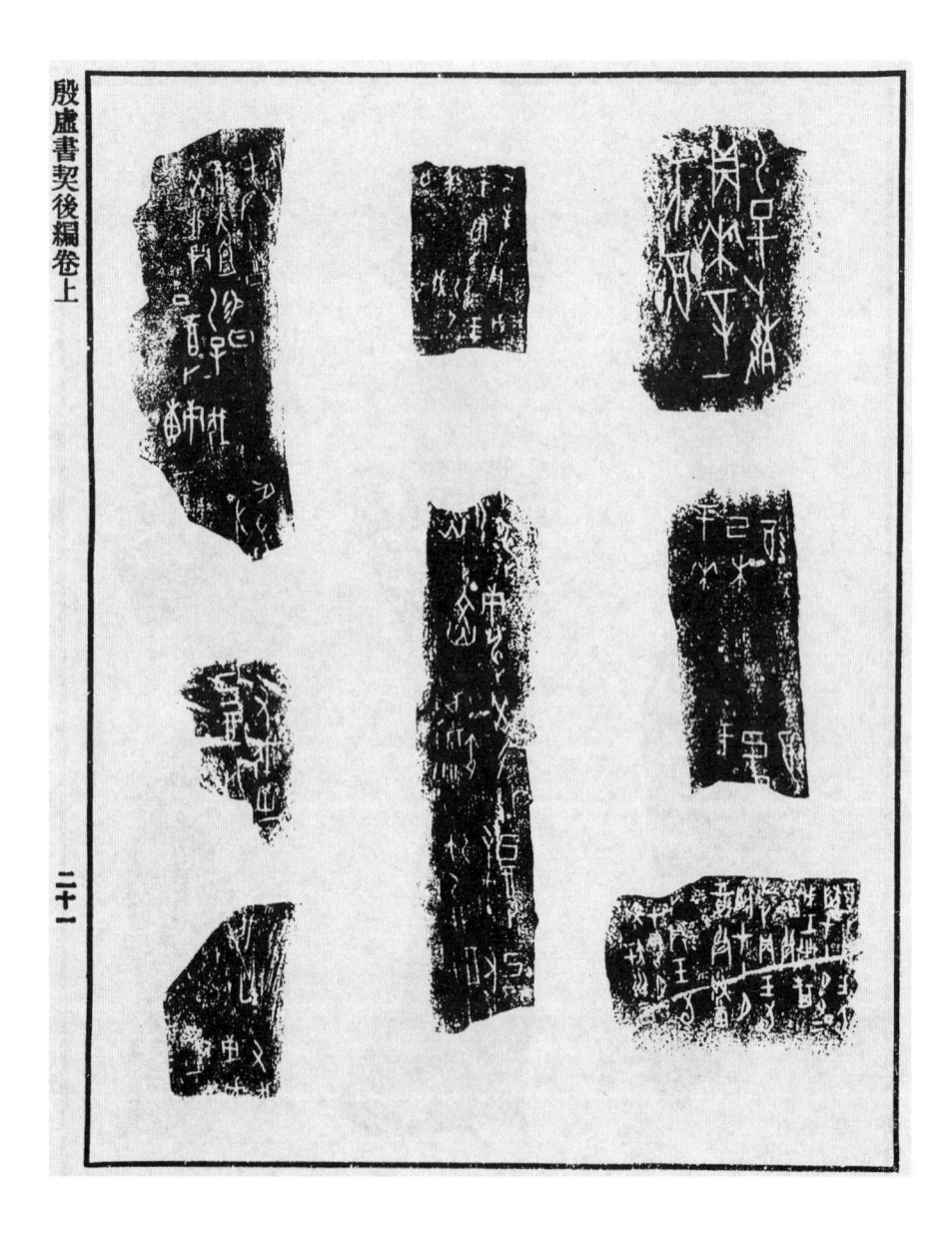

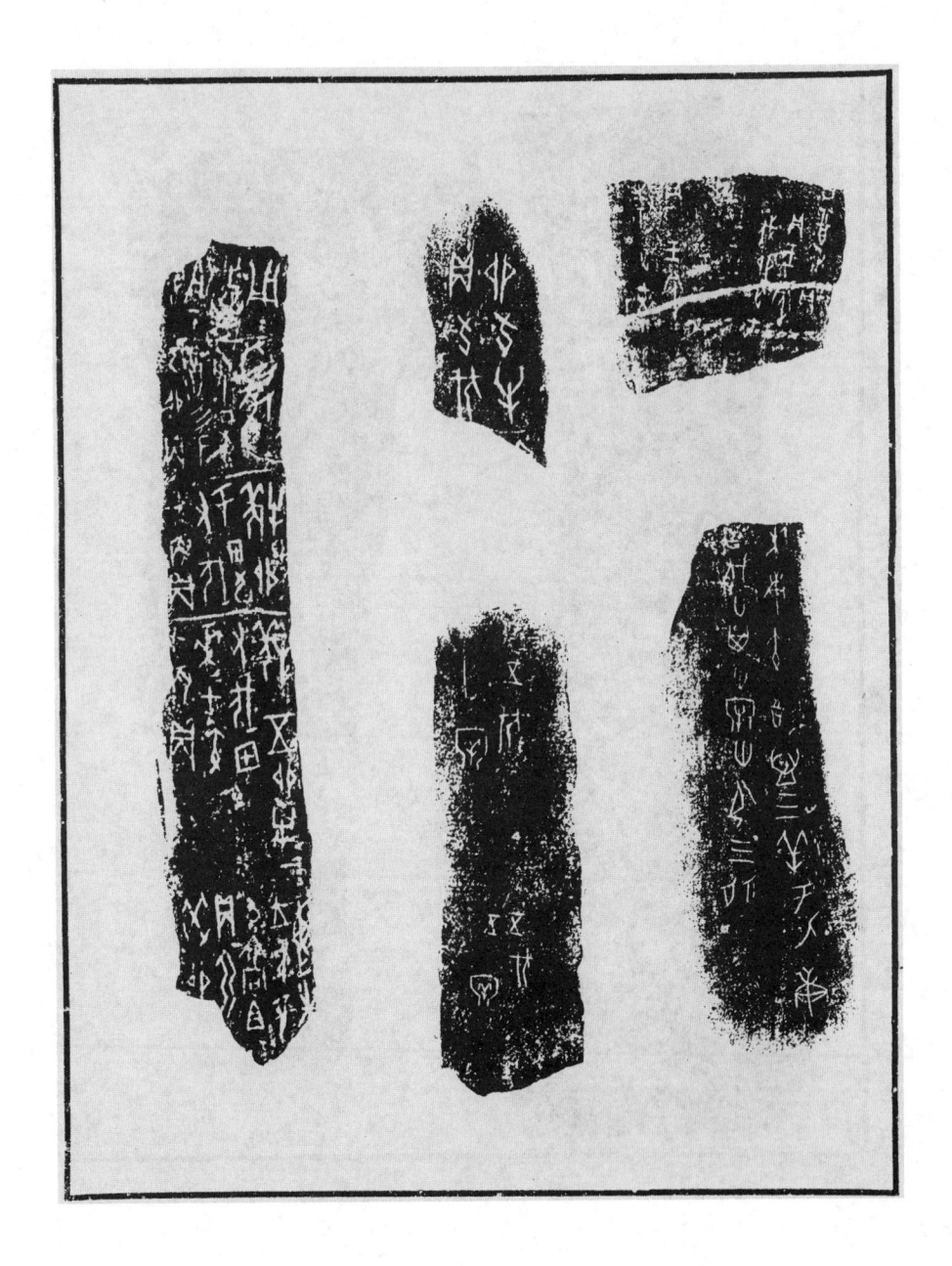

上编 《殷虚书契后编》原书书影

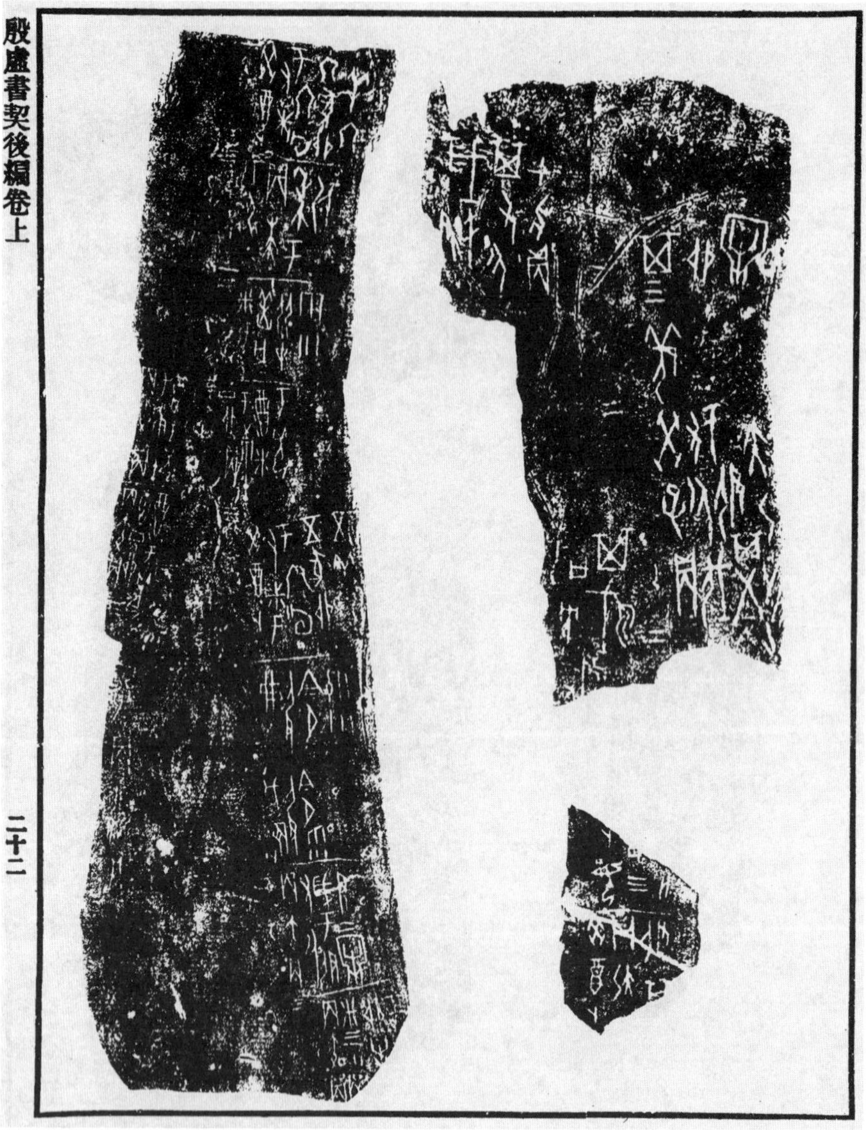
殷虛書契後編卷上
二十二

上编 《殷虚书契后编》原书书影

51

殷虛書契後編卷上

二十二

上编　《殷虚书契后编》原书书影

53

殷墟書契後編卷上

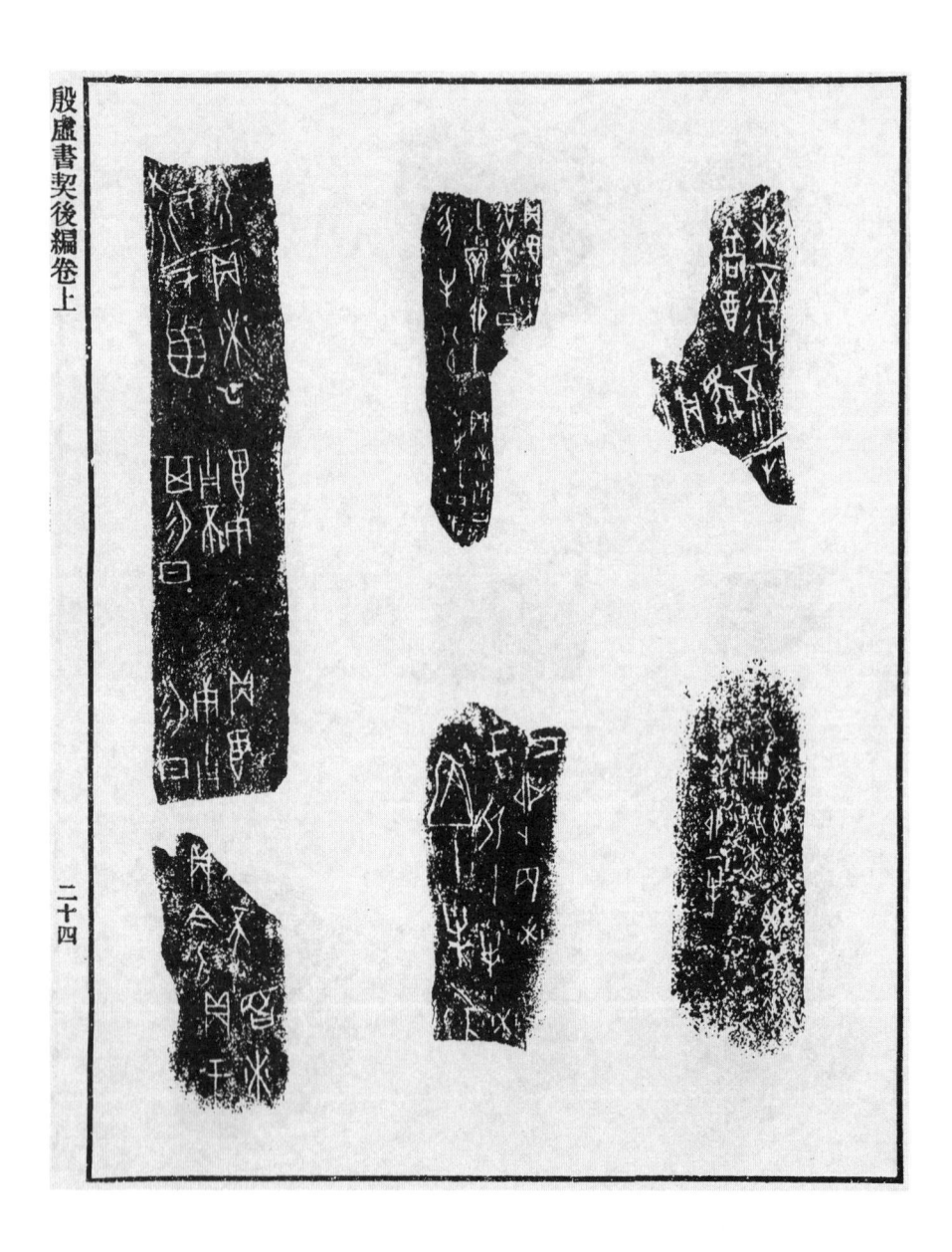

二十四

上编 《殷虚书契后编》原书书影

殷虛書契後編卷上

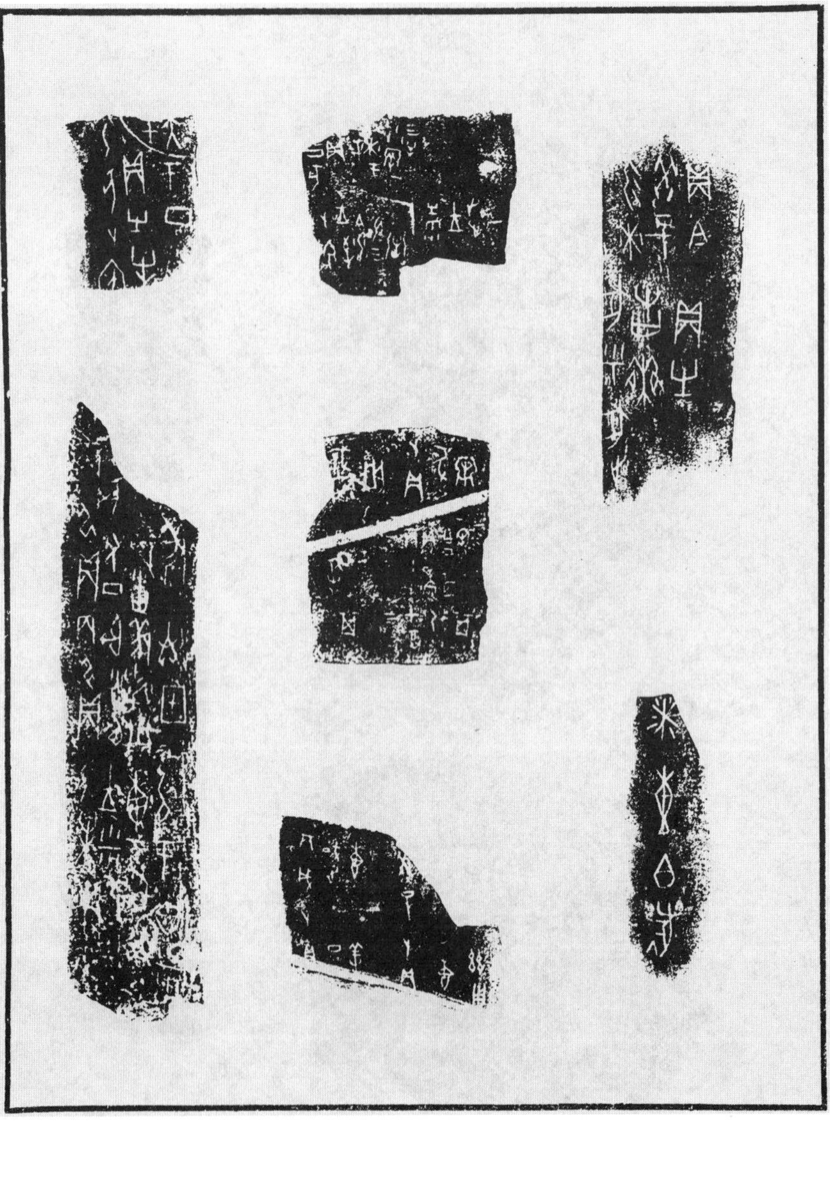

二十五

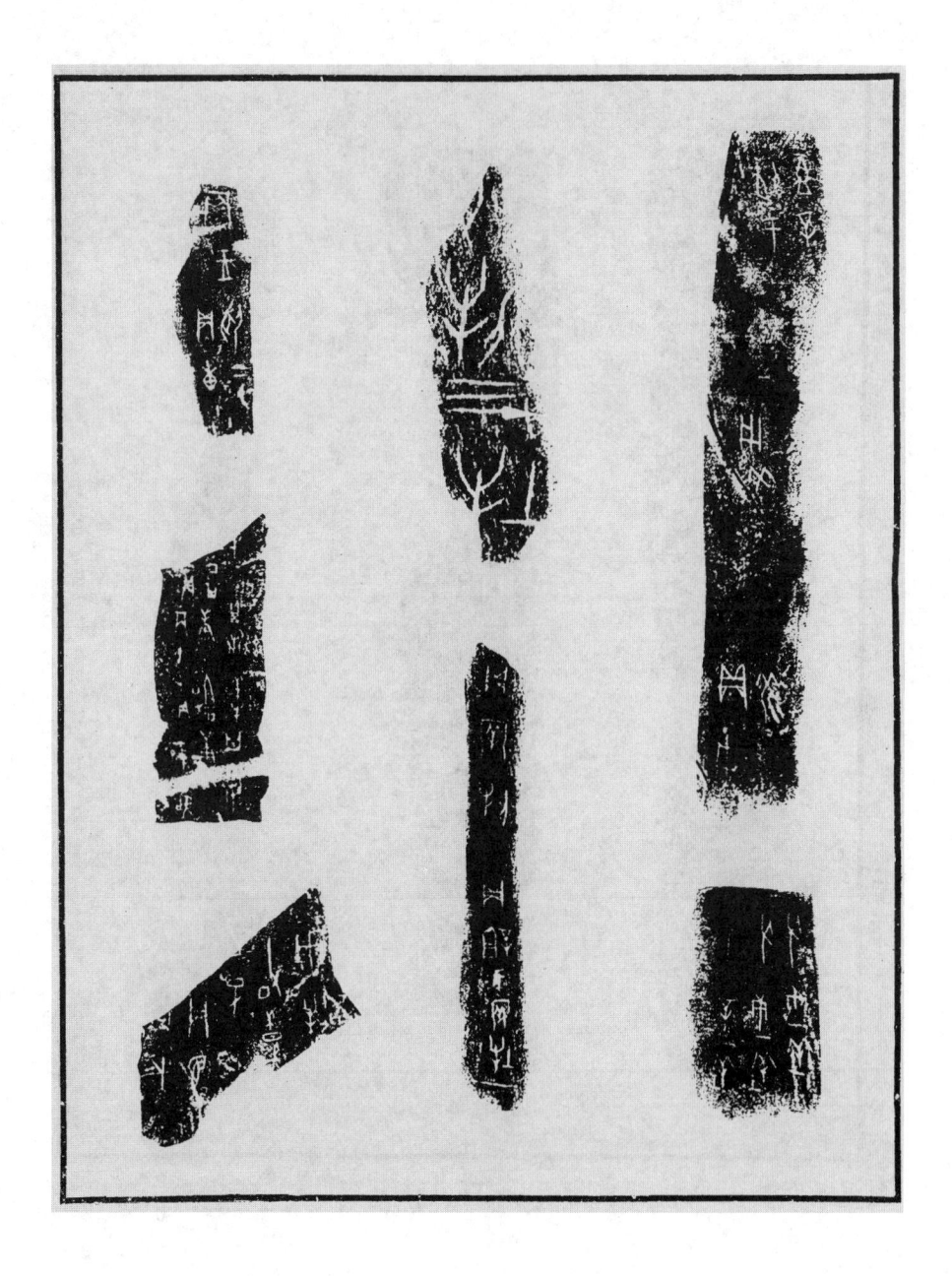

上编 《殷虚书契后编》原书书影

57

殷虚書契後編卷上

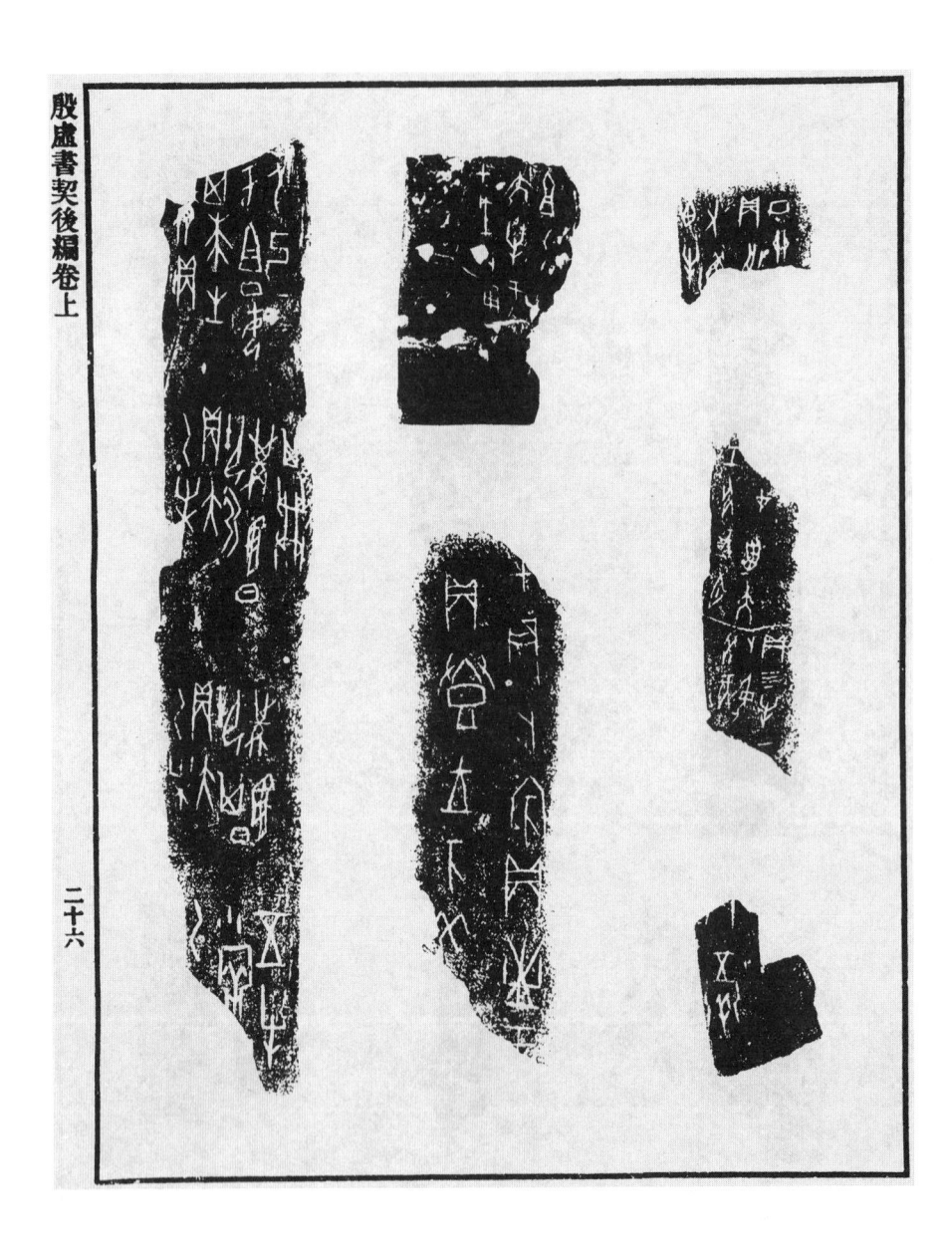

二十六

上编 《殷虚书契后编》原书书影

59

殷虛書契後編卷上

二十七

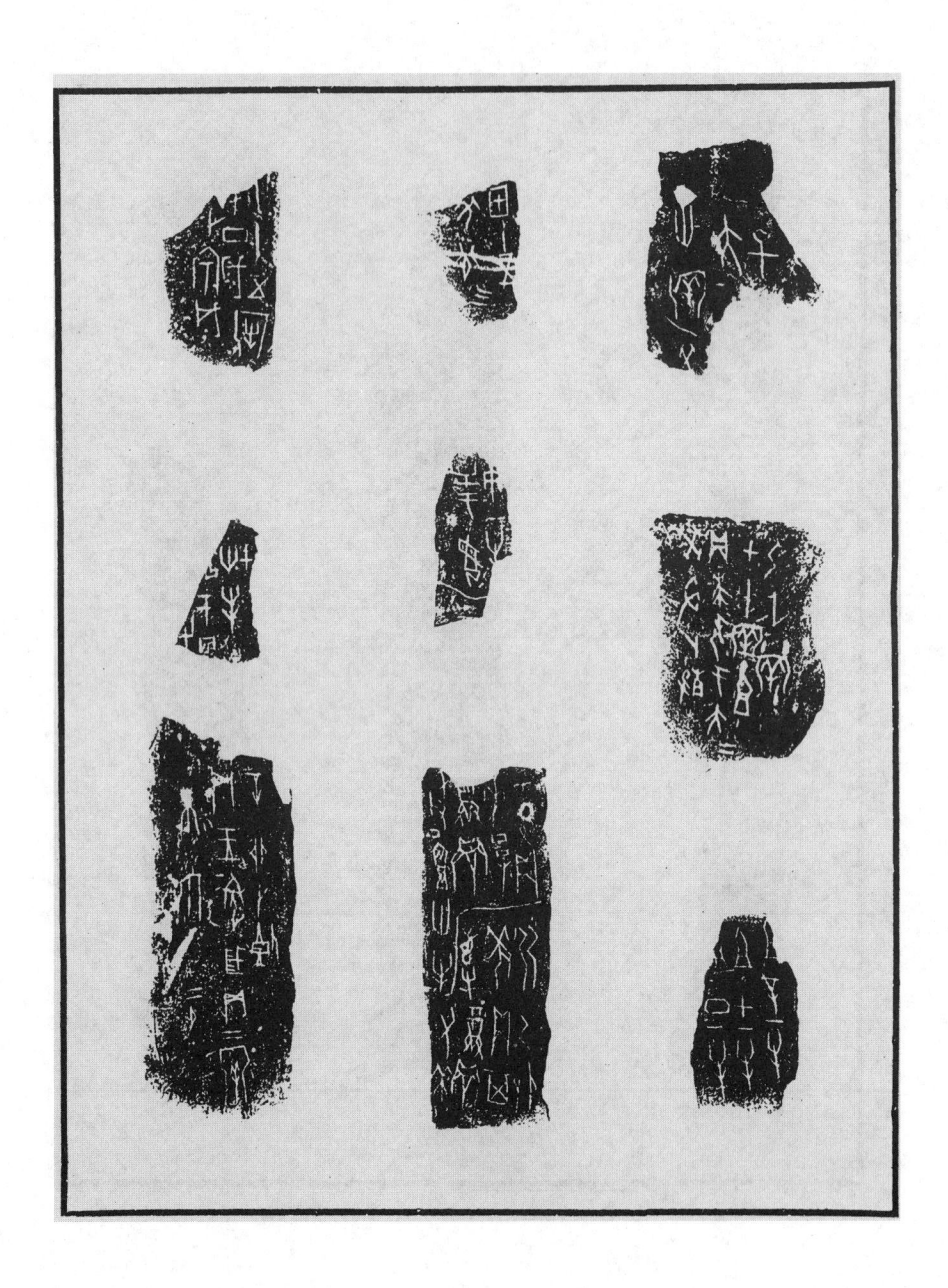

上编 《殷虚书契后编》原书书影

61

殷虛書契後編卷上

二八

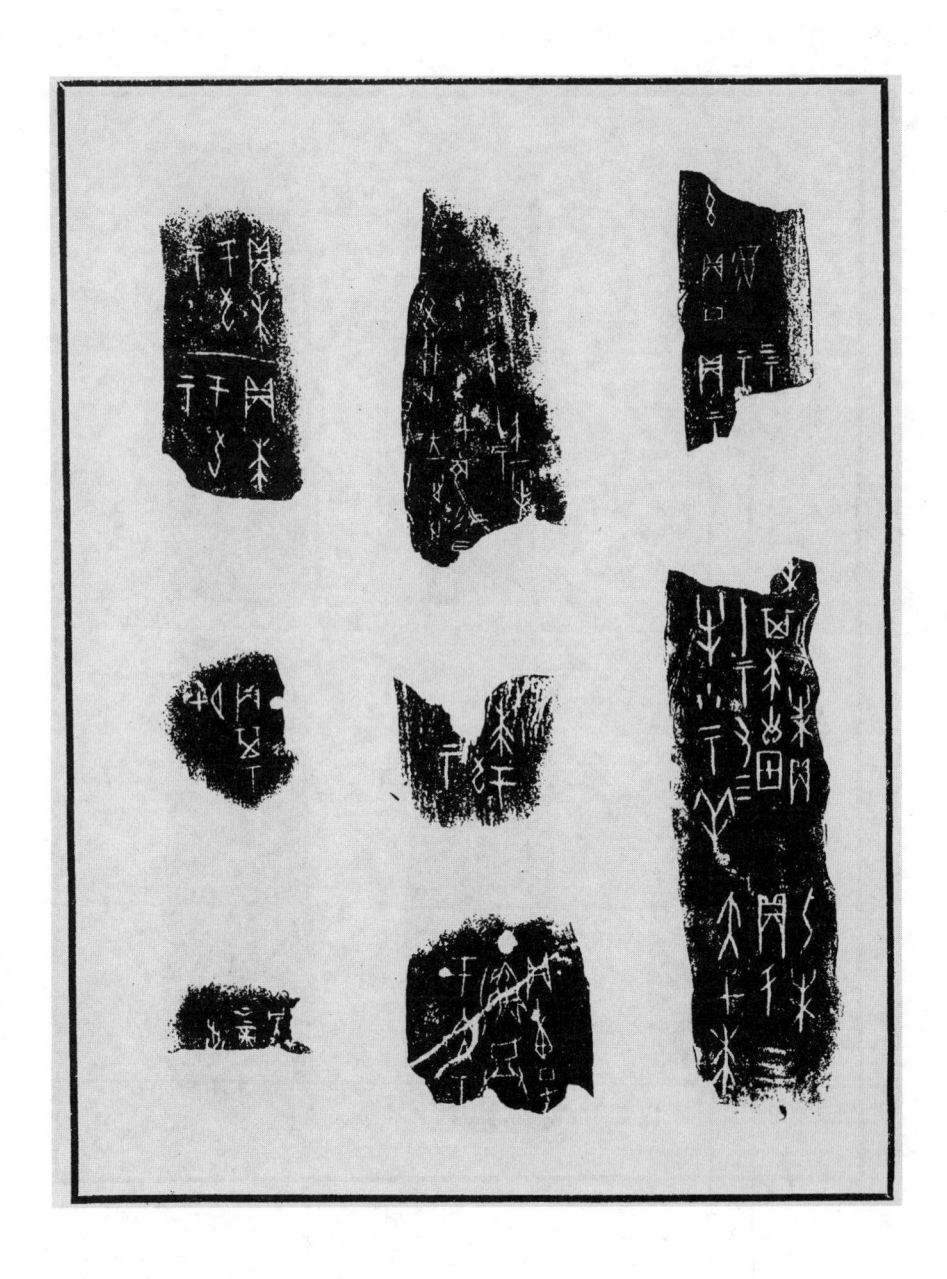

上编　《殷虚书契后编》原书书影

63

殷虛書契後編卷上

二十九

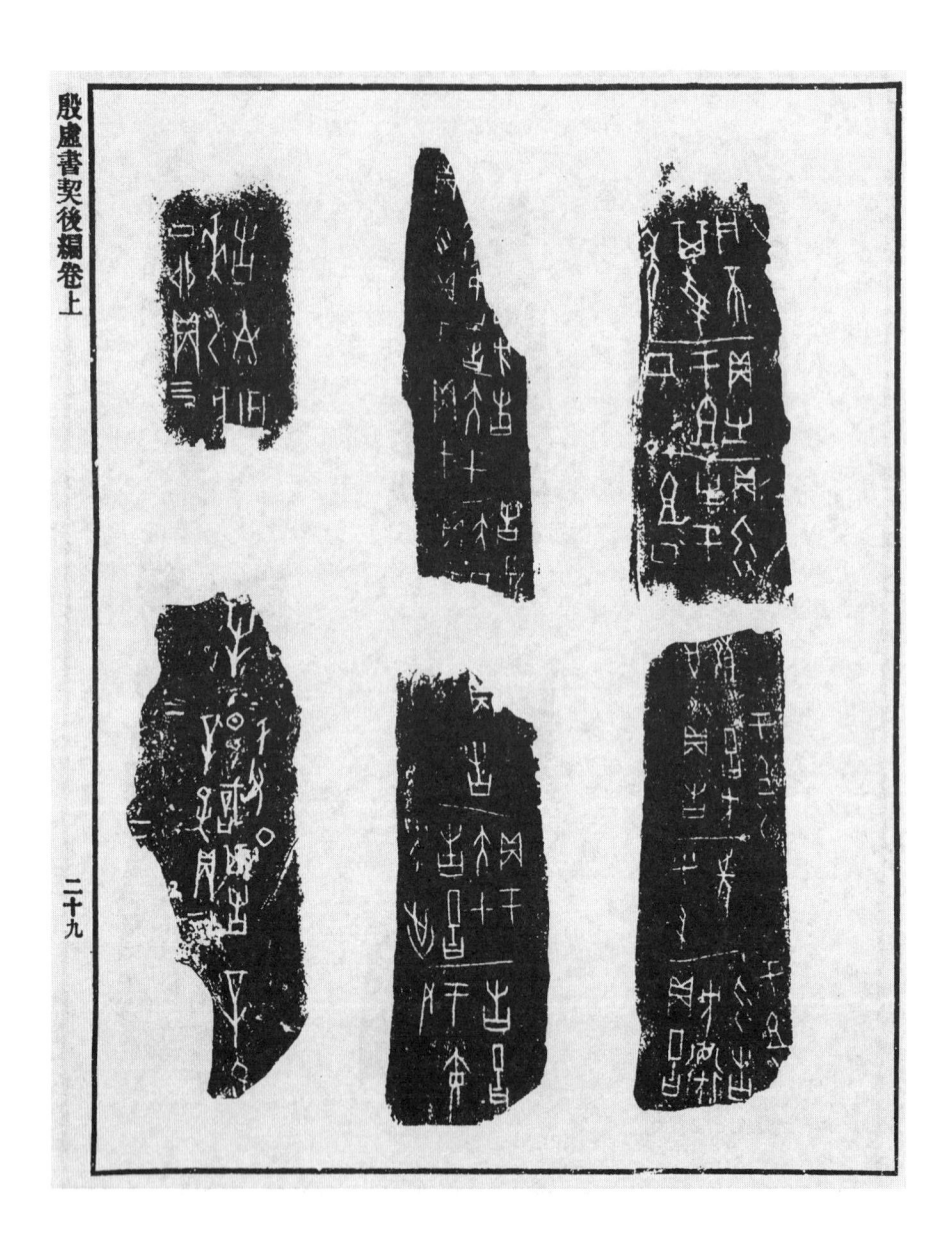

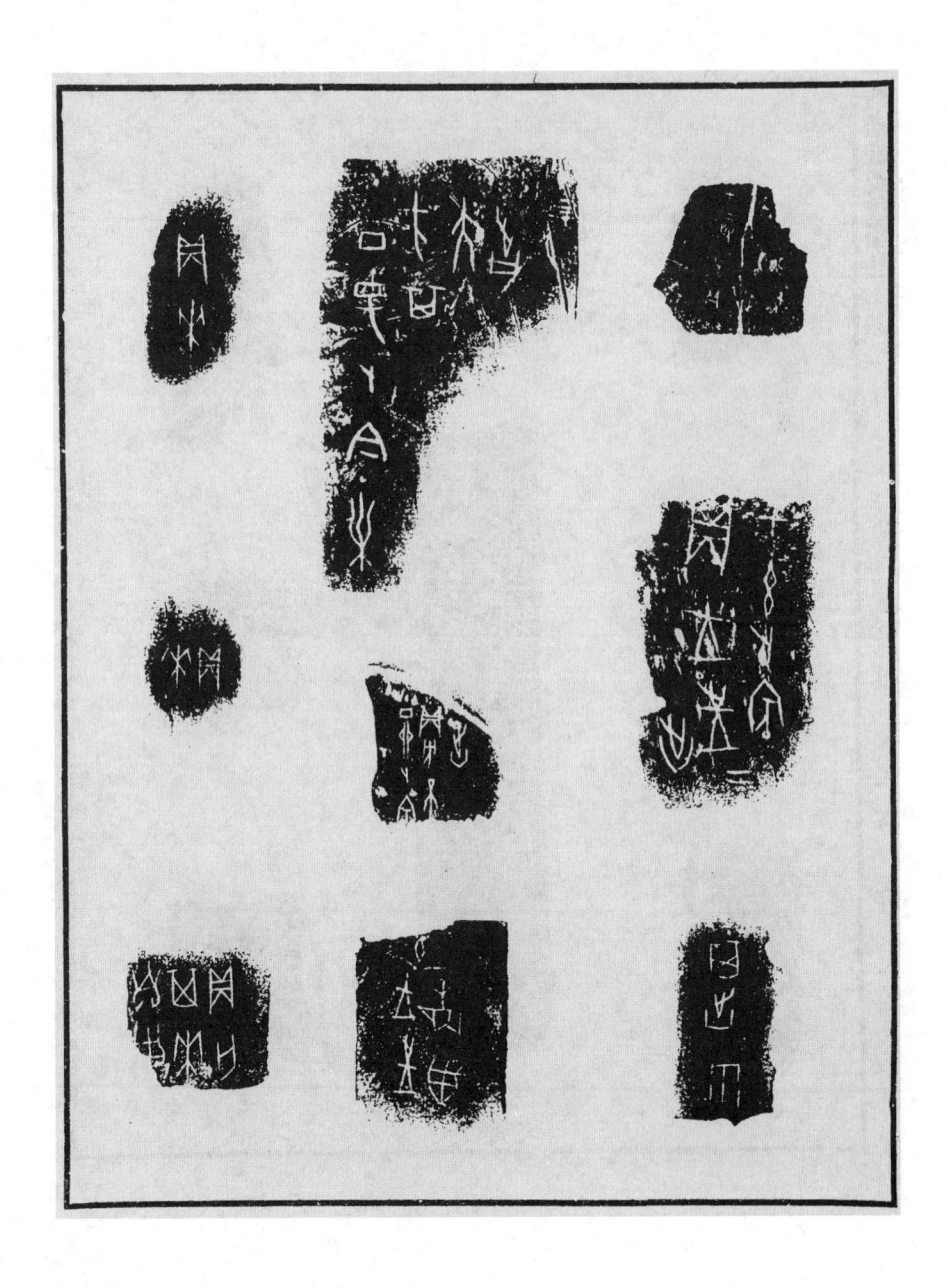

上编　《殷虚书契后编》原书书影

殷虛書契後編卷上

三十

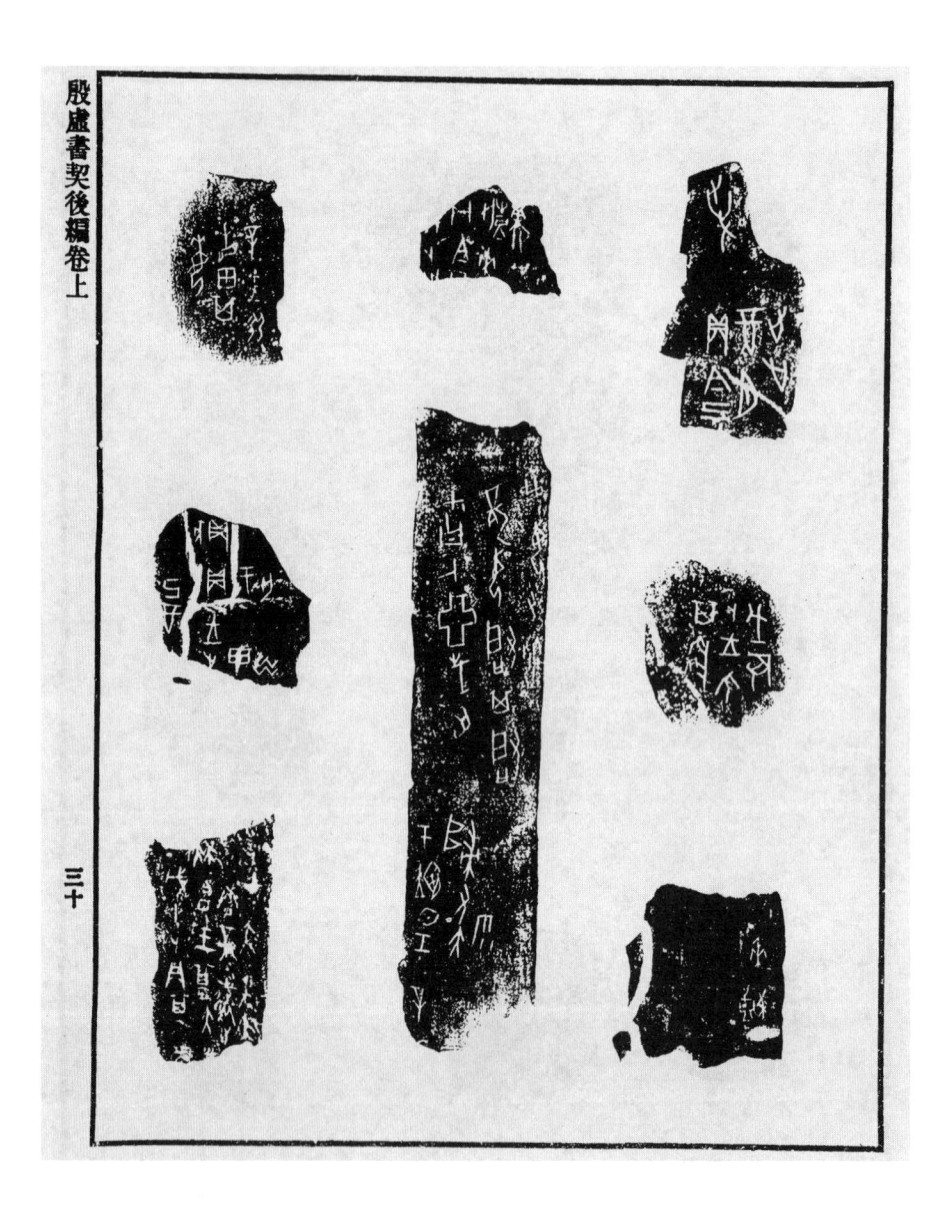

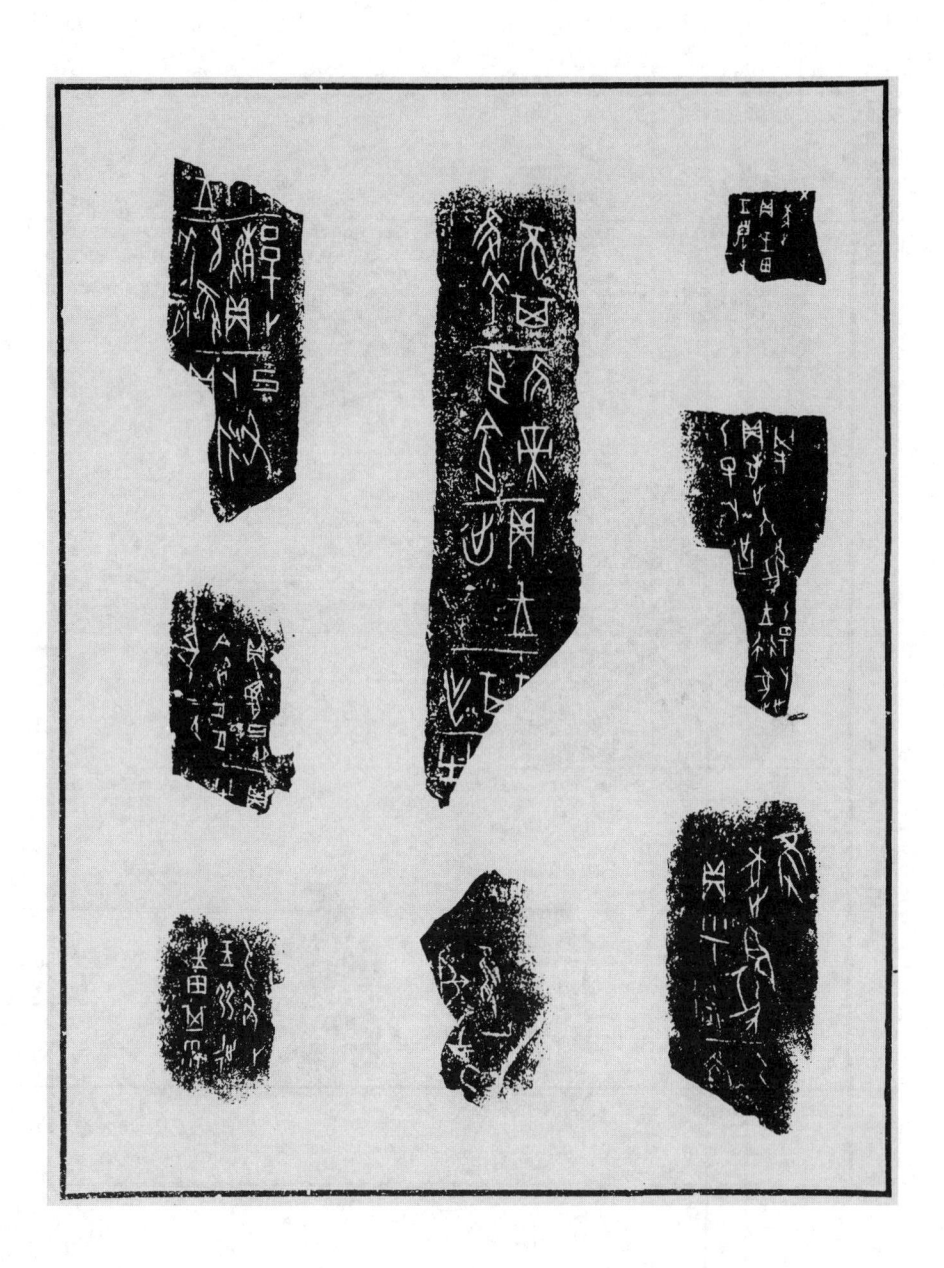

上编 《殷虚书契后编》原书书影

67

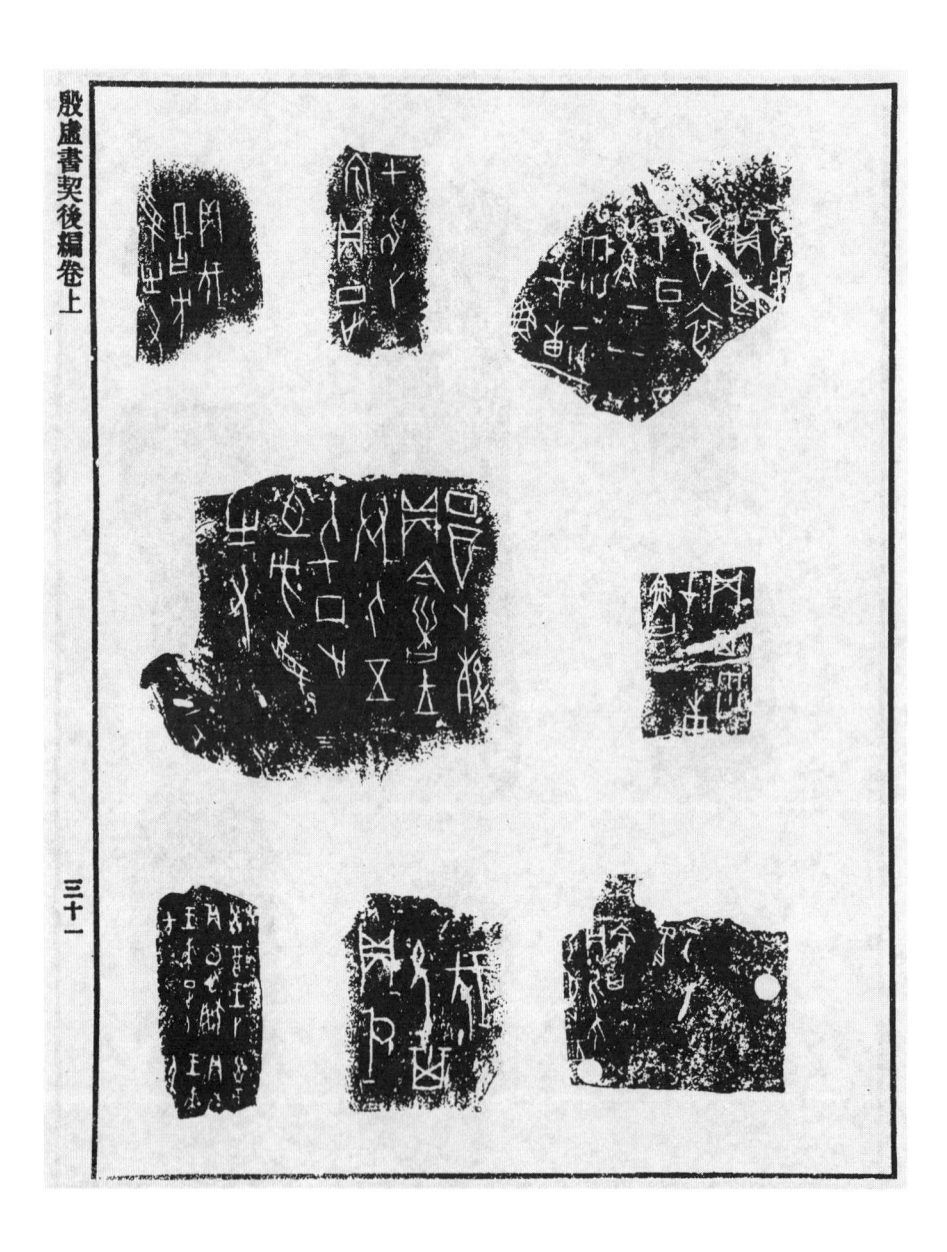

《殷虚书契后编》考释

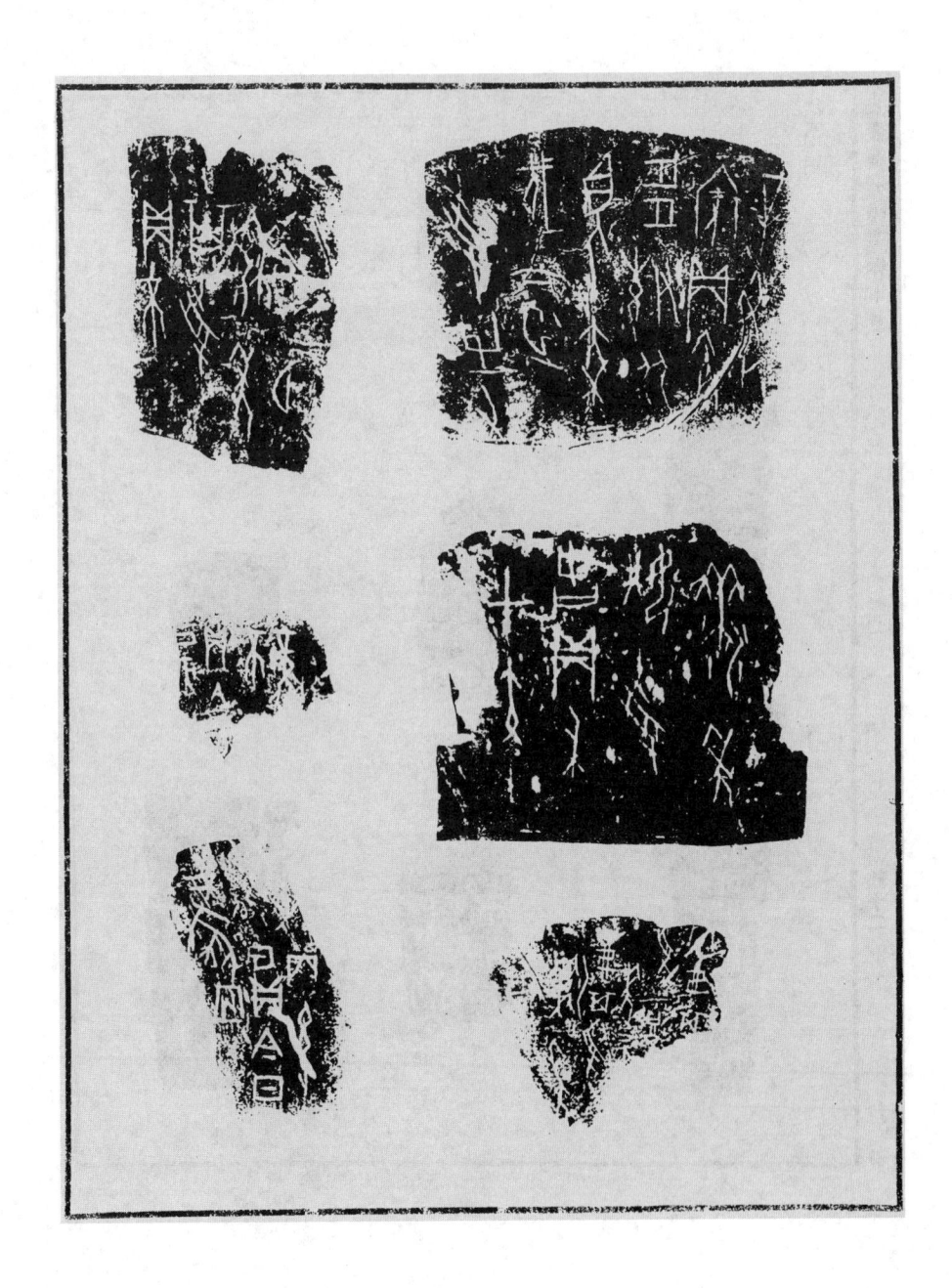

上编 《殷虚书契后编》原书书影

69

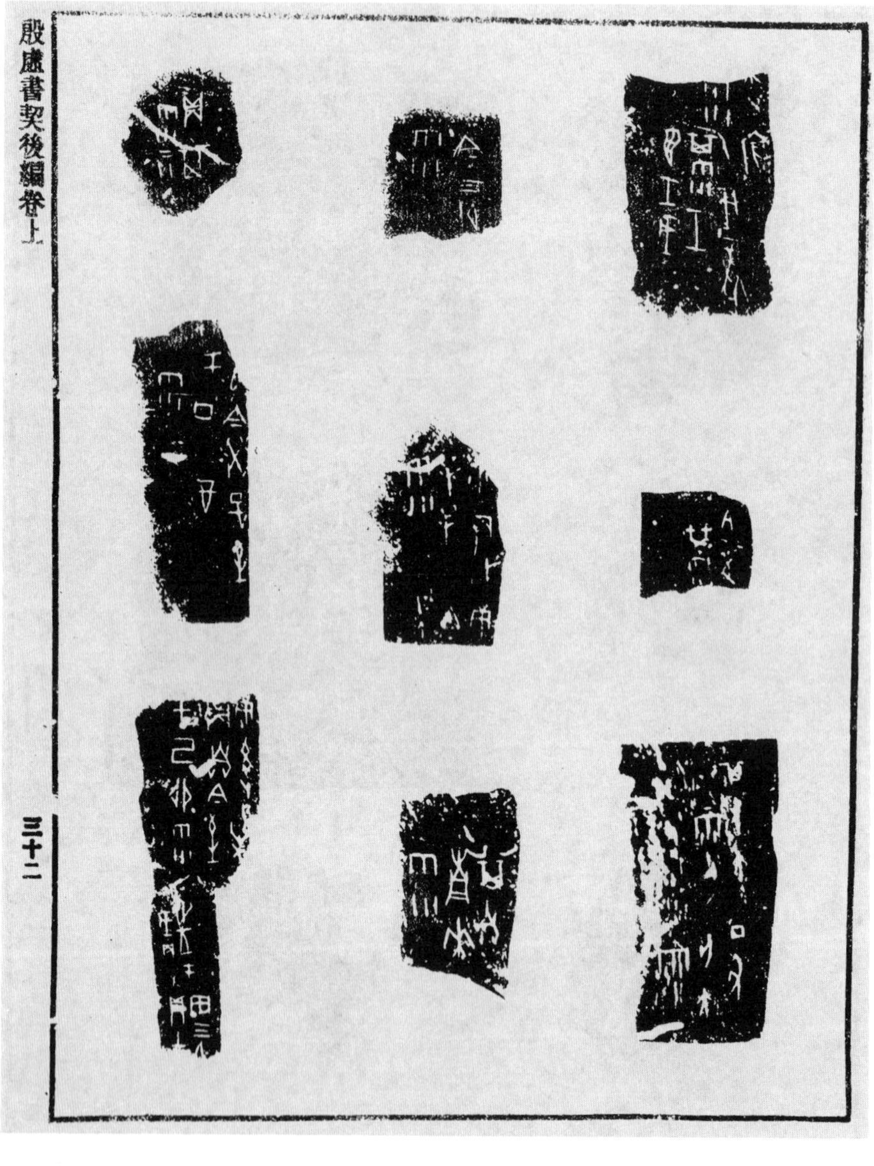
殷虛書契後編卷上
三十二

殷虛書契後編卷上

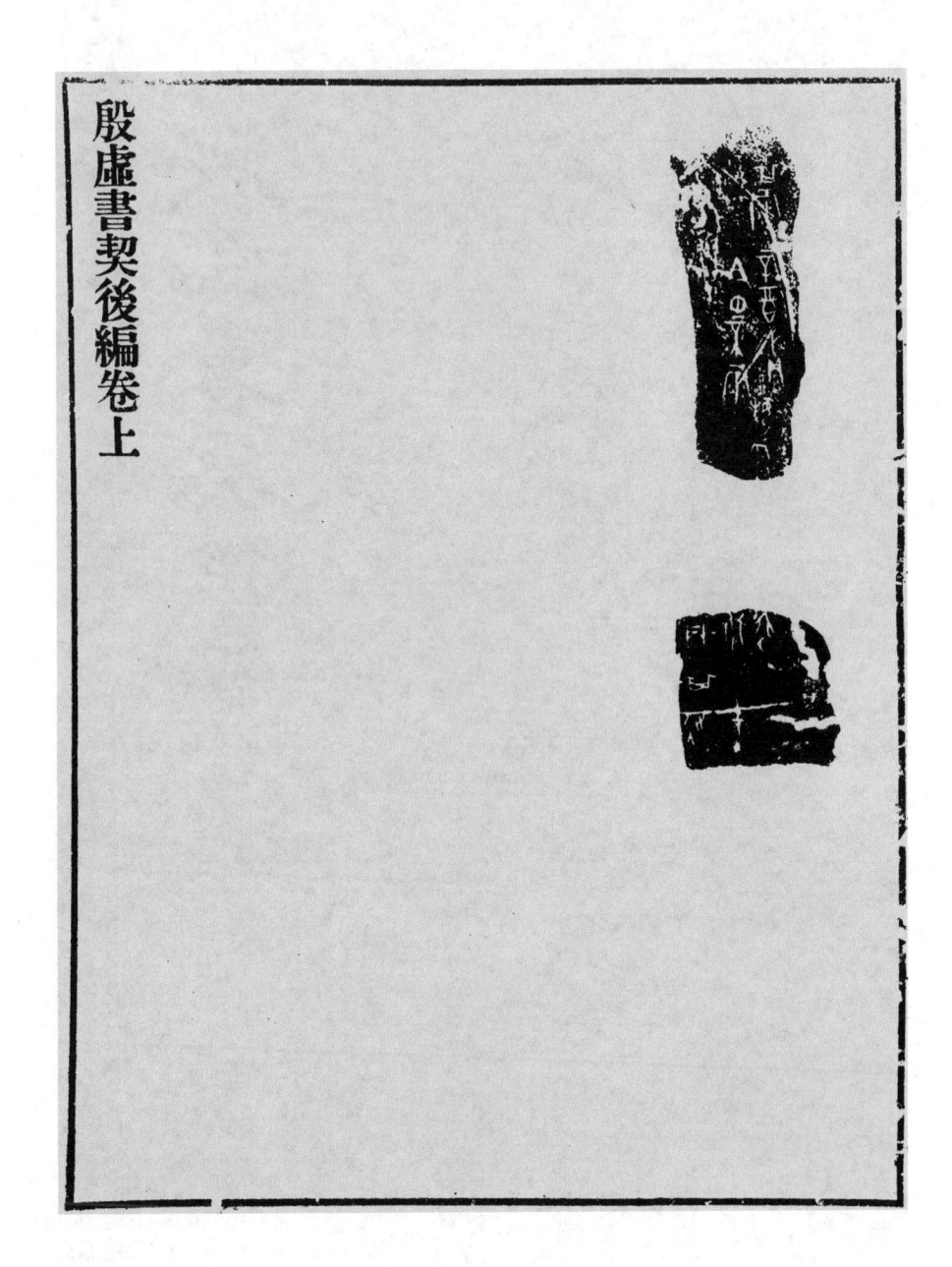

殷虛書契後編

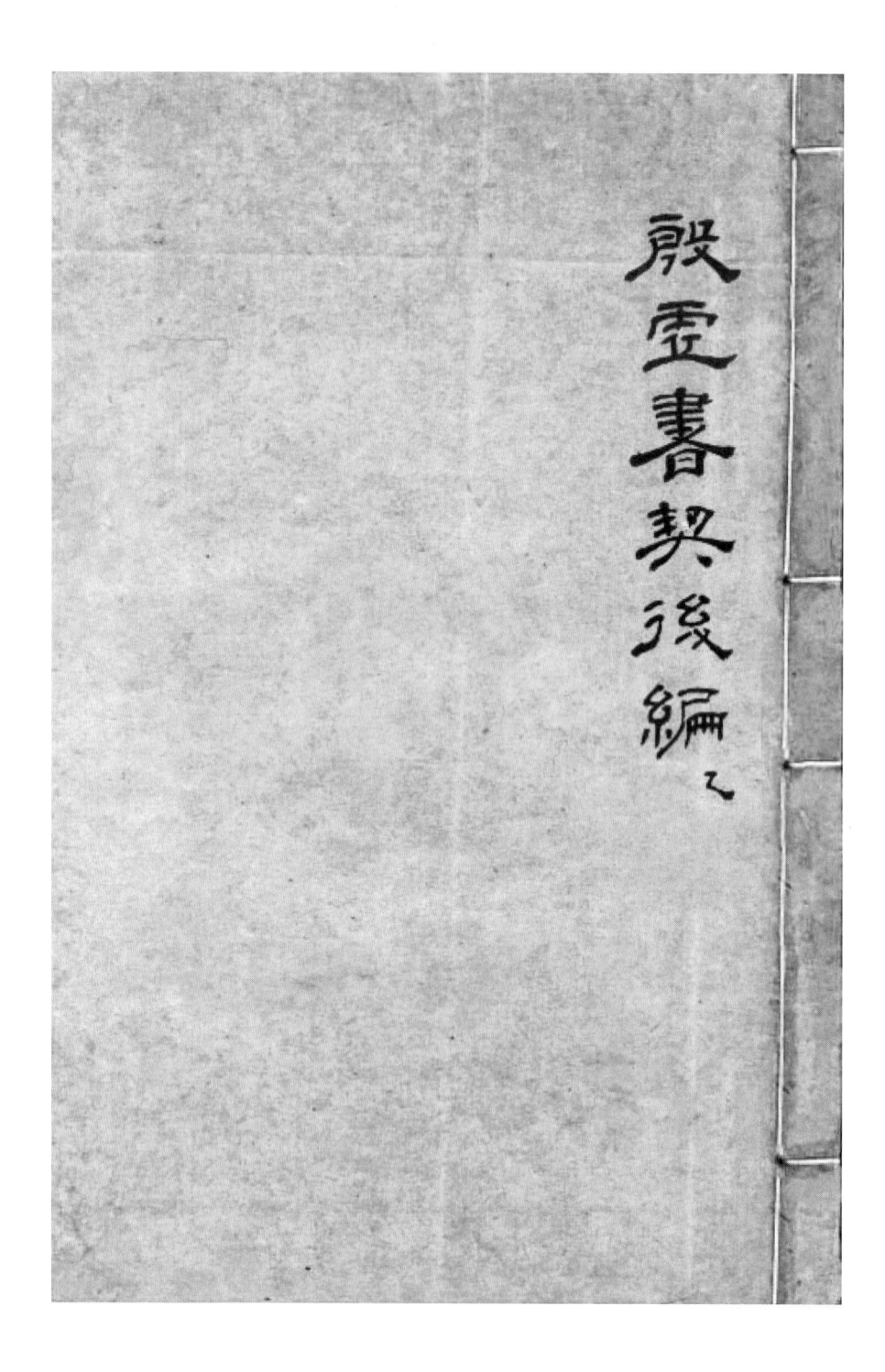

上编 《殷虚书契后编》原书书影

殷虚书
契后编

73

殷虛書契後編卷下

上虞 羅振玉 集古遺文第一 類次

上编 《殷虚书契后编》原书书影

殷虛書契後編卷下

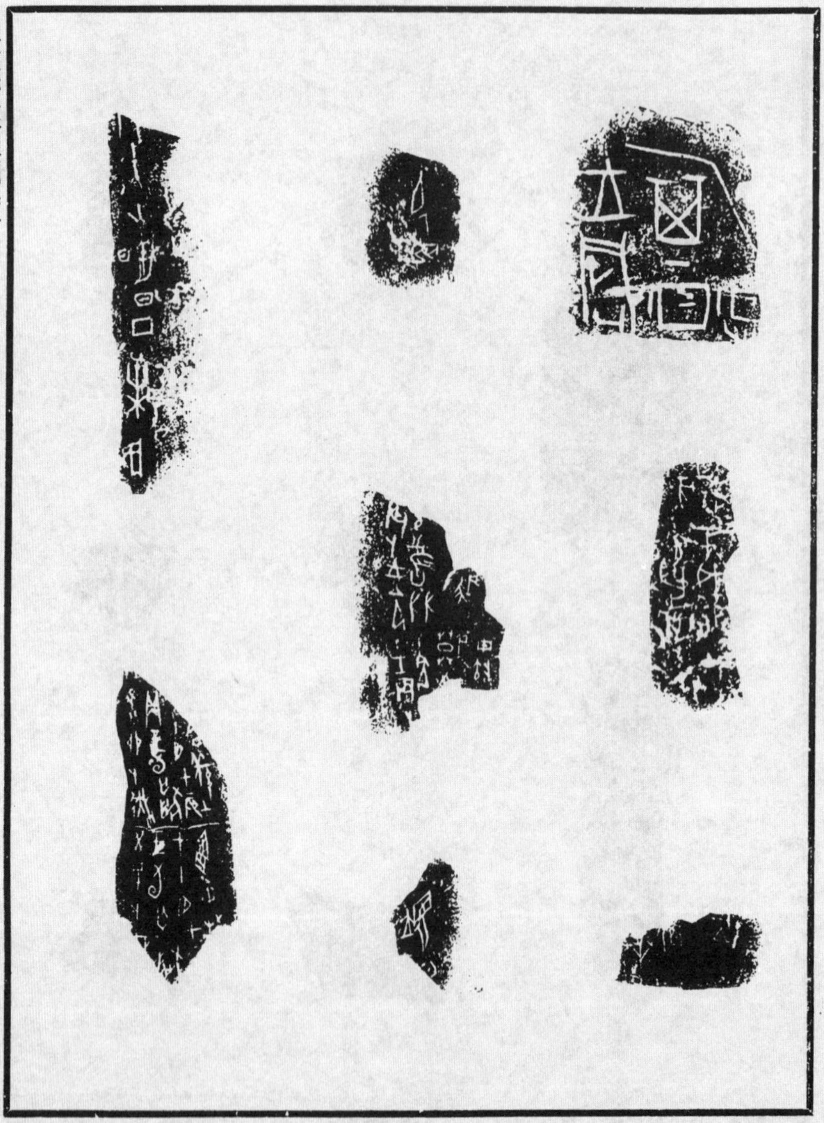

二

上编　《殷虚书契后编》原书书影

殷虛書契後編卷下

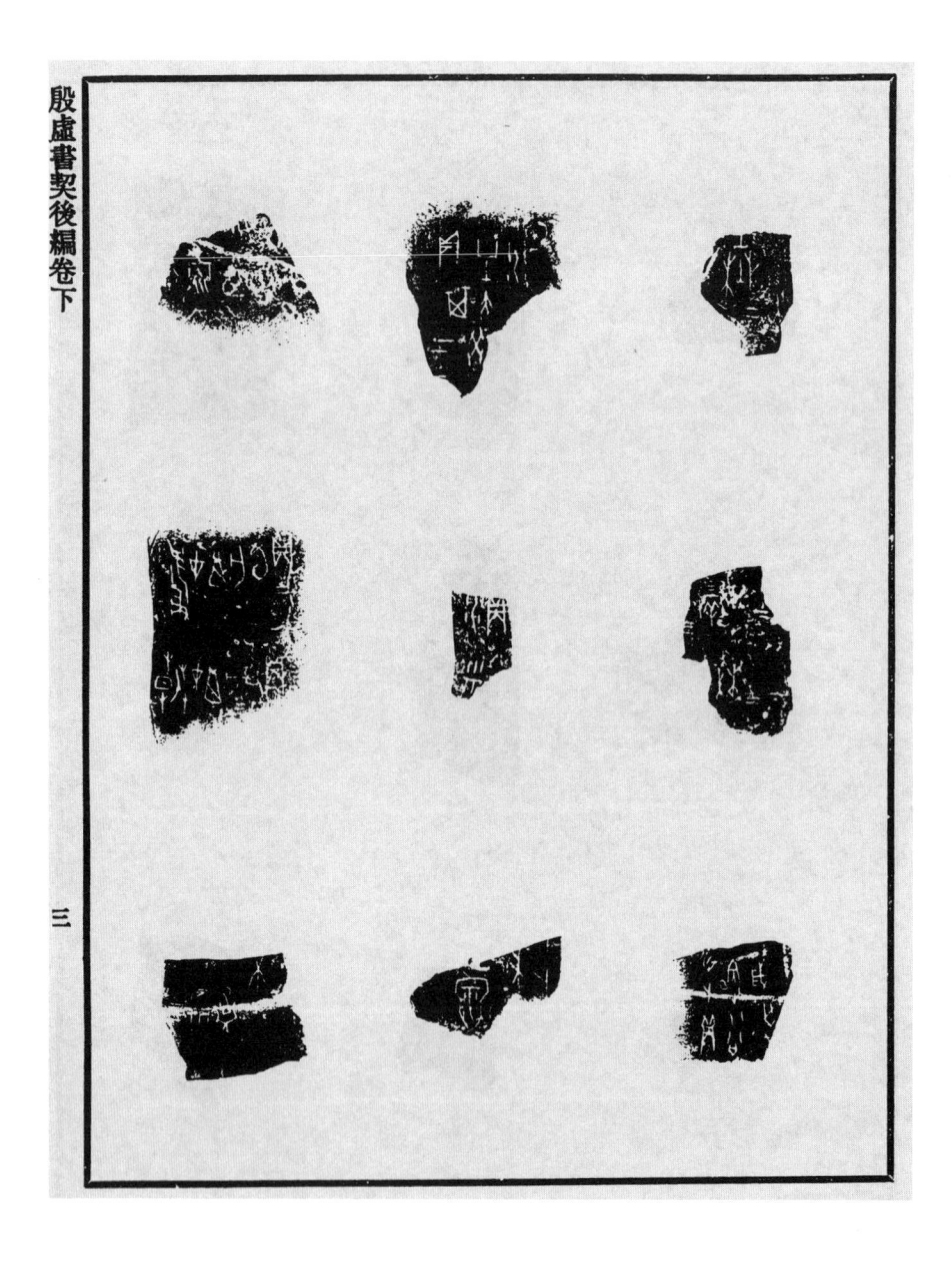

三

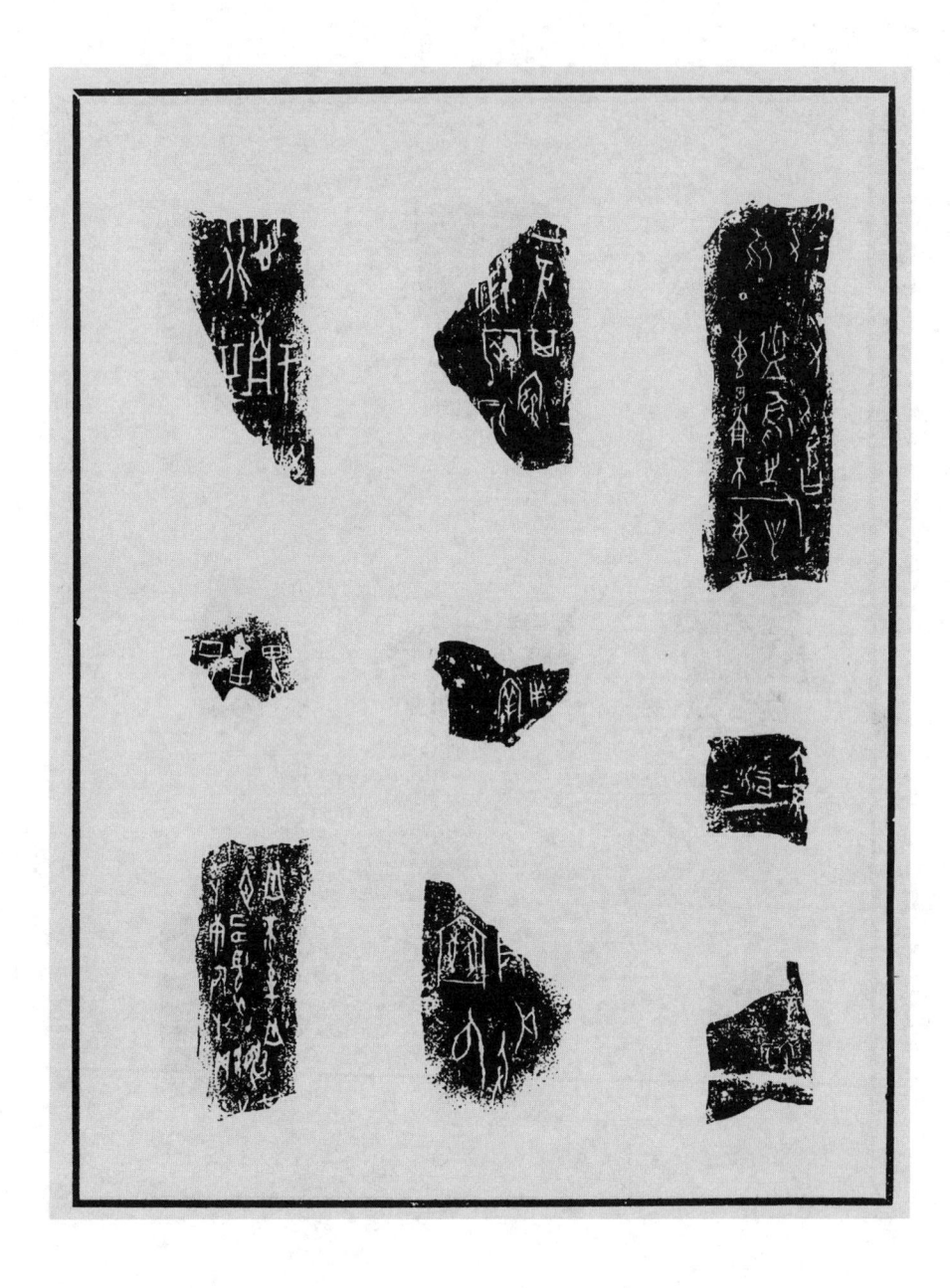

上编 《殷虚书契后编》原书书影

殷虛書契後編卷下

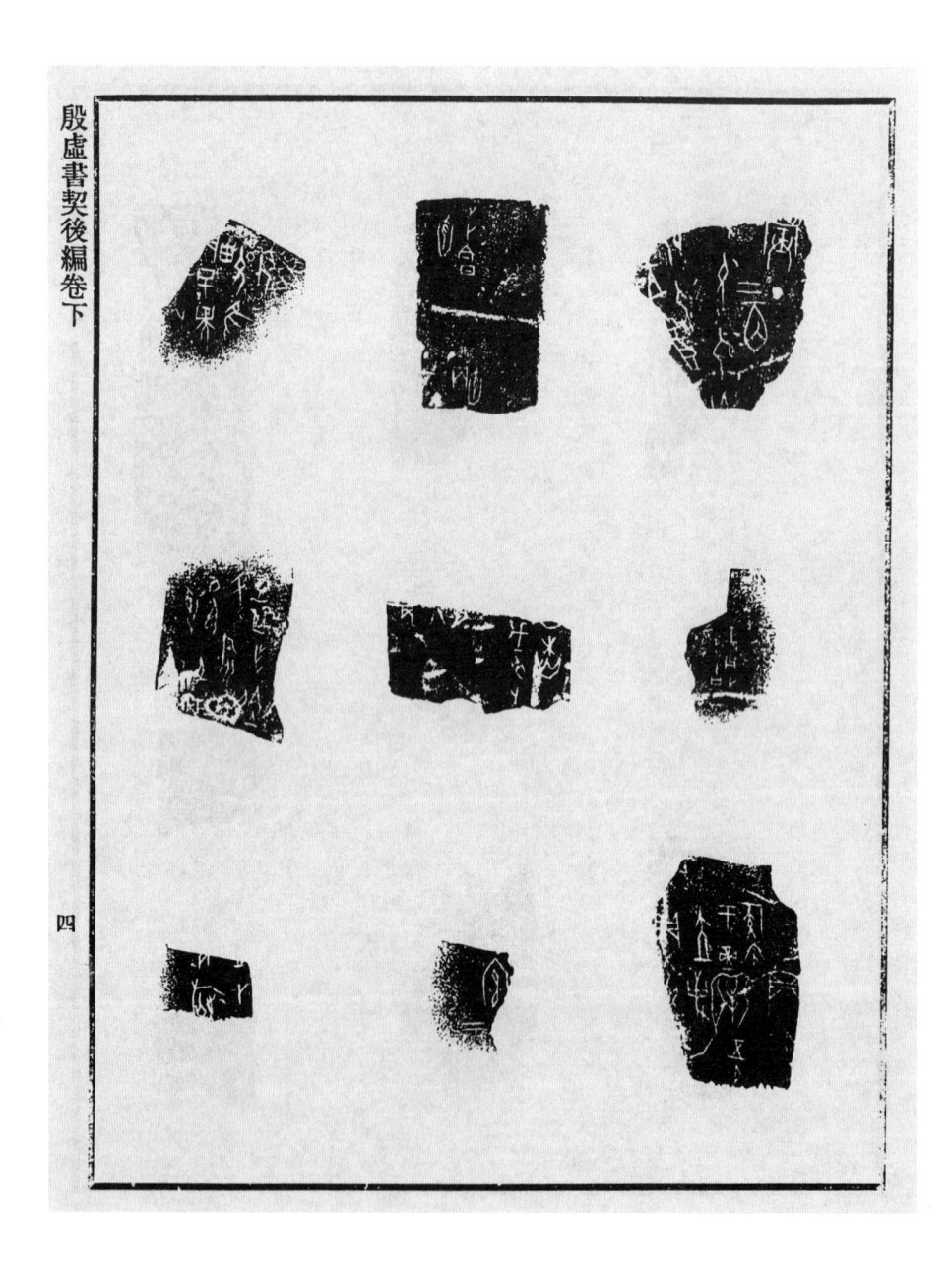

四

上编 《殷虚书契后编》原书书影

殷虛書契後編卷下

五

上编 《殷虚书契后编》原书书影

83

殷虛書契後編卷下

六

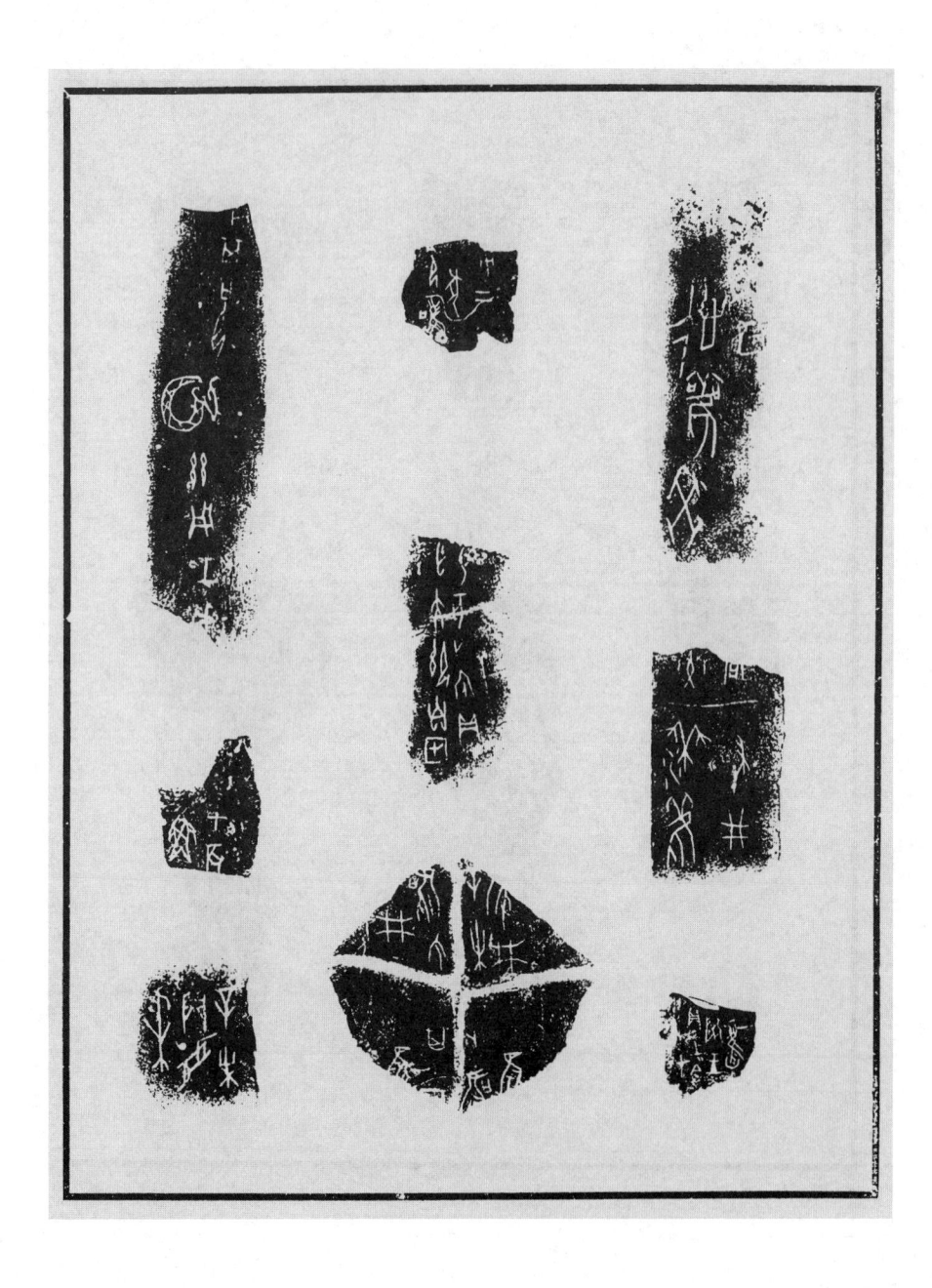

上编 《殷虚书契后编》原书书影

85

殷虛書契後編卷下

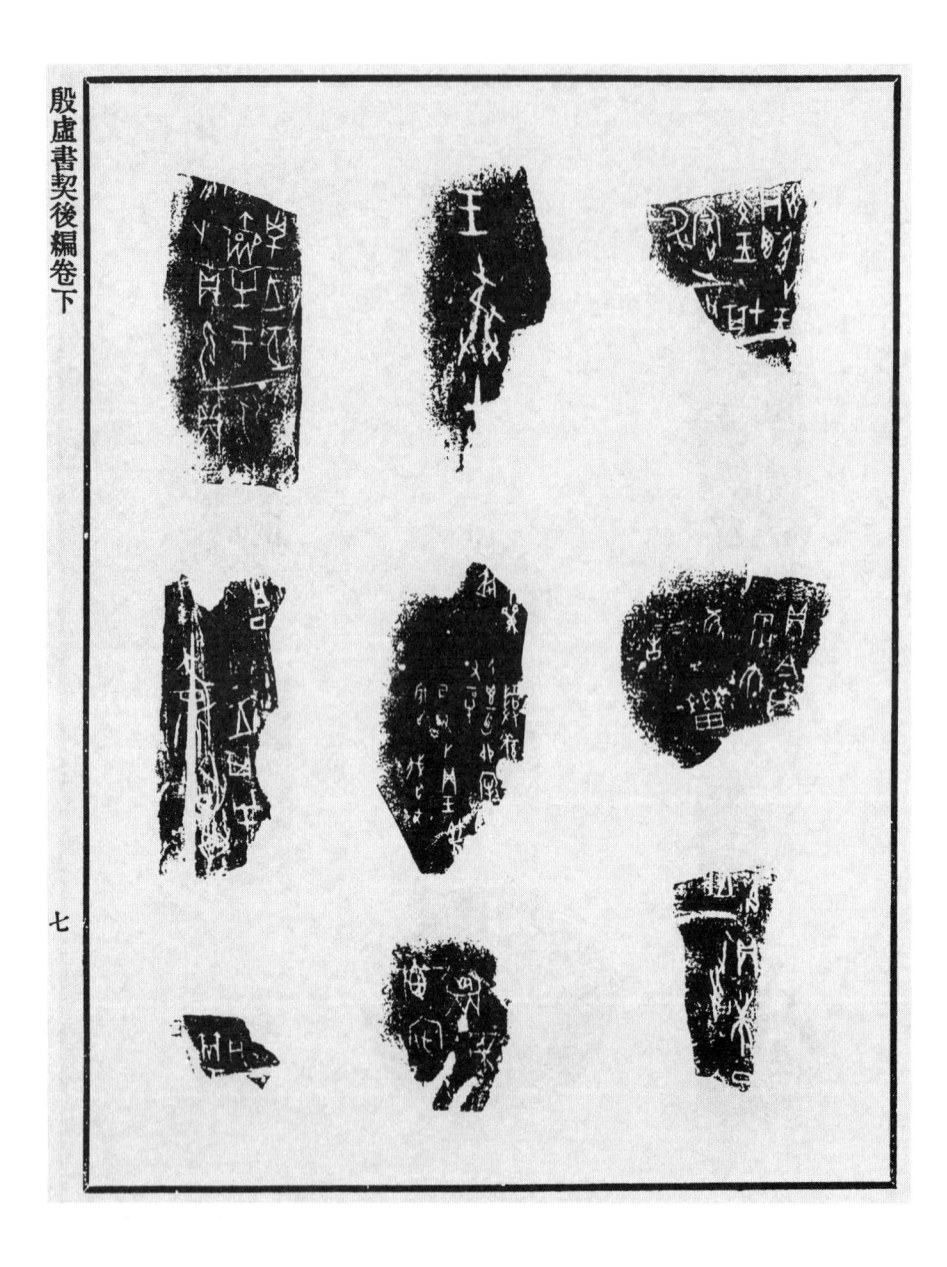

七

殷虛書契後編卷下

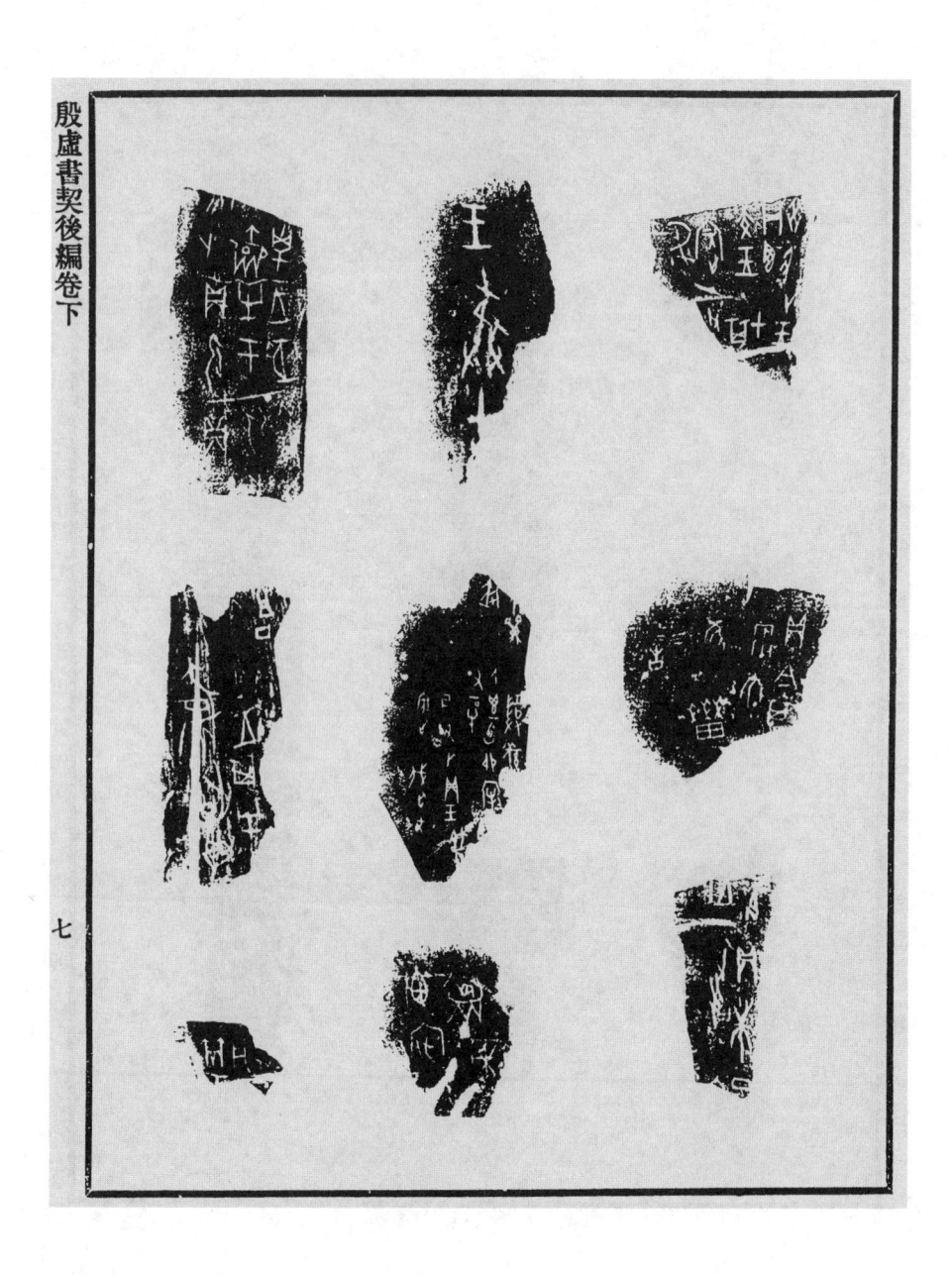

七

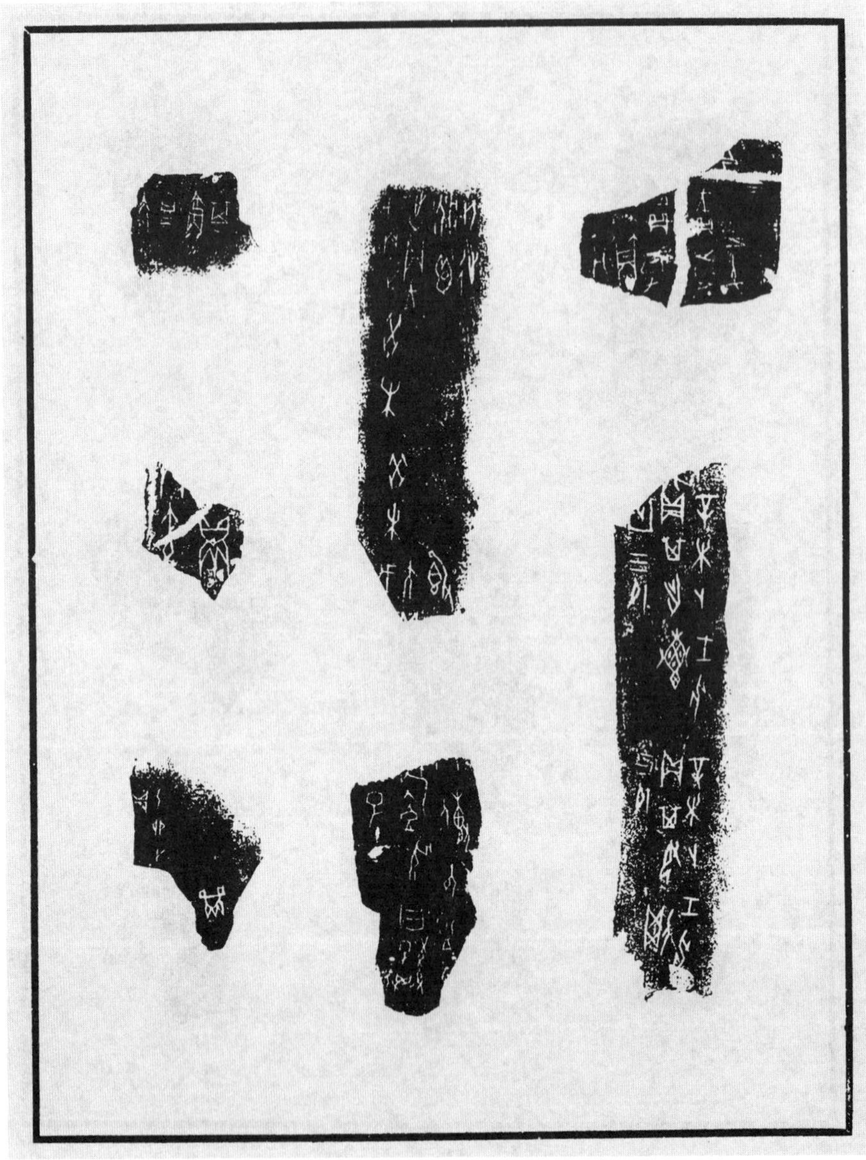

殷虛書契後編卷下

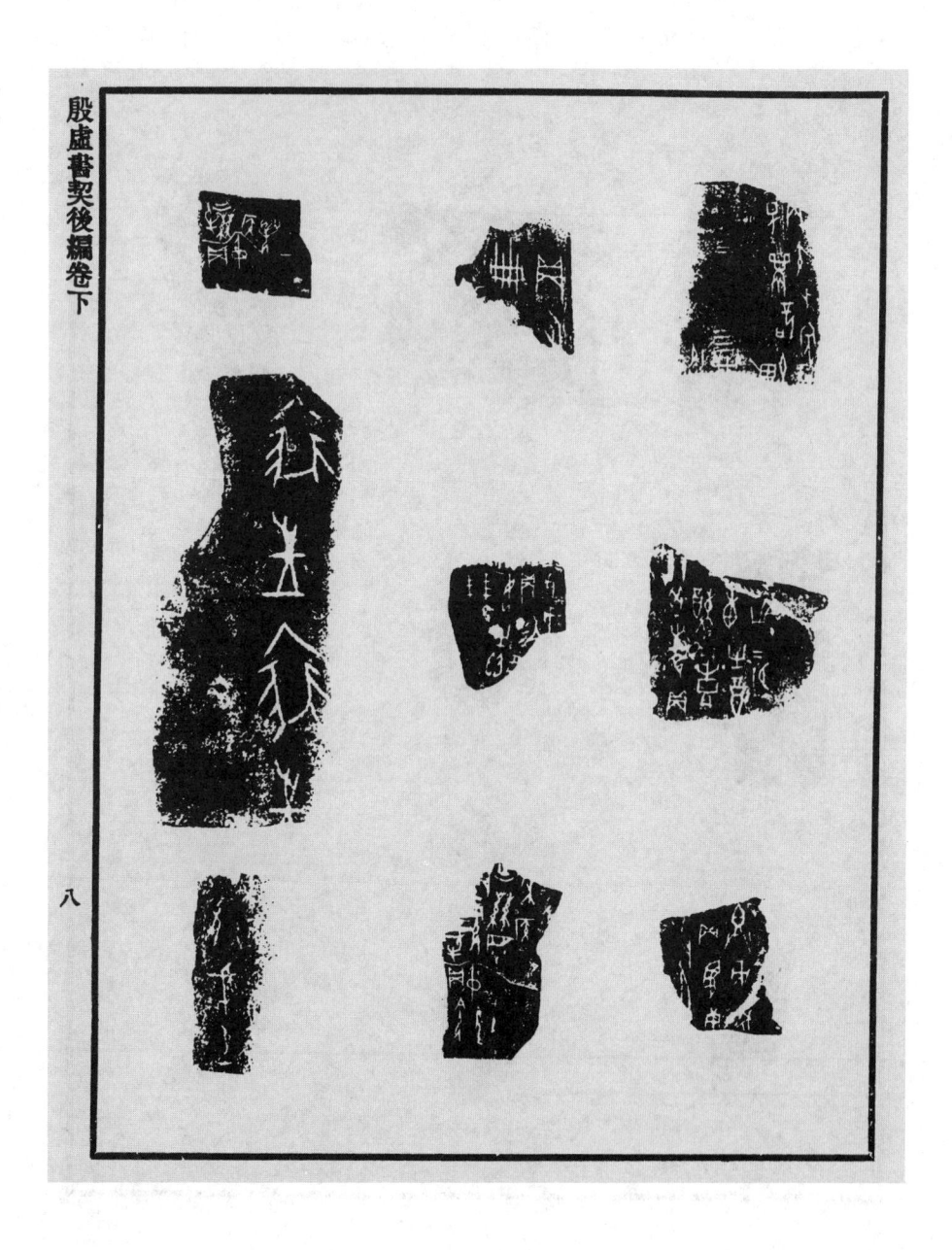

八

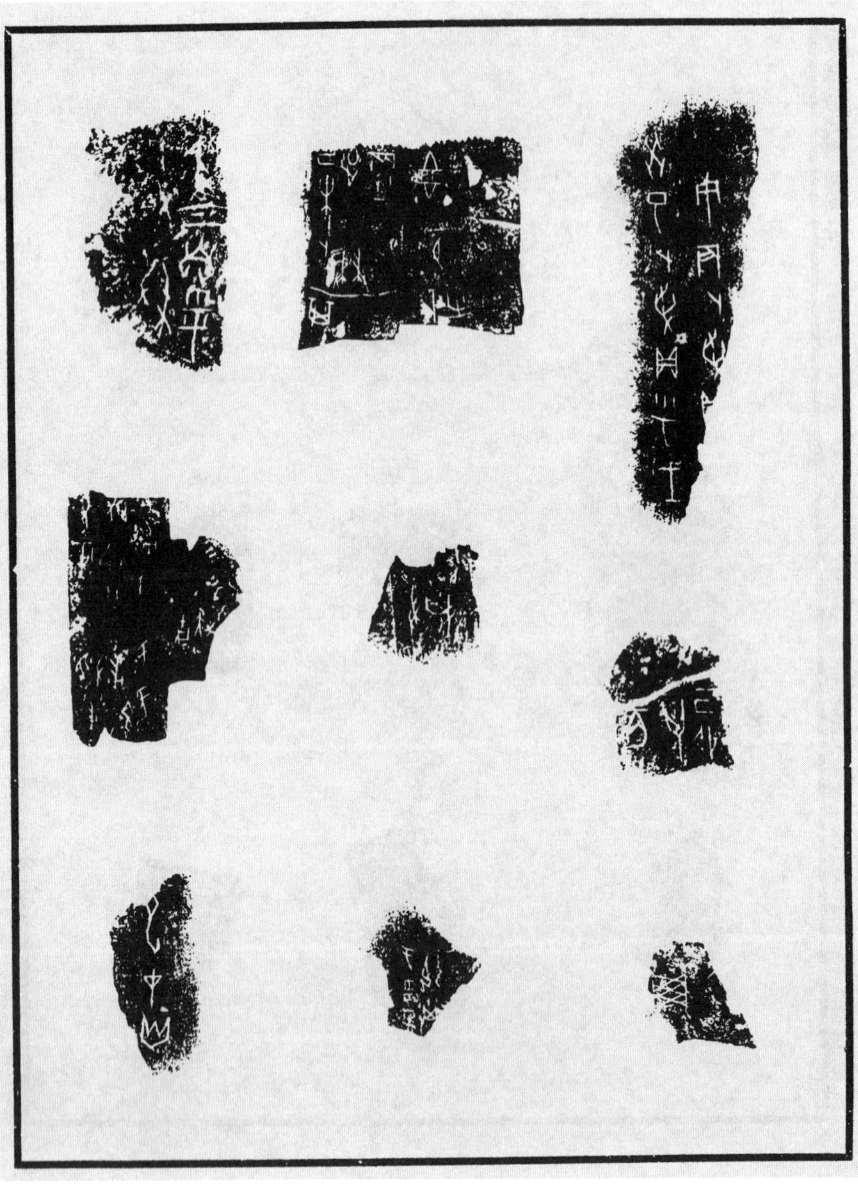

殷虛書契後編卷下

九

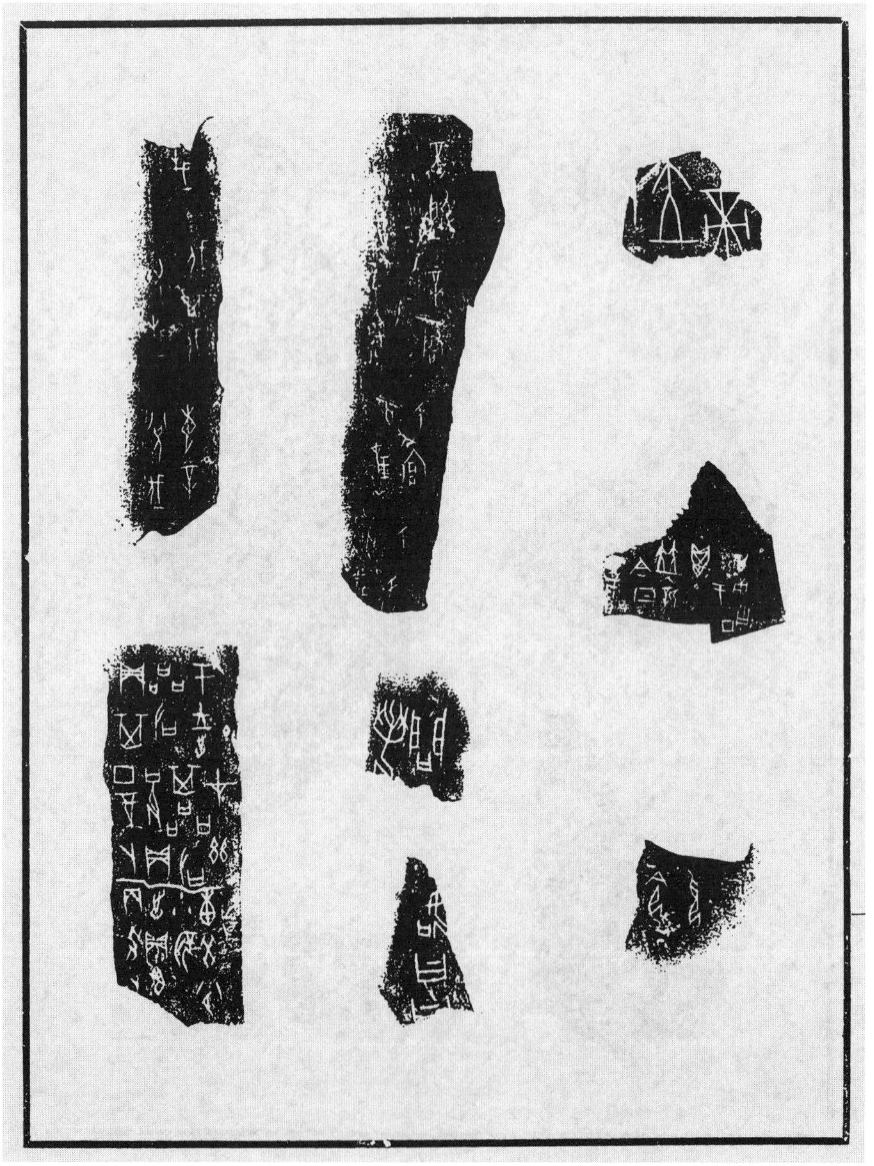

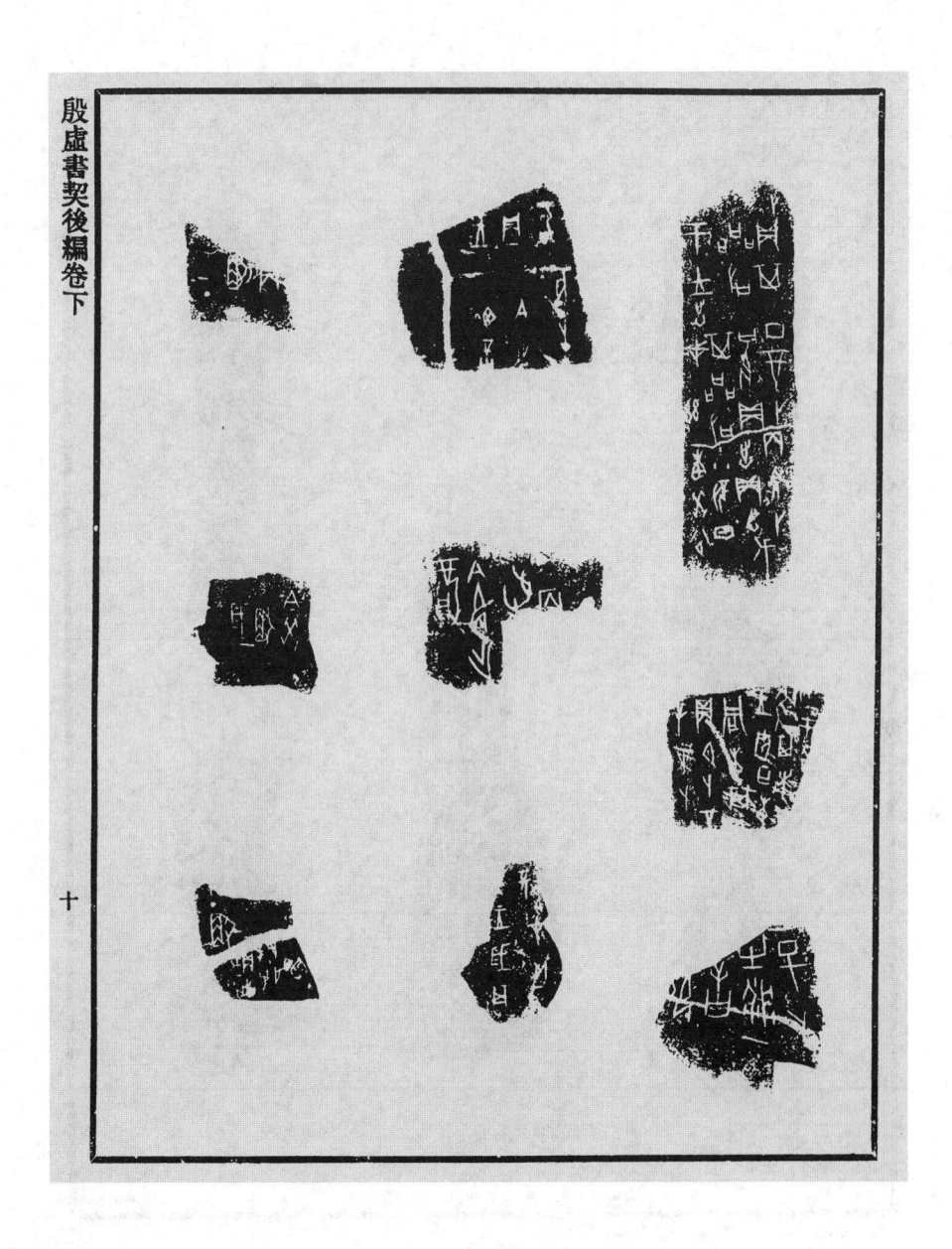

上编 《殷虚书契后编》原书书影

殷虛書契後編卷下

十

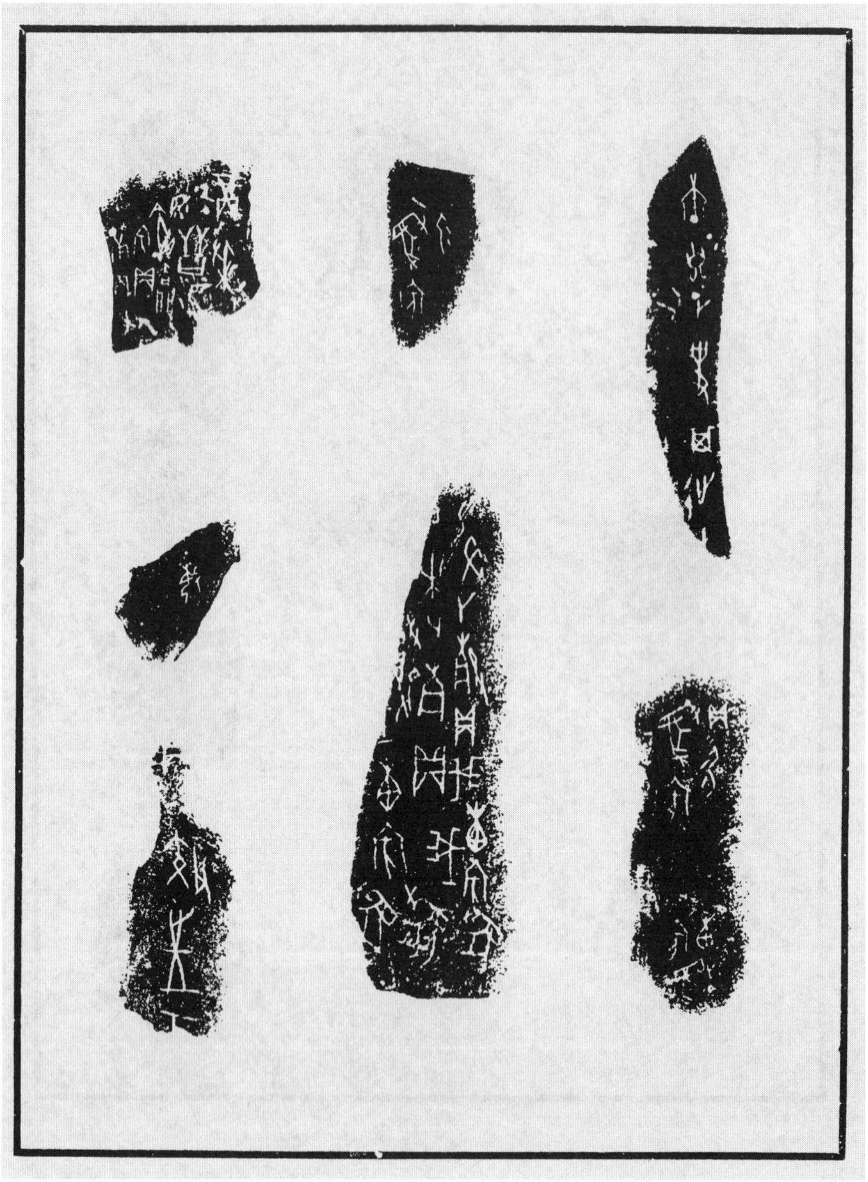

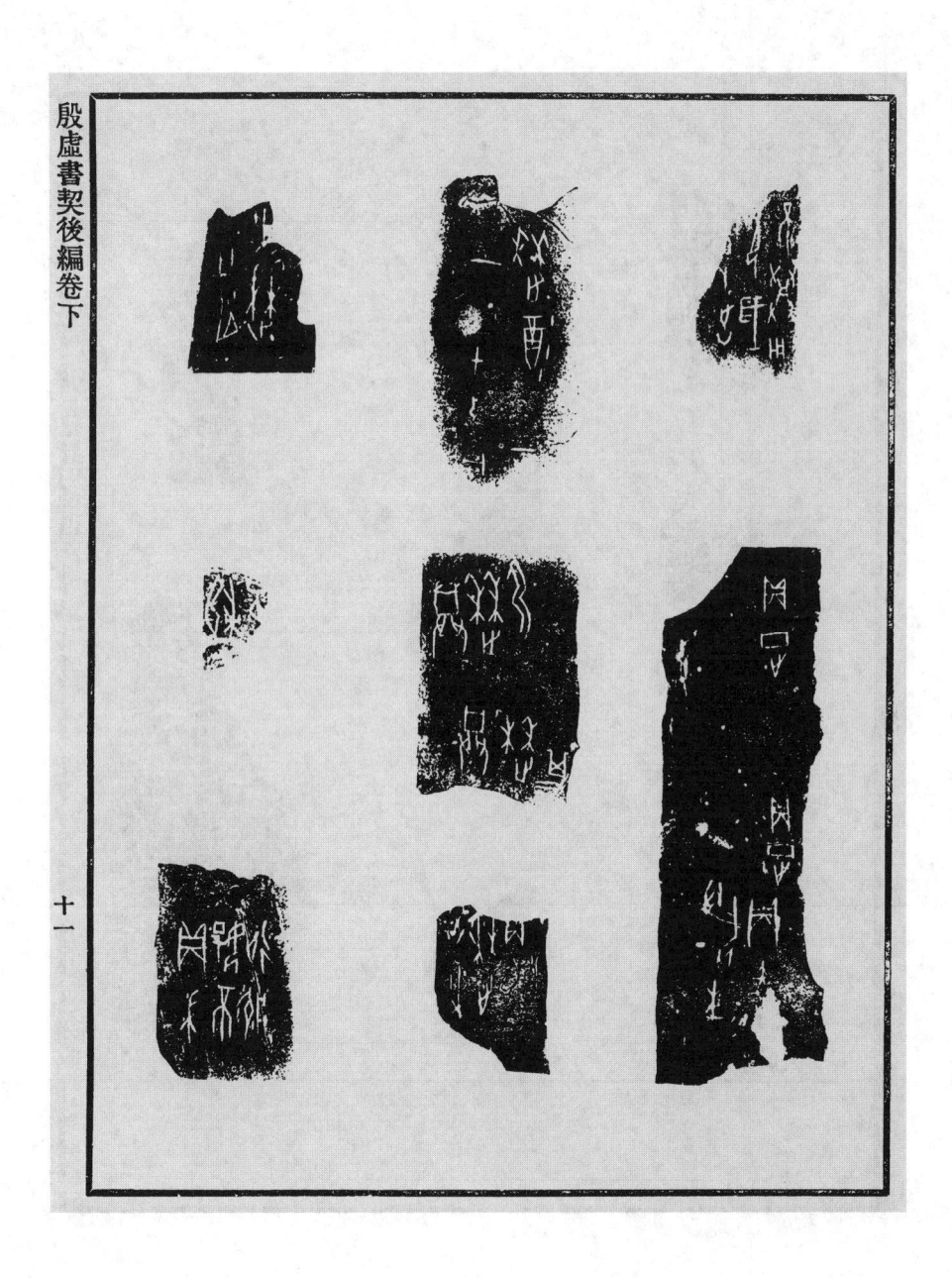

上编 《殷虚书契后编》原书书影

殷虛書契後編卷下

十一

95

《殷虚书契后编》考释

上编 《殷虚书契后编》原书书影

殷虛書契後編卷下

十二

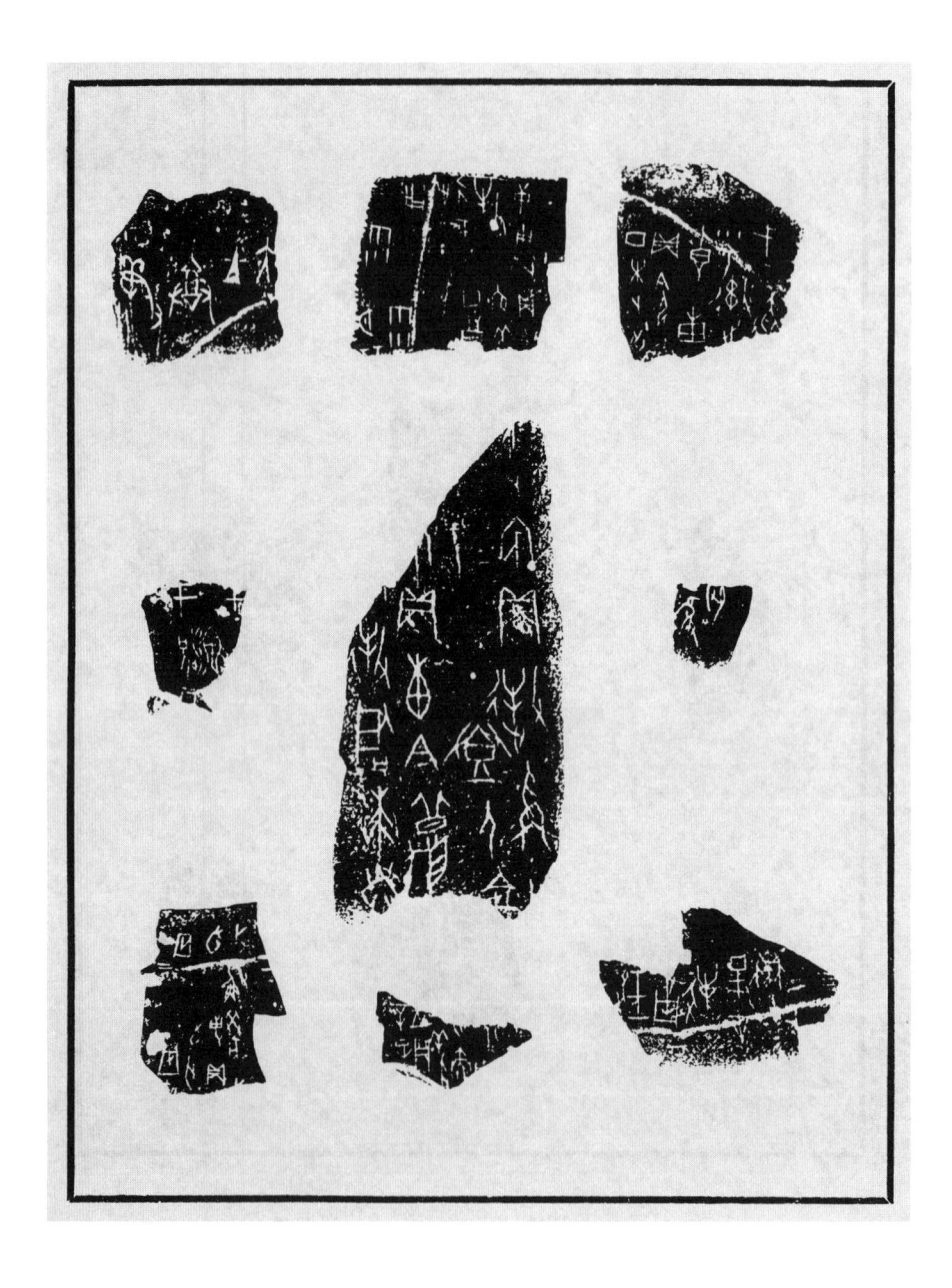

《殷虚书契后编》考释

殷虛書契後編卷下

十三

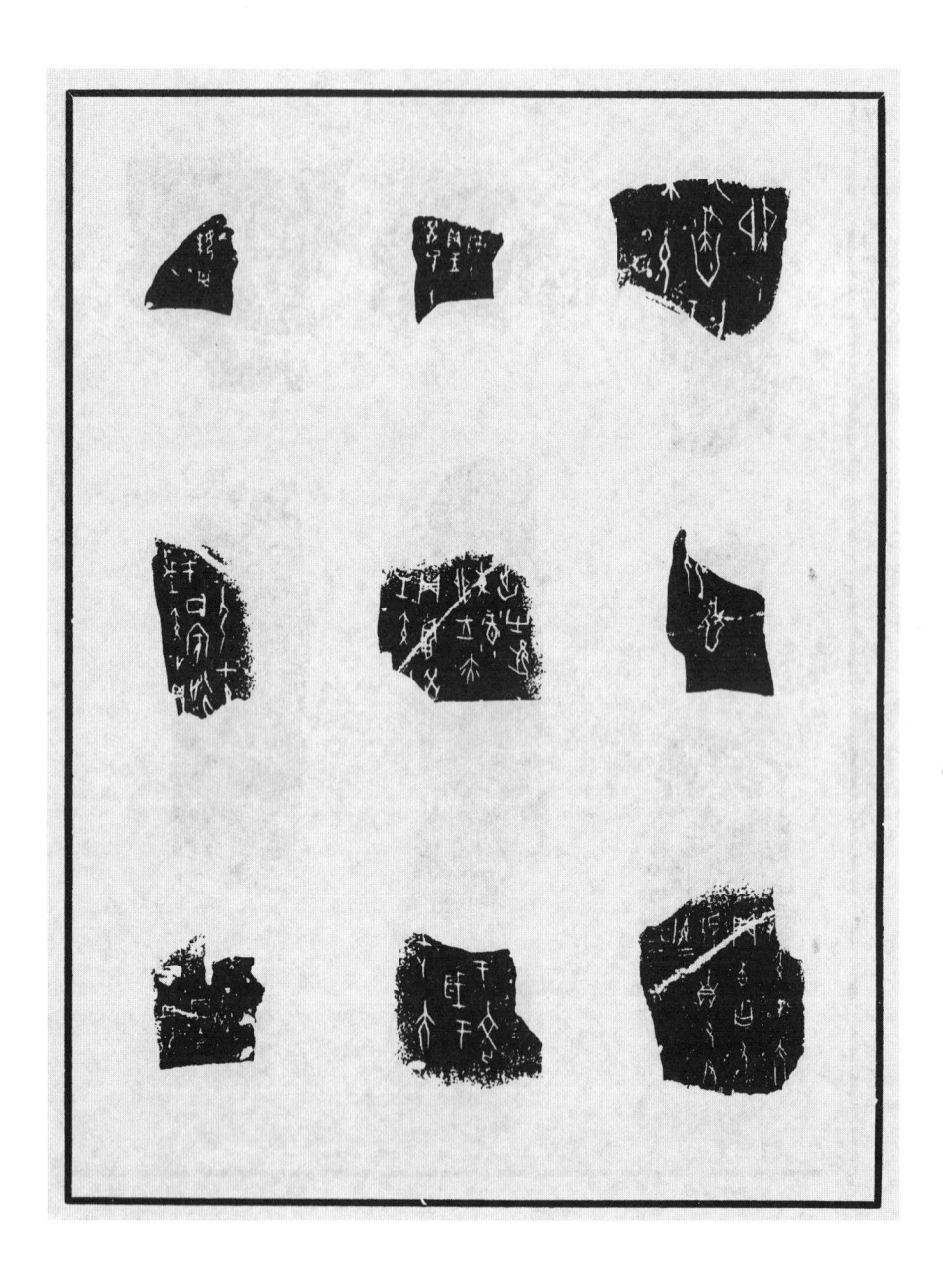

《殷虚书契后编》考释

殷虛書契後編卷下

十四

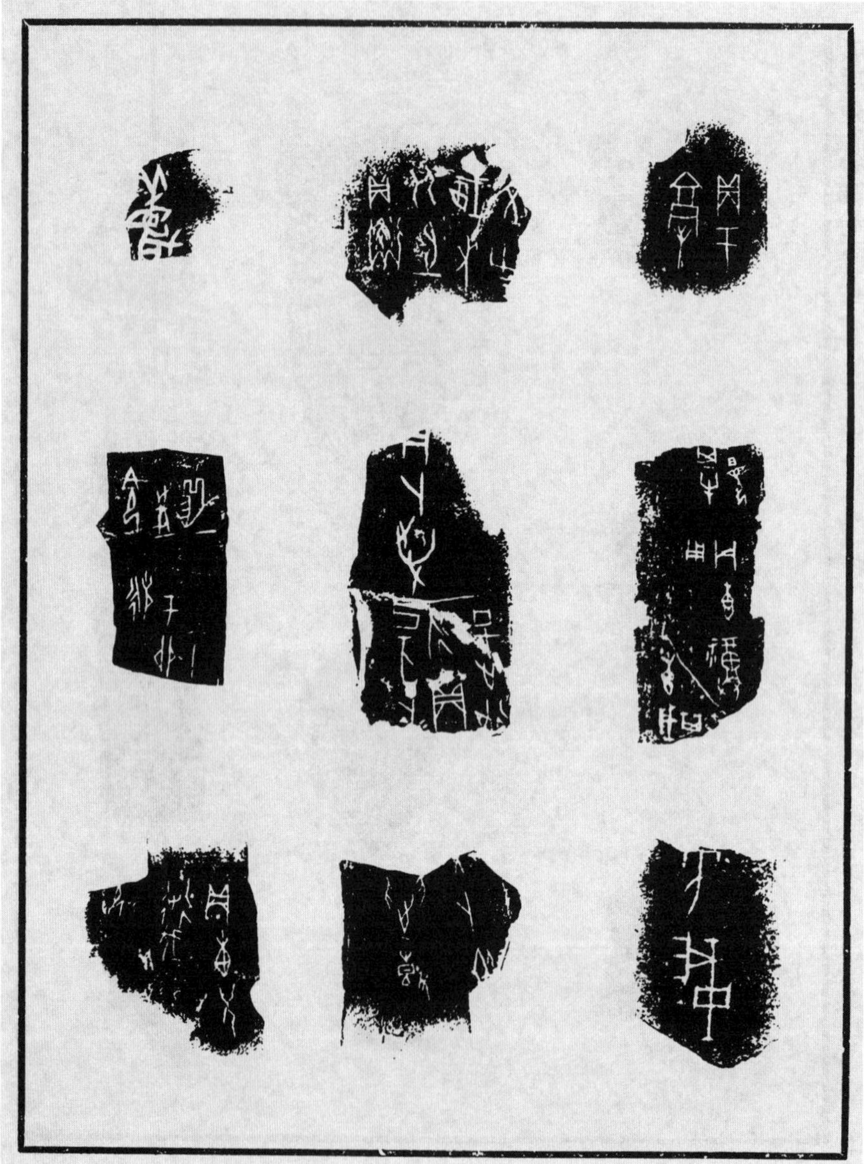

殷虛書契後編卷下

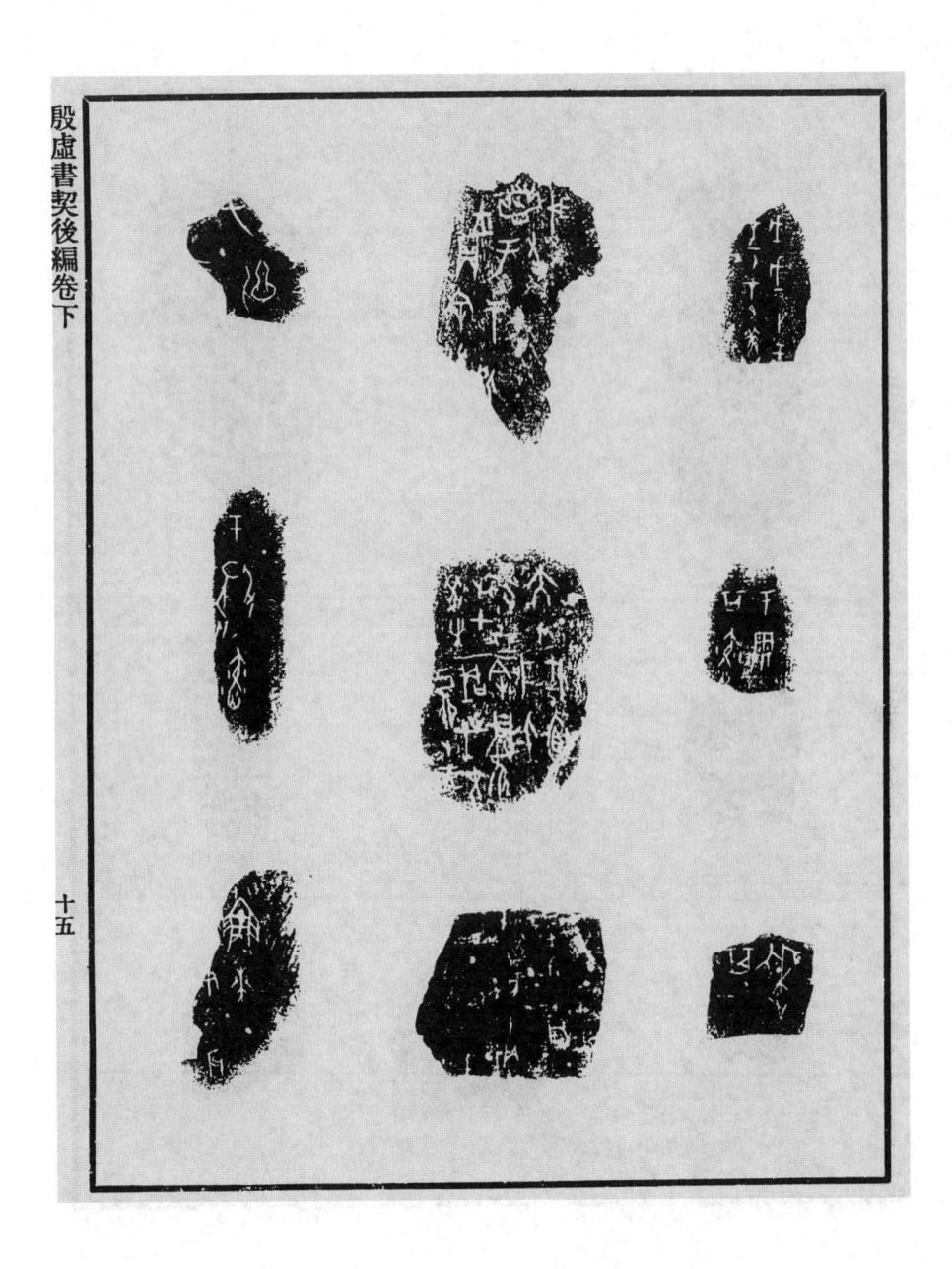

十五

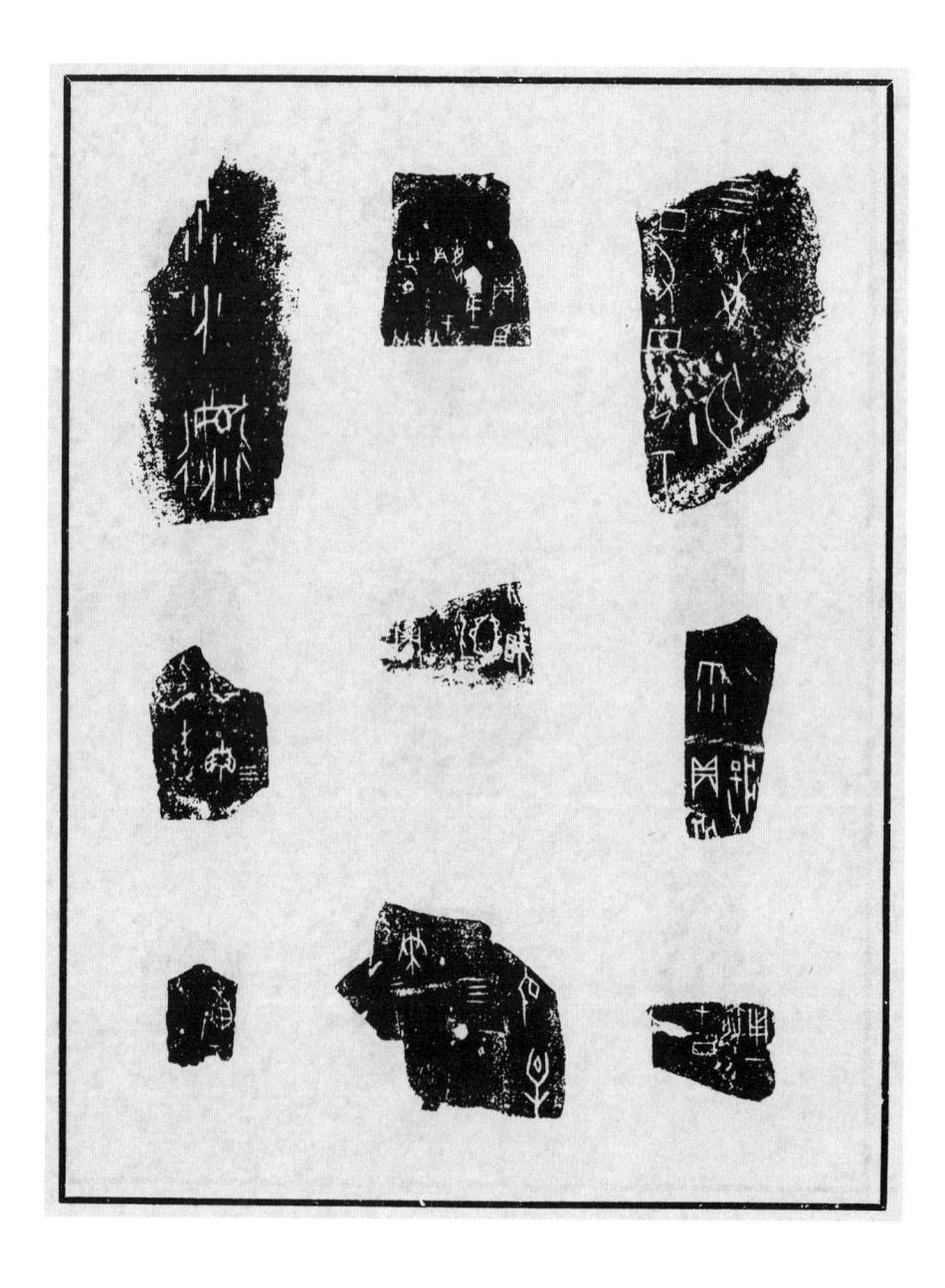

《殷虚书契后编》考释

殷虛書契後編卷下

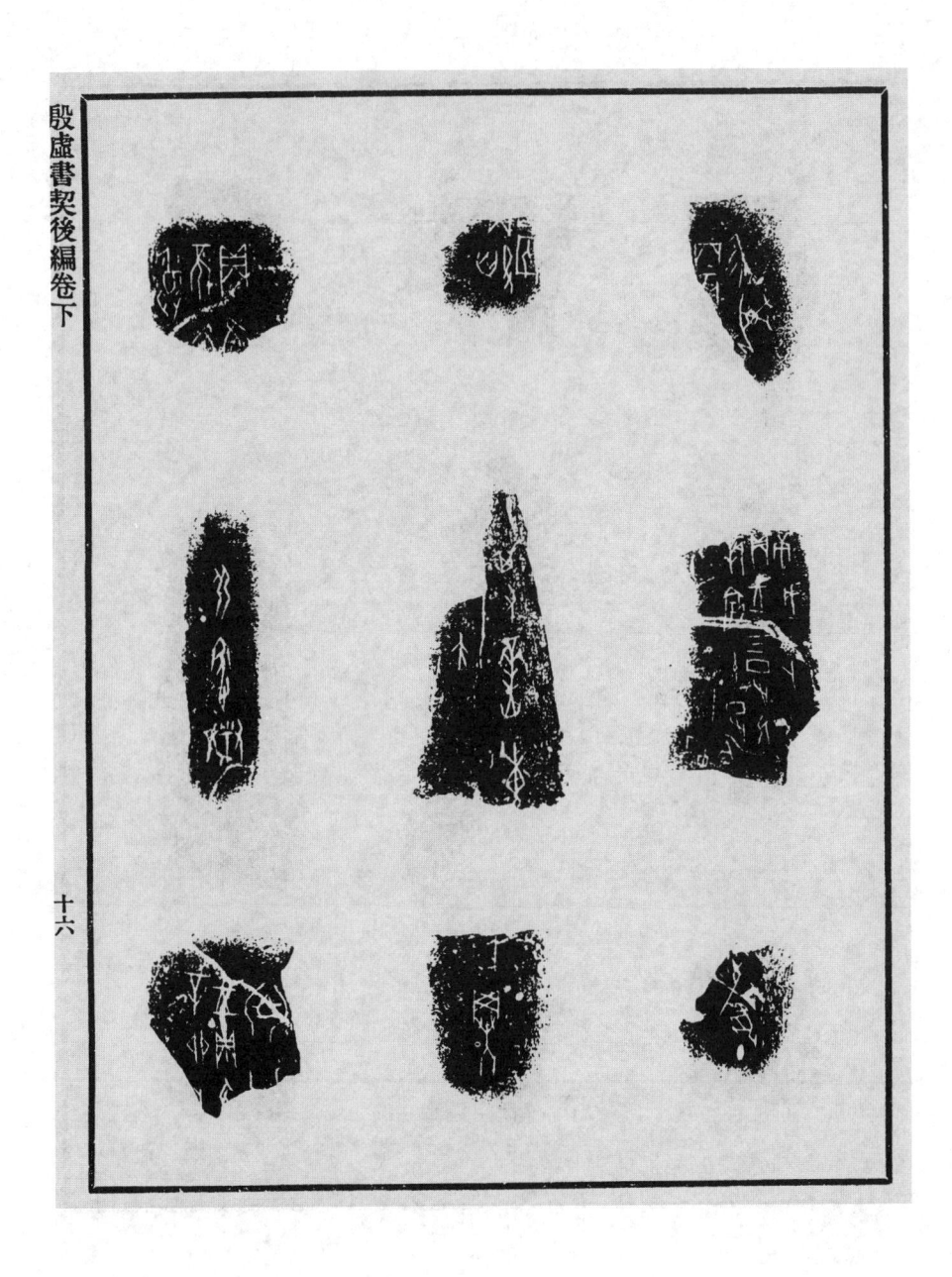

十六

《殷虚书契后编》考释

殷虛書契後編卷下

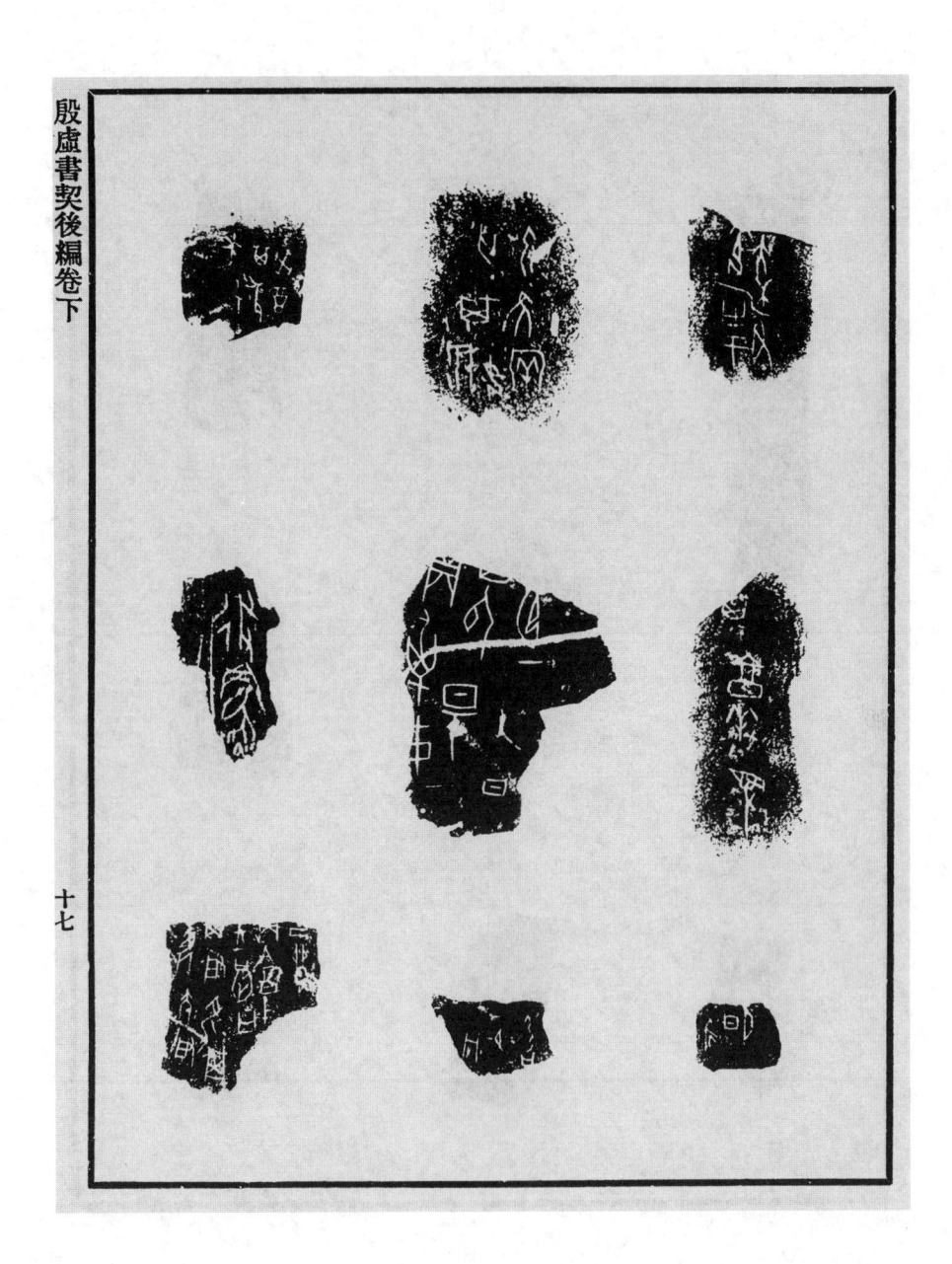

十七

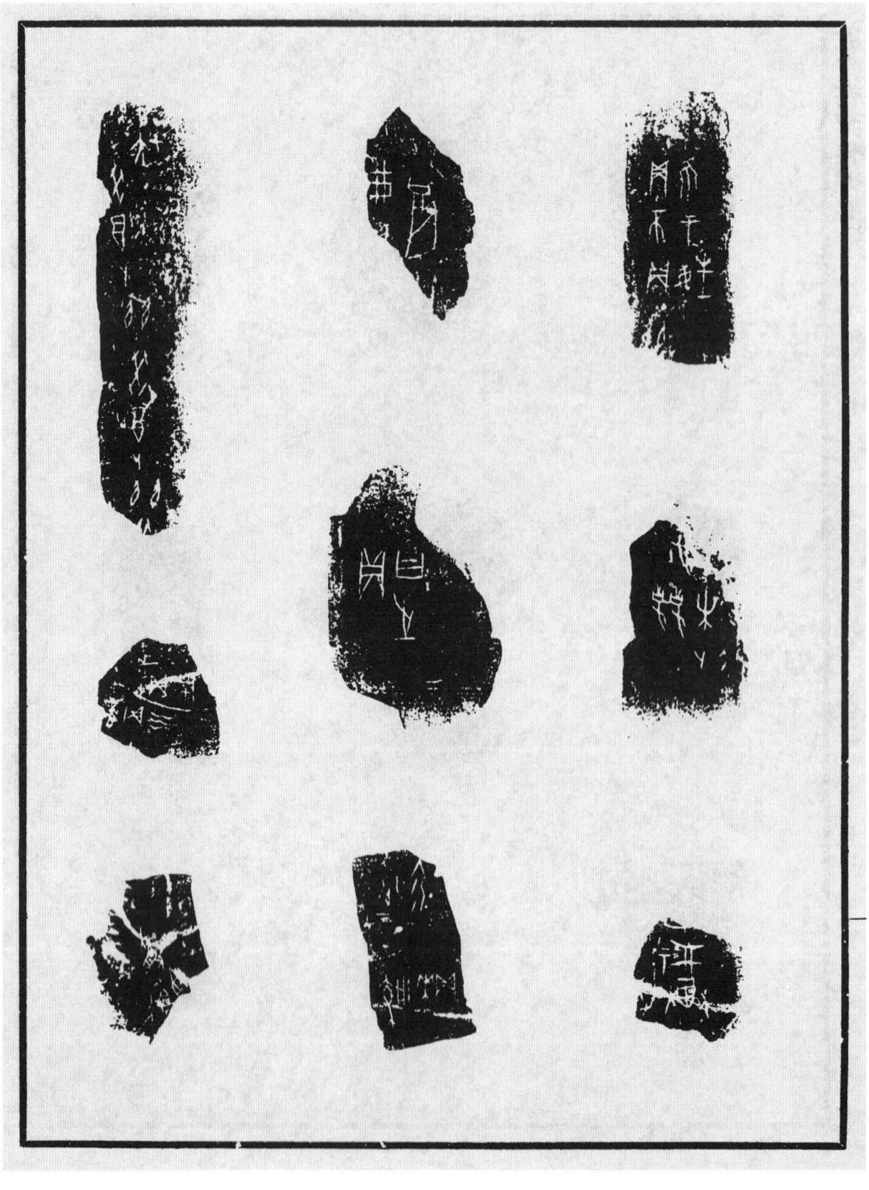

殷虛書契後編卷下

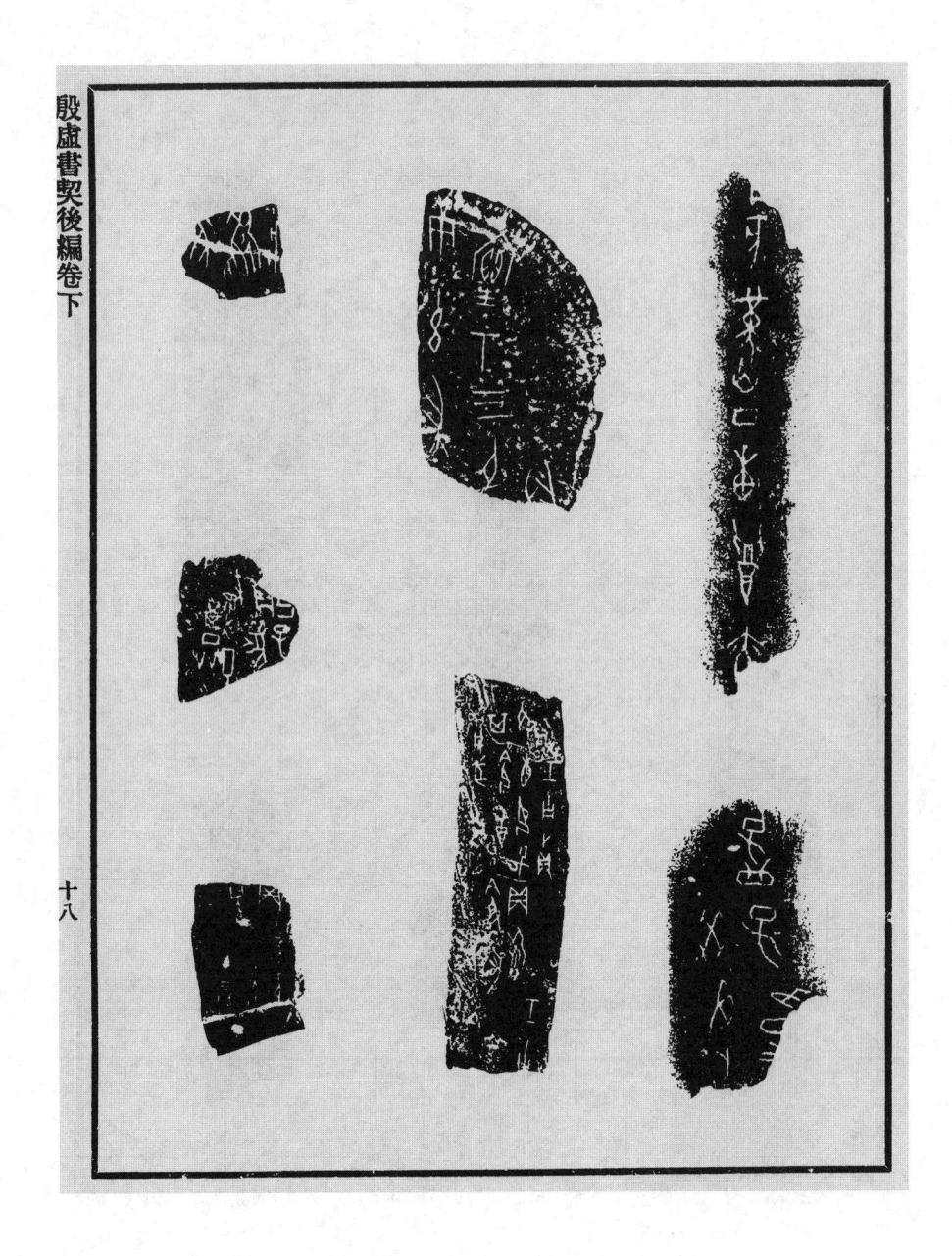

十八

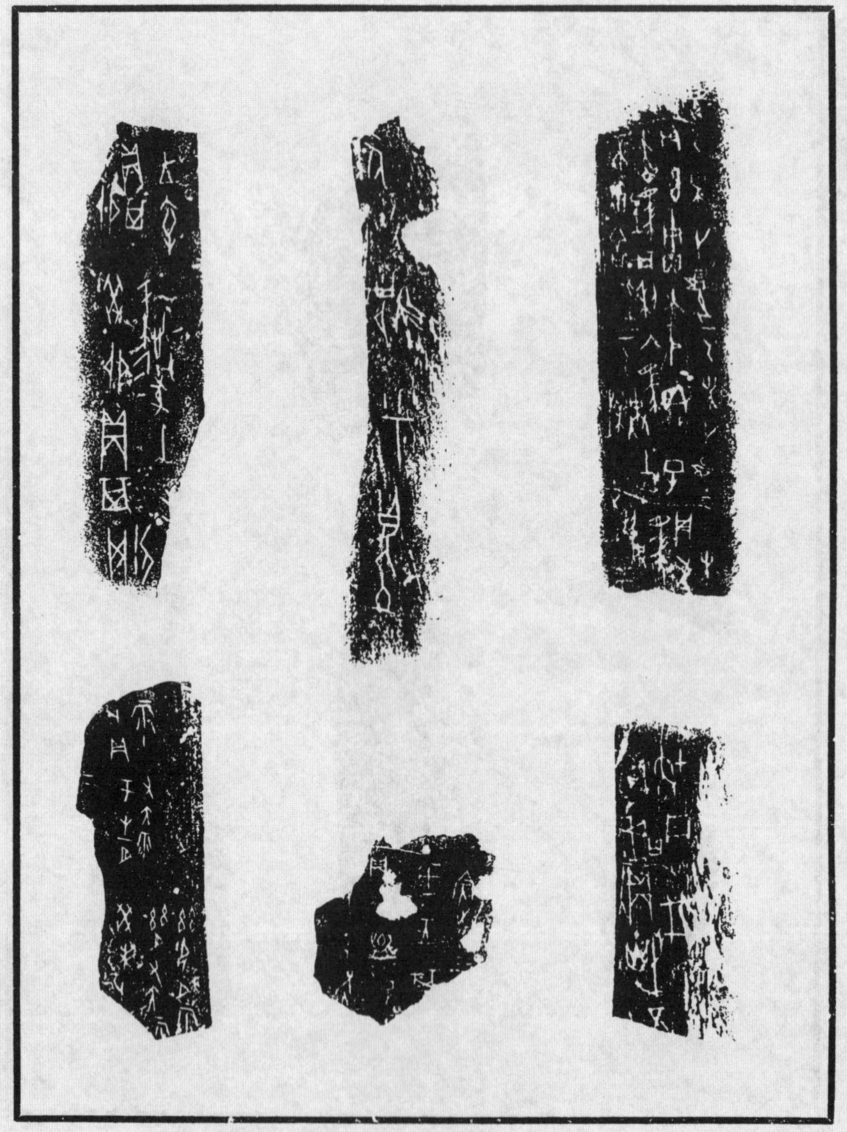

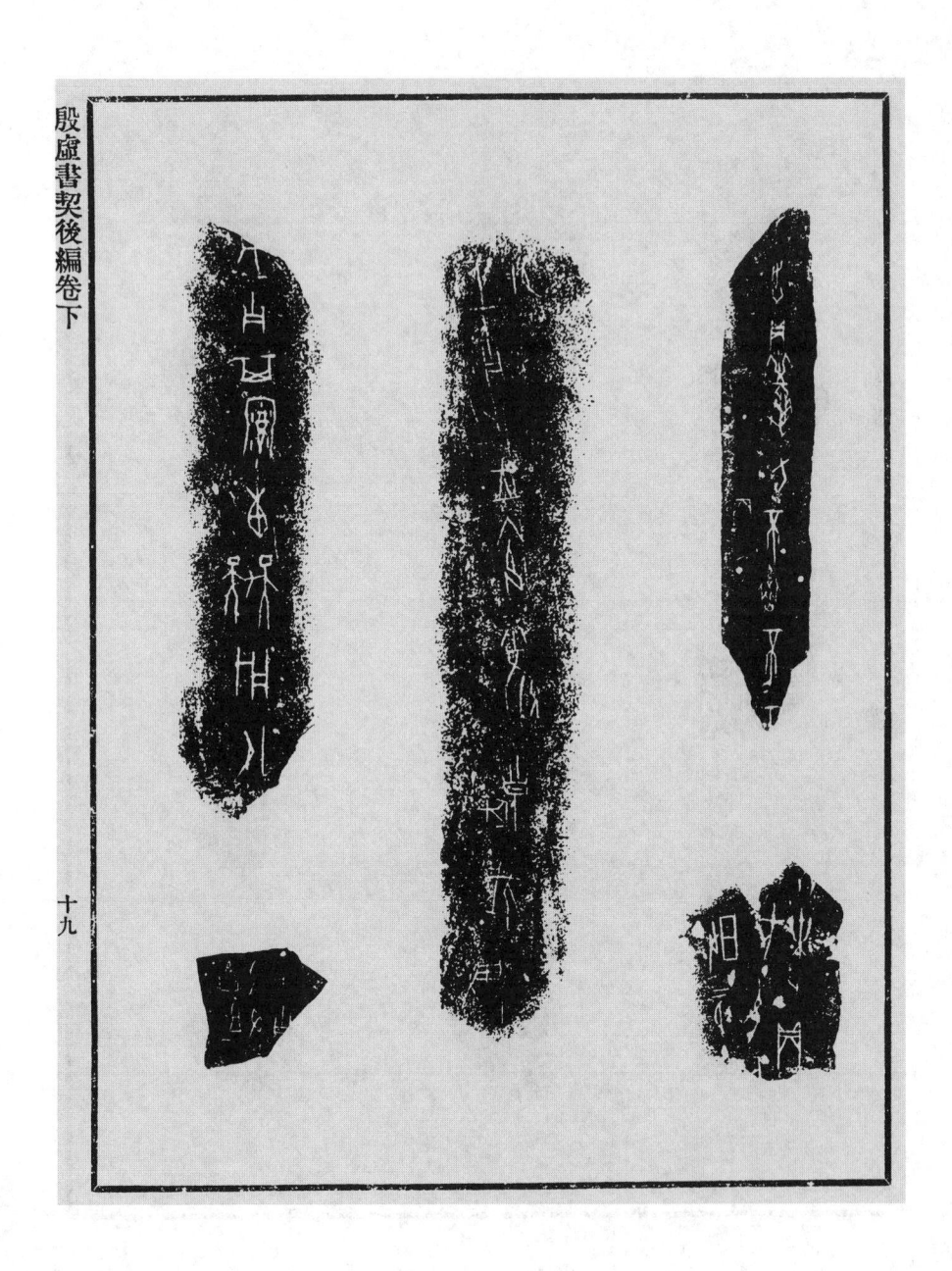

上编 《殷虚书契后编》原书书影

《殷虚书契后编》考释

上编 《殷虚书契后编》原书书影

《殷虚书契后编》考释

上编 《殷虚书契后编》原书书影

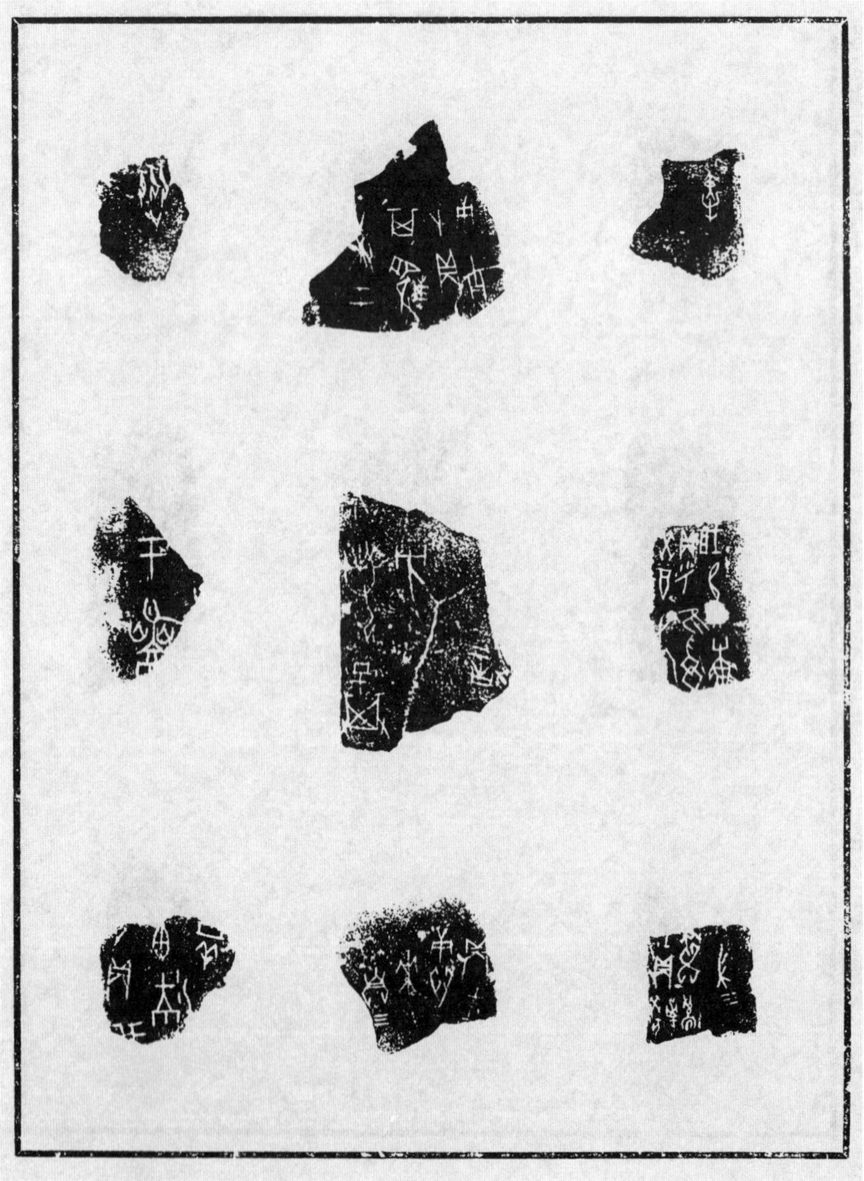

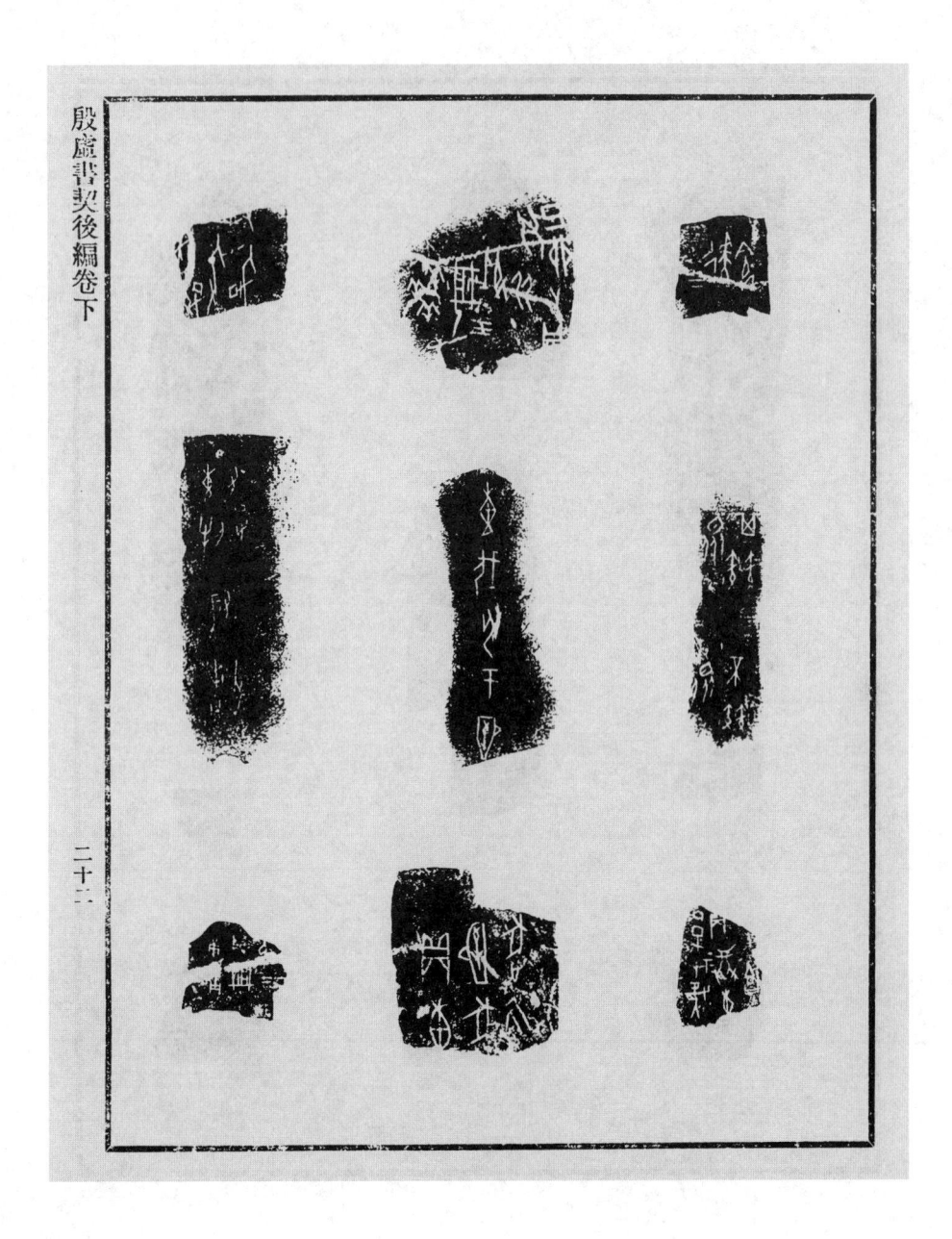

上编 《殷虚书契后编》原书书影

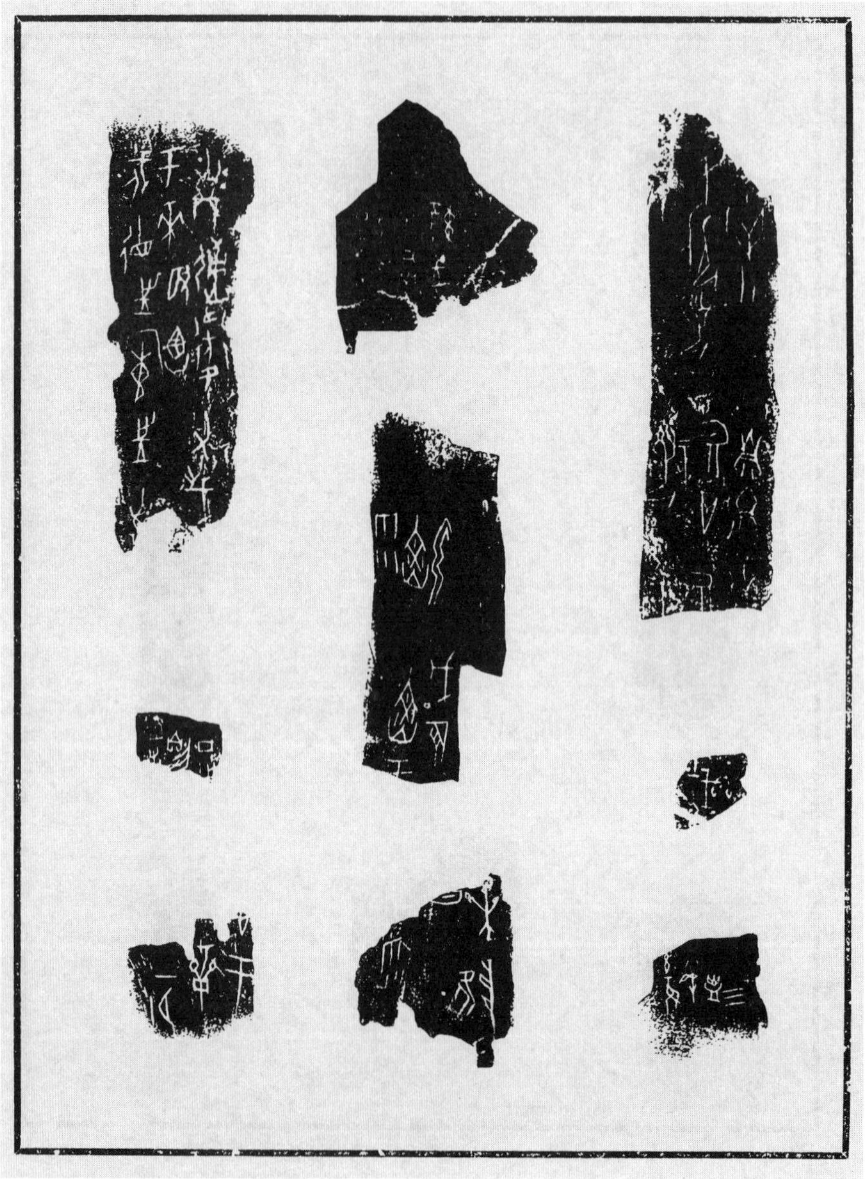

殷虛書契後編卷下

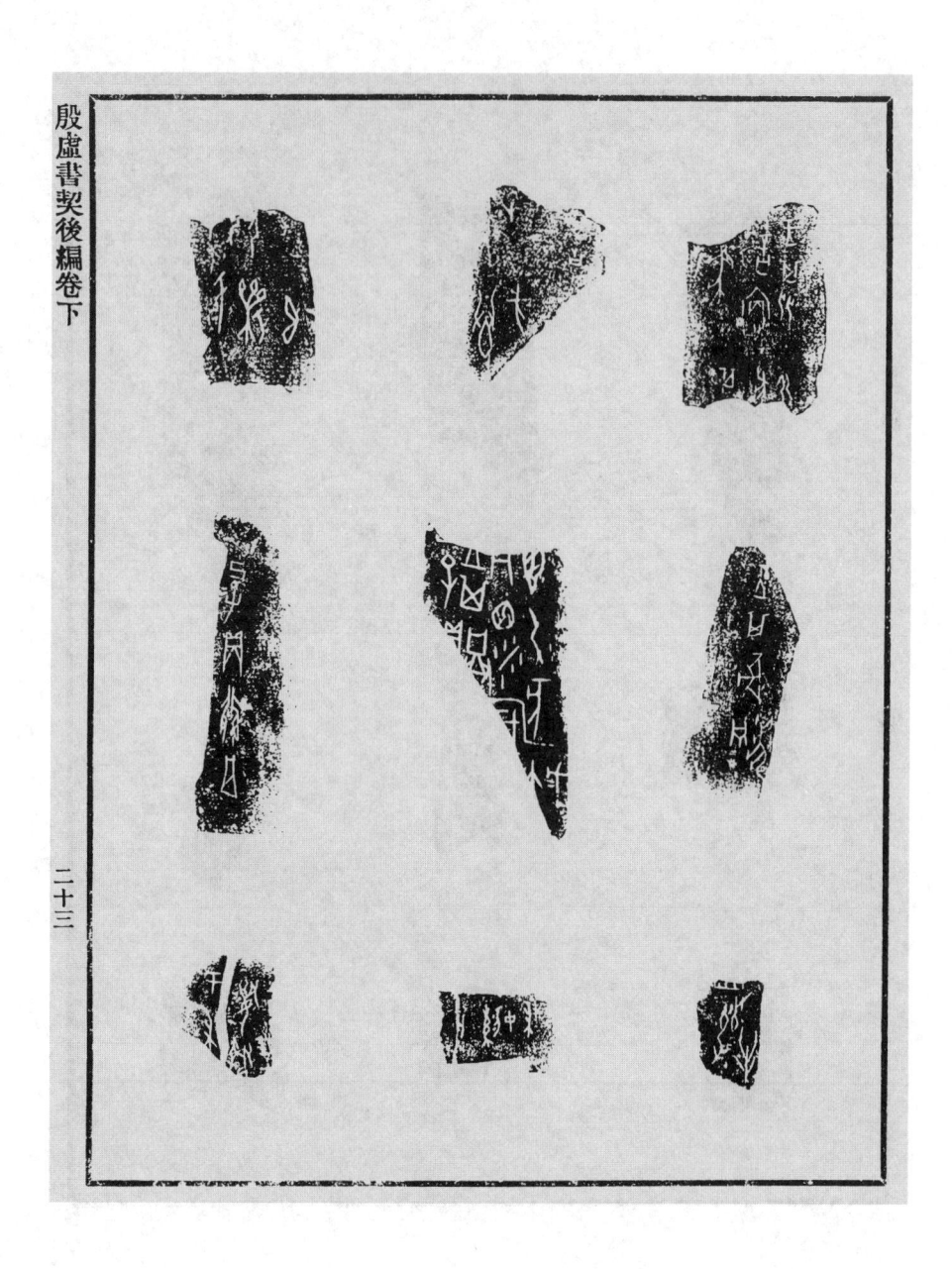

二十三

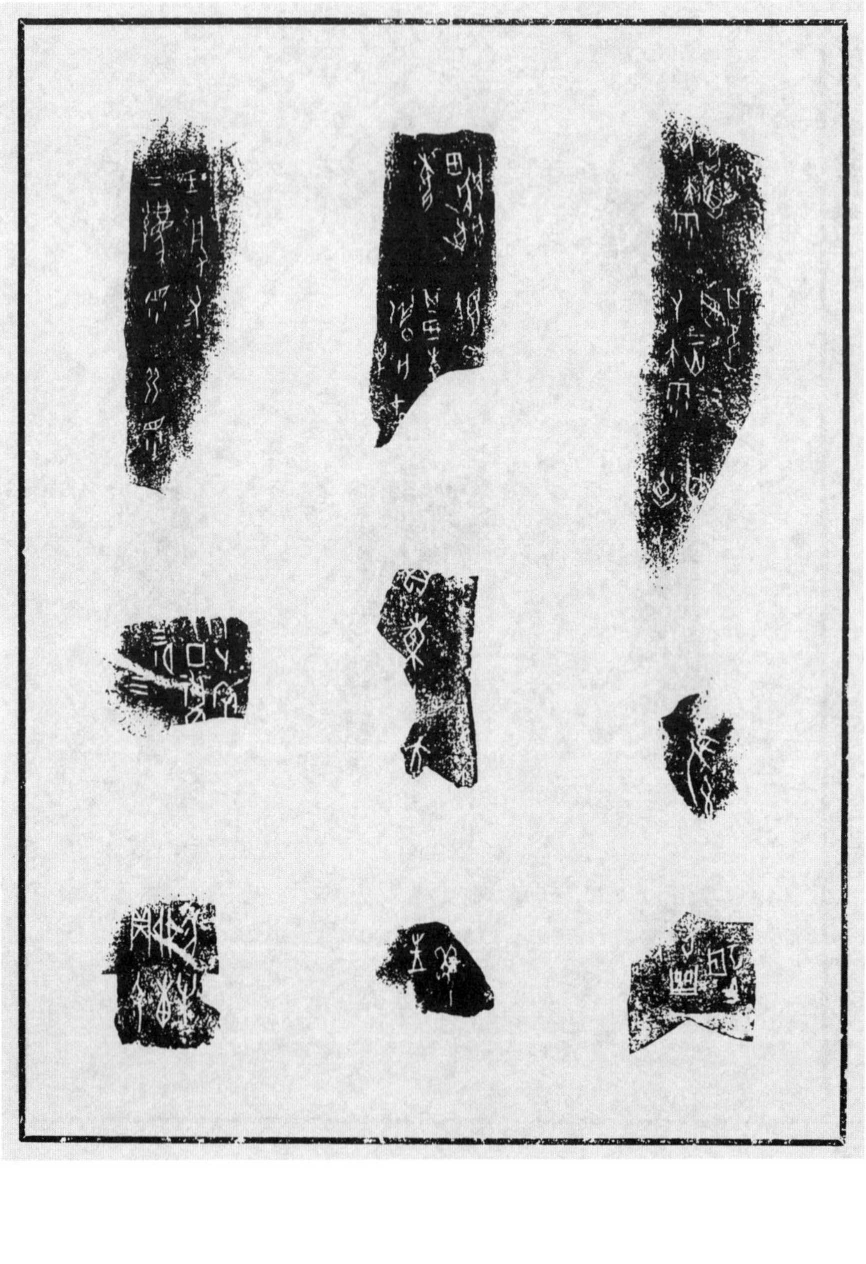

殷虛書契後編卷下

二十四

《殷虚书契后编》考释

殷虛書契後編卷下

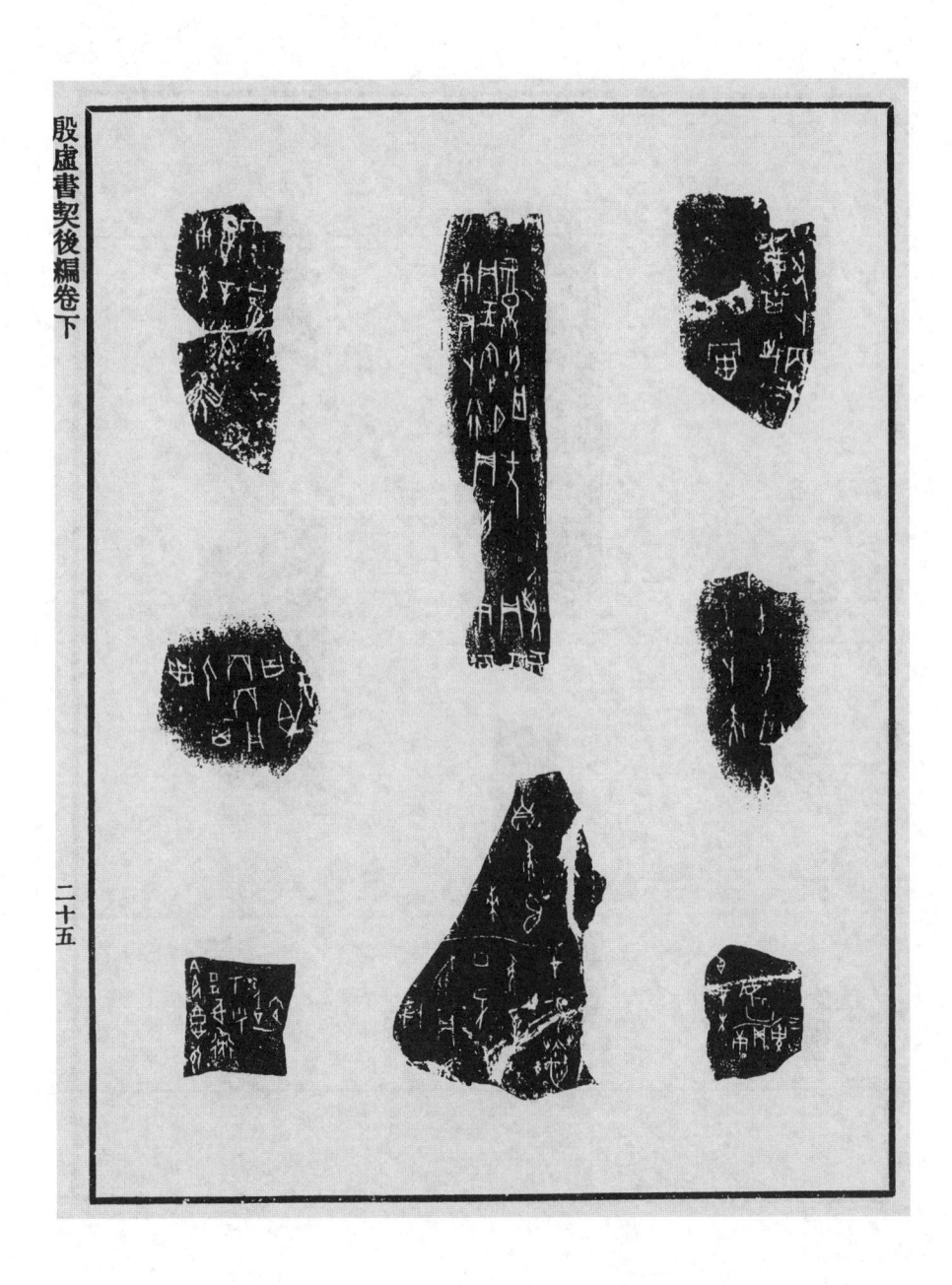

二十五

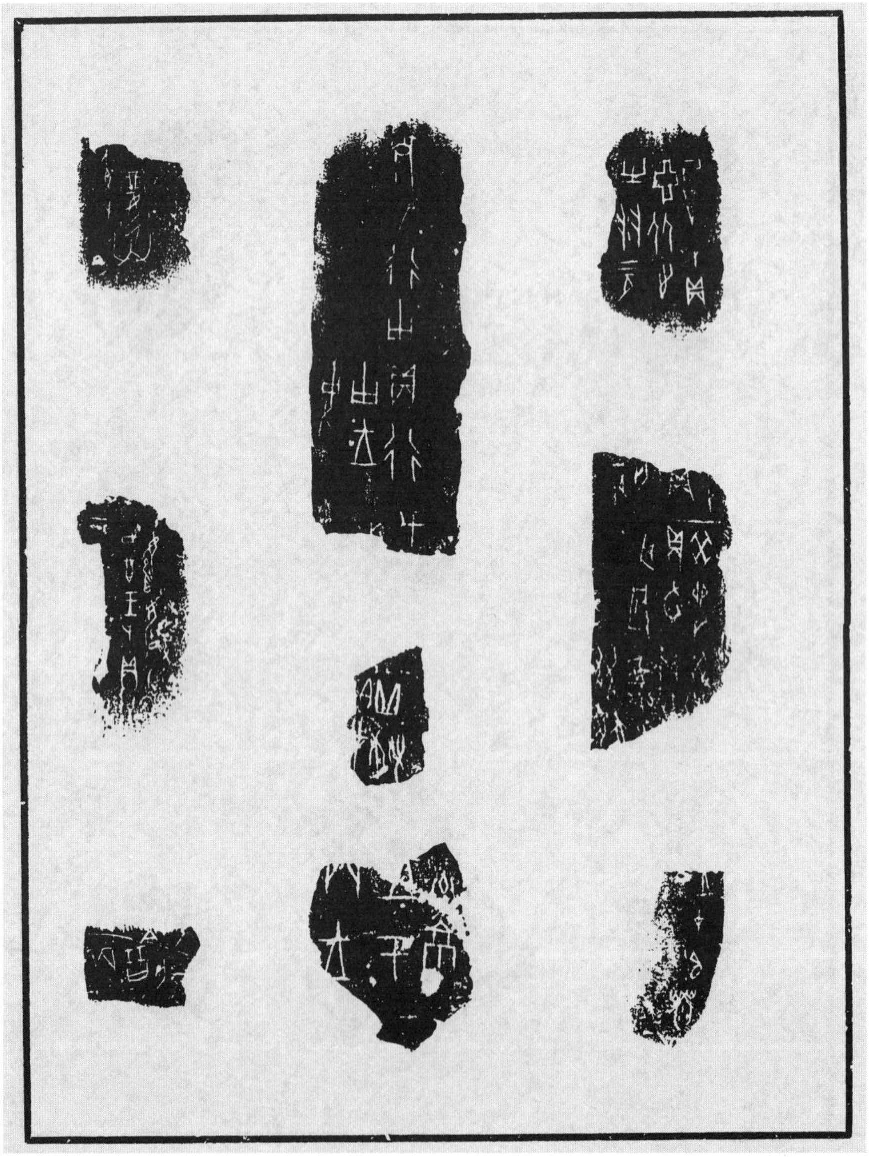

殷虛書契後編卷下

二十六

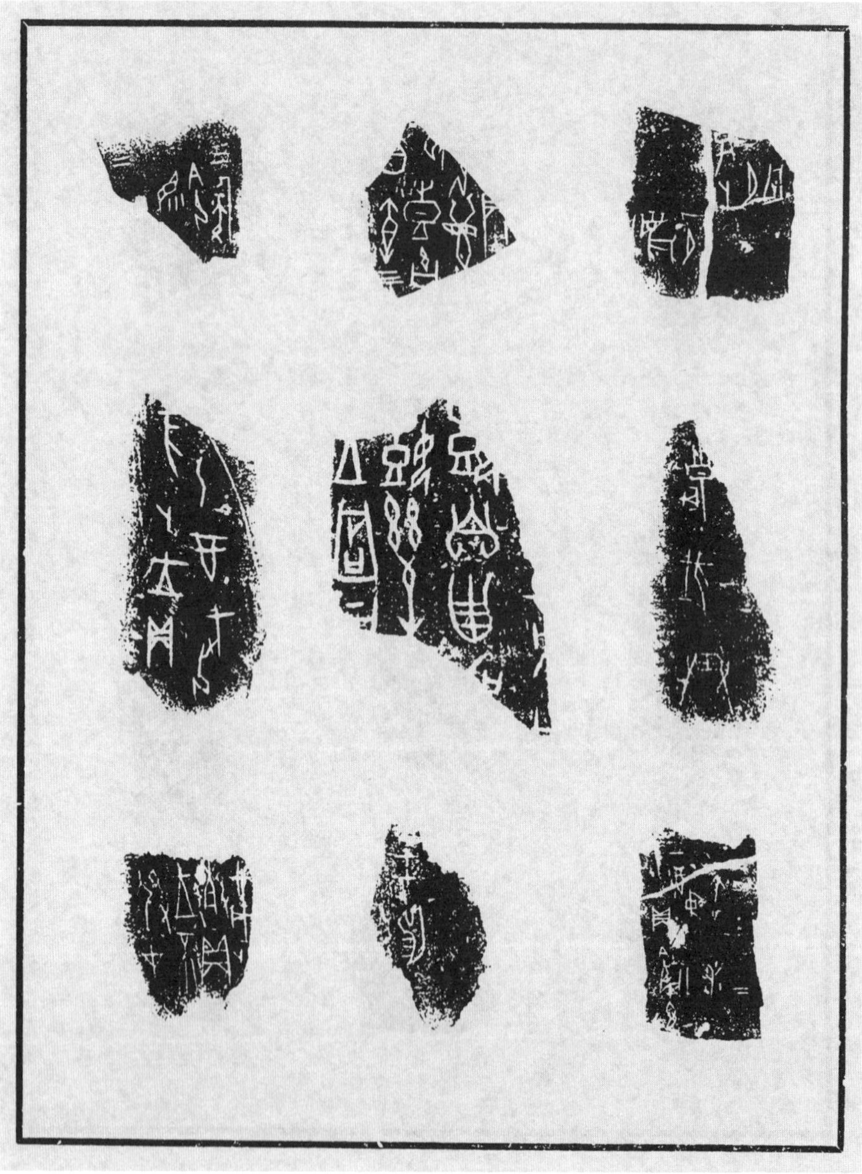

殷虚書契後編卷下

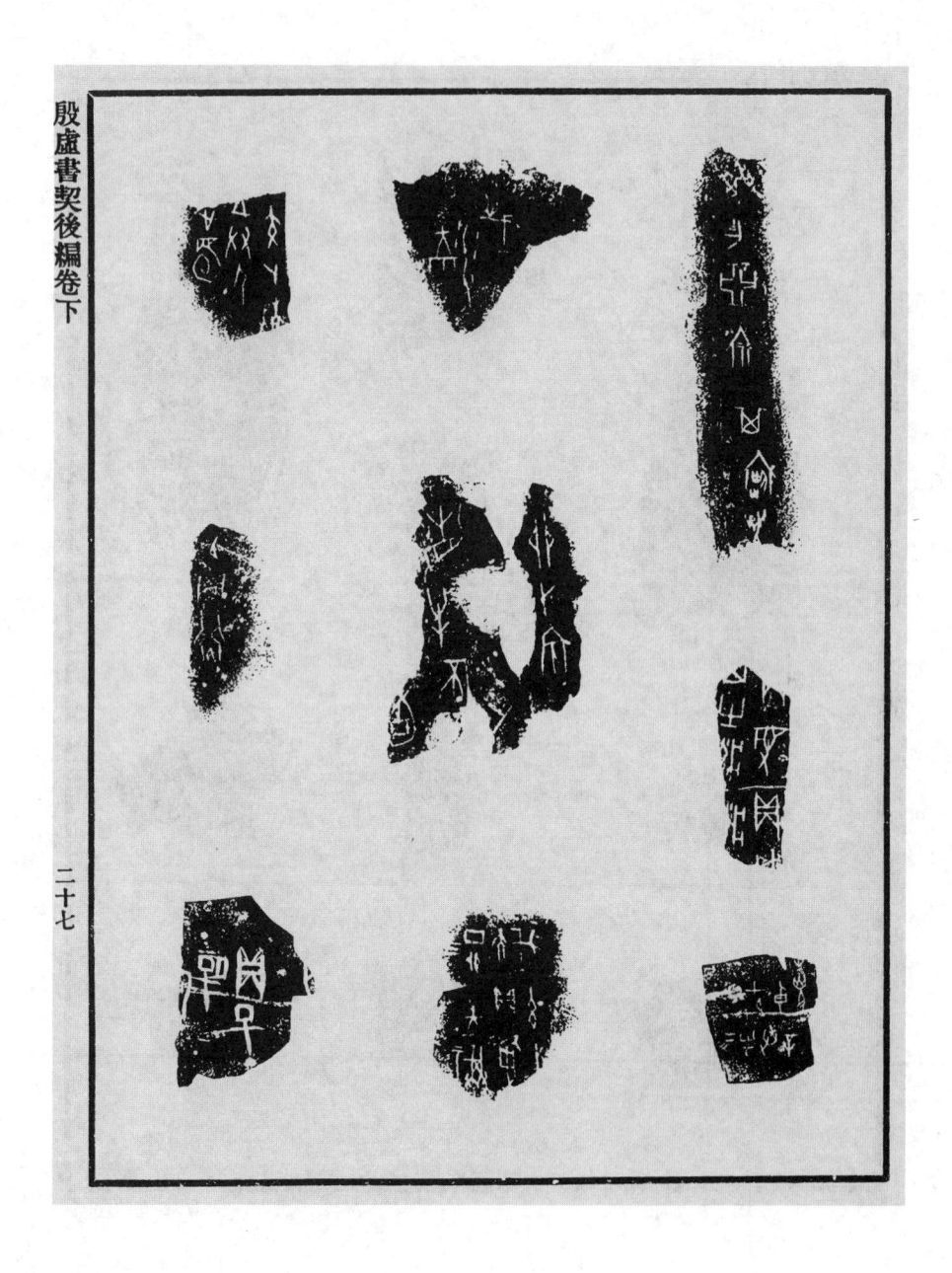

二十七

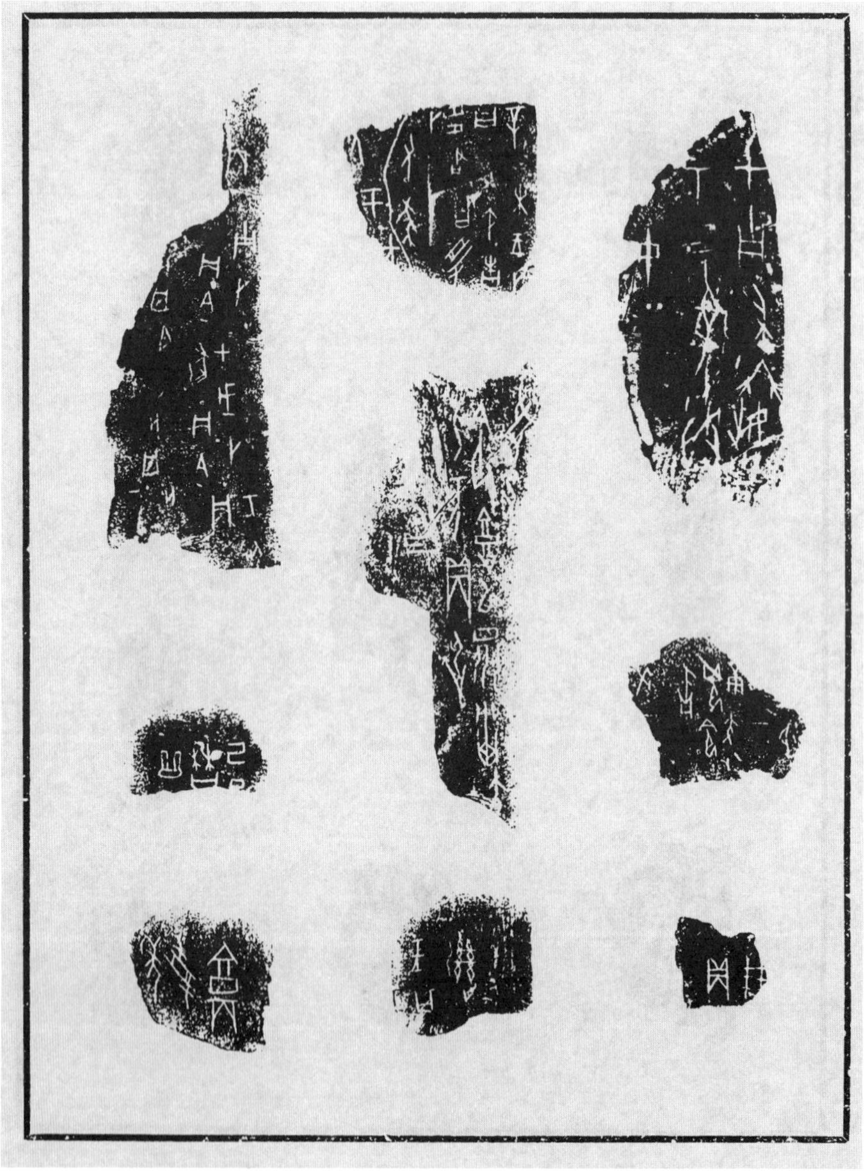

殷虛書契後編卷下

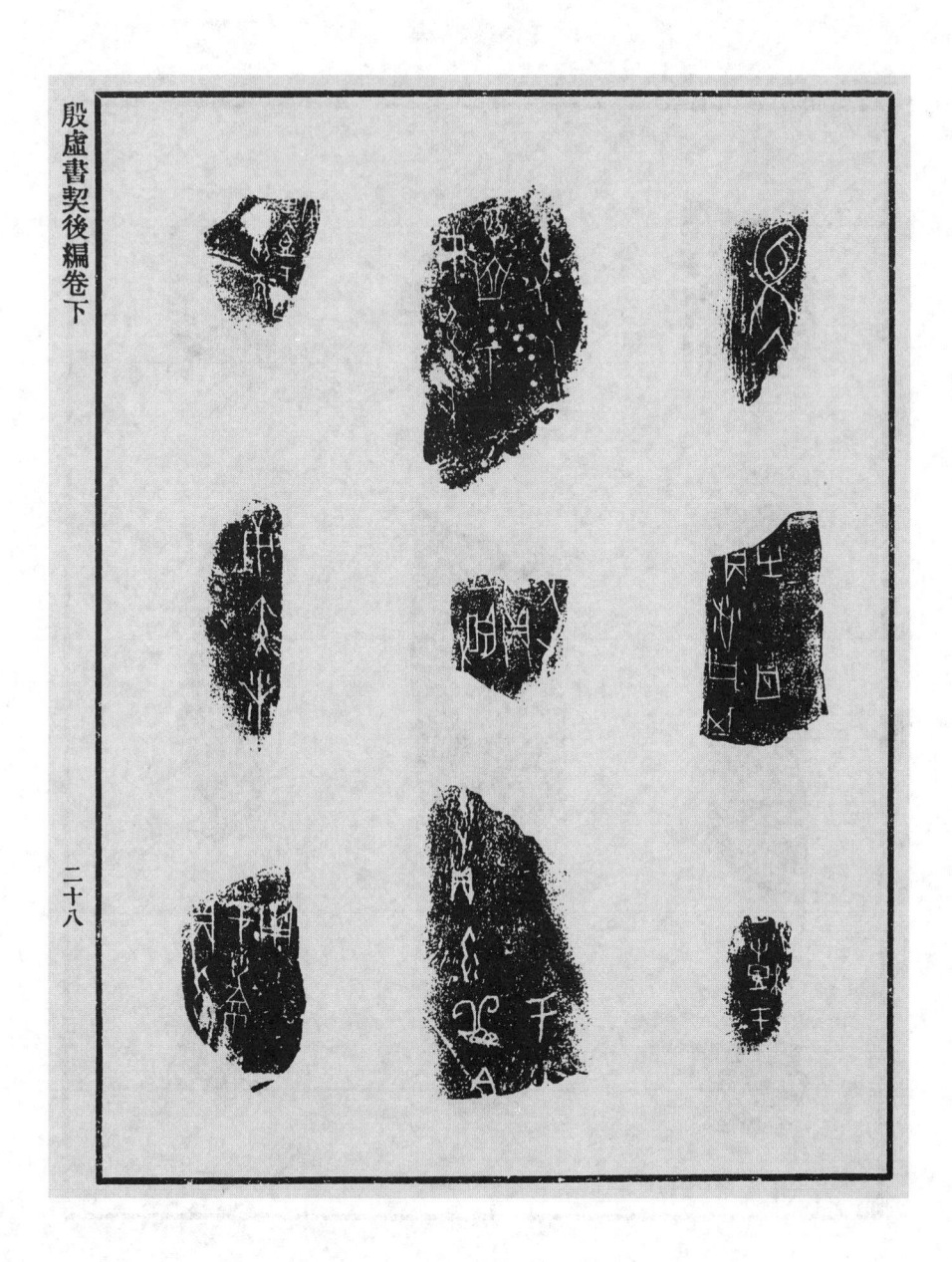

二十八

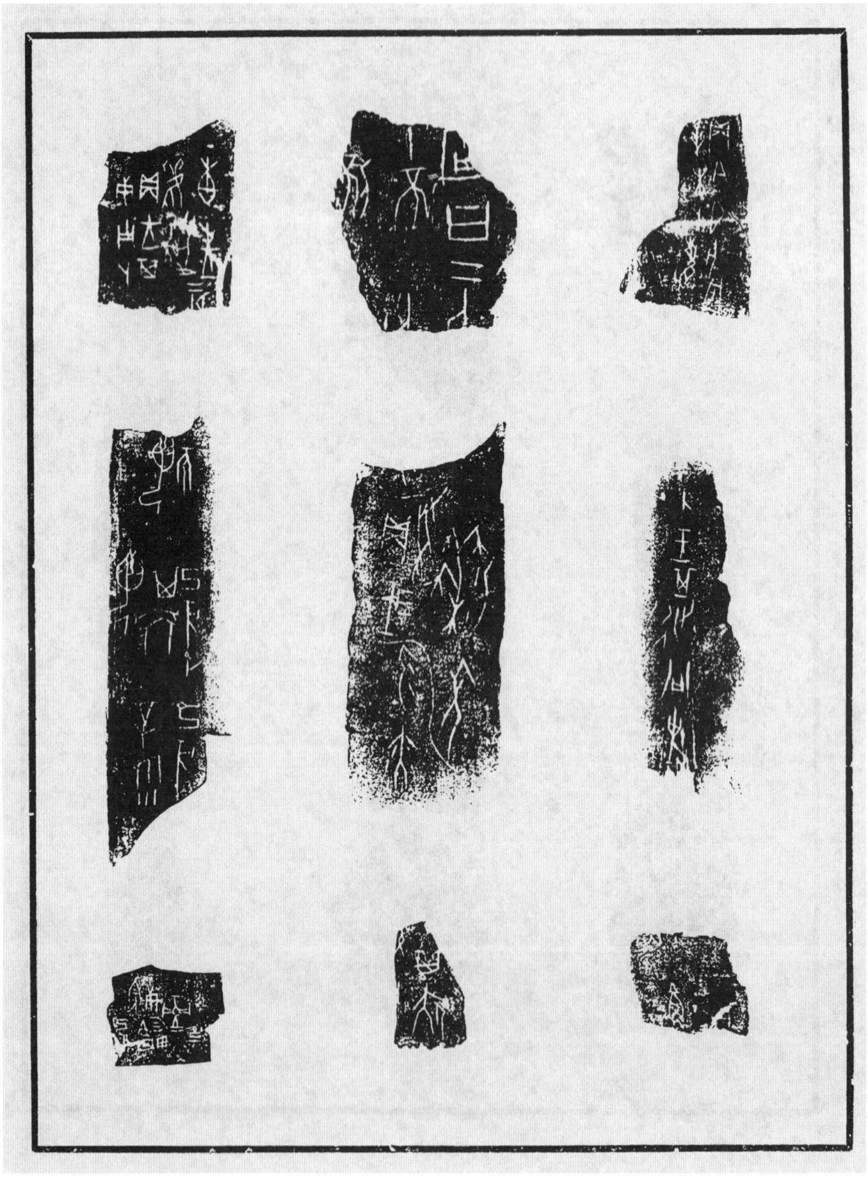

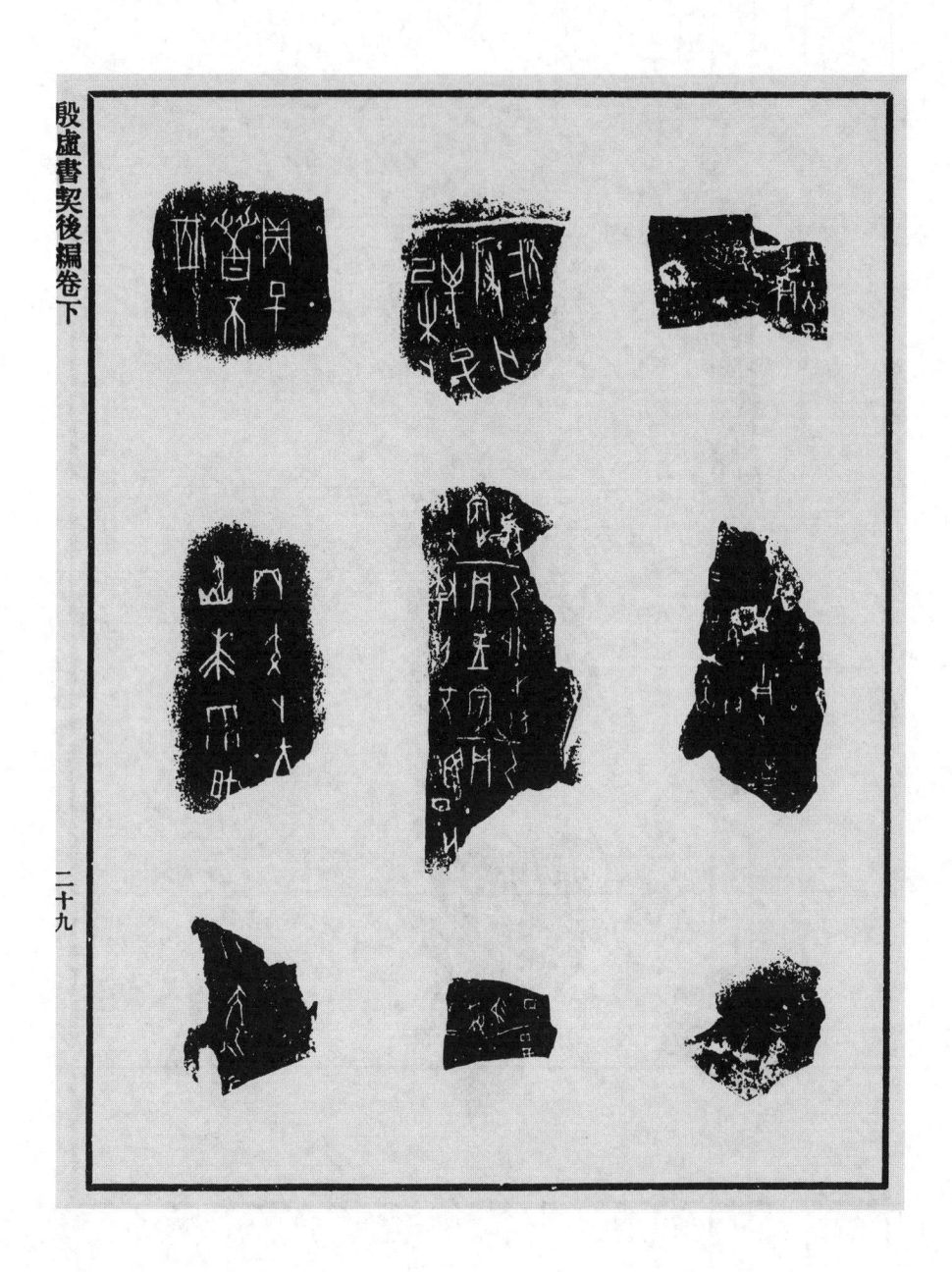

上编 《殷虚书契后编》原书书影

殷虛書契後編卷下

二十九

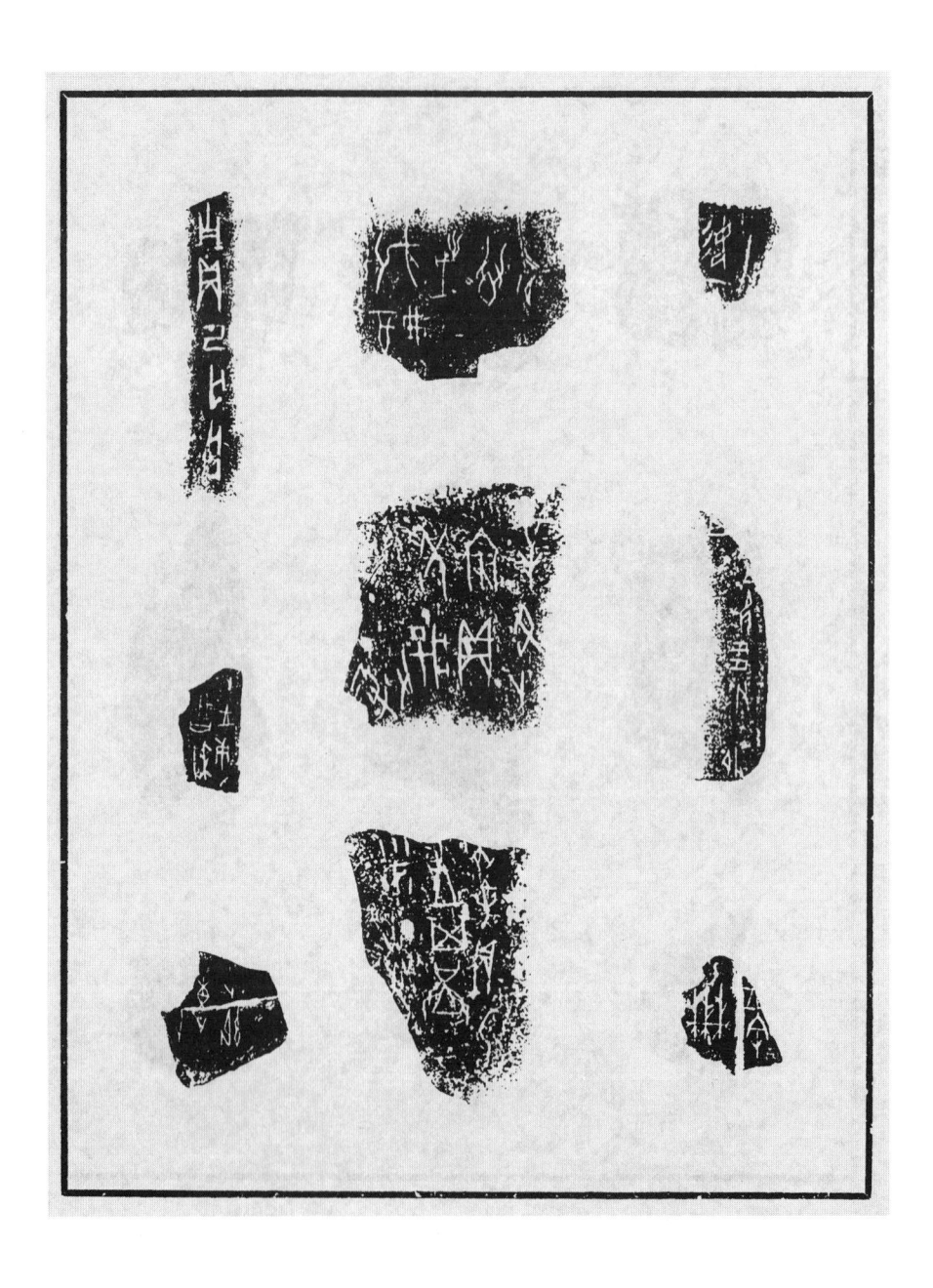

《殷虚书契后编》考释

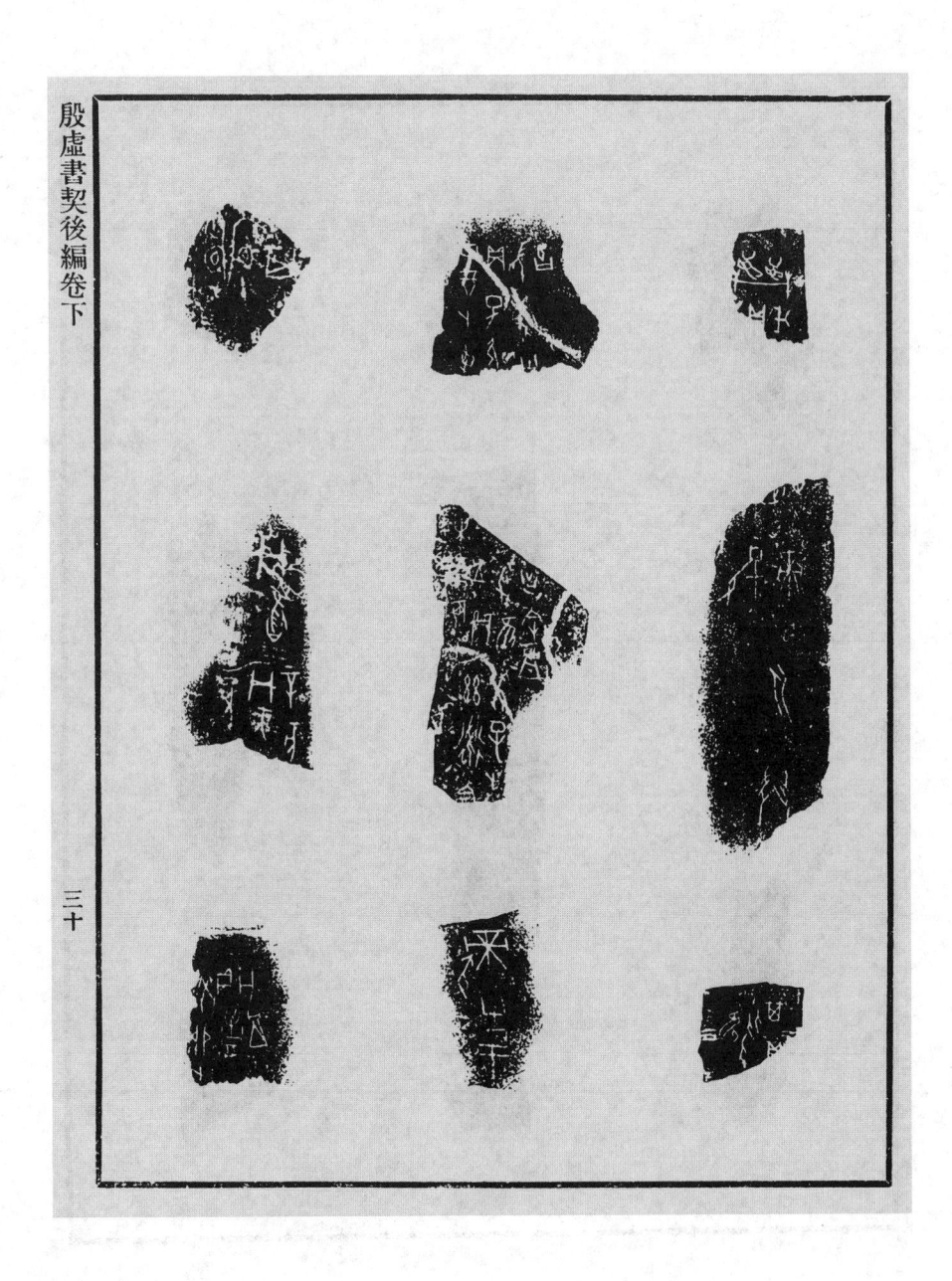

上编 《殷虚书契后编》原书书影

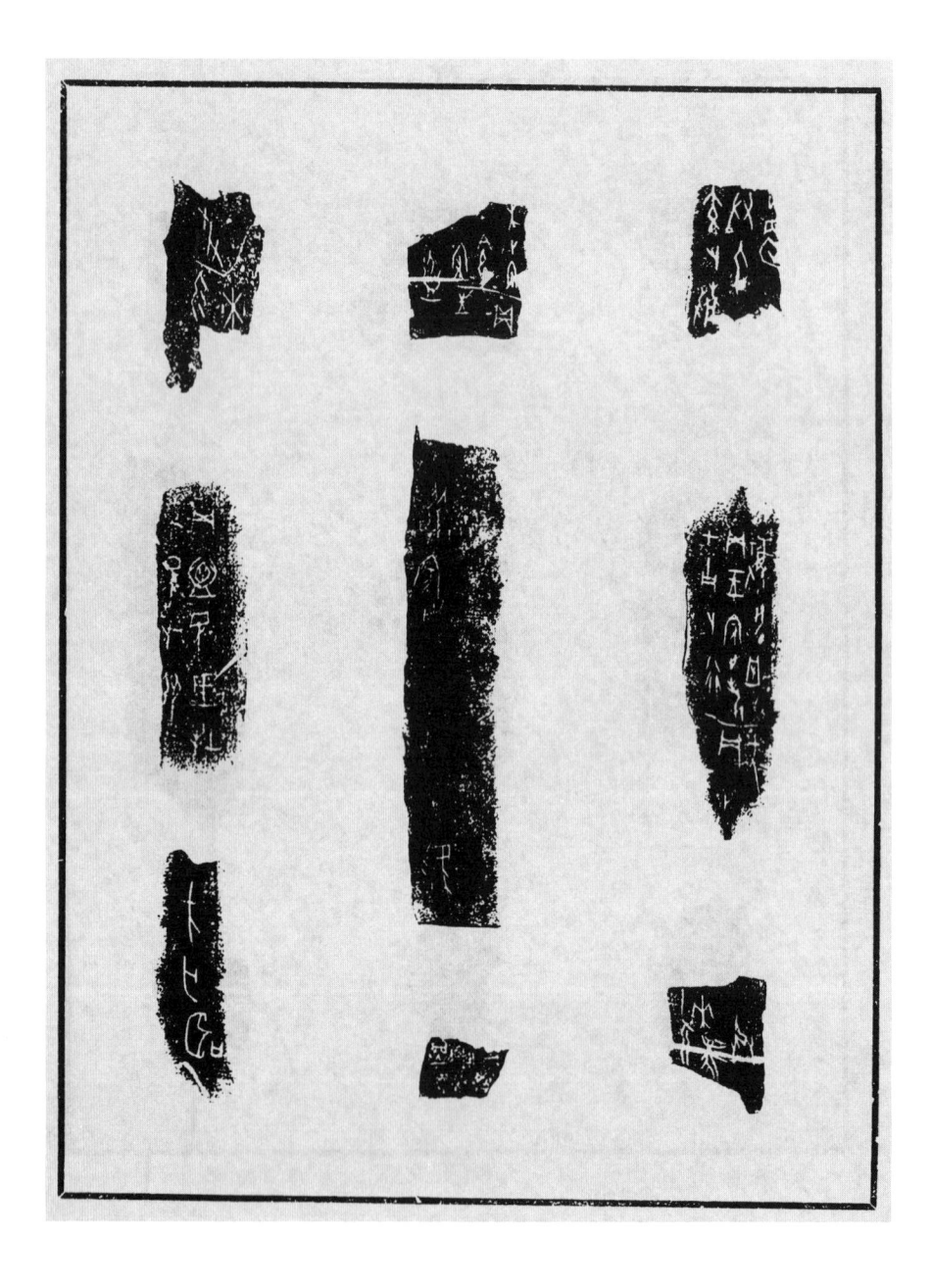

《殷虚书契后编》考释

殷虛書契後編卷下

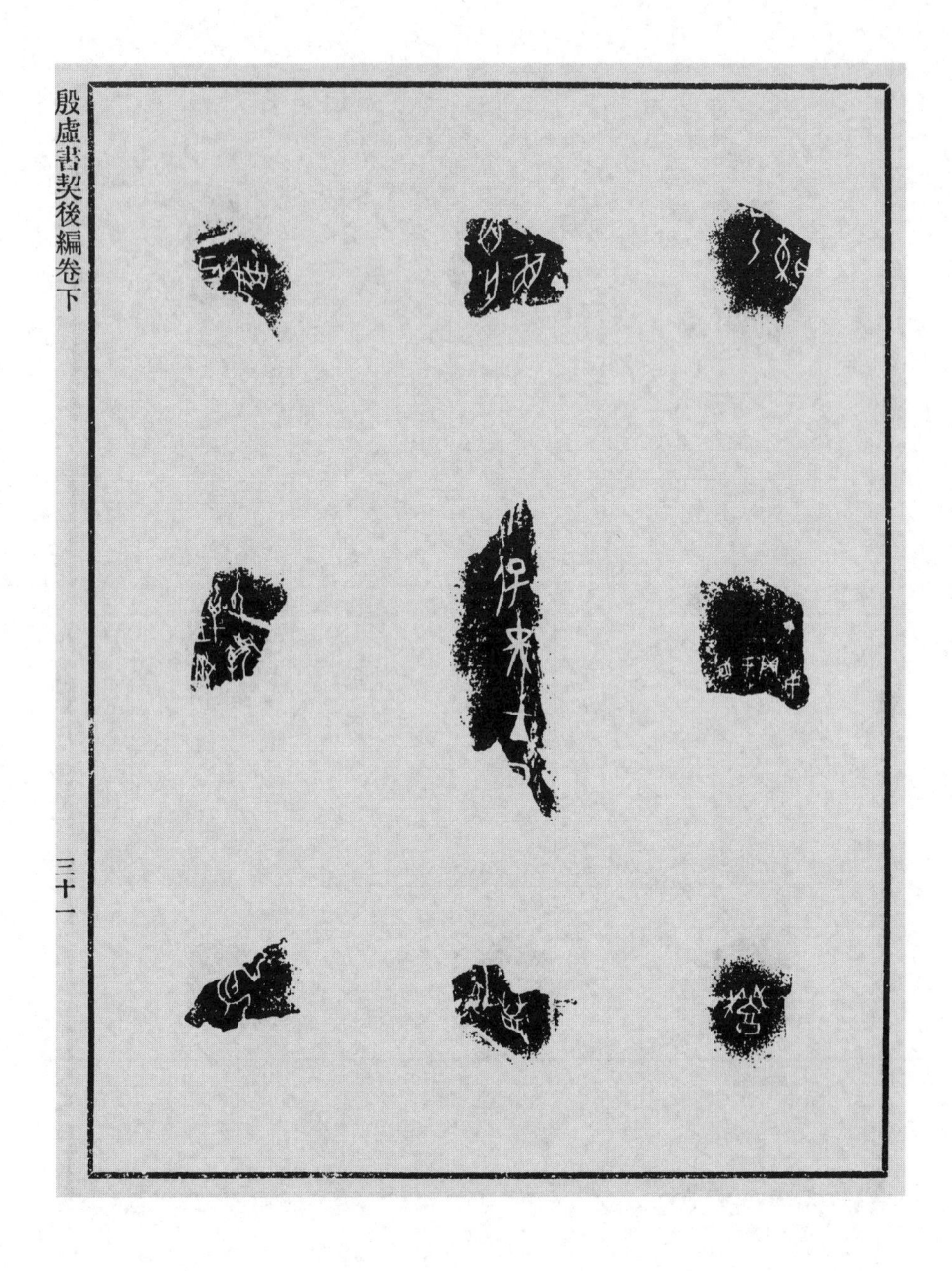

三十一

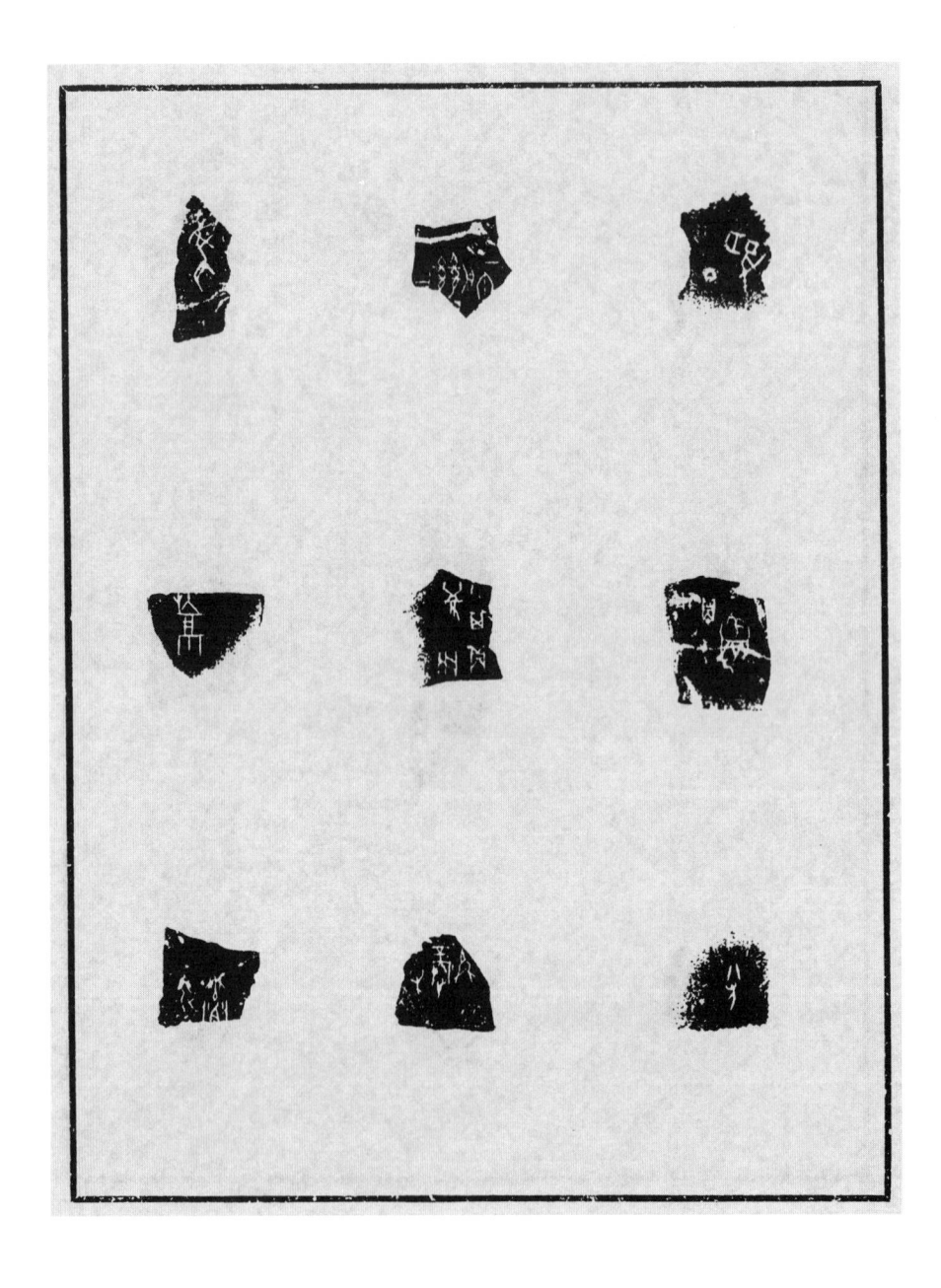

《殷虚书契后编》考释

殷虛書契後編卷下

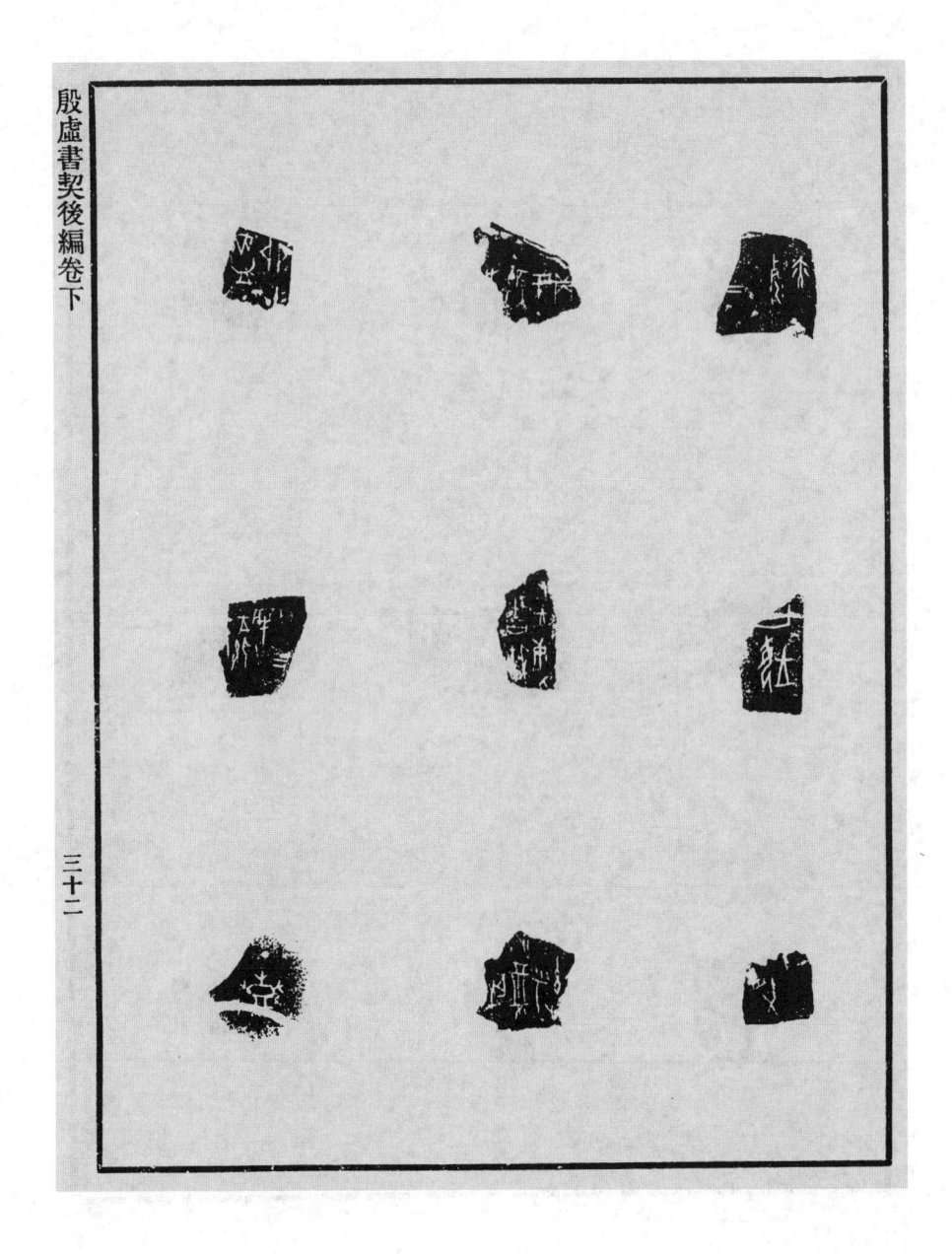

三十二

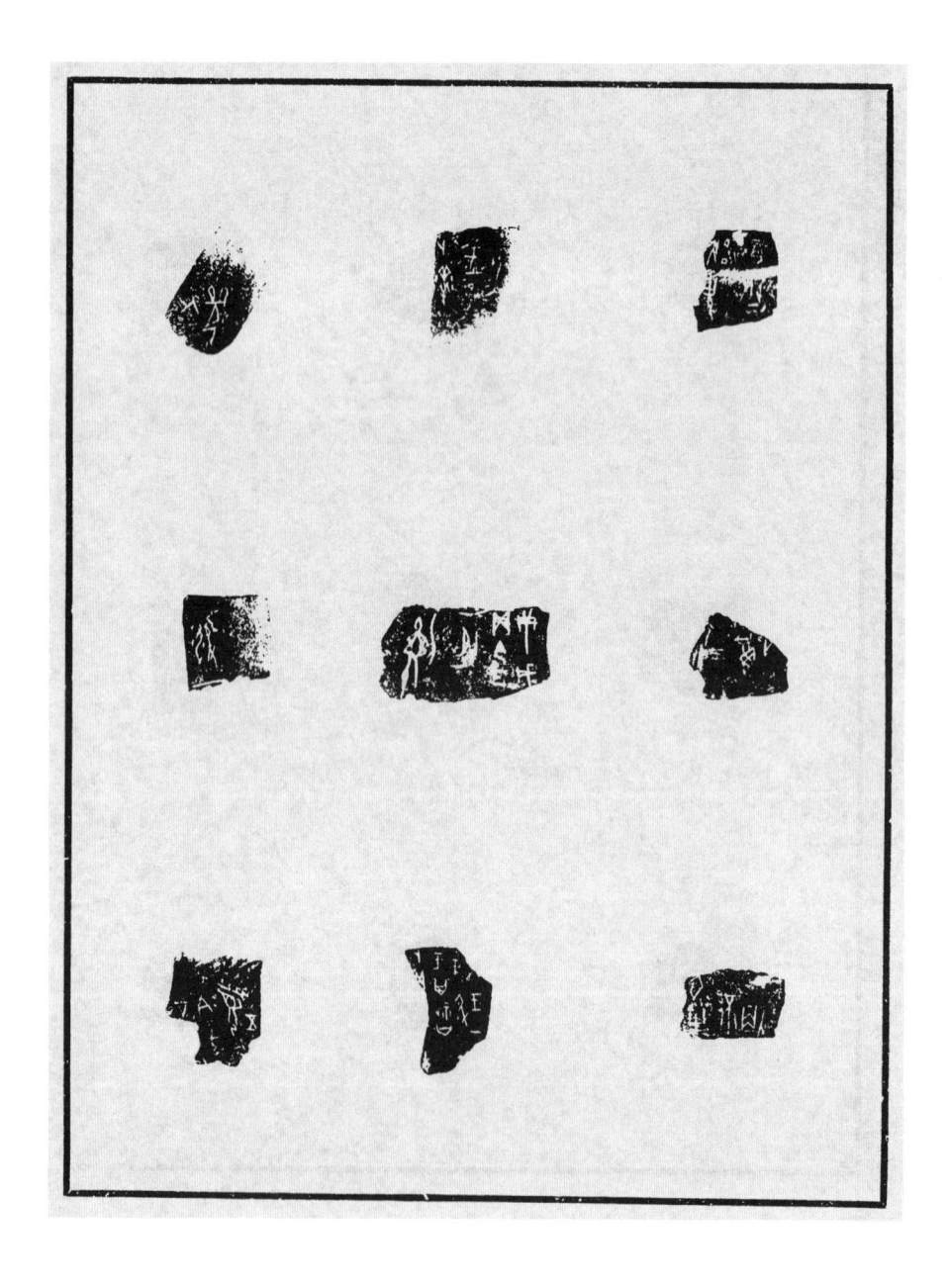

《殷虚书契后编》考释

殷虛書契後編卷下

三十三

《殷虚书契后编》考释

殷虛書契後編卷下

三十四

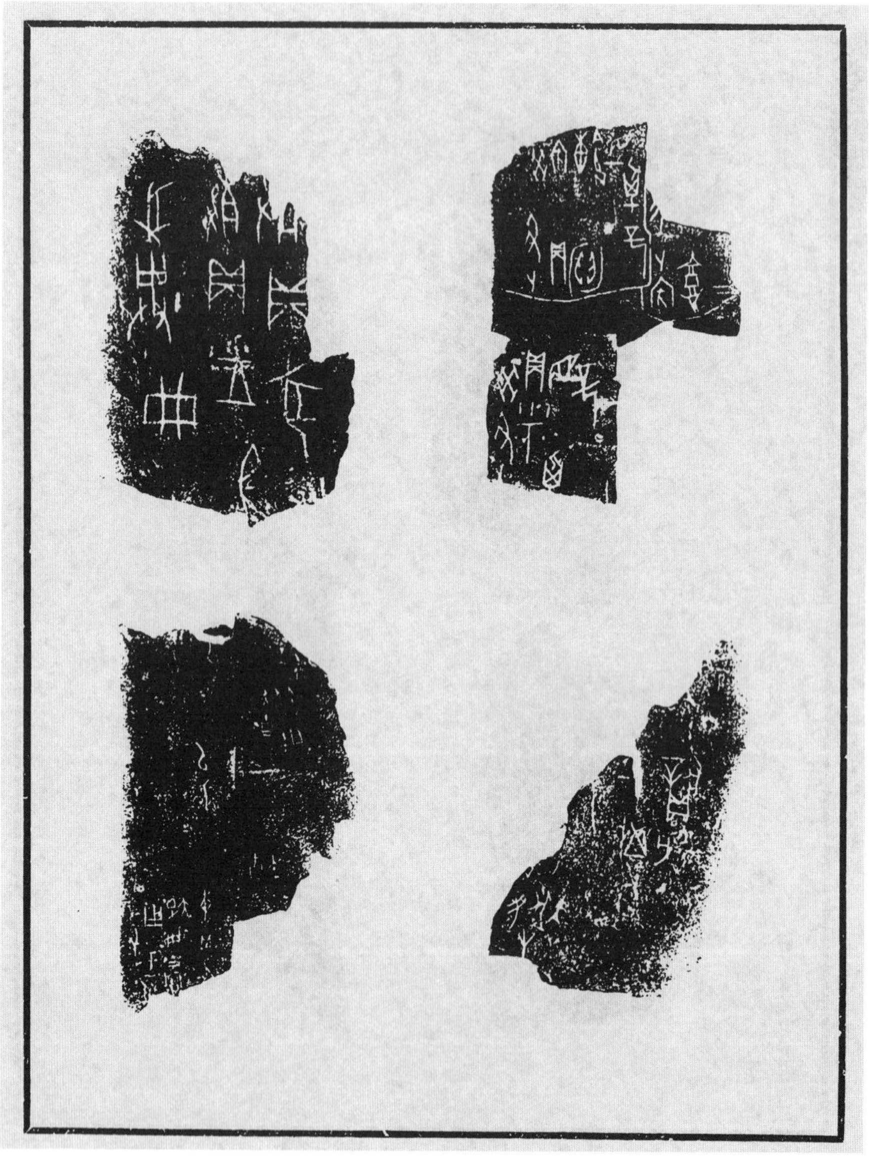

殷虛書契後編卷下

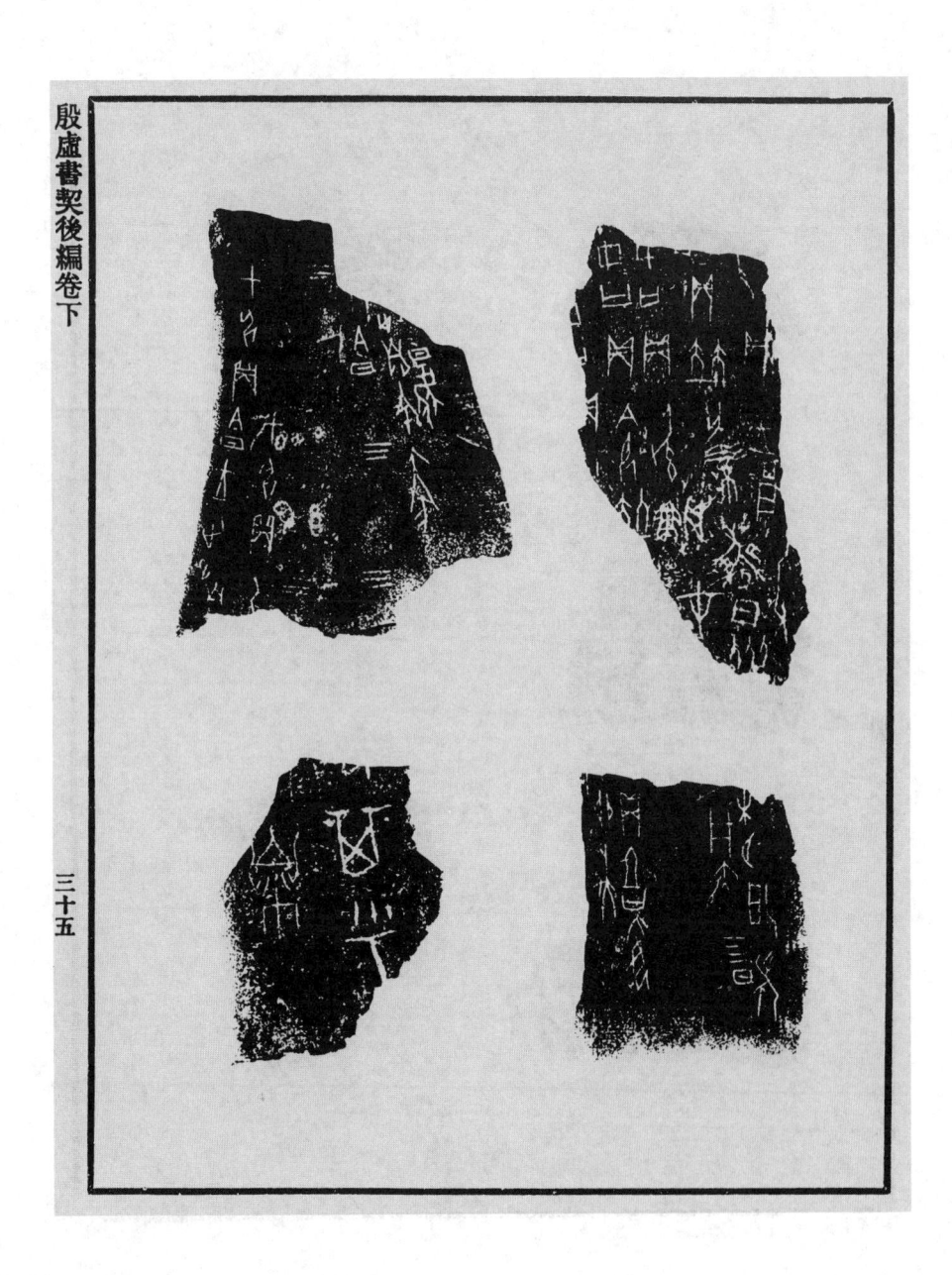

三十五

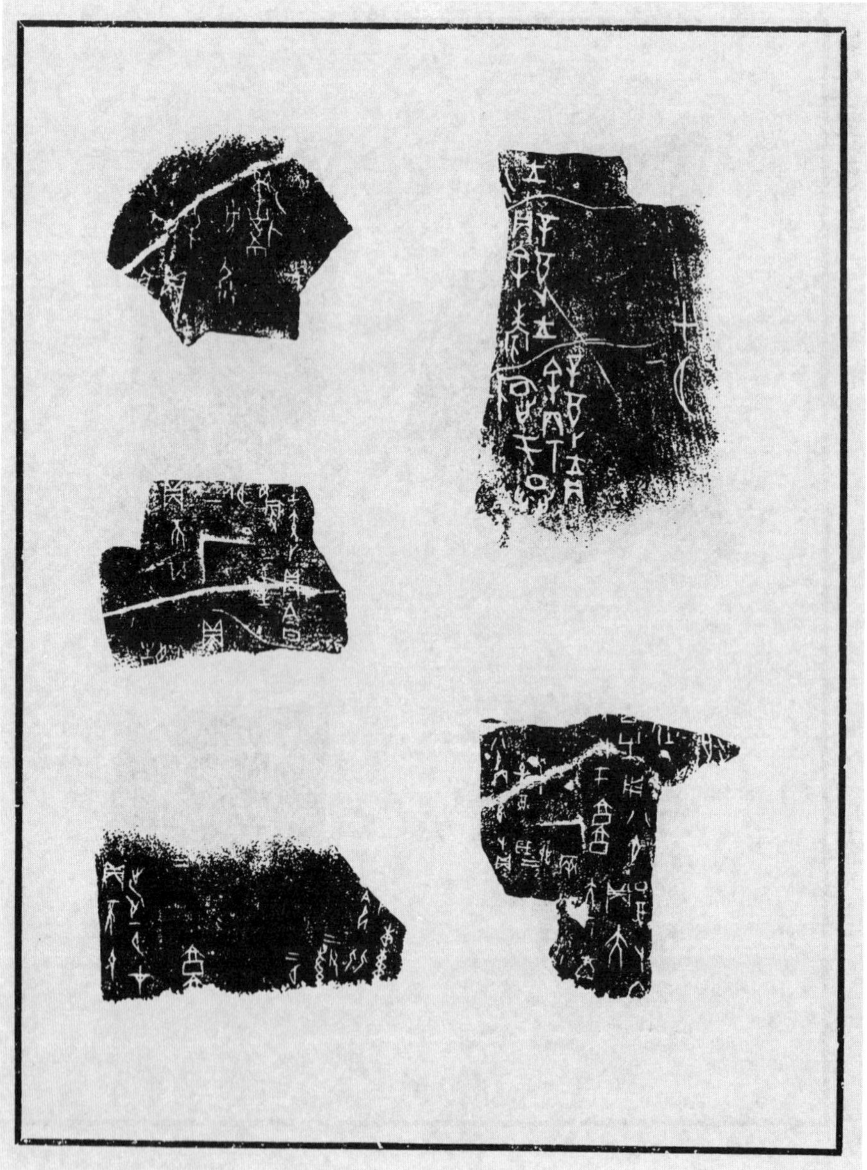

上编 《殷虚书契后编》原书书影

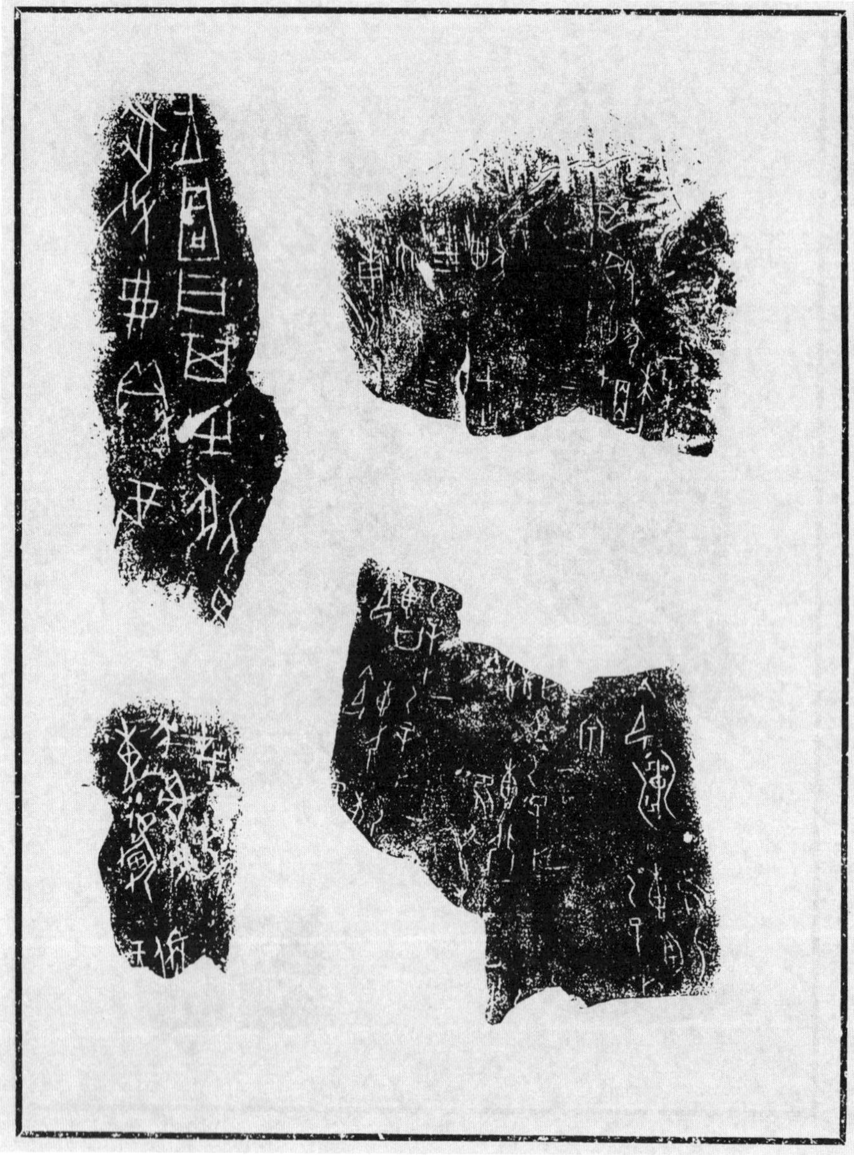

上编 《殷虚书后编》原书书影

殷虚書契後編卷下

三十八

147

《殷虚书契后编》考释

殷虛書契後編卷下

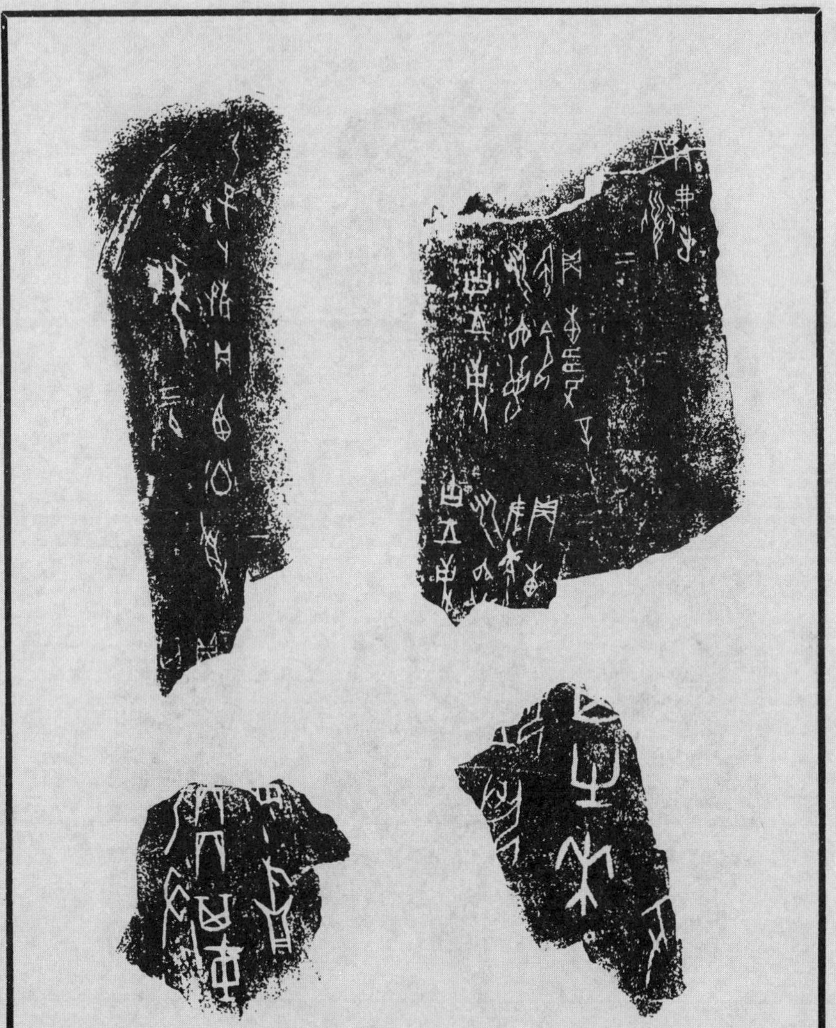

三十八

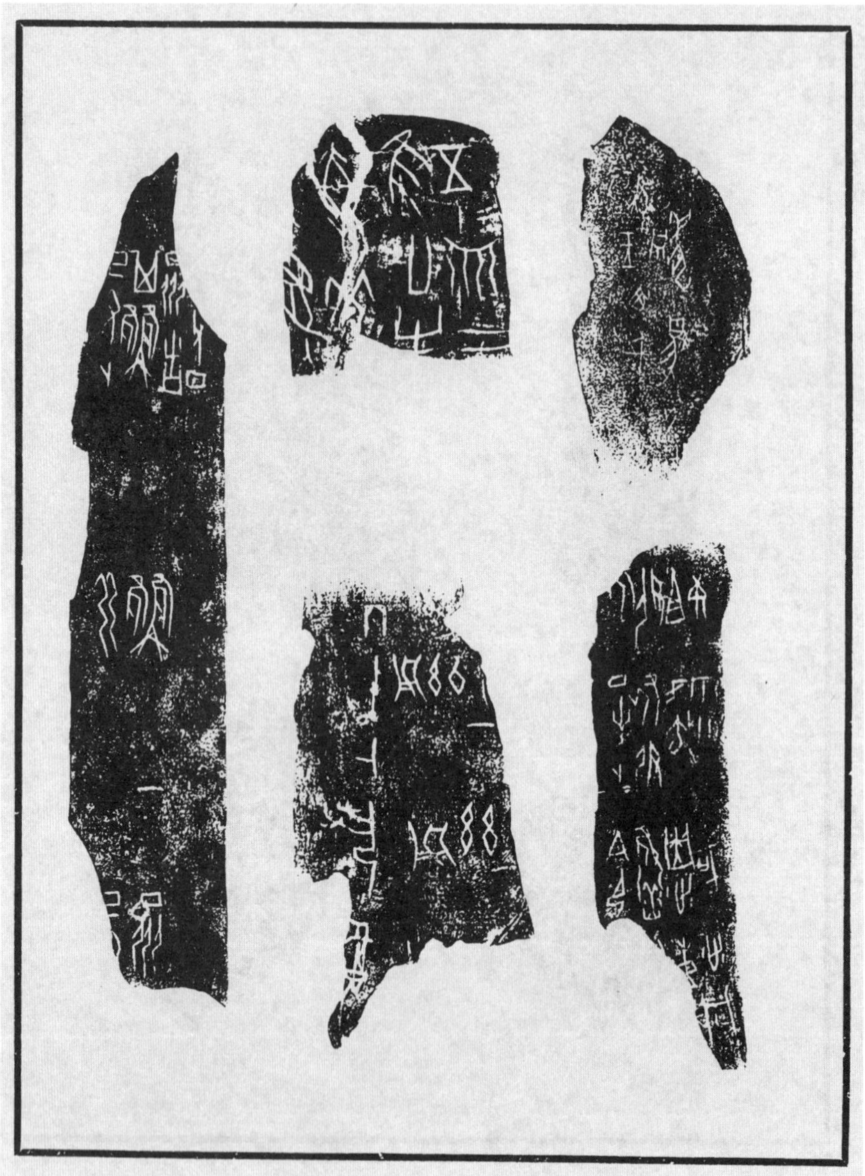

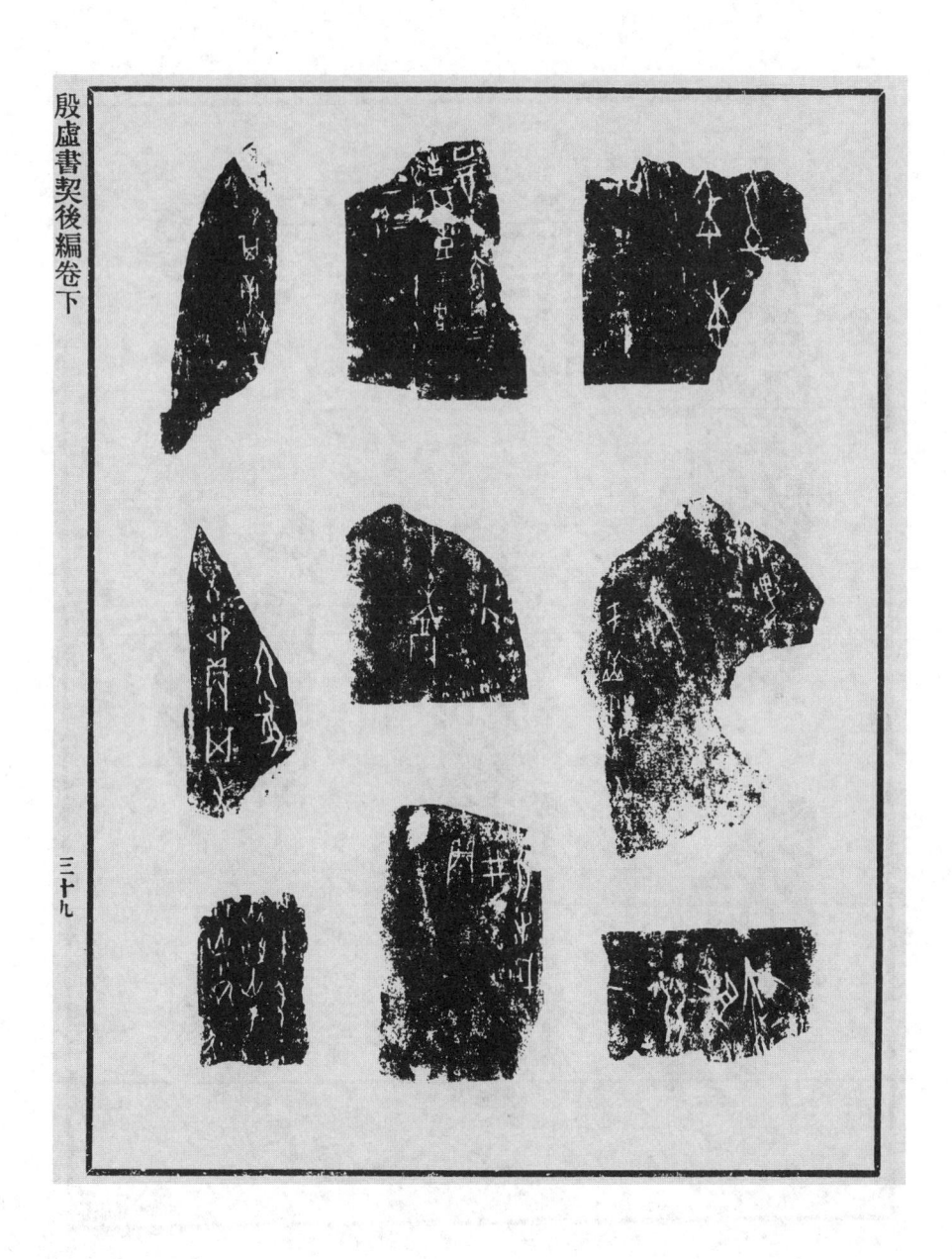

上编 《殷虚书契后编》原书书影

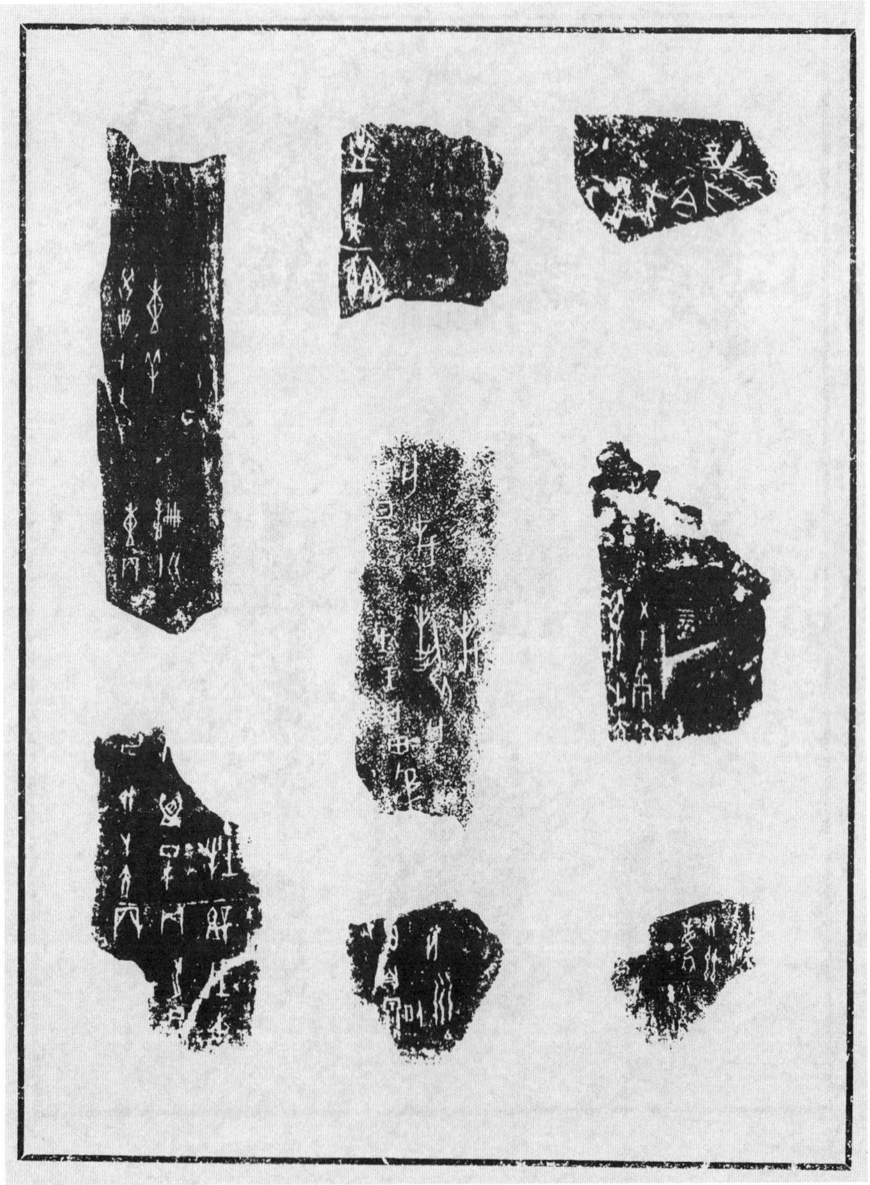

殷虛書契後編卷下

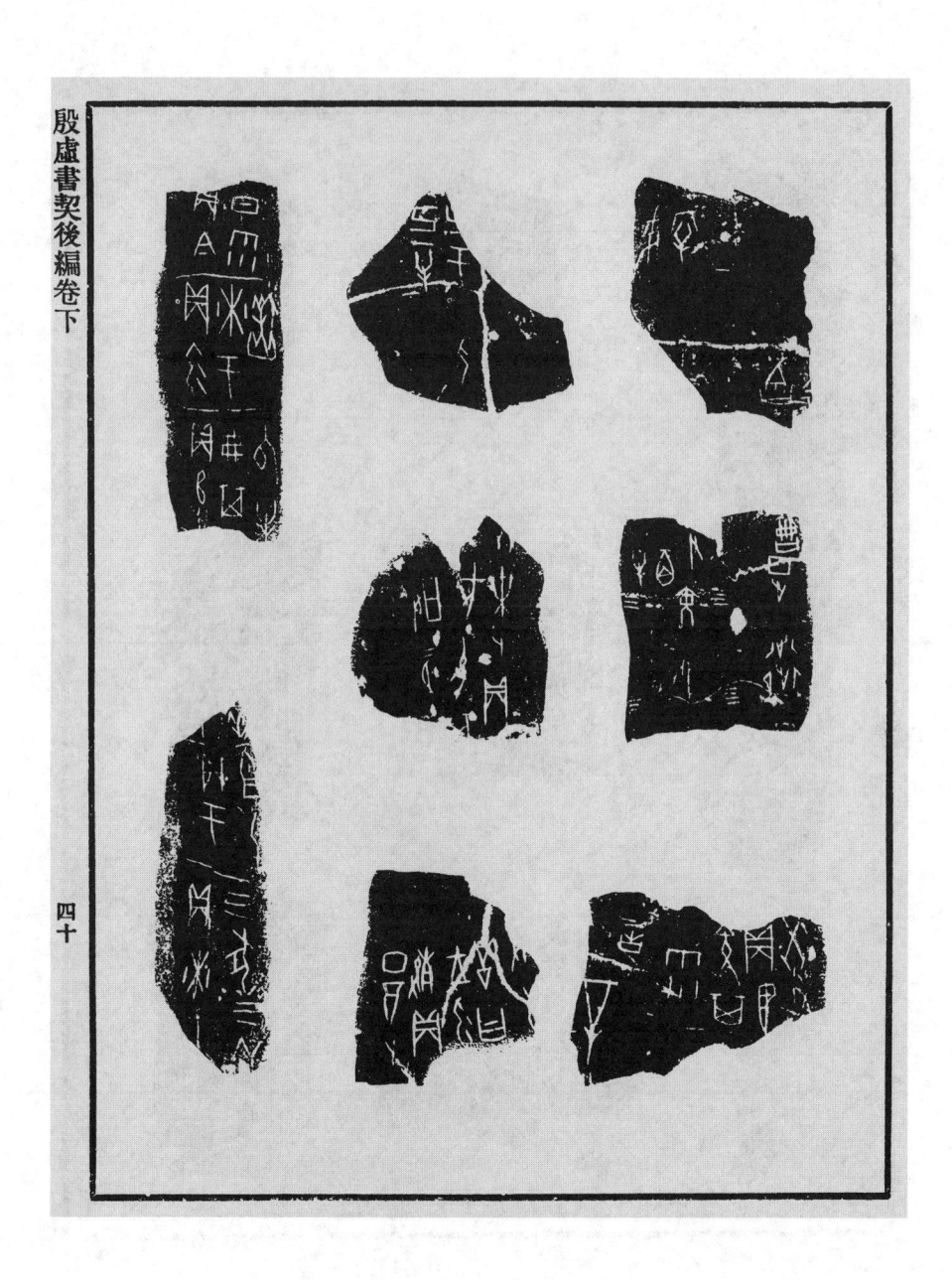

四十

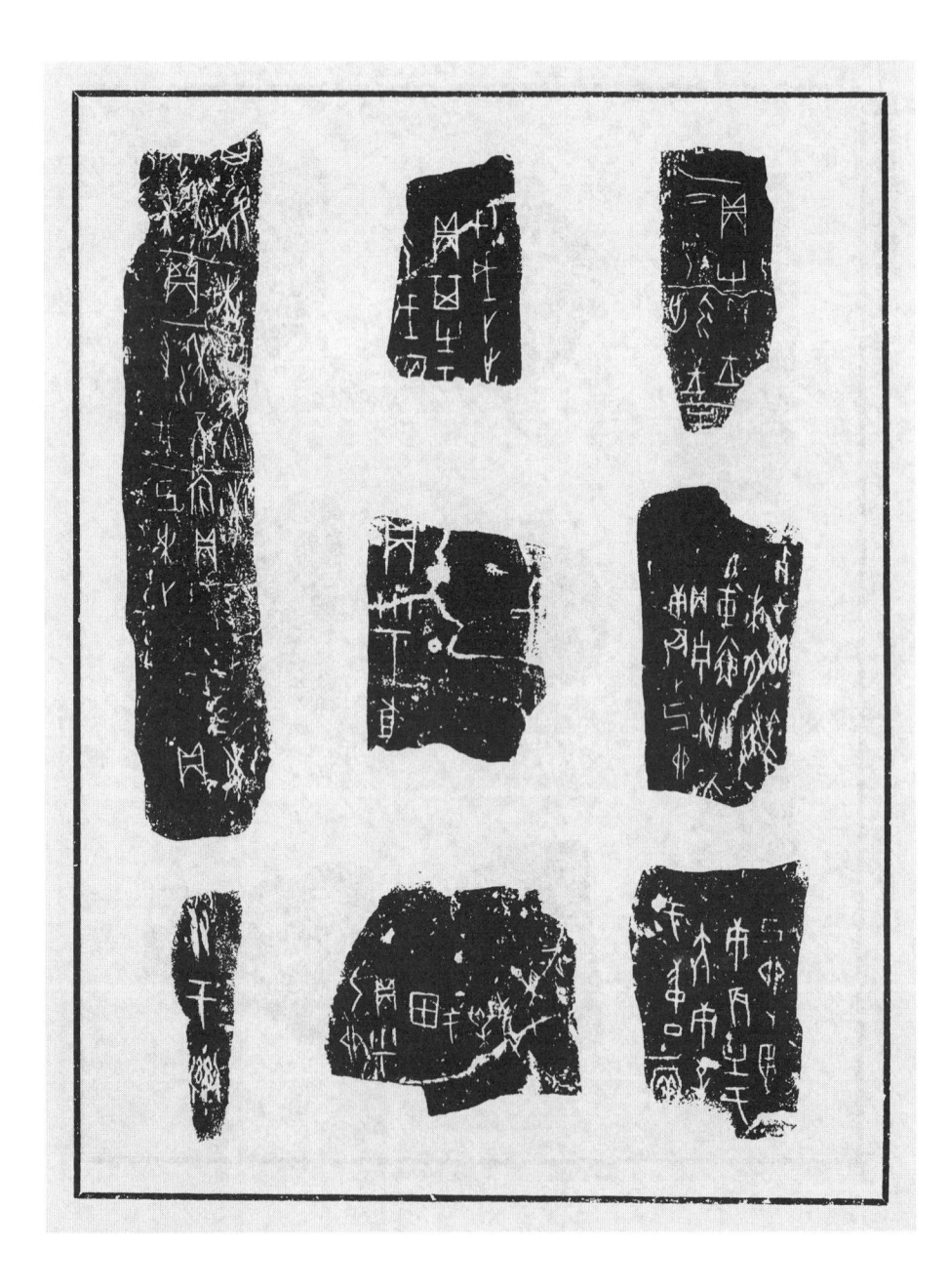

《殷虚书契后编》考释

殷虛書契後編卷下

四十一

《殷虛書契後編》考釋

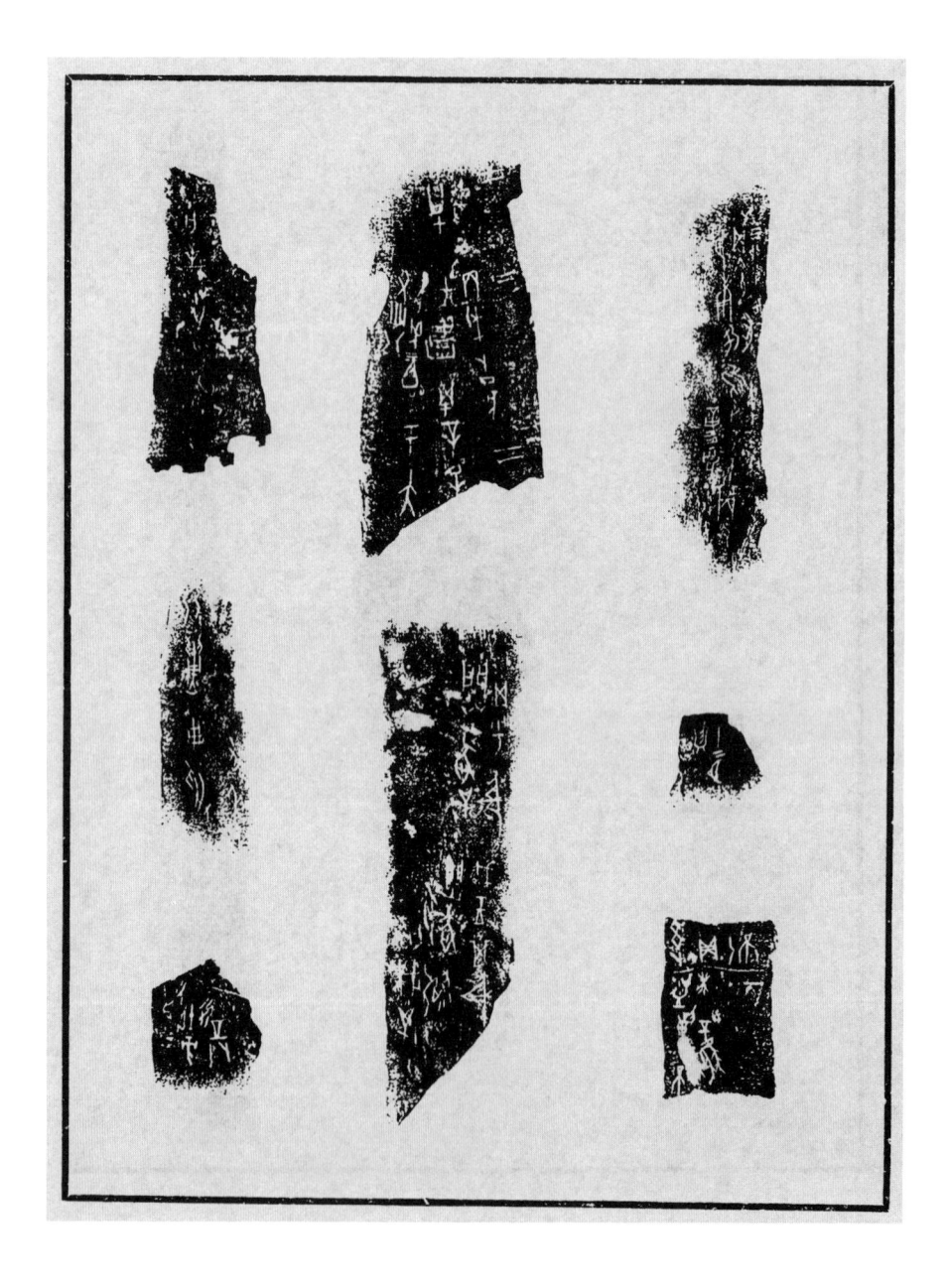

殷虛書契後編卷下

四十二

158

殷虛書契後編卷下

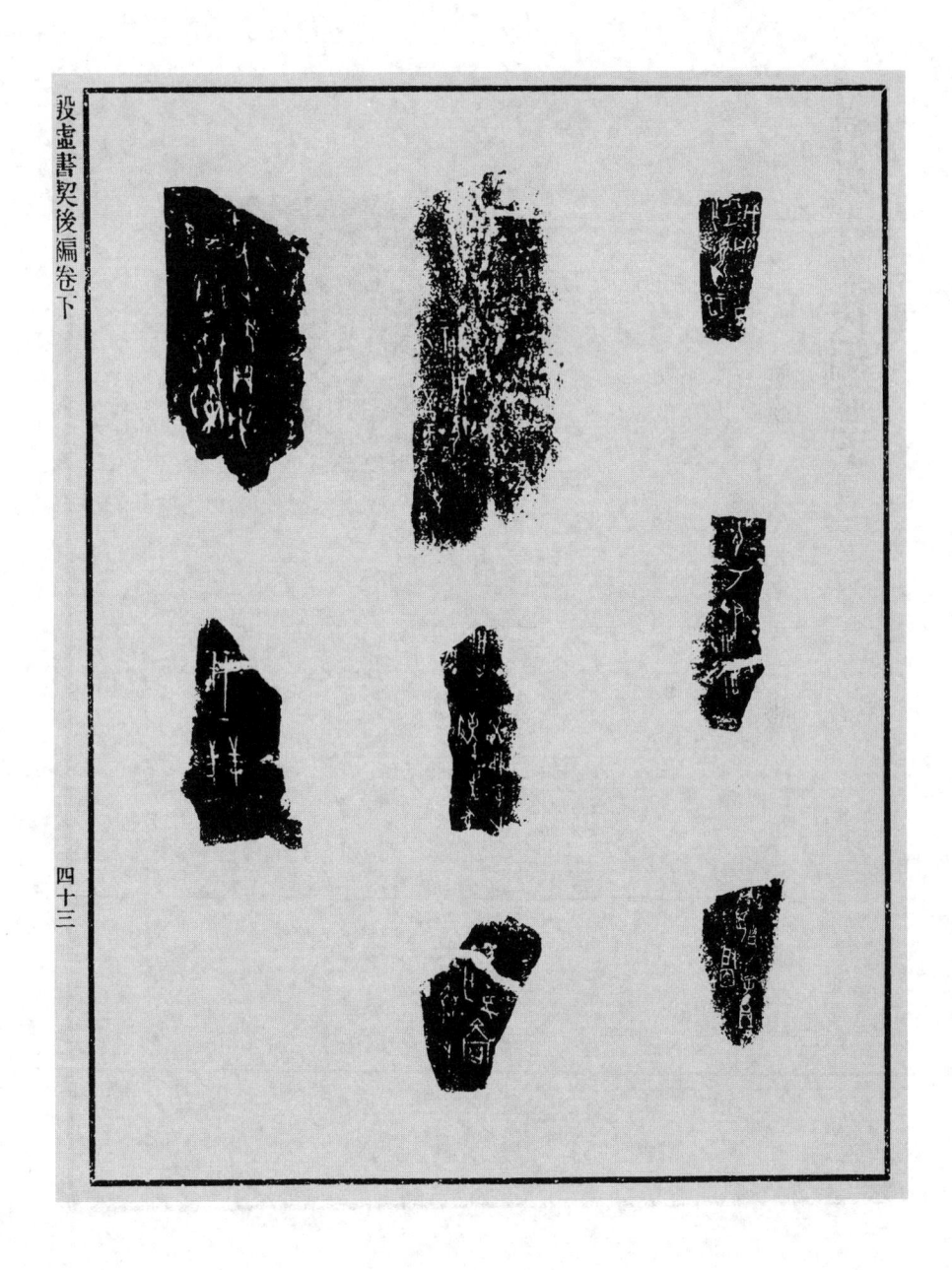

四十三

殷虛書契後編卷下

下 编
《殷虚书契后编》考释

本书涉及商代及其后的古代地名较多,读者可参阅《中国历史地图集》(中国地图出版社 2014 年版),以对那些古代地名有个清晰的空间印象,并方便阅读本书。

卷 上

1.1①：贞于王亥，莱(祓)年。

按：贞，许慎《说文解字》(以下简称《说文》)："贞，卜问也。从卜，贝以为贽。一曰鼎省声。"②所以，贞，就是问。于，像气出平和之状。《说文》："丂，於也。象气之舒丂。从丂从一。一者，其气平之也。"或作亏，或有装饰性羡文。参阅《诂林》第3354条。"于"在古汉语中一般做介词，引出动词所涉及的对象、处所等。

王亥，是商始祖契的六世孙，商开国君主成汤的七世祖。卜辞中称之为"高且(祖)亥""王亥""高且(祖)王亥"。《山海经·大荒东经》中也称作"王亥"，曰："有人曰王亥，两手操鸟，方食其头。王亥托于有易、河伯。仆牛，有易杀王亥，取仆牛。"今本《竹书纪年》作"王子亥"或"侯子亥"，曰："帝泄元年辛未，帝即位。十二年，殷侯子亥宾于有易，有易杀而放之。"《楚辞·天问》作"该"或"眩"，曰："该秉季德，厥父是臧。"

王国维《殷卜辞中所见先公先王考》曰："卜辞多记祭王亥事。《殷虚书契前编》有二事，曰'贞煑于王亥'(卷一第四十九叶)……。《后编》中又有七事：曰'贞于王亥求年'(卷上第一叶)……。《龟甲兽骨文字》有一事，曰'贞煑于王亥，五牛'(卷一第九叶)。观其祭日用辛亥，其牲用五牛、三十牛、四十牛乃至三百牛，乃祭礼之最隆者，必为商之先王先公无疑。"

又曰："案《楚辞·天问》云：'该秉季德，厥父是臧。'又云：'恒秉季德。'王亥即该，则王恒即恒，而卜辞之季之即冥(罗参事说)，至是始得其证矣。""卜辞作王亥，正与《山海经》同，又祭王亥，皆以亥日，则亥乃其正字，《世本》作核，《古今人表》作垓，皆其通假字。《史记》作振，则因与核或垓二字形近而讹。"③在商世系中，最重要的有契、王亥、上甲微和大乙成汤四位，王亥是

---

① 本编中序号第1个数字表示《殷虚书契后编》的页码，第2个数字表示该页内拓片的序号。
② 许慎《说文解字》，中华书局，1983年，第69页。以下凡引《说文》皆出自该书。
③ 王国维《观堂集林》，中华书局，1984年，第409页。以下凡引王国维说皆出自该书。

卜辞中所称的三位高祖之一。据文献记载,王亥是中国畜牧业的创始人之一。《世本》:"相土作乘马。""亥作服牛。"相土是商始祖契之孙、王亥的高祖父,亥就是王亥。所谓"服牛乘马",就是驯服牛马用来驾车,发展畜牧生产。

莱,像拔起的草及根之形,或说即茇字,《说文》:"茇,艸根也。"或释作求,见王国维《殷卜辞中所见先公先王考》。或隶作贲。参阅《诂林》第1533条。卜辞读作祓。《说文》:"祓,除恶祭也。从示犮声。"除恶祭,即祈求禳除灾祸之祭。卜辞常用来表示祈雨祈年之祭,如本辞莱(祓)年,指祈求好的年成。卜辞也用来表示一般的祭祀。刘钊在《叔夨方鼎铭文管见》一文中考证说:"诸家解释都不可信,当依冀小军先生的释法读为'祷'。'祷'为告事求福之词,也是庆贺祝颂之词。"① 对于释祷,董莲池从字形、语音、语法几个方面提出不同意见,认为释祓还是首选。② 而孟蓬生通过语音方面的考释,以为甲骨文的莱仍当读为求。③ 张振林在《释"本、拔"之我见》一文中从形、音及字形演变三个方面加以分析探讨,其说可资参阅。④ 本书以为,如果从字形、读音和用法意义方面去考察,读"祓"更为接近莱字的造字理据和本义。

本书以为,古文字考释如果没有字形方面的直接联系,仅是通过音义的辗转寻绎而得到的用法及意义,恐怕不可遽信。无论是甲骨刻辞还是青铜器铭文的用字,虽然假借或通假现象很普遍,但绝大多数与字形还是有一定内在联系的。例如,曾宪通《"喜"及相关诸字考辨》就是将字形、读音、意义三者结合起来考辨的,言之有据,结论可信。⑤

年,从禾从人,像人抱着成熟的庄稼之形。参阅《诂林》第1502条。年字的初文(甲骨文、金文)是会意字,小篆变为从禾千声的形声字。《说文》:"年,谷孰也。从禾千声。《春秋传》曰:'大有季。'"

1.2:丁,示。

大示。

按:池田末利《殷虚书契后编释文稿》(以下简称《释文稿》)摹本"大示"

---

① 《黄盛璋先生八秩华诞纪念文集》,中国教育文化出版社,2005年,第158页。冀小军《说甲骨金文中表祈求义的莱字》,《湖北大学学报》,1991年第1期。
② 董莲池《"莱"字释祷说的几点疑惑》,《古文字研究》第二十七辑,中华书局,2008年,第117~121页。
③ 孟蓬生《释"莱"》,《古文字研究》第二十五辑,中华书局,2004年,第267~272页。
④ 张振林《释"本、拔"之我见》,《古文字研究》第三十辑,中华书局,2014年,第468~473页。
⑤ 曾宪通《"喜"及相关诸字考辨》,《古文字研究》第二十二辑,中华书局,2000年,第270~274页。

之下漏摹"示"字。① 丁，十天干之一，表示将于丁日举行祭祀。丁，示字的初文，一横表示祭台，一竖表示支撑祭台的柱子。其后写作丅，上面一小横表示祭台上放置的供品，即酒肉、水果等。后又写作示，左右两小撇表示祭祀时洒落的祭品。参阅《诂林》第 1118 页。《说文》："天垂象，见吉凶，所以示人也。从二(上)，三垂，日月星也。观乎天文，以察时变。示，神事也。"许慎《说文》据小篆字形立说，又据当时的天人感应说说解字形，其说字形则误，但其说解词义"示，神事也"则是对的。示，卜辞表示祭祀的意思。大，像站立的人形。《说文》："大，天大，地大，人亦大。故大象人形。"参阅《诂林》第 0197 条。

大示，卜辞中常与"小示"相对，是合祭殷商先公先王的一种祭祀仪式，一般指从上甲微始至示癸的六位直系先公先王之庙主。

1.3：壬戌卜，㲉贞，㞢于示壬。

㞢。

按：壬戌，干支纪日，卜辞中的干支所记皆指某一日。据文献记载，我国使用干支纪日由来已久。《世本》："容成造历，大挠作甲子。"容成氏，传说是黄帝之师；大挠，传说中黄帝之臣。其时已发明了甲子等十天干和十二地支，并用来纪日。此于壬戌祭祀示壬，示壬是殷先公的庙号。殷商先公先王的庙号一般是用十天干来命名的。所以，在选择祭日时一般要选择天干相同之日举行祭祀。这个天干庙号日，是先公先王死之日，而不是生之日。这是一种制度，犹如后世之周年祭。无论是古代中国，还是现代中国，从没有在某人降生之日举行祭祀的，只有在其死之日举行周年祭。卜，像龟板所裂兆璺(wèn)之形，同时也拟其爆裂之音。《说文》："灼剥龟也，象灸龟之形。一曰象龟兆之从横也。"参阅《诂林》第 3348 条。卜，占卜讯问吉凶。

㲉，从殳从壴，壴像磬之类的乐器，上像装饰，下是悬吊着的器身；殳像手持敲打乐器的木槌子。㲉做声符当读作 bó。《说文》所无，或隶作殼。参阅《诂林》第 2864 条。据陈梦家《殷虚卜辞综述》(以下简称《综述》)，㲉是殷高宗武丁时的贞人名。② 参阅卷上第 5.1 片考释。

㞢，上像中，一像大地，构形理据不明。参阅《诂林》第 3350 条。卜辞㞢或读作又，或读作有，或读作佑，或读作侑，祭名。侑字本义是劝酒，引申有

---

① 池田末利《殷虚书契后编释文稿》，广岛大学文学部中国哲学研究室油印本，1964 年；收入《甲骨文献集成》第九册，四川大学出版社，2001 年。
② 陈梦家《殷虚卜辞综述》，中华书局，1992 年，第 205 页。

佐助义。卜辞"㞢于示壬""酚示壬"与"宜示壬",都是祭名,其区别在何,尚不太清楚。据卷上第1.6片"庚申卜,贞,王宜示壬奭妣庚,眚,亡尤"、第1.7片"王宜示壬奭妣庚,翌日,亡尤"、第1.8片"王宜示癸奭妣甲,眚,其吉。亡尤"、第1.9片"王宜示癸,舀日,亡尤"等卜辞来看,似乎"㞢于示壬"和"酚示壬"属于单独祭祀示壬,而"王宜示壬""王宜示癸"等往往有配偶配祭的合祭,在性质上应属于周祭,可能是这三者的主要区别。

示壬,殷商先公名。商人以十天干为名始自上甲微,而商人先公配偶入祀者则始自示壬,终于示癸。王国维《殷卜辞中所见先公先王考》曰:"卜辞屡见示壬、示癸,罗参事谓即《史记》之主壬、主癸,其说至确。"(《观堂集林》第426页)

㞢,从中从口,其构形意义不明,《说文》所无,或隶作古。参阅《诂林》第2932条。卜辞是武丁时贞人名。㞢与㱿见于同版卜辞,说明是同时代人。

1.4:卜□(于)酚示壬□(于)。

按:拓片卜下一字似是于字,示壬下一字与此同。参阅卷上第1.1片于字的写法。

酚,从酉从彡。孙诒让、罗振玉并谓即许书之酒字,于卜辞为祭名,殆酹之本字。叶玉森曰:"《甲骨文字》卷一第十三叶'彡酚于咸',玩此数辞,酚祭与彡祭并举,可知酚祭之日,即彡祭之日。故酚从彡,古当有此字。戊寅父丁鼎酹父乙尊并有酚字,阮文达已误释酹矣。"参阅《诂林》第2733条。酚诸形叶玉森释作酚,为商代祭名,并非酹字之本字。① 酚字也见于西周早期铭文繁卣、麦方尊和叔矢方鼎铭文中。刘钊结合刘源的研究,认为酚"本身却不一定就是一种祭祀,而很可能是祭祀前需要做的一件事情"。② 朱凤瀚在《论酚祭》一文中对卜辞中的酚祭做了较为详尽的考察与论证,认为:卜辞可以借酉为酚。酚从酉又以其为声,其义亦当与酒有关。字中所从的彡,是倒出的酒液。酚是一种倾酒的祭仪。酚祭是在其他祭仪之前先要做的一种先导,一种必要的形式,应即是祼祭(灌祭)。酚祭涉及的对象包括先公、先王、先妣、母、兄、旧臣。③ 据陈年福《释"醴"》一文,雷缙碚、喻遂生《甲骨文字符"水"的表义功能及"⊕"字新释》释"⊕"为沉酒之祭,而陈年福在其文中则认

---

① 叶正渤《叶玉森甲骨学论著整理与研究》,线装书局,2008年,第33页。以下简称《整理与研究》。
② 刘钊《叔矢方鼎铭文管见》,载《黄盛璋先生八秩华诞纪念文集》,中国教育文化出版社,2005年,第158页。
③ 朱凤瀚《论酚祭》,《古文字研究》第二十四辑,中华书局,2002年,第87~94页。

为:酓可释为"醁",卜辞中读为"释",意为释放、解除。① 本书以为释沉酒之祭较可取,是祭名。下同。示壬,殷商先公名。参阅卷上第1.3片考释。

1.5:□□卜,贞,□示壬,亡尤。

按:在"示壬"之左上还有一个从止的字,不太清晰,疑是𡧔字,武丁时贞人名。亡,从人从乚,像人隐于矮墙之后,故曰亡也。《说文》:"亡,逃也。从人从乚。"参阅《诂林》第 3367 条。卜辞亡读作无,与有相对。尤,从又(右手),像人竖起大拇指之形,在大拇指上加一指事符号,表示突出、最好义。丁山引《广雅·释言》"尤,异也",谓:"异、尤一声之转,其义故相通。"参阅《诂林》第 3353 条。卜辞尤一般指灾祸,引申指差错。亡尤,无祸忧,或指无差错。

另据考证,无贞人名的卜辞大抵上属于武乙、文丁及其以后的卜辞。而武乙时期的贞人只有一个历,且很少书写。

1.6:庚申卜,贞,王宾示壬奭妣庚,翌日,脅,亡尤。

甲巳(子)卜,贞,王宾示癸奭妣甲,脅,亡尤。

按:据《释文稿》,曾毅公说本片与第 8 片缀合。第二辞是第 8 片释文。《释文稿》无"其吉"二字。是乙辛时期周祭卜辞之一例。

陈梦家说:"祖甲时代法定配偶的成立是与谨严的周祭制度的建立同时的。周祭制度是一种有定则的轮番祭祀,先王先妣的祭序是有一定的,因此不可能容纳所有的先妣。在先妣之中,只有直系的先妣可以入祀,我们称之为'法定配偶'。它需符合下述的三个条件:(1)必须称某祖之奭某妣,如'示壬奭妣庚';(2)必须出现在周祭系统之内,如'王宾大戊奭妣壬羽日',羽日是周祭的一种;(3)必须在先妣所名之日致祭,如祭'大甲奭妣辛'必在辛日。"(《综述》第 380 页)翌日,《释文稿》作"羽日",疑是"翌日"之误释。

周祭是指翌、祭、脅、劦、彡五种形式的祭祀周期。每种祭祀形式一旬,五种周祭形式结束后空一旬,然后又重复,谓之周祭。五种周祭形式,有说是从翌祭开始,到彡祭结束;有说是从彡祭开始,到脅(劦)祭结束。意见尚未统一。由此推断,五种周祭加上结束后所空的一旬,则一周祭是六旬,六周祭就是三百六十日,这就是殷代一祀(也即一年)的总天数。遇到闰月(卜辞称十三月),再加上三十日,则一祀是三百九十日。

---

① 陈年福《释"醁"》,中国文字学会第八届学术年会论文,2015 年;雷缙碚、喻遂生文章载于《古籍整理研究学刊》,2012 年第 3 期。

这种周祭制度,大致从祖甲、廪辛时期开始,一个王世接着一个王世持续不断地举行。文丁、帝乙、帝辛时期的黄组卜辞中记录用五祀典对殷之先公先王轮番祭祀一周,需要三十六旬或三十七旬,即两个祭祀周期与两个太阳年的时间相当。① 关于晚殷周祭制度可参阅董作宾《殷历谱》、陈梦家《殷虚卜辞综述》、常玉芝《商代周祭制度》、许进雄《第五期五种祭祀祀谱的复原——兼谈晚商的历法》(《古文字研究》第十八辑)等文献。

㝛,从宀从止,《说文》所无,或隶作宾。参阅《诂林》第2065条及第2066条。卜辞或用作祭名,即傧祭,有导引之义,属于祭祀前的一种仪式,如本片卜辞"王㝛示壬奭妣庚"。或用作人名,是武丁时期贞人。示壬,二字合书。合书,指两个字写在一起,占一个字的平面位置。

奭,此字见于商代甲骨文、金文,异体较多。或释作母,或释作奭,或释作爽。参阅《诂林》第0225条。卜辞奭是举行周祭时殷先王配偶关系的专用字,陈梦家说:"乙辛卜辞的奭假借作后妃之后。"(《综述》第379页)并说:"武丁时代无称奭者。"(《综述》第380页)奭,雷缙碚、郭仕超《甲金文构形分析五则》一文证成梁东汉之说,认为当释作"舞",读为"母"。② 妣庚,殷先王配偶名。此于庚日祭示壬之配妣庚。商代先王之法定配偶及周祭制度,详见陈梦家《综述》第379~399页。

许进雄在《殷卜辞中五种祭祀的研究》一文中指出:"……因而我们很有理由来怀疑殷代先妣之所以入祀,也是在其有子为王的缘故。祖甲创周祭,想将先妣也纳入祭祀系统,而各王之妻妾又多至不能备载,故特创以有子即位的限制来选祭先王的配妣,并特别冠以'奭'字,以表示特殊的身份。"③

翌,叶玉森《殷契钩沉》谓"惟其字多肖虫翼或鸟翼形",或从日,或从立,本字乃是翼字。其说是也。参阅《诂林》第1908条。卜辞或是纪日之词,或是祭名。翌日,或单称翌,一般指第二天,但卜辞有时也指当日之后的某日,一般在十日之内。

䇂,从皀(豆中盛食物之形)从宀从中,异体较多,或说即《说文》之飤字。《说文》:"飤,食也。从卂从食,才声,读若戴。"参阅《诂林》第2782条。䇂是乙辛时期周祭卜辞的一种仪式。笔者在《𠭯其卣三器铭文及晚殷历法研究》一文中,根据字形从皀(豆中盛饭食之形),认为䇂祭当是进黍稷之祭,类似于秋尝。其吉,其,推测语气词;吉,吉利。这是占卜询问是否吉利。亡尤,

---

① 叶正渤《𠭯其卣三器铭文及晚殷历法研究》,《故宫博物院院刊》,2001年第6期。
② 雷缙碚、郭仕超《甲金文构形分析五则》,中国文字学会第八届学术年会论文,2015年。
③ 转引自蔡哲茂《论武丁的三配与三子》,《"中央研究院"历史语言研究所会议论文集之十三》。

无灾祸。此于庚日祭妣庚。

甲巳，读作甲子，这是董作宾发现的。王宾示癸奭妣甲，陈梦家说，周祭皆始于上甲（微）而止于示癸，共六祀。此于甲日祭示癸之配妣甲。

1.7：庚辰卜，贞，王宾示壬奭妣庚，翌日，亡尤。

按：此也于庚日祭示壬之配妣庚。意为：翌祭之日，无差错。示壬、妣庚皆是合书。

1.8：甲巳（子）卜，贞，王宾示癸奭妣甲，彡，亡尤。

按：参阅卷上第1.6片考释。示癸，二字合书。其，本像畚箕之形。参阅《诂林》第2815条。后加声符丌，则为其字。再后又加义符竹，则为箕字。而"其"则借用作指示代词或语气词，本义遂隐晦而不用。卜辞做推测语气词。吉，从凵或从口，从箭头上指，寓意人陷入凵穴之中而又得出，因曰吉也，即逢凶化吉之义。参阅《诂林》第0731条。

1.9：癸亥卜，贞，王宾示癸，劦日，亡尤。

按：劦，从劦从口，《说文》所无，隶作劦或协。参阅《诂林》第0735条。劦日，协祭之日。陈梦家说："所谓'劦'祀季是联合'祭''彡''劦'三种祭法参差交叠而行的，皆始于祭上甲，而分别于第一第二第三旬开始之，故其终了较之'彡''羽'晚两旬。"（《综述》第391页）笔者在《弋其卣三器铭文及晚殷历法研究》一文中认为劦祭当是一种合祭。此于癸日王宾祭示癸，协祭之日，无差错。

1.10：甲申卜，［贞］，［王］宾示癸奭妣甲□，［亡尤］。

按：此于甲日合祭示癸及其配妣甲，与卷上第1.8片略同。妣甲后所缺疑是周祭名彡等字。

1.11：乙丑卜，贞，王宾大乙，翌，亡尤。

按：此于乙日宾祭大乙。大乙，二字合书。传世文献称成汤或成唐，是商王朝的创始者。《史记·殷本纪》作天乙，曰："契卒，子昭明立。……主癸卒，子天乙立，是为成汤。""成汤，自契至汤八迁。汤始居亳，从先王居，作《帝诰》。"①

---

① 司马迁《史记》，中华书局，1985年。以下凡引《史记·殷本纪》皆据该书。

翌，翌祭，即卷上第1.9片所引陈梦家说的羽祭。笔者在《弋卩其卣三器铭文及晚殷历法研究》一文中指出："翌，也是晚殷时形成的五种周祭形式之一。周祭制度，其名有五：一曰翌祭，即本铭之翌。就字形而言，'翌'字像片羽之形，因此，翌祭当是舞羽之祭。可能即《论语·八佾》中孔子谓季氏'八佾舞于庭，是可忍也，孰不可忍也'的佾舞。"①

1.12：丙申卜，贞，王宾大乙奭妣丙，眚，亡尤。

戊戌卜，[贞]，王宾大丁奭妣戊，眚，亡尤。

按：《释文稿》引曾毅公《甲骨缀合编》说本片与卷上第2.1片缀合。前一辞于丙日宾祭大乙奭妣丙，后一辞于戊日宾祭大丁奭妣戊，同时举行眚祭，且顺利无灾祸。大丁，二字合书。大丁，即太丁，是殷先人之一。参阅该页第13片考释引《史记·殷本纪》。

1.13：[丙□]卜，贞，王[宾]大乙奭妣丙，眚，亡尤。

[戊□]卜，贞，王[宾]大甲奭妣戊，[眚]，[亡尤]。

按：大甲，即太甲，是成汤嫡长孙，太丁之子，姓子，名至，叔仲壬病死后继位，在位二十三年，病死，葬于历城（今山东济南市历城区）。《史记·殷本纪》："汤崩，太子太丁未立而卒，于是乃立太丁之弟外丙，是为帝外丙。帝外丙即位三年，崩，立外丙之弟中壬，是为帝中壬。帝中壬即位四年，崩，伊尹乃立太丁之子太甲。太甲，成汤适（嫡）长孙也，是为帝太甲。帝太甲元年，伊尹作《伊训》，作《肆命》，作《徂后》。"（《史记》第98页）《尚书》有《太甲》上、中、下三篇记其事迹，《史记·殷本纪》所记略同。

前一辞于丙日周祭大乙奭妣丙，后一辞于戊日周祭太甲奭妣戊，同时举行眚祭，皆顺利无差错。

1.14：□□卜，韦贞，王往眚，从西，告于大甲。

按：韦，从二止从囗（wéi），即包围的围字的初文。参阅《诂林》第0826条。卜辞是武丁时期贞人名。往，从止从土。参阅《诂林》第0836条。或从止王声。参阅《诂林》第0837条。拓片往字残缺。黄天树《甲骨拼合集》（以下简称《拼合集》）说："上引卜辞中的 ，旧多误释为往，实应为辈字之省。近来，赵平安先生已正确释出此字可能是'逸'的本字，在甲骨文中读为'逸'或'失'。对此，沈培先生又有进一步论述。"②可资参阅。眚，从目生声，即省字。参阅

---

① 叶正渤《弋卩其卣三器铭文及晚殷历法研究》，《故宫博物院刊》，2001年第6期。
② 黄天树《甲骨拼合集》，学苑出版社，2010年，第402页。赵平安文载《古文字研究》第二十二辑，中华书局，2000年，第275～277页。

《诂林》第 0613 条。《说文》:"省,视也。从眉省,从中。"即省视、察看。从西,当是说从西方先开始省视。告于太甲,祭告太甲,太甲是殷王室重要的祭祀对象之一。询问从西方开始省视吉利否。从,像二人相从之形。一般来说,人脸向左是从字,人脸向右是比字。参阅《诂林》第 0066 条和第 0067 条。西,像鸟巢之形,假借作东西方位之西。参阅《诂林》第 1099 条和第 1101 条。告,从牛从口,《说文》:"牛触人,角箸横木,所以告人也。从口从牛。《易》曰:'僮牛之告。'"参阅《诂林》第 0720 条。

2.1:戊戌卜,[贞],王宾大丁奭妣戊,肜,亡尤。

按:参阅卷上第 1.12 片及第 1.13 片考释。

2.2:壬□卜,贞,王宾大庚奭妣壬,彡日,亡尤。

……贞,王宾……。

按:此于壬日王宾祭大庚奭妣壬,且举行彡祭。大庚,名辨,或称小庚,殷先王之一。《史记·殷本纪》:"沃丁崩,弟太庚立,是为帝太庚。帝太庚崩,子帝小甲立。"(《史记》第 99 页)彡,罗振玉谓即《尚书》肜日之肜,为不绝之义。叶玉森疑彡为古代表示不绝之幖帜。董作宾谓彡在殷代当是伐鼓而祭之义。参阅《诂林》第 3327 条。董作宾论彡字与笔者所见正合。笔者曾指出:"彡,即肜日,祭了又祭。《尔雅·释天》:'绎,又祭也。周曰绎,商曰肜,夏曰复胙。'孙炎注曰:'彡为肜日之本字。'肜祭,据字形分析,当指伐鼓之祭。彡似鼓声震荡之象,犹如'彭'字右侧所从之彡。彭,《说文解字》壴部:'鼓声。'商人迷信,以为人死了灵魂尚存,于是祭祀频繁,并形成一套定则,今人称之为周祭制度。"①

彡日,即文献所说的肜日,肜祭之日。《尔雅·释天》:"绎,又祭也,商曰肜。"疏:"肜者,相寻不绝之意。《书·高宗肜日》传:'祭之明日又祭也。'"《尚书·高宗肜日》:"高宗肜日,越有雊雉。"孔颖达疏:"高宗既祭成汤,肜祭之日,于是有雊鸣之雉,在于鼎耳。"

2.3:壬寅卜,行贞,王宾,叙,亡尤,在八月。

壬子卜,行贞,王宾大戊奭妣壬,彳,亡尤,在八月。(以上是本片刻辞)

丙[申]卜,行贞,王宾卜丙,彳,亡尤,在八月。

辛丑卜,行贞,王宾大甲奭妣辛,彳,亡尤,在八月。

---

① 叶正渤《弋其卣三器铭文及晚殷历法研究》,《故宫博物院院刊》,2001 年第 6 期。

辛丑卜,行贞,王宾,叔,亡尤。

壬寅卜,行贞,王宾大庚奭妣壬,彡,亡尤。

己巳卜,行贞,王宾且乙奭妣己,彡日,[亡尤]。

己巳卜,行贞,王宾,叔,亡尤。

[庚午卜,行]贞,[王宾]且辛[奭妣庚,彡,亡尤]。(以上是该页第 7 片刻辞)

按:《释文稿》引曾毅公《甲骨缀合编》说本片与数片缀合。行,像四达之街衢形。参阅《诂林》第 2289 条。《说文》:"行,人之步趋也。从彳从亍。"这是行的引申义。卜辞之行,陈梦家说是祖甲时期贞人名。(《综述》第 205 页)

叔,右从又(右手),左上从木(树),下从示(祭台),像人手持木(树枝)置于祭台之形,也见于晚殷金文,《说文》所无。或说与《说文》叕(zhuì)字同,《说文》:"楚人谓卜问吉凶曰叕。从又持祟,祟亦声。读若赘。"叕是祭名。参阅《诂林》第 1122 条。卜辞是祭名。抑或是寮祭之一种,约略与柴祭同。柴,《说文》:"烧柴焚燎以祭天神。从示此声。《虞书》曰:'至于岱宗,柴。'"根据《说文》所引《虞书》,则上古时期已有柴祭之礼,故叔为柴祭也极有可能。

在八月,在某王某年的八月。根据贞人行所处的时代,可以确定时王为祖甲。且,像雄性生殖器之形,郭沫若谓:"祖妣者牡牝之初字也。"王国维也有此类说法。参阅《诂林》第 3627 条。或谓且(祖)像祖先牌位之形,则非是。牌位乃取象于雄性生殖器之形,这是上古时期先民生殖崇拜的体现。卜辞读作祖。

本节共有 9 条卜辞,出现五个先王名及五个配偶名,分别是:大甲奭妣辛,大庚奭妣壬,大戊奭妣壬,且乙奭妣己,且辛[奭]妣庚。陈梦家曾归纳了殷商周祭法定配偶,可资参阅。(参阅《综述》第 383、451、452 页)

本节所见晚殷祭祀方式有三种,分别是:宾、彡和叔。其中彡属于周祭仪式之一,宾和叔属于一般祭祀仪式。

2.4:辛卯卜,贞,王宾大甲奭妣辛,彡日,[亡]尤。

按:此于辛日王宾祭大甲奭妣辛。大甲,二字合书。妣辛,合书。彡日,举行肜祭之日,属于周祭之一。参阅该页第 2 片考释。

2.5:辛丑卜,贞,王宾大甲奭妣辛,彡,[亡]尤。

……贞,……彡,□尤。

按:此于辛日王宾祭大甲奭妣辛。彡,也是周祭之一。

2.6：壬午卜,贞,王宾大庚奭妣壬,□,[亡]尤。

按：此于壬日王宾大庚奭妣壬。根据卜辞文例所缺之字当是彡字,属于周祭。

2.7：丙[申]卜,行贞,王宾卜丙,劦,亡尤,在八月。

辛丑卜,行贞,王宾大甲奭妣辛,劦,亡尤,在八月。

辛丑卜,行贞,王宾,叔,亡尤。

壬寅卜,行贞,王宾大庚奭妣壬,劦,亡尤。

己巳卜,行贞,王宾且乙奭妣己,彡日,[亡尤]。

己巳卜,行贞,王宾,叔,亡尤。

[庚午卜,行]贞,[王宾]且辛[奭妣庚,劦,亡尤]。

按：参阅该页第3片考释。

2.8：壬寅卜,贞,王宾大戊奭妣壬,劦日,亡尤。

按：壬寅之日,王宾大戊奭妣壬,又举行协祭,很顺利。大戊、妣壬,皆是合书。大戊,即太戊,名密,殷先王之一。《尚书·君奭》："在太戊,时则有若伊陟、臣扈,格于上帝。"《史记·殷本纪》："帝雍己崩,弟太戊立,是为帝太戊。帝太戊立伊陟为相。"(《史记》第100页)

2.9：壬寅[卜,□]贞,王[宾]大戊奭[妣壬],劦日,亡尤。

……卜,大贞,王宾……奭……月。

按：此于壬日王宾大戊奭妣壬。举行劦祭之日,无差错。大,祖甲时贞人名。参阅该页第8片考释。

2.10：丙午卜,行贞,翌丁未,祭于中丁,亡囏。

……行……宾……亡尤。

按：行,祖甲时贞人名。中丁,即仲丁,名庄,太戊之子。《史记·殷本纪》："帝雍己崩,弟太戊立,是为帝太戊。帝太戊立伊陟为相。……殷复兴,诸侯归之,故称中宗。中宗崩,子帝中丁立。帝中丁迁于隞。河亶甲居相。祖乙迁于邢。帝中丁崩,弟外壬立,是为帝外壬。"王国维根据甲骨卜辞认为中丁是祖乙之父,并非《史记·殷本纪》所记为河亶甲之子。(《观堂集林》第447页)参阅卷上第17.1片考释。

翌,本片卜辞指第二天。但在卜辞中,"翌"或"翌日"有时未必表示第二天,有时表示当日之后的某一日,或一旬之内的某日,要根据具体干支加以推算。

壱,从止从它,《说文》所无。它,蛇字之初文;止,足趾。参阅《诂林》第1842条。《韩非子·五蠹》篇:"上古之世,人民少而禽兽众,人民不胜禽兽虫蛇。"人们外出或怕被蛇咬足,故外出防蛇害,卜辞因占曰"出无壱"。壱,本当指蛇害,引申指一切灾祸、祸忧。本片卜辞"亡壱"与"亡尤"并用,说明"亡壱"与"亡尤""亡㦰""亡𢦏",或"亡戈",义相同,皆为无灾祸的意思。

2.11:壬辰卜,贞,王[宾]大戊奭妣壬,[肜],亡尤。

癸卯卜,贞,王宾中丁奭妣癸,肜,亡尤。

己酉卜,贞,王宾且乙奭妣己,肜,亡尤。

按:《史记·殷本纪》:"河亶甲崩,子帝祖乙立。帝祖乙立,殷复兴。巫贤任职。"根据本片卜辞来看,中丁(仲丁)是大戊(太戊)子。《史记·殷本纪》:"帝中丁迁于隞。河亶甲居相。祖乙迁于邢。"从河亶甲与祖乙并称来看,河亶甲也不像是祖乙的父亲,那么且乙就应该是中丁之子,则王国维、郭沫若、陈梦家等所说是也。(《综述》第374页)大戊、妣壬、中丁、妣癸、且乙、妣己等,皆是合书。

2.12:……贞,王宾叔,亡尤。

癸丑卜,贞,王宾中丁奭妣癸,乡日,亡尤。

按:由后一辞来看,宾属于一般祭祀。但是,由前一辞来看,王先举行宾祭,接着又举行叔祭,由卜辞来看叔祭属于单独举行的祭祀。由此来看,商代在周祭之后还可以单独举行某种形式的祭祀。结合该页第14片第二辞来看,辞虽残缺,但是几种祭祀形式同见于同条卜辞,可见殷人之祭真可谓不厌其烦。中丁,合书。

2.13:癸卯卜,贞,王宾中丁奭妣癸,肜,[亡尤]。

按:本片与该页第11片第二辞全同,可资参阅。

2.14:乙酉,贞,且乙其𠂤(乍)。

……贮……宾……来……叔……。

按:𠂤,或加𣥏作形。参阅《诂林》第3227条。孙诒让释乍,即"作"字之初文。叶玉森在《说契》中证成其说,结合卜辞用例来看是对的。(《整理与研究》第97页)曾宪通以为𠂤像以耒起土形,曰:"以耒起土是'乍'字的本义,引申而为耕作、农作之作。"①乍,或说像缝衣服的针脚线之形,未知确否。在有些卜辞中通则,做连词。

---

① 曾宪通《古文字与出土文献丛考》,中山大学出版社,2005年,第8页。

2.15：庚……贞,……往……宜……。

……卜,宜,……入,屮……且乙……。

按：本片卜辞残缺过甚,意义不明。屮,读作侑,侑祭祖乙。

2.16：……宜且乙奭妣己……于三丰方……。

按：丰,像土上栽种草木之形,非祭品豐盛之豐。参阅《诂林》第 1384 条。于卜辞和康侯鼎铭文当读作封邦之封。饶宗颐说:"古地名有封父……封父国在今河南阳武县东,汉置封丘县,其地正在商之边鄙。"①三丰方,即三封方,地名。封国,姜姓,又称封父国、封方,是炎帝之后裔。相传炎帝裔孙名钜,曾为黄帝之师。夏朝时,封钜的后代于封父(今河南封丘县封父亭),或即饶宗颐所说的古封父国。三丰方,也见于卷上第 18.2 片,是殷王征伐之方国名。方,《说文》:"併船也。象两舟省总头形。"段玉裁注:"併船者,并两船为一。《释水》曰:'大夫方舟',谓并两船也。……若许说字,则见下从舟省而上有并头之象,故知併船为本义。编木为引伸之义。"②方字像两条船并头之形,船体线条化。参阅《诂林》第 3119 条。卜辞单言方,是地名或方国名。

2.17：[庚]申卜,贞,王[宜]且乙奭妣庚,[劦日],亡尤。

按：黄天树《甲骨拼合三集》(以下简称《拼三》)说本片与《怀特》1715 片缀合,即《合集》36246＋《怀特》1715。缀合后《拼三》第 723 则释文如下：

庚申卜,贞:王宾且乙奭妣庚劦,[亡尤]。

《拼三》的释文比本书的释文少劦日之日。③ 该页第 16 片"王宜且乙奭妣己",本片"王宜且乙奭妣庚",可见祖乙至少有两位法定配偶。(参阅《综述》第 383 页)

3.1：庚午卜,贞,王宜且乙奭妣庚,劦日,亡尤。

按：本片与卷上第 2.17 片的祖乙是同一个先王,即中丁之子,因为其周祭法定配偶皆为妣庚。劦日,协祭之日。

3.2：己酉卜,贞,王宜且乙奭妣己,眘,亡尤。

按：参阅卷上第 2.11 片考释。

---

① 于省吾主编《甲骨文字诂林》,中华书局,1996 年,第 1384、1329 页。
② 段玉裁《说文解字注》,上海古籍出版社,1984 年。以下简称《段注》。
③ 黄天树《甲骨拼合三集》,学苑出版社,2013 年,第 363 页。

3.3：己未卜,贞,王宾且乙奭妣己,彡日,亡尤。

按：本片与该页第2片等辞中的祖乙皆为同一个先王,只是周祭日干不同,但是都是于己日祭且乙奭妣己。由大量祭祀卜辞来看,殷人祭祀先公先王往往于先公先王之配妣某(庙号)的日干之日祭祀妣某,而不是以先公先王的庙号日行祭而以妣某配祭,就是说以配偶之祭日为主行祭,看来商代母权的地位还是比较高的。或许如许进雄所言是祖甲为了让有子即位为王的先妣入祀的做法。参阅卷上第1.6片考释。

3.4：己巳卜,行贞,王宾且乙奭妣己,彡日,亡尤。

［己巳］卜,行贞,王宾,［叔］,亡尤。

按：参阅卷上第2.3片考释。行,祖甲时贞人名。

3.5：己卯卜,行贞,……兄庚……。

庚［□］卜,行贞,王宾且乙奭妣庚,岁方于物,罙兄庚岁二牢,亡［尤］。

□□［卜］,行［贞］,王宾……亡尤。

按：行,祖甲时贞人名。兄,从口从人。参阅《诂林》第0044条。《说文》："兄长也。从儿从口。"《说文》小篆之儿,是人字的变形,凡是在合体字的下部的人皆演变为儿,非简体字儿子的儿。兄庚,王国维《殷卜辞中所见先公先王考》曰："兄庚当为小辛、小乙之称盘庚,或祖甲之称祖庚。"(《观堂集林》第434页)据王国维考证,小乙是小辛弟,小辛是盘庚弟。就目前所知,殷墟甲骨文主要是武丁及其以后的遗文,所以,本辞之兄庚不可能是小辛、小乙之兄盘庚,只能是祖甲之兄祖庚,是武丁之子,且有祖甲时期的贞人行。据此,本片第二辞"王宾且乙奭妣庚"之王,为祖甲无疑。

蔡哲茂在《论武丁的三配与三子》一文中指出,"妇好"与"司母辛"是同一人,司母辛也就是第五期卜辞武丁三配中的妣辛。妇好与妇妌是同时之人。引金祥恒之说,后母戊即妇妌(见《屯南》4023)。妇好的地位似在诸妇之上,其被立为司,故铜器铭文称"司母辛"。又引唐兰之说,谓妇妌就是武丁法定配偶之一的妣戊,也就是后母戊鼎的后母戊。妇妌妣戊的地位与妇好相当。而妇妌比妇好更像商王之后。引郑振香之说认为,武丁法定三配偶之一的妣癸可能即如郑说的即"司龟母癸",龟可能早死,所以卜辞不见其活动的记录,仅见于《合集》21614。小王父己可能就是司龟母癸之子。引黄天树所说卜辞中的𡇈就是小王"父己"生前的私名。小王父己就是文献上的孝己。武丁的配偶妣癸过世之后,第二个过世的配偶是妣辛(母辛),即妇好。在妇好去世之后,妇妌继立为武丁之正室,所以商王武丁有三位先后册立为后的配偶,生前称妇鼀、妇好、妇姘,又可称司癸、司辛、司戊(卜辞未见),在第五期黄组的周祭卜辞又称妣癸、妣辛、妣戊,而他们三人先后所生的儿子皆被册立为继承人,只是祖己早卒,而祖庚、祖甲则相继为王。①

  本片之祖乙,根据《释文稿》,有说是河亶甲之子祖乙,根据卜辞应该是中丁之子。(《综述》第371、374、379、383页)有说是盘庚弟小乙,所谓的小祖乙。根据祭祀祖乙的卜辞较多来看,可见这个祖乙的地位当较高,影响较大。根据《史记·殷本纪》的记载,殷道几度衰微,至"河亶甲时,殷复衰。河亶甲崩,子帝祖乙立。帝祖乙立,殷复兴。巫贤任职"。今本《竹书纪年》:"祖乙之世,商道复兴,庙为中宗。"可见这个祖乙是使殷道再度中兴之君,其在商代历史上的影响应该比较大,所以周祭多祭之及其配妣庚、妣己。《晏子春秋·内篇·谏上》:"夫汤、太甲、武丁、祖乙,天下之盛君也。"也将祖乙与汤、太甲、武丁并称为"天下之盛君也",而盘庚弟小乙于《竹书纪年》《史记·殷本纪》除了记载其继位为君而外,其事迹无多,更谈不上有中兴之举,可见卜辞中常见周祭之祖乙非中丁子(《史记》说是河亶甲之子)祖乙莫属。

  岁,《说文》:"木星也。越历二十八宿,宣徧阴阳,十二月一次。从步戌声。律历书名五星为五步。"甲骨文岁字像斧钺之形,上有二小孔,不从步,也不从戌声,小篆始从步戌声。参阅《诂林》第2429条及第2425条。根据《释文稿》卷上第19.7片考释所引,前之学者有多种解释,或说是祭名,即岁祭;或说是岁星;或说是迎岁之祭。结合下文"罙兄庚岁二牢"来看,本辞当理解为岁祭,祭名,具体祭祀仪式已不得而知。岁祭可能与祭祀岁星有关,则是其引申义。参阅卷上第19.7片考释。

  物,物字初文不从牛,与勿字写法十分相近,前之学者辨之甚详。参阅《诂林》第2488条和第2625条。小篆物字始从牛。或谓读作黎,牛黑红条纹相间曰黎色,或谓杂色牛曰物。方于物,其意义不太好理解。《说文》:"方,併船也。象两舟省总头形。"方的本义是并船,所以,"方于物"可能是指岁祭时除了用牺牲之外同时还兼用其他品物。

  罙(dà),从目从水(眼泪),郭沫若以为当是涕之古字,像目垂涕之形。《说文》:"罙,目相及也。从目,从隶省。"甲骨文罙字并不从隶省,郭沫若论之甚详。参阅《诂林》第0611条。加藤长贤以为是泣字之初文。见《金文诂林补》卷二。本辞义同及、连同、一起,言且乙奭妣庚,连同兄庚一起岁祭皆用二牢。兄庚,指祖甲之兄祖庚。牢,从牛,或从羊,或从马,从牛圈形。参阅《诂林》第1548条、第1564条及第1631条。《说文》:"牢,闲也,养牛马圈

---

① 蔡哲茂《论武丁的三配与三子》,《"中央研究院"历史语言研究所会议论文集之十三》。

也。从牛,冬省。取其四周帀也。"金文、小篆冬字,从🅐(终)从仌(冰),或从日,并非从冬省。卜辞牢,指祭祀时所用的家畜。古代祭祀时,牛、羊、豕三牲全备谓之太牢。

3.6:高且。

按:高且,即高祖。卜辞有高祖夒,王国维《殷卜辞中所见先公先王考》曰:"卜辞惟王亥称高祖王亥,或高祖亥;大乙称高祖乙,则夒必为殷先祖之最显赫者。以声类求之,盖即帝喾也。"(《观堂集林》第412页)夒是帝喾,名夋,是商先祖契之父,故其地位显赫。本片卜辞残缺,根据卜辞"高且"二字分书的特点,当是指高祖夒,也即帝喾。参阅卷上第22.3片以及卷下第14.5片考释。

3.7:兄岁。

甲戌卜,其又于高且乙。

按:兄岁,"兄"《释文稿》读作祝,谓兄岁是祭祀用语,即举行岁祭。

其,推测语气词。又,读作侑,祭名。高且乙,据王国维考证,即高祖乙,指大乙成汤,商之开国君主。《释文稿》于"高且乙"之后补"䍩后且乙"四字,陈梦家已据他辞补此四字。(见《综述》第415页)拓片残缺,无"䍩后且乙"四字。陈梦家以为卜辞之高且乙与后祖乙对举时,则高且乙指中丁子祖乙,后祖乙指小乙,是武丁之父。(《综述》第416页)又曰:"'高且乙'应读作'高且乙',不是'高祖乙';'高且乙'是祖乙。"(《综述》第444页)王国维的读法侧重高祖,乙是祖的庙号;陈梦家的读法侧重祖乙,高是修饰语,犹言远祖的意思。可见卜辞的读法不同,其意义理解也不同。

本书以为,根据王国维《殷卜辞中所见先公先王考》"商诸帝名乙者六:除帝乙外,皆有祖乙之称,而各加字以别之。是故高祖乙者谓大乙也,中宗祖乙者谓祖乙也,小祖乙者谓小乙也,武祖乙后祖乙者谓武乙也"之论,本片之"高且乙"仍当指大乙成汤,中丁之子祖乙不足与帝喾、王亥并称为高祖,唯开国之君大乙成汤足以当之。参阅卷上第4.15片考释。

3.8:庚子卜,贞,王㝱且辛奭妣庚,彡日,[亡]尤。

甲子　甲戌　[甲]申。
乙。

按:此于庚日周祭祖辛奭妣庚。根据陈梦家的归纳,乙、辛周祭卜辞直系配偶称妣庚者有:示壬、且乙、四且丁、小乙。(《综述》第384页)又曰:"羌甲奭妣庚,同于祖甲周祭和岁祭卜辞。"(《综述》第 382 页)所以陈梦家于乙、辛周祭卜辞未列且辛奭妣庚,只有且辛奭妣甲,非法定配偶有且辛奭妣壬(《综述》第 452 页),本片可补其缺。参阅卷上第 19.14 片考释。祖辛、妣庚,皆是合书。

第三辞乙字之上还有个似从北从义的字,拓片字迹不清,未知究竟是何字。

3.9:辛酉卜,贞,王宾康且丁奭妣辛,彡,亡尤。

按:此于辛日周祭康祖丁奭妣辛。康祖丁,据王国维考证,即庚丁之误。庚丁是廪辛弟,祖甲子。称庚丁为康祖丁之王,则当是武乙之子大丁(即文丁,或称文武丁)。《史记·殷本纪》:"帝甲崩,子帝廪辛立。帝廪辛崩,弟庚丁立,是为帝庚丁。帝庚丁崩,子帝武乙立。殷复去亳,徙河北。"(《史记》第 104 页)则本片卜辞是文丁时。

3.10:己酉卜,[贞],[王]宾四且丁[奭]妣己,叠日,亡尤。

按:根据陈梦家商代周祭法定配偶表,可知此四且丁奭妣己,是帝沃甲之后的先王祖丁,他是沃甲之兄祖辛之子,其配偶是妣己。(《综述》第 383 页)陈梦家说:"由《续》1.17.7 周祭卜辞可知'四且丁'必须是小乙之父祖丁。他在周祭中一直称为'四且丁'。"(《综述》第 426 页)即武丁祖父辈的那个祖丁。

3.11:己巳卜,贞,王宾且丁奭妣己,彡日,亡尤。

按:本片卜辞周祭对象与该页第 10 片同。据此,可知此且丁即四祖丁,妣己是其法定配偶。

3.12:己亥卜,贞,王宾且丁奭妣己,叠日,亡尤。

按:本片卜辞周祭对象也与该页第 10 片相同。参阅卷上第 3.10 片和第 3.11 片考释。

3.13:[癸]未卜,贞,[王]宾且丁[奭]妣癸,叠日,亡尤。

按:根据陈梦家《综述》,本片卜辞中的且丁当是殷高宗武丁,其配偶是妣癸。(《综述》第 383 页)

3.14:癸酉卜,贞,王宾且丁奭妣癸,叠日,亡尤。

按:该页第 13 片和第 3.14 两片卜辞周祭对象相同,只是周祭之日不同。所以,当是同王世的卜辞。参阅卷上第 3.13 片考释。

3.15:贞,羌甲不壱王。
　　……于……枣。
　　按:羌甲,商先王之一。根据王国维、郭沫若、陈梦家、董作宾等人的考证,羌甲当是祖乙之子、祖辛之弟,传世文献作沃甲。《史记·殷本纪》:"祖乙崩,子帝祖辛立。帝祖辛崩,弟沃甲立,是为帝沃甲。"(《史记》第 101 页)今本《竹书纪年》作开甲。

　　不,罗振玉曰:"象'花不'形。'花不'为不字本谊,许君训为鸟飞不下来,失其旨矣。"王国维谓:"不者,柎也。"参阅《诂林》第 2516 条。罗振玉、王国维据古训为说,《诗经·小雅·常棣》"常棣之华,鄂不韡韡",郑玄笺:"承华者曰鄂,不当作柎。柎,鄂足也。"《说文》:"柎,阑足也。从木付声。"鄂足、柎,即花蕚,俗所谓花托。《说文》:"不,鸟飞上翔不下来也。从一,一犹天也。象形。"《说文》据小篆字形为训,小篆不字根本不像鸟飞不下来的形状。

　　壱,像蛇咬足跟之形,因而有灾祸义。参阅《诂林》第 1842 条及卷上第 2.10 片考释。本条卜辞用作动词,不壱王,义当为不降祸忧于王。陈梦家考证,能够降祟于后王者,多为先公先王以及旧臣。(《综述》第 345~352 页)所以,本条卜辞是贞卜先王是否会降祸忧于时王。

　　枣,上从倒隹(据《说文》,隹是短尾鸟),下从示,像祭台上放置隹而行祭之形,犹如柴祭一样。异体较多。《说文》所无。卜辞是祭祀用语。《诂林》按语曰:"……枣均同名,所从之'枣'或倒或正,卜辞'枣'祭多于田猎之前后进行,田猎之前进行'枣'祭,乃为祷多获禽牲;在既获禽牲之后,则以所获得之禽牲进献于先祖以祈福佑。"参阅《诂林》第 1775 条。

3.16:……羌甲翌……。
　　按:羌甲,即传世文献中的沃甲。参阅该页第 15 片考释。翌,即翌祭,五种周祭之一,当属于舞羽之祭。若是"翌日"之残,则或是第二天的意思。

3.17:甲子卜,贞,羌甲壱王? 三月。
　　按:本片卜辞也是贞卜先王羌甲是否会降祸忧于时王。

3.18:乙丑[卜],贞,王[ ]羔(羌)甲,彡,又□示。
　　按:本片卜辞羌甲之羌写作羔,与卷上第 3.17 片略有不同,有糸旁。参阅《诂林》第 0064 条。陈梦家说这是祖甲及以后的写法。(《综述》第 407 页)彡，即肜祭。参阅卷上第 2.2 片考释。又囗示，又，读作侑，祭名。示字之前所缺当是数目字，即侑若干示。

4.1:癸丑卜,贞,旬亡［䚓］。甲寅囗于羗甲,囗妣甲。

按:旬,其构形理据不明,前之学者论之颇多。参阅《诂林》第 1178 条。卜辞是纪时用词,所指与后世同,指从甲日至癸日十日为一旬。这是根据太阳的运行而产生的一个时间概念。可见殷代实行的是太阳历。䚓,左从骨,右从犬,像狗啃骨头形,《说文》所无。参阅《诂林》第 2245 条。叶玉森说:"其字乃从户从犬,犬以两足抵户,则现狠戾之状,似即古文戾字。"(《殷契钩沉》卷乙,参阅《整理与研究》第 62 页)亦未必是。䚓在卜辞中表示占卜的凶戾字,故可释作戾、祸、咎、灾、祟、忧等义。

卜辞中表示吉凶之字,可以指占卜下一旬的吉凶,也可以指贞问殷王的行事,如出行、田猎等是吉还是凶。不同王世其写法亦不尽相同,或写作尤,或写作 ⿱⿰, 或写作戋,或写作⿱,或写作䚓,往往构成"王占曰……旬亡尤"或"……卜……亡尤(戋、⿱⿰、⿱、䚓)"等句式。前之学者根据称谓、世系、贞人、周祭和岁祭、字体和辞例等要素,大致概括为:武丁时期一般写作彡;祖庚、祖甲时期写作亡⿱⿰;廪辛、康丁时一般写作亡⿱⿰,或亡戋;武乙、文丁时期写作亡⿱;帝乙、帝辛时写作亡䚓。以上各种写法也有可能从上一个王世延续到下一个王世,字体的不同主要取决于史官即贞人的书写习惯,可以作为历史断代的重要参考。

根据《释文稿》,罗振玉据本片定羗甲奭妣甲,郭沫若指出其非；岛邦男以为是且辛之配妣甲,似也证据不足。细审拓片,羗甲与妣甲的确见于同版同辞,拓片有两处缺字,对正确理解卜辞很是不便。

4.2:……庚……。

［甲］戌卜,贞,庚辰不雨。

按:这是贞卜庚辰这一日是否下雨的卜辞。雨,《说文》:"水从云下也。一象天,⿱象云,水霝其间也。"叶玉森疑⠿像雨霝之形,是水字的初文。其说是也。参阅《诂林》第 1180 条。

4.3:囗囗卜,尹［贞］,［王］宾小乙、彡、龠、叙,亡［尤］。

按:尹,祖甲时贞人名。小乙,商先王之一,是盘庚、小辛之弟,武丁之父。彡,即肜字,肜祭,为击鼓之祭。龠,从亼(人嘴的象形),从二口(竹管之

183

口),从册(竹编管),似口吹笙竽之形,即籥字的初文。参阅《诂林》第0751条和第0753条。据《释文稿》,郭沫若以为是奏乐之祭,可从。叔,祭祀仪式之一种,或为燎祡之祭。参阅《诂林》第1122条。

4.4:庚子卜,贞,王宾小乙奭妣庚,翌[日],[亡尤]。
　　按:此于庚日王宾小乙奭妣庚,举行翌祭之日,也是周祭,很顺利。

4.5:[乙□卜],贞,王宾妣庚小乙。
　　按:本片卜辞之辞例与该页第4片及第6片等不同,似乎是以小乙配祭妣庚,也可能是"小乙奭妣庚"的倒刻。

4.6:庚午卜,贞,王宾小乙奭妣庚,叒日,亡尤。
　　辛未[卜,贞],[王]宾[□丁奭]妣辛,叒日,[亡]尤。
　　按:根据陈梦家周祭法定配偶表(《综述》第383页),武丁奭妣辛,康丁奭也是妣辛,因此,第二辞究竟是周祭武丁还是康丁?根据第一辞周祭小乙奭妣庚来看,小乙是武丁之父,那么第二辞就应是周祭武丁奭妣辛,因为两辞见于同版,且左右分刻,不可能是晚于小乙、武丁的庚丁(康丁)。因为卜辞中称庚丁为康祖丁,以与其他祖丁相区别(参阅卷上第4.10片第二辞),那么举行周祭的时王就应该是祖甲之子廪辛。也就是说,本片卜辞属于廪辛时期的。

4.7:辛巳卜,贞,[王]宾武丁奭妣辛,嘗,亡尤。
　　癸未卜,贞,王宾武丁奭妣癸,嘗,亡尤。
　　戊子卜,贞,王宾武丁奭妣戊,嘗,亡尤。
　　按:《释文稿》据郭沫若《卜辞通纂》认为本片与该页第8片及第9片缀合。这是分别周祭武丁奭妣辛、妣癸、妣戊的卜辞。鉴于卜辞皆无贞人名这一特点,因此,这三片有可能属于武乙或文丁时期的卜辞。嘗,祭名。参阅卷上第1.6片考释。

4.8:参阅该页第7片考释。

4.9:参阅该页第7片考释。

4.10:癸亥卜,贞,王宾武丁奭妣癸,翌日,亡尤。
　　丁卯卜,贞,王宾康且丁,翌日,亡尤。

按：本片两条卜辞所记分别周祭武丁奭妣癸和祭祀康且丁,并举行翌祭。第二辞称王宾康祖丁,则本王应该是武乙之子文丁,且卜辞也无贞人名,符合文丁时期卜辞的特点。翌日,指举行翌祭之日。亡尤,很顺利,无差错。

《释文稿》卷上补遗说,本片因为是在翌祭武丁之配妣癸的下旬翌祭康祖丁,如果根据董作宾,则是在第五期原来祭统之外联系所祭先祖和先妣的重要资料。

4.11：贞,王宾,叙,亡[尤]。

贞,……王……武……亡[尤]。

丁未卜,贞,王宾武丁,⺈(升、斗、示)伐,亡尤。

……王宾……亡尤。

按：根据《释文稿》,对本片卜辞中的武,是武祖乙,还是武丁,一时难以确定,尤其是对其中的⺈和伐两个字的解释意见颇多,未成定论。关于⺈,叶玉森释作升(《铁云藏龟拾遗附考释》第1页);或释作斗,星宿名;或说同示,祭名;还有释久的。参阅《诂林》第3335条。本书以为是示字的异体,金文中也有此字(《整理与研究》第166页)。根据卜辞的辞例,本片卜辞所记皆与祭祀有关,下文皆曰"亡尤",而与其他事无涉。所以,⺈与伐,都是祭名,且是两种不同的祭祀仪式。伐,从人从戈,像人肩戈之形。参阅《诂林》第2410条。《说文》："伐,击也。"这是伐的本义。卜辞之伐引申为一种祭祀仪式(乐舞),故有九伐、五伐等语。《尚书·牧誓》："今日之事……不愆于四伐、五伐、六伐、七伐,乃止齐焉。"孔安国传："伐,谓击刺。少则四五,多则六七以为例。"遂用四伐象征征伐四方不静之国。参阅卷上第21.5片和第21.11片考释。

4.12：戊午卜,贞,王宾且甲奭妣戊,誉,亡尤。

辛酉卜,贞,王宾康丁奭妣辛,誉,亡尤。

按：《释文稿》引曾毅公《甲骨缀合编》说本片与《前编》卷一第3片和卷七第1片缀合。第一辞于戊日周祭祖甲奭妣戊,第二辞于辛日周祭康丁奭妣辛。第一辞称"王宾且甲奭妣戊",则为武乙卜辞。第二辞称康丁,可见时王是康丁之子武乙。

4.13：戊寅卜,贞,王宾且甲奭妣戊,乡日,亡尤。

贞,王宾,叙,亡尤。

按：此于戊日周祭祖甲奭妣戊,并举行乡(肜)祭。第二辞王宾之时还举行叙(紫)祭仪式。参阅该页第12片考释。

4.14：辛巳卜，贞，王宾康丁奭妣辛，[彡日]，亡尤。

按：王宾康丁奭妣辛，可见此片也是武乙时卜辞。参阅该页第12片考释。

4.15：甲申卜，贞，武且乙，物其牢，兹[用]。

□□卜，贞，□□□升，[其]牢，[兹]用。

按：武且乙，即武祖乙。王国维《殷卜辞中所见先公先王考》曰："商诸帝名乙者六：除帝乙外，皆有祖乙之称，而各加字以别之。是故高祖乙者谓大乙也，中宗祖乙者谓祖乙也，小祖乙者谓小乙也，武祖乙后祖乙者谓武乙也。"（《观堂集林》第443页）参阅卷上第3.6片和第3.7片考释。卜辞称武乙为武祖乙，则本片属于帝乙时期卜辞。《史记·殷本纪》："武乙猎於河、渭之间，暴雷，武乙震死。子帝太丁立。帝太丁崩，子帝乙立。帝乙立，殷益衰。"（《史记》第104页）太丁，即文丁。文丁是武乙之子，帝乙是文丁之子，故称武乙为武祖乙。

物，或曰杂色牛，或曰黎色牛。物其牢，或指用杂色牛为牺牲。若是，则说明商代祭祀时在用牲方面很有讲究。参阅卷上第24.3片考释。兹，像二幺（丝缕）相交之形。《说文》："兹，微也。从二幺。"即丝字的初文，丝缕极细，故引申指微也之义。兹用，胡小石以为兹是代词，用是动词，且后置，因此，"兹用"即用兹。① 本书以为，"兹用"之兹，代指所占之卜。见于帝乙、帝辛时期卜辞。又参阅胡厚宣《释兹用兹御》。参阅《诂林》第3161条。

升，据《释文稿》，前之学者所释颇为不同，或释作示，或释作礿，或释作酌，或释作烝，祭名；或释作必，表示祭祀的场所，等等。参阅《诂林》第3220条。《释文稿》据金文字形，以为当释作升，卜辞用为祭名。升，像斗中盛米且有洒落之形，当是升字。释示、释礿、释酌、释烝、释必（柲）皆非是，释升是也。卜辞也是祭名。也见于卷下第7.1片和第32.15片。用，像木桶形，三竖像桶身和提梁，二横像桶箍。参阅《诂林》第3338条。卜辞皆作使用、施行义。

4.16：己卯……贞，其……。

己卯卜，頔贞，帝甲<mark>□</mark>……其眔且丁……生。

按：頔，从日（或口）从页，《说文》所无。《诂林》似未收此字。根据陈梦家《综述》，頔是廪辛时贞人名。又见于卷上第8.5片和第22.2片等。陈梦

---

① 转引自赵诚《胡小石的甲骨文研究》，《古文字研究》第二十五辑，中华书局，2004年，第80～85页。

家说,暊的卜辞的称谓是很特殊的。(《综述》第 200 页)帝甲,根据《释文稿》,学界有不同的说法。殷先王以甲为庙号者共有六人:大甲、小甲、河亶甲、沃甲(羌甲)、阳甲(象甲)及祖甲,一时难以确定。陈梦家说所谓"帝甲"可能是祖庚弟祖甲。(《综述》第 200 页)

㪤,从朿,从徍,或从叀从徍,《说文》所无。饶宗颐谓与餗字同。参阅《诂林》第 3206 条及第 3207 条。餗,《广韵》:"鼎实。"即鼎中所盛的食物。卜辞当用作祭名。眔,连词,义同及。本片卜辞可能指对帝甲举行某种祭祀时连及且丁,由于卜辞残缺过甚,全辞意义不太明了。

4.17:[大]丁大甲且乙父丁。
　　癸巳贞,其□。
按:本片卜辞字体较大,结构松散,结合其称"[大]丁大甲且乙父丁"来推测,时王似当为小乙。参阅卷上第 5.1 片及《综述》第 374 页。

5.1:[大乙大丁]大甲大庚[大戊中]丁且乙且[辛且□丁□□],一羊一南(豰)□……。
按:本片是记载商代直系先王顺序的刻辞,陈梦家以为属于武丁卜辞。(《综述》第 374 页)
羊,像正面羊头之形,有两角、两耳和羊脸。参阅《诂林》第 1561 条。南,从中,从同省,本像磬一类的敲打乐器,《说文》所无。郭沫若、吴其昌隶作南,读作豰(bó),《说文》:"小豚也。从豕,㱿声。"吴说南于卜辞亦为牲牷之一。其说是也。参阅《诂林》第 2863 条。陈梦家隶作壳,《释文稿》隶作上从土,类似吉字,与字形皆不合。豰,由小豚义引申指动物的幼崽。本辞"一羊"与"一南"并称,当指用一羊又一羔(小羊)作为祭祀诸位先王的牺牲。

5.2:[戊]□卜,在𠦪[贞],其用✚(巫)祡且戊,若。
按:𠦪,上从叀,下从凵或从口,像纺砖之形。《说文》所无。参阅《诂林》第 2953 条。卜辞一般读作唯或惟,语气词,含有强调意味。但根据语法关系本辞用作地名,《释文稿》说是第五期常见的田猎地名,陈梦家说即今武陟县西之怀,其地在大邑商所在的沁阳田猎区。(《综述》第 308 页)✚(巫),关于其构形,前之学者众说纷纭。参阅《诂林》第 2909 条。根据《释文稿》,前之学者对此字解说颇多,以陈梦家释巫为是,意为用巫降神,祓祭祖戊。(《综述》第 365、577 页)本书以为,巫字之构形乃像农村绕线的工字形木支架,工字形木架上下两横在两个不同平面上相互垂直。《说文》:"巫,祝也。

女能事无形,以舞降神者也。象人两褒舞形。与工同意。古者巫咸初作巫。"《说文》曰"与工同意",在一定程度上保存了古义——与工有关。巫之构形与癸之构形相似,皆是农家绕线用具之象形。参阅卷上第10.3片考释。

关于祖戊,或说是武乙或文武丁的兄戊。其说存疑待考。若,从坐人,像人梳头使发顺之形。参阅《诂林》第0333条。甲骨卜辞和铜器铭文中一般表示顺畅、顺利、无差错之义。

5.3:□未贞,于父甲登,[亡]尤。

按:父甲,《释文稿》说是祖甲,则本片是廪辛时期卜辞。《史记·殷本纪》:"帝祖庚崩,弟祖甲立,是为帝甲。帝甲淫乱,殷复衰。帝甲崩,子帝廪辛立。"(《史记》第104页)登,像双手奉豆之形,豆是宗庙里常备的礼器,登因有进献的意思。参阅《诂林》第1030条、第1032条。登祭,犹烝尝之祭,用新收获的粮食祭祀祖先亡灵。《诗经·小雅·楚茨》:"絜尔牛羊,以往烝尝。"郑玄笺:"冬祭曰烝,秋祭曰尝。"所以,登祭可能是属于秋祭之一种。

5.4:宙豕。

甲戌卜,㞢父甲,今日。

戊寅卜,宙羊。

按:宙,像园中长出禾苗形,或隶作甫,圃字之初文。参阅《诂林》第2198条。或隶作更,卜辞读作唯,语气词,含有强调的意思。豕,像大腹之野猪形。参阅《诂林》第1599条。甲骨文中,豕字与犬字的区别主要在于:豕字所表示的野猪形象是大腹垂尾,犬字所表示的狗的形象是瘦腹尾上翘。本辞之豕,是祭祀时所用的牺牲,少牢之一。㞢,读作侑,祭也。父甲,《释文稿》说是阳甲,恐非是。《史记·殷本纪》:"帝南庚崩,立帝祖丁之子阳甲,是为帝阳甲。帝阳甲之时,殷衰。自中丁以来,废適(嫡)而更立诸弟子,弟子或争相代立,比九世乱,于是诸侯莫朝。帝阳甲崩,弟盘庚立,是为帝盘庚。……帝盘庚崩,弟小辛立,是为帝小辛。帝小辛立,殷复衰。百姓思盘庚,乃作《盘庚》三篇。帝小辛崩,弟小乙立,是为帝小乙。帝小乙崩,子帝武丁立。"(《史记》第101、102页)据此可知,阳甲之子并未立为帝。阳甲之后名甲之帝唯有祖甲,《史记·殷本纪》:"帝祖庚崩,弟祖甲立,是为帝甲。帝甲淫乱,殷复衰。帝甲崩,子帝廪辛立。"(《史记》第104页)故本片卜辞侑父甲者,当为祖甲之子廪辛。今,《说文》:"是时也。从亼从乁。乁,古文及。"甲骨文或从亼声,其构形理据不明。参阅《诂林》第1968条。今日,犹言斯日、此日。

宙,同更、唯,语气词,或说是用牲之法。宙羊,唯用羊做牺牲。

5.5：己丑卜，告于父丁。亡[尤]。

郷宗。

京□。

按：告，《说文》："牛触人，角箸横木，所以告人也。从口从牛。《易》曰：'僮牛之告。'"甲骨文与小篆形体相同。参阅《诂林》第0720条。或曰告字从舌从口，恐非是。笔者小时候在农村生活时，确见触人之牛角着横木者。父丁，《释文稿》说是康丁，未知所据。郷，从二人从皀，像二人燕飨形，即飨字之初文。引申为相向之向。参阅《诂林》第0337条。宗，从宀从示，像房子里常年置祭台形，是供奉祭祀祖先神主的地方。参阅《诂林》第2041条。郷宗之宗，《释文稿》说是一个固有名词，而不是普通名词。据此，则本辞意当为在宗庙里举行祭享活动。参阅陈梦家"集合的宗庙"一节。(《综述》第473页)

京，像高台上建亭子形。参阅《诂林》第1995条。卜辞一般言某京，或某京二字合文，是祭祀场所名，是地名但也与祭祀有关。本辞京后所缺一字疑是宗字，即京宗。参阅卷下第20.16片。京，作为地名或是春秋战国时的京邑。《史记·老子韩非列传》："申不害者，京人也，故郑之贱臣。"索隐："按：《别录》云'京，今河南京县是也'。"正义："《括地志》云：'京县故城在郑州荥阳县东南二十里，郑之京邑也。'"(《史记》第2146页)在今河南荥阳市东南十公里的豫龙镇京襄城村。甲骨卜辞中单言京，或即此地。

5.6：贞，宫。

父丁。

父丁。

按：宫，从宀从吕，吕是宫室相连之形。《说文》："宫，室也。从宀躳省声。"甲骨文宫字不是省声字，而是会意字。参阅《诂林》第2038条。本片中的这个字上从宀，下从口，中间似贝，拓片不太清晰，不似宫字。此据《释文稿》所释。《释文稿》以为是地名，但也不确定就是宫字。《释文稿》宫字之前漏释一"贞"字。

此父丁所指是谁？从字体来看，当属第三期前后。陈梦家说："凡有'父丁'的，都是武乙卜辞。此时的'丁'字作较扁平之形。"(《综述》第428页)刻辞太短，无法推定。

5.7：辛巳……王……。

大甲，父丁。

按：王，其构形或说像斧钺之形，或说从火从一(地)，像地火，即旺字之初文,或说皇冠之象形。参阅《诂林》第3246条。《说文》:"王,天下所归往也。董仲舒曰:'古之造文者,三画而连其中谓之王。三者,天、地、人也,而参通之者王也。'孔子曰:'一贯三为王。'"《说文》引先秦两汉时人观念而立说,其释形体与甲骨文亦不合,非王字之本义。王当是斧钺之象形,引申为王权、权威之义。

据该页第6片考释所引陈梦家之说,则本片也应是武乙时的卜辞。大甲,当是大丁之子,即太甲。《史记·殷本纪》:"汤崩,太子太丁未立而卒,于是乃立太丁之弟外丙,是为帝外丙。帝外丙即位三年,崩,立外丙之弟中壬,是为帝中壬。帝中壬即位四年,崩,伊尹乃立太丁之子太甲。太甲,成汤適(嫡)长孙也,是为帝太甲。"(《史记》第98页)父丁,按照陈梦家之说当是武乙称康丁也。

5.8:癸亥卜,旅贞,其又于父丁,牛。

按:旅,祖甲时贞人名。旅,从从从队,像二人拿着旗子之形。参阅《诂林》第3024条。但是,拓片旅字笔画残缺,此从《释文稿》释。又,读作侑,祭名。父丁,按陈梦家之说当指庚丁(康丁),则本片卜辞属于武乙时,且丁字确实呈扁平之状。那么,贞人有可能不是旅,因为武乙时的贞人只有一个历。父丁,《释文稿》根据饶宗颐的考释以为可能指武丁。若按陈梦家之说则是庚丁(康丁)。

5.9:父丁,五,用七。

庚午,大卸,六大其寮。

庚午贞,大卸,自⊞弜□更……。

庚午贞,大卸于⊞□,亡□。

按:父丁,《释文稿》说是康丁。从字体来看,也像是第三期康丁时的特点。五,《释文稿》照样隶定,引前之学者或说借为俘字,或为地名,或为族名,笔者以为当是五字。五字之右尚有一个十(读作七)字。

大,像正面站立的人形。参阅《诂林》第0197条。卜辞是人名,也见于卷上第26.6片,应是同一人。该片应属于武乙时卜辞。六大之大,《释文稿》以为是副词,或与大同族名。

卸,从卩(跪坐之人形)午声,或从彳,御字的初文。闻宥曰:"此午实为声,卩像人跪而迎迓之形。行,道也,迎迓于道是为御。"①后加表意偏

---

① 转引自张玉金《释甲骨文中的"御"》,《古文字研究》第二十四辑,中华书局,2002年,第71页。

旁示作禦。《说文》:"禦,祀也。从示,御声。"参阅《诂林》第0351条。卜辞中的御祭,指祈求祓除灾祸之祭。尞,像木柴燃烧火星迸发之形,隶作尞。下或从火。参阅《诂林》第1526条。燎祭,燔柏木松柴之祭。《说文》:"尞,柴祭天也。从火从眘。眘,古文慎字。祭天所以慎也。"大徐本《说文》作"尞,柴祭天也",此当如段玉裁所说连篆读,读作"尞,尞柴祭天也"。

⊞,从口从十,不是田字,其中的十与口四面不连接,此是上甲(微)的专用字,与田字的写法不同。参阅《诂林》第3557条。弜,从二弓。《说文》:"弜,彊也。从二弓。"参阅《诂林》第2630条。笔者在《貄簋铭文考释》一文中曾以为弜字的本义是檠弓弩之檠。① 叶玉森说卜辞读作弗。卜辞另有一字与弜字形近,《诂林》谓是人名或方国名,与弜字有别。参阅《诂林》第2630条和第2631条。叀,按卜辞文例后边当还有残辞。

5.10:卜,㞢父戊,鼠。

按:父戊,《释文稿》以为第一期、第二期皆有父戊,但根据㞢祭属于第二期卜辞,以为放在第一期为宜。鼠,《释文稿》隶作"大",根据陈梦家"大乙至大戊五世,直系称'大'"以及"大戊作戊大"等说法(《综述》第442页),则本辞"㞢父戊大"确为武丁卜辞。(《综述》第437页下)然细审拓片实为"鼠"字,《甲骨文合集释文》2300亦隶作鼠字。鼠,是否父戊配偶妇鼠之省,存疑待考。

5.11:戊寅卜,即贞,叀父戊岁。先酉彡十。

按:即,从卩从皀,像人就食之形。参阅《诂林》第0336条。卜辞是祖甲时贞人名。据此,本片当是祖甲时期卜辞。父戊,参阅该页第10片考释。岁,岁祭。始于武丁时期,终于帝乙、帝辛时期。先,从止从人,寓意一人在另一人之前(先)。参阅《诂林》第0835条。卜辞是祭名,不是先后之先。酉彡,从酉从彡,叶玉森《殷契钩沉》卷乙曰:"酉彡盖彡日酒祭之专名。"(《整理与研究》第33页)卜辞用作祭名,或即酒祭。参阅《诂林》第2733条。十,甲骨文写作丨。参阅《诂林》第3548条。金文丨中间写得肥厚一些,逐渐演变为一横,遂成十,而十在甲金文中是七字。为区别二字,战国时期遂将十(7)字一竖笔稍微向右弯曲,写成后来的七字。一是未开化的混沌状态的象征符号,即太一,而丨是已开化了的宇宙空间全方位的象征符号。数始于一终于

---

① 叶正渤《貄簋铭文考释》,《古文字研究》第二十四辑,中华书局,2002年,第202页。

十,数至十就要进一位。① 有些搞文化学的人说"十"是四面神的象征符号,其说荒谬至极。

5.12:戊辰。

敘燹。

父己岁。叀莔酢。

叀夕酢。

父己岁,叀羊,王受又。

按:敘,从彖从又,像以手持彖,《说文》所无。彖,《说文》解作"修豪兽",本义是长毛野猪,读若弟,今读 yì,喻母四等字上古汉语归定母。参阅《诂林》第1540条。敘,卜辞用作祭名,祭法之一,或即陈牲之祭。燹,从又,脪(lí)声,《说文》解作"引也"。董作宾以为是训家福的釐(xī)字的初文。参阅《诂林》第1513条及第3221条。卜辞用作祭名,即燎柴之祭。敘燹,《诂林》据于省吾之说曰:"字当释豺,通作肆。卜辞之'豺燹'即延长福祉之意,犹他辞言'征燹'。"参阅《诂林》第3221条。又见于卷上第7.12片。

父己,王国维《殷卜辞中所见先公先王考》曰:"商之继统法,以弟及为主,而以子继辅之,无弟然后传子。自汤至于帝辛二十九帝中,以弟继兄者凡十四帝,其传子者亦多传弟之子,而罕传兄之子。"又曰:"考商时诸帝中,凡丁之子,无己、庚二人相继在位者,惟武丁之子有孝己、有祖庚、有祖甲,则此条乃祖甲时所卜,父丁即武丁,兄己、兄庚即孝己及祖庚也。孝己未立,故不见于《世本》及《史记》,而其祀典乃与祖庚同。"(《观堂集林》第431页)《史记·殷本纪》:"帝武丁崩,子帝祖庚立。……帝祖庚崩,弟祖甲立,是为帝甲。帝甲淫乱,殷复衰。帝甲崩,子帝廪辛立。"(《史记》第104页)据此,此父己是帝廪辛称其叔父孝己,则本片属于廪辛时卜辞。

莔,从艸从日,当是莫字之初文,读作暮。参阅《诂林》第1393条。《说文》:"莫,日且冥也。从日在茻中。"日且冥,日将冥也。莔酢,与下文夕酢相联。《说文》:"夕,莫也。"卜辞大意约为:询问父己岁祭是莫酢好呢,还是夕酢好呢?夕,像新月之形。甲骨文月和夕为同形字。参阅《诂林》第1152条及第1153条。卜辞是表示祭祀时间的词,即傍晚。参阅卷下第25.4片考释。叀羊,用羊做牺牲。受,从爪(piāo,上下二手)从舟,像授受之形。《说文》:"受,相付也。从爪,舟省声。"甲骨文并非舟省声,像舟之物是所受之

---

① 叶正渤《从原始数目字看数概念与空间方位的关系》,《南阳师范学院学报(社会科学版)》,2003年第5期。

物,受是会意字。参阅《诂林》第3128条。又,读作佑,佑助。王受又,王将受到祖先在天之灵或天帝的佑助。

6.1:王㝬史父己。

㝬。

按:㝬,祭名。史,从又持丨(聿)从口(笔筒),像手持聿(笔)置于笔筒之中,持笔此乃史官之职也。《说文》:"史,记事者也。从又持中。中,正也。"史字所从之中,先师辛介夫先生说乃是笔(丨)置于笔筒(口)之形。卜辞也可隶作吏,或使,或事。参阅《诂林》第2933条。本片卜辞似作祭名。古代史官职掌天文兼占卜,此处抑或用为占卜义。

6.2:丁丑贞,其黄尹。

按:黄,从大从口或从曰(玉衡),与寅字写法颇相似,像人腰佩玉衡之形。郭沫若说像人(大)佩玉衡之形。参阅《诂林》第2550条。黄尹,二字合书。《释文稿》引陈梦家、王国维、郭沫若等释为阿衡,即伊尹。尹是职官名,史官,伊是私名。参阅《诂林》第2553条及第2554条。黄与衡,甲骨文写法几乎相同,所以,说黄尹与伊尹是同一人似可从。黄尹也见于其他卜辞,如《乙》1189片,其辞曰:"黄尹保我吏。"伊尹在卜辞中的地位相当高,可以配祭先王,而且可以降灾祸于时王等。参阅陈梦家《综述》中有关"先公旧臣"的论述。(《综述》第361~364页)尹,从又持丿,像手持笔。《说文》:"尹,治也。从又、丿,握事者也。"参阅《诂林》第0919条。黄尹,又见于卷上第29.4片、卷下第40.2片。

6.3:辛丑卜于河妾。

按:河,从水丂声。《说文》:"河,河水。出焞煌塞外昆仑山,发原注海。从水可声。"参阅《诂林》第1328条。妾,从女辛声。参阅《诂林》第0428条。《说文》:"妾,有辠女子,给事之得接於君者。从辛从女。《春秋》云:'女为人妾。'妾,不娉也。"或说辛为头饰,恐非是,当是施行髡刑或黥刑时所用的尖刀形的刑具。河妾,河在古代特指黄河,河妾抑或指河神之妻,当为自然神之母。根据卜辞,在殷人的观念中河与岳(山名)处于同等重要的地位,是两个重要的自然神。高岛谦一曾撰《"河"的词源学及古文字学阐释》一文,可资参阅。①

---

① 高岛谦一《"河"的词源学及古文字学阐释》,载《安徽大学汉语言文字研究丛书·高岛谦一卷》,安徽大学出版社,2013年,第224页。

6.4：梦卟亳于妣乙⿰及鼎。

……子……豆黾（䵼）。

□戊卜,……亳……。

按：本片收录于《甲骨文合集》第22145号。梦,从人或从见,从爿（床）,像人闭目躺在床上之形。丁山释作梦。参阅《诂林》第3074条。《说文》:"夢,不明也。从夕,瞢省声。"《说文》据小篆字形释字,非是,甲骨文是会意字。

亳,从高省,乇声。《说文》:"亳,京兆杜陵亭也。从高省,乇声。"丁山以为像草生台观之下形,当是堡字本字。参阅《诂林》第2005条。卜辞是地名。又见于卷上第9.12片。商代有三亳：北亳、南亳和西亳。《尚书·立政》:"三亳阪尹。"孔颖达疏引皇甫谧曰:"三处之地,皆名为亳,蒙为北亳,穀熟为南亳,偃师为西亳。"朱骏声《尚书古注便读》则曰:"三亳,郑氏曰：'汤旧都之民服文王者,分为三邑,其长居险,故曰阪尹。'盖东成皋,南辕辕,西降谷也。按：阪,陂陀崎岖之山地也,故曰居险。成皋在今河南开封府汜水县,辕辕在今河南府偃师县,降谷当是函谷声之转也。汉武帝徙函谷关于新安,在今河南府新安县。盖商纣暴虐,亳之民多有归服于文王者。各有其长,分之为三,周又设官以监之,亦为尹也。尹者,总蒙、卢、三亳而言也。皇甫谧以蒙为北亳,谷熟（虢叔）为南亳,偃师为西亳。臆肞私说不可从。"①陈梦家说卜辞之亳应在古商丘之南,可能在今谷熟集的西南方,地名高辛集或与汤从先王居之传说有关。(《综述》第584页)高辛集为上古帝喾高辛氏初封都邑,今为高辛镇,在今河南商丘市睢阳区南部。本片卜辞之亳用作动词。

妣乙,陈梦家《综述》第十一章"先王先妣"所列比较完整的周祭法定配偶表中无且乙妣乙、且己妣癸之名。(《综述》第383、451、452页)然晚殷我方鼎铭文:"隹十月又一月丁亥,我作䘏,祭且（祖）乙、匕（妣）乙、且己、匕癸,我衭叔二女（母）,咸。承遣福二,朿（易）贝五朋,用作父己宝奠彝。亚若。"②铭文称且乙妣乙、且己妣癸,其且乙即祖乙,是仲丁之子；且己,即祖己,或曰孝己,武丁之子,死于武丁之前,未即位,则时王应该是康丁之子武乙。此篇铭文可补卜辞殷先王法定配偶之缺。⿰及,从又从卩,像以手捕人之形,即服字的初文。参阅《诂林》第0354条。《说文》:"⿰及,治也。从又从卩。卩,事之节也。"本片卜辞或读作报。今本《竹书纪年》:"(武丁)十二年,报祀上甲微。"疏引《国语·鲁语上》:"上甲微能帅契者也,商人报焉。"又引《孔丛子·论书篇》:"《书》曰：'惟高宗报上甲微。'"

---

① 朱骏声撰、叶正渤点校《尚书古注便读》,台湾花木兰文化出版社,2013年,第178页。
② 叶正渤《我方鼎铭文今释》,《故宫博物院院刊》,2001年第3期。

"报祀"连言,可见"报"乃祭也。参阅卷上第22.3片和第22.4片考释。服鼎,犹言祭祀时治鼎、用鼎。

本片卜辞"梦卬亳于妣乙艮鼎",然传世文献记载大乙居亳,涉及梦,涉及鼎,而本条卜辞也涉及妣乙、亳、梦、鼎,如此相似,不能不令人将二者联系起来产生联想。今本《竹书纪年》:"(成汤)十八年癸亥,王即位,居亳。""汤将奉天命放桀,梦及天而舐之,遂有天下。"《帝王世纪》:"汤思贤,梦见有人负鼎抗俎对己而笑。寤而占曰:鼎为和味,俎者割截天下,岂有人为吾宰者哉?初,力牧之后曰伊挚,耕于有莘之野。汤闻,以币聘有莘之君,留而不进。汤乃求婚于有莘之君,有莘之君遂嫁女于汤,以挚为媵臣,至亳,乃负鼎抱俎见汤也。"①

本片卜辞或与这一传说有关欤?! 传世文献之记载或有其源头,并非完全空穴来风。古人因梦而思祈求禳除灾祸,无论在传世文献还是在甲骨卜辞中都有很多材料,宋镇豪《甲骨文中的梦与占梦》一文论之甚详,可资参阅。②

宋镇豪《甲骨文中的梦与占梦》释文作"亳于妣乙",细审拓片,是作"妣乙",妣字写作匕,妣乙二字合书。

子,早期金文子字就像襁褓中的婴儿形。甲骨文把婴儿的头刻成方形,书写材料和书写工具不便所致也。参阅《诂林》第0580条。豆,像高足器皿之形,或有盖。《说文》:"豆,古食肉器也。从口,象形。"参阅《诂林》第2789条。拓片豆字之下还有一个竟字,头似羊,身似豕,俗作羱。《尔雅·释兽》:"羱如羊。"是生长在甘肃等地的一种羊。豆竟(羱),意义不明了。或隶作蔑,蔑的本义是目受伤而不明。豆蔑,其意义同样不明了。拓片不清晰,也许隶定有误。

6.5:癸……。

甲申,于河告方来。

壬辰,令𤉲。

按:于,往也。河,特指黄河河神。告,告诉、告知。方,方国名,陈梦家说:"方当在沁阳之北,太行山以北的山西南部。"(《综述》第270页)且本片属于武丁时卜辞。方,也见于卷下第30.18片等。来,像禾麦之形。《说文》:"来,周所受瑞麦来麰。一来二缝,象芒束之形。天所来也,故为行来之来。《诗》曰:'诒我来麰。'"假借作行来之来。参阅《诂林》第1507

---

① 王国维《今本竹书纪年疏证》,《王国维遗书》第八册,上海书店,1983年。
② 宋镇豪《甲骨文中的梦与占梦》,《文物》,2006年第6期。

条。方来,当是地名。参阅卷上第12.12片考释。

令,像卩(坐人)在亼下,亼,是房屋的象形,像人在屋下发号施令。《说文》:"令,发号也。从亼、卪。"会意字。参阅《诂林》第0332条。㚔,从大从虍,《说文》所无。《诂林》第0207条按曰:"字不可识,其义不详。"卜辞用在令字之后做宾语,当是人名或氏族名。

6.6:示丯戍,犬(鼠),妣丁……。

按:丯(jié),此字不是简体字丰茂之丰,是契刻的符号,或说是玉字。参阅《诂林》第3259条。本片卜辞由于残缺过甚意义不明。犬,狗的象形。甲骨文犬字与豕字的区别在于:犬字瘦腹尾上翘,豕字大腹尾下垂。参阅《诂林》第1585条以及第1601条。此字与卷上第5.10片鼠字也相似,或是妇鼠人名之省。妣丁,《释文稿》以为是小乙之配。陈梦家《综述》所列殷先王周祭配偶总表,在旁系配偶及直系非法定配偶一栏中唯小乙母有妣丁(《综述》第452页),其他先王之配皆无妣丁。

6.7:庚子卜,㱿贞,王㞢匚于高妣己妣□母[庚]。

按:㱿,从殳从南,像手持木锤敲击磬之形。参阅《诂林》第2864条。卜辞是武丁时贞人名。匚,像方框之形。《说文》:"匚,受物之器也。象形。籀文作匚。"或释作报。参阅《诂林》第2247条。孙诒让据《说文》匚,以为是郊宗石室,即石祊。《礼记·礼器》:"设祭于堂,为祊乎外。"高,《说文》:"崇也。象台观高之形。从冂、口。与仓、舍同意。"所从之口,是城门洞的象形,并非人之口。参阅《诂林》第2006条。本片之高妣,犹言远祖妣也。本片卜辞显示殷某先王有三个配偶,第二个妣某字残缺。根据陈梦家《综述》,殷先王除了小乙和武丁非法定配偶有(妣己妣□母[庚])而外,其他先王皆无此三个配偶。(《综述》第452页)抑或高妣己妣□母[庚]并非属于同一先王,仅仅同祭而已。本片字体特别大,应属武丁时期。

6.8:丁巳卜,史贞,乎妣壬夕虎䢼,十月。

按:史,武丁晚期贞人名。乎,像口气出之形。《说文》:"乎,语之余也。从兮,象声上越扬之形也。"参阅《诂林》第3345条。卜辞读作呼,招呼。妣壬,根据陈梦家周祭法定配偶表,或者是大庚之配,或者是大戊之配。夕,夕祭。虎,像老虎之形。参阅《诂林》第1668条。虎、䢼,二人名,御祭者。䢼,或说从内从止,或从宀,或说是遹字的省文。或说从丙从止,即囗字。或说从止从冂,止是足,向内前行,是各字的异体。参阅《诂林》第0810～0813条。本书据拓片来看,当是从止丙声,《说文》所无,其异体较多。就其构形理据来说,囗诸体当是各字之倒书,与出字(足离开地穴之形)相对。各,通假为格,至也。《尔雅·释诂》:"格,至也,来也。"本片卜辞用作人名,是武丁晚期贞人。

6.9:帚(妇)媒囗……囗妣壬囗……。

按:《释文稿》隶作"帚媒囗……"。帚,像扫帚之形。《说文》:"帚,粪也。从又持巾埽门内。古者少康初作箕、帚、秫酒。少康,杜康也,葬長垣。"粪,是扫除的意思,动词。据说箕、帚、秫酒是少康所发明。《说文》据小篆字形做解释,非是,甲骨文帚字是独体象形字。参阅《诂林》第2983条。卜辞常借作妇女之妇。下一字罗振玉释作媒。参阅《诂林》第0463条。当是从女枼声的媒字。枼(葉),像木上长有枝叶形。罗振玉释作果;郭沫若、李孝定、裘锡圭及王蕴智等释作枼,即葉之初文。① 媒,《说文》:"嬻也。从女枼声。"轻侮、不恭敬的意思。卜辞是妇某的字。再下还有残字,右侧是……妣壬……,由于残缺过甚,本片卜辞意义不明。帚媒,又见于卷上第27.1片卜辞。

6.10:母丙。

按:《释文稿》说本片与卷上第6.11片和第6.12片中的母丙皆是小乙之配。根据陈梦家周祭法定配偶表,母丙当是小乙直系非法定配偶。(《综述》第452页)见于《甲》第1609片和《甲》第254+284片。

6.11:母丙帚囗。

按:母丙,参阅该页第10片卜辞考释。帚,卜辞读作妇。

6.12:贞,母丙豨帚囗……。

按:豨,像野猪之形,《说文》解作"修豪兽"。参阅《诂林》第1540条。根据《释文稿》,郭沫若读作祟,有祸、忧之义,意为母丙之亡灵将降祸于妇某。笔者曾撰文以为豨当是杀字②,考证说:"从字形来看,此字主体乃像一头大腹有尾之兽形,最上之一斜划,是造字的笔意所在,像于兽头处加上一刀,正是杀之象,此字当是'杀'字无疑。《说文》'杀'字古文作𣏂,与此字最酷似。因此,

---

① 王蕴智《"枼"字谱系考》,《字学论集》,河南美术出版社,2004年,第227～242页。
② 叶正渤《卜辞"来媒"研究》,《殷都学刊》,2004年第1期;《整理与研究》,第34页。

所谓'有祟',应是指有杀伐之事。从其在卜辞中的用例来看,在占得有杀伐之兆后,接着便是记载反叛的方国骚扰掳掠之事。所以,卜辞'有杀'是指将要有杀掠之事发生。"

6.13:其古(祜)于母戊。

按:古,从口,上从丨或从十,郭沫若释作古,或隶作冎,或隶作由。参阅《诂林》第 0729 条、第 0733 条以及第 2932 条。《说文》:"古,故也。从十、口。识前言者也。"徐铉等曰:"十口所传是前言也。"《释文稿》说岛邦男读作古,通祜,是一种祭仪,是求福于母戊的意思。《释文稿》以为母戊是第三期祖甲之配。据陈梦家《综述》,殷先妣称妣戊者依次有三人:大丁奭妣戊,武丁奭妣戊,且甲奭妣戊。(《综述》第 383 页)殷墟出土的司母戊鼎(或称后母戊鼎)之母戊,据考证是武丁之配偶,该鼎是祖庚或祖甲祭祀其母而铸的。

6.14:贞,

　　贞,㞢母己十□。

按:甲骨文女,像侍女之形。每,像女戴头饰之形。母与女、每三个字字形相同或相似,常难以区分,可根据上下文意释之。到小篆始从字形上做明显的区分。参阅《诂林》第 0422 条、第 0421 条及第 0432 条。《释文稿》说母己是小乙之配。

6.15:贞,卸唐于母己。

按:卸,御祭。唐,《说文》:"大言也。从口庚声。"参阅《诂林》第 3565 条。商代开国君主大乙,又叫成汤。王国维于《殷卜辞中所见先公先王考》一文中专门有一小节考释唐,其结论说:"卜辞之唐,必汤之本字。"(《观堂集林》第 428、429 页)母己,根据陈梦家《综述》周祭法定配偶表,商代先王之配称妣己者有中丁、祖乙、祖丁,旁系配偶及直系非法定配偶称母己者有小乙、武丁和祖甲三王(《综述》第 452 页),《释文稿》将本片卜辞中的母己置于武丁时期。卸唐于母己,或表示于母己之宗庙御祭成唐。若将于字读作连词与,则唐与母己皆是御祭的对象。似以前一种解释为妥。卷上第 8.2 片有"唐于下乙"之词,句式与此同,可资参阅。

7.1:辛巳……贞,母辛……。

按:商代先王配偶中称母辛者有二:一是小乙之配,二是武丁法定配偶。《释文稿》将本片之母辛暂定为小乙之配。

7.2：□母壬岁,亡尤。

　　□岁,叙。

　　按:母壬,商代先王法定配偶称妣壬者,一是大庚奭妣壬,二是大戊奭妣壬;周祭非法定配偶称母壬者,一是且乙之子且辛奭妣壬,二是小乙之配,三是武丁之配。董作宾把母壬定为廪辛之配。根据卜辞称母壬来看,恐非是,当是小乙或武丁之配母壬。岁,岁祭,始于武丁时期,终于帝乙、帝辛时期。参阅卷上第3.5片考释。叙,祭名,同燎祭或紫祭。

7.3：贞,母壬□……。

　　按:参阅该页第2片考释。

7.4：母壬。

　　按:参阅该页第2片考释。

7.5：丙子卜,昃(寻)兄丁于父乙,凡(风)。

　　[父]乙……妣庚。

　　按:昃,左从丨,右从上下两又(手),像人伸开双臂丈物或铺席之形。卜辞有从席从双臂的(殷)字,像双手铺席之形。《说文》所无。孙诒让释作谢,罗振玉、马叙伦从之;吴其昌、郭沫若释作汎(即泛字);叶玉森释作爰,读作援,引也;于省吾释作酹,谓酹祭指灌酒于地以降神;唐兰释作寻;屈万里释作度;严一萍谓是捋字初形;李孝定从唐兰说释作寻。目前释寻似乎已成定论。参阅《诂林》第1036条以及第2233条。《释文稿》引众家之说,亦无定论。或释作将,以为有率领义,引申之有扶、进、助、奉、持等义。然卷下第13.7片有一字左从爿声,右从肉从又的字,当是将字,与此字异,或是祭名。参阅卷下第13.7片考释。马叙伦引罗振玉说以为是"谢"字的初文,曰:"《说文》谢下曰:'辞去也。'甲骨文有昃昃诸文,罗振玉以从两手持席。知者,《祭义》'七十杖于朝,君问则席',注:'为之布席堂上而与之言。'然臣于君前不敢当坐礼,故持席而谢也。是昃为初文谢字。"①陈澔《礼记集说》曰:"古者朝见之礼,君臣皆立。七十杖于朝,据杖而立也。君问则席,谓君若有问,则为之布席于堂而使之坐也。"②萧楠谓:"寻当为杀人以祭。"③

---

①　马叙伦《说文解字研究法》,中国书店,1988年,第44～45页。
②　陈澔《礼记集说》,上海古籍出版社,1991年,第264页。
③　萧楠《卜辞考释数则》,《甲骨学论文集》,中华书局,2010年,第86页。

㝰字又见于卷上第12.11片,卷下第9.4片、第10.7片、第31.8等片。目前比较一致的看法是释作寻,释寻可能是根据《说文》寻本作㝬:"㝬,绎理也,从工从口,从又从寸。工口,乱也;又寸,分理之,彡声。此与𧶠同意。度人之两臂为寻,八尺也。"㠯和㝰(㝰)像双臂丈量席之长度形(于省吾说)。然而卷上第10.12片有一个左似从杲、右从双臂的㝰字,《说文》:"杲,明也。从日在木上。"木能以双臂丈量其高乎?又,卷上第15.8片有"㝰舟于滴"一语。㝰,即㝰字之异体,叶玉森释作爰,读作援,㝰舟,谓引舟。若释作寻,则舟又何必以双臂丈量其长?所以,笔者以为释谢、释寻,恐皆非是。受上引郑注和陈注古礼的启发,笔者以为从双手从席的㝰,即㝰字,当是"布席"即今言铺床、铺席子的"抪""铺"字的专字。㝰正像双手铺席之形,古语曰布席,今则曰铺席。《说文》:"抪,扪持也。从手布声。"《康熙字典》引作"一曰舒也,布散也"。布散,犹今言摊开、铺开。《宋本玉篇》:"抪,相持也。"所以,㝰既非寻字,亦非谢字,且与寻字的字形亦不类。《说文》寻本作㝬:"㝬,绎理也,从工从口,从又从寸。工口,乱也;又寸,分理之,彡声。此与𧶠同意。度人之两臂为寻,八尺也。"如果说㠯像度人之两臂之形,尚有字形依据,但㝰字从双臂从席则与寻字在字形上毫无关系。且在意义方面寻字之抽绎(理顺)而治理之,与㝰之布席(铺席)也毫无联系。古文字考释,首先要有字形方面的依据,其次要有音义方面的联系。㠯是否即㝰字的简略写法,也不一定。㝰,卜辞当是一种席坐告祭礼。参阅卷上第12.11片及卷下第9.4片、第10.7片等。

兄丁,根据《综述》当是武丁,父乙当是小乙。(《综述》第452页)小乙是武丁之父,《史记·殷本纪》:"帝小乙崩,子帝武丁立。"本片称寻兄丁于父乙,所以,行祭者当是小乙的另一子为武丁之弟者。但是,根据《殷世系表》,武丁诸弟无有嗣位为王者,则本片卜辞应属于武丁亡故之后。参阅卷上第22.6片考释。

凡,陈梦家说:"凡字像侧立之盘形。凡、皿古是一字,即盘。"其说是也。参阅《诂林》第2845条。卜辞读作风,或做地名,或用作祭名。本片卜辞当读作风,言占得丙子寻兄丁于父乙之日有风,此处不能理解为祭名。

末一辞"[父]乙……妣庚",妣庚是小乙法定配偶,则司祭者必为武丁诸弟之一。

7.6:……卜𠂤,兄丁……。

按:𠂤,《说文》:"小𨸏也。象形。"后世写作堆。卜辞和铭文一般读作师旅之师,或因师旅常驻扎在高堆之处而得名。《诂林》按语曰:"师旅为𠂤,师旅之止舍为㠯(次),师旅止舍之处为帥,用皆有别。"参阅《诂林》第 3001 条。根据陈梦家贞人表,㠯是武丁晚期的贞人。(《综述》第 205 页)兄下一字作〇,应是兄丁二字。兄丁,武丁、廪辛时期的卜辞皆有称兄丁的。结合贞人㠯,本片应当是武丁时卜辞。

7.7:癸亥[卜],贞,兄庚岁眔兄己,㞢……。(第 7.7 片)
　　癸亥卜,贞,其告弜六……。
　　贞于㲋。
　　贞,兄庚岁眔庚己,其牛。(以上是第 7.9 片)
　　按:《释文稿》说本片与卷上第 7.9 片缀合。兄庚,祖庚;兄己,祖己,本片属于祖甲时卜辞。《史记·殷本纪》:"帝武丁崩,子帝祖庚立。祖己嘉武丁之以祥雉为德,立其庙为高宗,遂作《高宗肜日》及《训》。帝祖庚崩,弟祖甲立,是为帝甲。帝甲淫乱,殷复衰。"(《史记》第 104 页)一说祖己亡于武丁之前,故未即位。岁,岁祭。眔,同及,连词。㞢,同更,发语词,含有强调意味。下文残缺。
　　弜,当是从弓斤声的字,《诂林》引屈万里曰:"从弓从斤,隶定之当作弜。《龙龛手鉴》有此字,音引。然于此未详何义。"参阅《诂林》第 2628 条、第 2629 条。根据卜辞辞例,当用作人名。蔡哲茂在《武丁卜辞中囟父壬身份的探讨》一文中说:"又弜与囟父壬同版,我们大胆推测,弜有可能是囟父壬的儿子,在囟父壬死后继承爵位。"且说:"囟父壬应该就是武丁时期常见的'白囟'或'㠯囟',他很可能就是南庚之子。"①又见于卷下第 22.4 片。
　　㲋,从又从厃,《说文》所无,存疑待考。《诂林》谓:"字不可识,其义不详。"参阅《诂林》第 0971 条。根据卜辞语法关系当是地名。下一辞"贞,兄庚岁眔庚己,其牛",说明岁祭可以用牛。

7.8:贞,丁河……。
　　□□卜,贞,[王宫]……日,亡[尤]。
　　庚辰卜,贞,王宫妣庚日叙,亡尤。
　　庚辰卜,贞,王宫叙,亡尤。
　　庚辰卜,即贞,王宫兄庚、河,亡尤。
　　按:日,像太阳之形,由于受书写材料以及刻写工具的局限,甲骨文刻作方形,与小篆、楷书同。参阅《诂林》第 1136 条。卜辞皆指时日。妣庚,武丁之

---

① 蔡哲茂《武丁卜辞中囟父壬身份的探讨》,《"中央研究院"历史语言研究所会议论文集之十》。

配偶。即，从卩从皀，像人就食之形。参阅《诂林》第 0336 条。卜辞是祖甲时贞人名。兄庚，祖甲之兄祖庚。河，特指河神，于此和兄庚同为𡧊祭的对象。祖庚，据考证是武丁第二子，在殷先王中地位并不显赫，此处与河同是𡧊祭的对象。

7.9：癸亥卜，贞，其告彶六……。
　　贞于㲋。
　　贞，兄庚岁罙庚己，其牛。
　　按：参阅该页第 7 片考释。

7.10：……卜，聑丧，其登兄辛。
　　按：聑，拓片从声从耳，不从殳，《释文稿》隶作殸，非是。声是悬磬之象形。或释作馨。参阅《诂林》第 2282 条。丧，从禾或从木，从三口或四口，或释作噩，读作鄂，或释作桑，于省吾释作丧，谓所从之数口乃采桑时所用之器，为采桑之专用本字。卜辞除做地名外，借用作丧亡义。参阅《诂林》第 1447 条。彭裕商《"丧"字浅议》赞同于省吾之说，并对桑字的字形演变做了分析。① 本片卜辞《释文稿》释作殸桑，于省吾读作馨秫，谓："馨秫其登兄辛，是说康丁用馨香的秫祭祀其兄廪辛。"参阅《诂林》第 2282 条。
　　登，从示从廾（双手）奉（捧）豆，像将豆置于祭台上之形，因有进献义。或隶作烝。参阅《诂林》第 1032 条。兄辛，指廪辛，则本片是庚丁时卜辞。

7.11：甲申卜，即贞，其又于兄壬于母辛宗。
　　贞于宗，七月。
　　壬申卜，即贞，兄壬岁，宙莀。
　　……卜，贞，其晷。月。
　　按：即，祖甲时贞人名。又，读作侑，祭也。兄壬，按文意当是祖甲之兄。但是，《史记·殷本纪》所载殷世系以及《综述》甲骨卜辞世系表显示，武丁之子有祖己、祖庚和祖甲，无名祖壬者，《竹书纪年》亦无记载。就是说，祖甲其兄无名祖壬者。存疑待考。《释文稿》说第二个"于"字通与，连词。按《释文稿》之解释，则兄壬和母辛同为受祭者。其实，如字读也可以，则本句卜辞意为：于母辛宗侑祭兄壬。母辛，祖甲时周祭卜辞武丁之法定配偶。宗，宗庙。贞于宗，贞问（占卜）于宗。《释文稿》释贞为祭，意为祭祀于宗庙。其实也可以如字读。
　　莀，疑和蒆、蕿都是農字的异体。《诂林》第 1171 莀字条无释。岁祭更

---

① 彭裕商《"丧"字浅议》，《古文字研究》第二十九辑，中华书局，2012 年，第 203 页。

农,当指岁祭主要是为祈求来年丰年。或释作晨,则表示于晨时举行岁祭。参阅《诂林》第1168条。

叠,从日从火从皿,像用火盆行祭之义,《说文》所无,存疑待考。《诂林》日下、火下、皿下似皆未收此字。卜辞用为祭名。月,某月,上残缺一数目字。

7.12:叔。

叔兄癸,更又迟,王受又。

按:叔,从旡(人转过头之形)从又,又之上下或有两小点,异体较多,一般隶作叙。叙姿,《诂林》据于省吾之说曰:"字当释肄,通作肆。卜辞之'肄姿'即延长福祉之意,犹他辞言'延姿'。"参阅《诂林》第3221条。卜辞当是祭祀用语。《释文稿》隶作叙姿。叙姿,参阅卷上第5.12片和卷下第6.7片考释。

敊,从又持束薪(木)置于示上,像祡祭之状,亦或叔、祭字的异构。《说文》所无,存疑待考。参阅《诂林》第1122条。根据《释文稿》,屈万里说是荐(进献)束脩之祭,似可取。兄癸,二字合书,或说是武乙之兄,陈梦家、岛邦男说是第三期卜辞。又,通有。迟,拓片字迹不清晰,此从《释文稿》释。《释文稿》引屈万里说通寿,也即祷,祈祷。王受又,王受福佑、佑助。

7.13:王固曰:浥在介。

按:固,从骨占声,《说文》所无,或即《说文》"卟,卜以问疑也,从口卜"之卟。义同占,《说文》:"视兆问也,从卜从口。"《诂林》说读若稽。参阅《诂林》第2243条。浥,从水从邑。参阅《诂林》第0410条。根据语法关系卜辞是人名。介,从人从小,罗振玉曰:"介,像人着介形。联革为之。"则介是铠甲之类,以皮韦联缀而成。参阅《诂林》第0005条。根据语法关系,本片卜辞是地名。杨伯峻曰:"介国盖在山东南、安徽萧县北。"①其说或是。夏商时东夷有介国,春秋介国属东夷一支,地望在今山东胶州市境内,都城位于今胶州杜村镇赵家城献村,又叫东黔陬古城。

8.1:甲寅卜,贞,王宾象(阳)甲,彡日。[亡尤]。

按:象甲,《释文稿》据郭沫若隶作象甲,即阳甲。王国维曰:"卜辞有羊甲,无阳甲。罗参事证以古乐阳作乐羊、欧阳作欧羊,谓羊甲即阳甲。今案,卜辞有曰南庚曰羊甲六字(《前编》卷上第四十二叶),羊甲在南庚之次,则其即阳甲审矣。"(《观堂集林》第429页)《史记·殷本纪》:"帝南庚崩,立帝祖

---

① 杨伯峻、徐提《春秋左传词典》,中华书局,1985年,第94页。

丁之子阳甲,是为帝阳甲。帝阳甲之时,殷衰。自中丁以来,废適(嫡)而更立诸弟子,弟子或争相代立,比九世乱,于是诸侯莫朝。帝阳甲崩,弟盘庚立,是为帝盘庚。"(《史记》第101、102页)根据《史记·殷本纪》的记载,可知阳甲是盘庚之兄。这就是殷王室兄终弟及的继承制。

彡日,即肜日,祭了又祭。

8.2:贞,唐于下乙,十一月。在□。……三。

按:唐于下乙,或表示于下乙之庙祭祀成唐(成汤)。卷上第6.15片有"卯唐于母己"之词,句式与此同,可资参阅。下乙,胡厚宣、陈梦家以为下乙是祖乙。陈梦家列举了5条理由证明卜辞中的下乙就是中丁之子祖乙,并说见于武丁时代的宾组卜辞和午组卜辞。(《综述》第414页)

8.3:下乙,羌[甲]。

按:下乙,陈梦家以为是祖乙。参阅该页第2片考释。羌甲,即《史记》中的沃甲,《竹书纪年》作开甲。《史记·殷本纪》:"祖乙崩,子帝祖辛立。帝祖辛崩,弟沃甲立,是为帝沃甲。"索隐:"《系本》作'开甲'也。"(《史记》第101页)古本《竹书纪年》:"帝开甲逾(踰)即位,居庇。"乙字左侧还有字。

8.4:爻戌。

按:爻,朱芳圃曰:"重乂为爻,字之结构,与重火为炎,重木为林相同。盖像织文之交错。甲文网字从此,是其意也。"罗振玉曰:"卜辞中学戌亦作爻戌,殆古音同相假借。"《诂林》以为甲骨文爻、学本为一字,《说文》歧为爻、敎二字,说契诸家以通假言之,殊误。参阅《诂林》第3231、3232条。笔者以为,爻乃像编织的竹篱笆、取其一截之形。陈梦家以为戌是官名,爻是私名,爻戌是旧臣名。并说武丁时期有三戌:爻戌、尽戌、咸戌。(《综述》第365页)

8.5:贞,[其]叙燮。

己酉卜,睸贞,其又中己。

□□卜,睸贞,其叙燮。

按:叙燮,参阅卷上第5.12片和第7.12片考释。睸,从日,从頁,《说文》所无,存疑待考。卜辞是廪辛时贞人名。参阅卷上第4.16片考释,又见于卷上第22.2片。又,读作侑,祭名。中己,《释文稿》说郭沫若、董作宾以为是雍己,陈梦家以为是武丁时之兄己。(《综述》第200页)陈梦家说,睸的卜辞的称谓是很特殊的。详见《综述》第200页。

8.6：贞……我……。

贞，上子不我其受又。

贞，翌丁未不其易日。

[贞]，上[子不我其]受又。

按：我，像锯或带齿的钺形，是古代兵器之一种。参阅《诂林》第 2449 条。卜辞我是方国名，也用作自称代词。上子，或说是上帝之称，或说是人名，从卜辞来看，应是方国名。又，读作佑，佑护、佑助。

易，从皿从彡，彡是水的影子，像水从一器皿倒入另一器皿形。引申有变易、改变义。参阅《诂林》第 3328 条。易日，前之学者论之甚多，郭沫若以为是旸字之省，是占卜天气是否由阴转晴的。《说文》："旸，日出也。"段注："《洪范》八，庶征：'曰雨，曰旸。'某氏云：'雨以润物，旸以干物。'《祭义》：'夏后氏祭其暗，殷人祭其阳，周人祭日以朝及暗。'郑云：'暗，昏时也。阳读为曰雨曰旸之旸，谓日中时也。朝，日出时也。'旸之义当从郑。"根据甲骨卜辞的用例分析，"易日"是占卜天气是否会放晴之义。朱歧祥在《"易日"考》中认为，"易日"即"益日"，可直接理解为充沛的日光，即今言烈日，俗称大太阳的日子。① 沈建华在《释殷代卜辞择日术语"易日"》中认为，"易日"表示不吉，要另择日；"不其易日"，不需要择日表示吉日。② 本书仔细考察了卜辞用例，认为"易日"还当释作天气放晴为是。前文业已言及，古文字考释如果没有字形方面的直接联系，而是通过音义的辗转寻绎所得到的用法及意义，恐怕不可遽信。无论是甲骨刻辞还是青铜器铭文的用字，虽然假借或通假现象很普遍，但绝大多数与字形还是有一定联系的。

8.7：贞，……丁未……其[受又]。

贞，上子受我又。

贞，上子受我又。

按：参阅该页第 6 片考释。

8.8：贞，上子不我其受[又]。

贞，上子不我其受[又]。

翌丁未不其易日。

---

① 朱歧祥《"易日"考》，《古文字研究》第二十九辑，中华书局，2012 年，第 139 页。
② 沈建华《释殷代卜辞择日术语"易日"》，《古文字研究》第二十七辑，中华书局，2008 年，第 59～65 页。

贞,上子受我又。

按:昜日,指天气放晴。参阅该页第6片考释。

8.9:□酉卜,贞,中子其亐。

按:中子,人名。陈梦家以为是武丁时卜辞。(《综述》第484页)亐,从宀从万(不是简体万字,后来写作丏),其异体较多。孙诒让隶作宾,曰:"《说文》宀部宾,所敬也。从贝……此疑即宾之省。"参阅《诂林》第2065条。所谓宾,高岛谦一考证说是"待为宾客"的意思。① 或说卜辞宾是一种祭仪,即宾祭。

8.10:乙丑……王……[乙]……亡[尤]。

按:[乙],从匚从乙,读作报乙,是殷先公之专用字(庙号)。参阅《诂林》第3558条。报乙是殷先公之一。参阅该页第14片考释。

8.11:乙丑卜,何贞,王宾[乙]祭,不允……。

按:何,像人何(担)戈形。本是合体象形字。《说文》:"何,儋也。从人可声。"小篆已演变成形声字,裘锡圭先生论之甚详。参阅《诂林》第0056条。卜辞是贞人名,分别见于武丁和廪辛时期。本片当为武丁时期卜辞。宾,从止从丂,《说文》所无。罗振玉说是宾字。参阅《诂林》第2066条。卜辞是祭名。[乙],报乙,殷先公之庙号。

祭,从又从夕(肉块的象形)从数小点(血滴),或从示,像手持肉置于祭台之形。异体较多。参阅《诂林》第0915条和第0916条。允,从人从厶,像口气上出之形,允诺之状。参阅《诂林》第0018条。允本是合体象形字,如果仅画一个厶,看不出究竟是何物。为了准确表意,造字者于是把厶表意的主体人同时也画出来,呈人嘴出气之状。允字正如牟字的造字原理一样,当把牛也画出来以后,人们根据生活的经验自然会想到这是指牛嘴里出来的气,是牛鸣之状,故《说文》曰"牛鸣也"。《说文》:"允,信也。从儿㠯声。"小篆已讹变成形声字了,并非允字的造字初意。卜辞用作副词"果然、果真",表示疑问或确认。

8.12:贞于[乙],告舌方。

舌方[其]至[于]甾。

---

① 高岛谦一《"宾"字被动用法之考察》,《古文字研究》第二十四辑,中华书局,2002年,第76页。

贞兹邑其㞢𡆥(震)，□壱(害)。(本辞是《合集》17361 片)

按：蔡哲茂《甲骨缀合续集》(以下简称蔡《续集》)第 434 组将本片与《合集》17361 片缀合。于，介词，表动作行为的趋向。呂，上似从工，下从口，其造字理据不明，《说文》所无。参阅《诂林》第 0738 条。卜辞是方国名。呂方，林义光说是文献中所说的鬼方。叶玉森读作苦方。(《整理与研究》第 64 页)苦方，是卜辞中所见经常犯殷的方国名。其地，据卜辞当在殷之西北鄙，即陕北晋北一带。至于，来到。𠂤，从八从由，其造字理据不明。王襄释作关，杨树达释作滕。参阅《诂林》第 1038 条。卜辞是氏族名和地名，其地当与鬼方、呂方邻近。

8.13：丙申卜，旅贞，王宾丙𩚁，亡𡆥。

按：旅，祖甲时贞人名。丙，是殷先公之专用字(庙号)。参阅《诂林》第 3559 条。报丙是殷先公之一。参阅该页第 14 片考释。𩚁，从由从皀，从攴，异体较多，其义当与以手取食有关，《说文》所无。或隶作𩜶，从廾从食，才声，读作载。参阅《诂林》第 2782 条。或说读作饪，《说文》："大孰也。"饪，本义是做饭。卜辞用为祭名。𡆥，从骨从卜，是占卜字。卜辞有咎、忧、祟等灾祸义。参阅《诂林》第 2240 条及卷上第 4.1 片考释。

8.14：乙未酌𢆶[品]，[⊕十，乙三]，丙三，曰三，示[壬三]，[示癸三，大乙十]，大丁十，大甲十，[大庚七，米三，大戊□，中丁三，且乙七，且辛□]。

按：王国维将本片和《戬寿堂所藏殷虚文字》卷一第 10 片缀合。参阅《合集》32384 片。

𢆶，上从爪(手掌向下形)，下从三糸，或从二糸，糸是丝的象形，像手抓丝之形，《说文》所无。《诂林》按语曰："契文'系'字作……，像联聚众丝之形。"参阅《诂林》第 3173 条。本片卜辞为祭品名。品，用为量词，犹𢆶若干件。

𢆶字也见于殷代小臣𢆶作且乙卣铭文："王易小臣𢆶在寝，用作且乙䵼。夋。寻㞢。"[《集成补》P3353(4)，05378(9)]𢆶，《殷周金文集成补》读作(系)；寻㞢，《集成补》读作(敢)。铭文𢆶是人名，担任小臣之职。关于孫字，裘锡圭《释孫及从孫诸字》一文以为很可能是遮阑的"阑"古字。关于𢆶、孫、涇、㬎诸字构形，可参阅裘锡圭《释孫及从孫诸字》、黄德宽《"孫"及相关字的再讨论》二文。黄德宽从字形、语音、文献用例等几个方面进行了详细论证，认为孫即系联之系的古体，原像联聚众丝之形，故可有连系、连

207

属和连续等义。其一音读系,另一音读联。孙由系派生出联字,是同形异音字。①

关于本片卜辞中所见的殷直系先公先王,王国维《殷卜辞中所见先公先王考》论之甚详。(《观堂集林》第 425 页)田是上甲的专用字,㇃是报乙的专用字,丙是报丙的专用字,叵是报丁的专用字,示壬、示癸,皆是殷大乙之前的先公;大乙之后的大丁、大甲、大庚、大戊、中丁、祖乙、祖辛是殷直系先王。(《综述》第 379 页)先公先王名字之后的数目字是祭祀时所需的用牲之数。

《释文稿》补"米三"疑有误,根据《合集》第 1403 片"侑于大乙、大丁、大甲、大庚、大戊、中丁、且乙……",在大庚与大戊之间不应有其他直系先王。

8.15:丁亥卜,贞,王宾叵,彡日,亡尤。

按:宾,祭名。叵,报丁。彡,读作肜,肜祭。晚殷五种周祭仪式之一。

8.16:丁[□卜,贞],王宾叵,劦,亡尤。

按:以上两片卜辞是宾祭报丁。该页第 15 片卜辞在宾祭之后又举行肜祭,无差错。第 16 片卜辞在宾祭之后又举行了劦祭,无差错。劦,协祭,大合祭。参阅卷上第 1.9 片考释。

9.1:□子卜,㱿贞,妇娩。

丙寅卜,㱿贞,戉于咸……刍。

按:㱿,武丁时占人名。婦,从女从帚,帚是扫帚的象形。《说文》:"婦,服也。从女持帚洒扫也。"参阅《诂林》第 2983 条。娩,从廾(双手)从冂(妇女产门之象形),像双手接产之形。郭沫若谓盖娩之古文。参阅《诂林》第 2152 条。妇娩,是贞问武丁的妃子妇某分娩的具体日期。

戉,郭沫若说:"戉像斧钺之形,盖即戚之古文。"参阅《诂林》第 2424 条。根据卜辞文意,卜辞或是祭祀用语。咸,从口戌声。孙诒让释作咸字。《说文》:"咸,皆也,悉也。从口从戌。戌,悉也。"即文献里的巫咸,或作咸戊,是殷之旧臣。《诂林》曰:"在商代祀典中,地位甚为尊崇。"参阅《诂林》第 2443 条。也见于卷下第 15.5 片卜辞。

刍,从又从屮,像手持屮之形,当是刍茭之义。参阅《诂林》第 0914 条。

---

① 黄德宽《开启中华文明的管钥——汉字的释读与探索》,北京师范大学出版社,2011 年,第 166～173 页。

《说文》：“芻，刈艸也。象包束艸之形。”包束草之形，其实是手持艸之形的讹变。卜辞或说用作放牧义，或用作牲畜义，或是祭祀用语。本书疑是酿酒或祭祀用的包茅，即《左传·僖公四年》"管仲对曰：'……尔贡包茅不入，王祭不共，无以缩酒，寡人是征'"之包茅。由于前辞残缺，其义不明。芻字又见于该页第9片及卷下第41.1片。

9.2：庚寅卜，贞于亘，十月。

按：亘，吴其昌说："其字像回环之形。"参阅《诂林》第2285条。卜辞之亘，或是武丁时贞人名，或是地名。根据语法关系，本辞或是地名。《释文稿》说与卷上第31.1片"尞于亘泉"是同地，贞人亘当出自此。但是，卷上第31.1片卜辞作"其🔲（豐）衣于亘"，《释文稿》前后所释不同。根据《释文稿》，陈梦家说是河南的垣曲，屈万里以为是洹水。

9.3：乙丑卜，王于庚，告。

乙丑卜，王于臤，告。

丁卯卜，王于庞𠂤。

[己巳]卜，乙酉易日。

按：庚，甲骨文像拨浪鼓之形，金文则像双手搓动拨浪鼓之形，金文多双手。李孝定已有此说。郭沫若说庚字像钲铙之形，恐非是，钲铙是打击乐器，与庚字字形不合。罗振玉说庚是康（糠）字的初文。参阅《诂林》第2891条。本辞胡小石隶作"乙丑卜，王于唐告"，谓意即王告于唐。但拓片庚字下并无口，当是庚字，不是唐字。①

臤，从臣从又，即臤字，《释文稿》隶作臤。《说文》："臤，坚也。从又臣声。凡臤之属皆从臤。读若铿锵之铿。古文以为贤字。""掔，固也。从手臤声。读若《诗》'赤舄掔掔'。"参阅《诂林》第0666条。庞，从广龙声。《说文》："庞，高屋也。从广龙声。"参阅《诂林》第1829条。据《释文稿》，卜辞庚、臤、庞𠂤（师），皆是武丁时期的地名，具体地望众说不一。告，祭名，告祭。祭宗庙，告祖先。《诗经·大雅·江汉》："釐尔圭瓒，秬鬯一卣，告于文人。"唐孔颖达疏："王命召虎云：今赐汝以圭柄之玉瓒，又副以秬米之酒，芬香条畅者一卣尊，汝当受之以告祭于汝先祖有文德之人。"易日，天气由阴转晴。参阅卷上第8.6片考释。

---

① 转引自赵诚《胡小石的甲骨文研究》，《古文字研究》第二十五辑，中华书局，2004年，第80～85页。

9.4：庚申卜，贞，王㲃䲷，亡尤。

按：㲃，祭名。䲷，从㲋(chán)从泉，《说文》所无。参阅《诂林》第2157条。据《释文稿》，郭沫若释作熊，谓是高辛氏的贤德之臣仲熊。《左传·文公十八年》："高辛氏有才子八人：伯奋、仲堪、叔献、季仲、伯虎、仲熊、叔豹、季狸，忠肃共懿，宣慈惠和，天下之民，谓之八元。"郭释熊恐非是，与字形不合。金文熊字就像熊之形，与能是一个字。根据卜辞文意当是殷先祖人名，是王㲃祭的对象。本句卜辞也可能是"王㲃于䲷"之省，则䲷是地名。䲷字也见于商代铜器乙亥父丁鼎，铭文曰："乙亥，王诔，在䲷师。王飨酉(酒)，尹光逦。……"䲷师是殷较大的都邑名。

9.5：贞，㞢于㞢。

贞，㞢于蔑。

般彭龙。

按：㞢，上从止，下从右，《说文》所无。于省吾释作"根司"二字的合文，《诂林》曰："于卜辞难以取证，姑存疑以待考。"参阅《诂林》第0856条。卜辞为侑祭的对象，当是殷之先公或旧臣之一，或说是曹圉。曹圉，一名粮圉，商汤的九世祖。《史记·殷本纪》："契卒，子昭明立。昭明卒，子相土立。相土卒，子昌若立。昌若卒，子曹圉立。曹圉卒，子冥立。"（《史记》第92页）

蔑，《说文》："劳目无精也。从𦭝，人劳则蔑然；从戍。"《诂林》以为字当从戈，眉亦声。参阅《诂林》第2459条。卜辞也是侑祭的对象，因此，也当是殷之先公或旧臣之一。据《释文稿》，前之学者说法不一，或说是夒，即帝喾。《史记·五帝本纪》："帝颛顼生子曰穷蝉。颛顼崩，而玄嚣之孙高辛立，是为帝喾。帝喾高辛者，黄帝之曾孙也。……帝喾崩，而挚代立。帝挚立，不善，而弟放勋立，是为帝尧。"（《史记》第13、14页）《诂林》采用陈梦家之说以为是殷之旧臣（《综述》第366页），以为杨树达"大戊"（名密）之说非是。

般，从凡，后讹作从舟，从殳或从攴。般，或说是人名，或说是旋归之义。参阅《诂林》第3129条。根据卜辞的语法结构来看，般当用为动词，或即旋归之义。彭，从壴（鼓字的初文）从彡（鼓声震荡之形），会意字。《说文》："彭，鼓声也。从壴彡声。"《说文》曰彭字为"彡声"，则非是。卜辞彭龙，疑是族名或方国名。般彭龙，则意为从彭龙旋归。卜辞还有兄龙，当是为兄者名龙的人名。见于卷下第6.14片卜辞。

210

9.6：贞，㞢于季。

贞，㞢于杺。

按：季，从禾从子，《说文》："季，少偁也。从子，从稚省，稚亦声。"林义光以为即稺（幼禾）字之古文。参阅《诂林》第1501条。卜辞是侑祭的对象，因此，应该是殷先公或旧臣之一。王国维据《楚辞·天问》篇以为是殷之先公冥，陈梦家以为其说非是。（《综述》第341页）据《释文稿》，前之学者说法不一，难以确定。杺，从木从心，于省吾释作从木从心的杺字，木名，谓："杺为被祭对象，未知所指。"参阅《诂林》第1937条。既然杺是被祭的对象，因此也应该是殷先公或旧臣之一。具体是何人，亦难以确定。

9.7：丁卯卜，㱿贞，王敦缶于罞，二月。

按：㱿，武丁时贞人名。敦，上从亯，下从羊，或从倒亯，亯，宗庙的象形。参阅《诂林》第1986条及第1987条。曾宪通考辨说："敦字从亯从羊，即烹羊为孰会意，义同于鬻，故《说文》云然。"在该文中曾宪通详细地考辨了亯与敦、亯与鬲（郭）、亯与臺（墉）的形音义演变及混同情况，言之有据，其说可信。①

据《释文稿》，或释作郭。武丁时期地名。或说在殷之东，或说在河南沁阳东南。丁山以为读作敦，即敦字的俗写。②即敦邱，河南敦丘（今河南温县东），为郭氏的发源地。做地名之敦，参阅卷上第12.9片考释。或释作郭，读作廓，有筑城的意思。

缶，从个（像器之盖）从口（器皿），郭沫若始释作缶。卜辞做地名，至今无异词。参阅《诂林》第0730条。但是，关于其地望学界说法则不一，有说在川北、陕南，有说在晋南。罞，像大眼屈身之虫形，叶玉森释作古蜀字，引《路史·国名纪》谓蜀，侯国，乃帝喾之裔。（《整理与研究》第26页）蜀，《说文》："葵中蚕也。从虫，上目象蜀头形，中象其身蜎蜎。《诗》曰：'蜎蜎者蜀。'"罞（蜀），地名，在今山东泰安市西。《左传·宣公十八年》："楚庄王卒，楚师不出。既而用晋师，楚于是乎有蜀之役。"有蜀之役，指的是成公二年楚侵卫之事。《左传·成公二年》："冬，楚师侵卫，遂侵我，师于蜀。"《春秋·成公二年》："十有一月……丙申，公及楚人、秦人、宋人、陈人、卫人、郑人、齐人、曹人、邾人、薛人、鄫人盟于蜀。"《传》："十一月，公及楚公子婴齐……及齐国之大夫盟于蜀。"杨伯峻、徐提《春秋左传词典》曰："蜀，鲁邑。在今山东

---

① 曾宪通《"亯"及相关诸字考辨》，《古文字研究》第二十二辑，中华书局，2000年，第270～274页。

② 丁山《甲骨文所见氏族及其制度》，中华书局，1999年，第104页。

泰安县西。"(第773页)据此说,则蜀位于殷之东。可见其非《尚书·牧誓》"我友邦冢君,御事:司徒、司马、司空,亚旅、师氏,千夫长、百夫长,及庸、蜀、羌、髳、微、卢、彭、濮人"所言之蜀。《尚书·牧誓》之蜀,当在巴蜀。罒(蜀),林沄、裘锡圭等释作从目勹声的旬。但林沄所注《后》上8.7,误,当是《后》上9.7。①

在2014年10月11日"纪念容庚教授诞辰一百二十周年学术研讨会暨中国古文字研究会第二十届年会"上,蒋玉斌认为"罒"当是古书中训为"老而无子"的"独"字的初文。② 罒字也见于卷下第27.7片卜辞。"郭缶"连言,当是动宾关系,即筑缶于蜀。羌是位于关中西部至陇东南一带的部族。

9.8:贞,勿于河。

按:勿,郭沫若说:"勿乃笏之初文,古人于笏上书事以备忘,字正像其形。"参阅《诂林》第2625条。在"勿"和"于"之间疑省略或漏刻一祭名字,根据卜辞辞例或是寮字。河,特指黄河,卜辞指黄河之神。

9.9:乎湔、光刍。

贞,屮ㄓ自咸,三牢。

按:乎,读作呼。湔,据《诂林》,旧或释作从水歬(前)声,即湔字,水名。据《释文稿》,饶宗颐以为即《左传·昭公二十二年》的前城,位于洛阳县(今洛阳市)西南。刘云《说"徙"》一文据《诂林》引罗振玉说,辿与湔当释作"洗";又引《诂林》曰,杨树达认为应读作"有莘氏之莘(姺)",古莘(姺)国的地望在今陕西合阳县。③ 孙亚冰、林欢《商代地理与方国》一书,以为洗作为方国名,其地望当在晋陕高原。④ 有莘氏,亦作有侁氏、有姺氏,夏商方国,有莘故城在今山东曹县西北莘冢集。根据语法关系湔(洗、姺)当是方国名。湔字也见于卷下第12.6片及卷下第28.2片。光,从卩,上像火光形。《说文》:"光,明也。从火在人上,光明意也。"参阅《诂林》第0315条。根据语法关系光也是方国名。

刍,从又从艸,像手持艸之形,当是刍荛之义。参阅《诂林》第0914条。卜辞或用作放牧义,或用作牲畜义,或用作祭祀义。卜辞"乎湔(湔)、光刍",或指要湔和光两方国贡纳刍草(包茅)之义。参阅该页第1片考释和卷下第41.1片。

---

① 林沄《释旬》,《古文字研究》第二十四辑,中华书局,2002年,第57页。
② 蒋玉斌《释甲骨文中的"独"字初文》,《古文字研究》第三十辑,中华书局,2014年,第67~72页。
③ 刘云《说"徙"》,中国文字学会第八届学术年会论文,2015年。
④ 孙亚冰、林欢《商代地理与方国》,中国社会科学出版社,2010年,第230~241页。

၂,其构形理据不明,卜辞用作祭名。参阅《诂林》第 3335 条及卷上第 4.11 片考释。或读同示,祭名。咸,当是巫咸,卜辞或作巫戊。《尚书·君奭》:"在太戊,时则有若伊陟、臣扈,格于上帝;巫咸乂王家。在祖乙,时则有若巫贤。"乂,治也。巫咸是太戊时的贤臣,掌占筮。《吕氏春秋·勿躬》:"巫彭作医,巫咸作筮。"参阅卷下第 18.9 片考释。

9.10:贞,屮于王亘。
癸丑卜,㱿贞,我不其受[年]。
按:亘,吴其昌说:"其字像回环之形。"参阅《诂林》第 2285 条。其字或从弓从亘。参阅《诂林》第 2618 条。亘字乃像日或月永存于天地间之形,故或从月,或从日。二,乃是天地的象征符号,引申之有永恒义,即亘古。卜辞之王亘,即王恒,王亥之弟,上甲微之父。王国维曰:"案《楚辞·天问》云:'该秉季德,厥父是臧。'又云:'恒秉季德。'王亥即该,则王恒即恒,而卜辞之季之即冥(罗参事说),至是始得其证矣。""王恒之名亦取象于月弦,是以时为名或号者,乃殷俗也。"(《观堂集林》第 418 页)又曰:"恒之一人,并为诸书所未载。卜辞之王恒与王亥,同以王称,其时代自当相接。而《天问》之该与恒,适与之相当,前后所陈,又皆商家故事,则中间十二韵自系述王亥、王恒、上甲微三世之事。然则王亥与上甲微之间,又当有王恒一世。以《世本》《史记》所未载,《山经》《竹书》所不详,而今于卜辞得之。《天问》之辞,千古不能通其说者,而今由卜辞通之,此治史学与文学者所当同声称快者也。"(《观堂集林》第 421~422 页)参阅卷上第 1.1 片考释以及王国维《殷卜辞中所见先公先王考》。王亘,也见于卷下第 7.7 片。

㱿,武丁时贞人名。我,当指殷王室。

9.11:壬辰卜,翌甲午寮于蚩,羊屮豕。
按:壬辰,干支序是 29,翌即翌日。甲午,干支序是 31,是壬辰后之(含壬辰当日)第三日。可见卜辞中的翌、翌日或来、来日,所指时间并不确定指第二日,要根据所记具体干支来确定当日之后的第几日。苗利娟在《略论甲骨卜辞中"翌"与"来"的时间差异》一文中指出:"甲骨卜辞中'翌'、'来'在表示将来时,'翌'主要指次日、再次日,旬内诸日均可,偶指旬外诸日。'来'不能指次日、再次日,六旬内的其他诸日均可。……'来'可与春、秋、岁搭配,先秦古文献中不乏其例,而'翌'则未有此搭配形式。"[①]邓飞、文旭在《商代

---

① 苗丽娟《略论甲骨卜辞中"翌"与"来"的时间差异》,《中国语文》,2012 年第 3 期。

甲骨卜辞中的"今来"再论》一文中认为苗文中"今来岁"可省称为"今来""来"的观点不成立。① 吴祺《卜辞"来"、"翌"辨》一文认为,"翌"表示最近的将来,多在占卜日起一旬之内。"来"则表示较远的将来,由卜辞实例可知,多在占卜日起第二旬之内。此外还有一些用法上的区别。②

蚰(kūn),从二虫,蜫字的初文。《说文》:"虫之总名也。从二虫。"参阅《诂林》第1845条。卜辞蚰或是殷先公人名之一。参阅卷上第23.15片考释。陈梦家说是先公高祖。(《综述》第355页)屮,读作又或与,连词。羊与豕,寮祭先祖蚰时用羊与豕做牺牲。

9.12:[壬寅,王卜,在]商,贞,[今日步]于亳,亡 **災**(災)。

甲寅,王卜,在亳,贞,今日[步于]雈(鸿),亡 **災**。

按:《释文稿》说本片与《前编》卷二第9.6片缀合。商,从辛从内,或从二辛从内从口。参阅《诂林》第2146条。《说文》:"商,从外知内也。从向,章省声。"卜辞是地名。根据《释文稿》,前之学者说法不一。陈梦家据卜辞把商分为商、丘商(商丘)、大邑商(沁阳)、天邑商(朝歌)和中商(安阳)四处。(《综述》第255～258页)《释文稿》以为单言的商,可能也不止一处。商也见于卷上第13.7片卜辞,当是同一个地方,但与大邑商、天邑商可能不是同一个地方。大邑商应该指殷之辅都,何尊铭文:"唯武王既克大邑商,则廷告于天。"铭文中的"大邑商"肯定是指殷之辅都朝歌,帝辛常居于此,因而代指整个商王朝。

亳,地名,是商的都城。从成汤到中丁六代十一王,皆都于亳。本片卜辞之亳与商相距不远,或为汜水县(今河南荥阳市西北汜水镇)之亳。参阅《诂林》第2005条及卷上第6.4片考释。

災,像洪水横流之形,或从川从一,像河川壅塞之形,因而泛滥成灾,即灾字的初文。其异体较多。由水灾引申指其他灾祸、祸忧。参阅《诂林》第1316条。卜辞凡言"步于某",表示从某地步行而来。雈,从隹工声,后加水旁写作鸿。参阅《诂林》第1781条。鸿,一种在水边生活的大水鸟。《说文》:"雈,鸟肥大雈雈也。从隹工声。"卜辞是地名,具体地望不详。

9.13:□□[王]卜,在庚,贞,王安于盂,**祉**(徣),往来亡[**災**]。

按:黄天树《甲骨拼合续集》③(以下简称《拼续》)说本片与《合集》36791

---

① 邓飞、文旭《商代甲骨卜辞中的"今来"再论》,《中国语文》,2014年第2期。
② 吴祺《卜辞"来"、"翌"辨》,《盐城工学院学报(社会科学版)》,2014年第1期。
③ 黄天树《甲骨拼合续集》,学苑出版社,2011年。

缀合,即《合集》36791＋37568。缀合后《拼续》第536则释文如下:

庚寅卜,在安贞:王㭁于師西,往来亡災。

□□卜,在□贞:王[㭁]于盂,[往]来亡災。(《拼续》第433页)

在庚,根据卜辞辞例及语法特征,庚当是日干名,在某个庚日。安,从女从宀,像女子在室内之形,平安之象也。《说文》:"安,静也。"参阅《诂林》第2064条。卜辞用为动词,止也。据《拼续》的句读来看,可能把"在安"看作是贞人名或地名。而"王安于盂",《拼续》隶作㭁于盂,拓片是"安"字。盂,《说文》:"饭器也。从皿亏声。"参阅《诂林》第2662条。卜辞是地名,见于第五期卜辞,是殷王田猎之所。根据《释文稿》,众家说法不一,王国维说是邘。《段注》曰:"《尚书大传》曰:'文王受命一年,断虞芮之讼。二年伐邘。'此商时之邘也。武王子所封。徐广曰:'在野王县西北。'按:今河南怀庆府府北十三里有故邘城。"邘在今河南沁阳市西北三十里,现为西万镇邘邰村。又见于卷上第13.9片和第18.6片。

㭁,从彳从止,殷周甲金文皆有此字,前之学者考释颇多。参阅《诂林》第2297条。本书以为当是逡字,从彳或从行,戋声。《说文》:"迹也。从彳戋声。"段注:"《豳风》'笾豆有践',笺云:'践,行列皃。'按践同逡,故云行列皃。"行列皃,即行走的样子,故卜辞下文言往来无灾。根据段注逡是践字的异体,卜辞有前往的意思。《释文稿》说贝冢茂树以为是倒立的矛的象形,因此或与占领土地有关。而松丸道雄受其启发,以为不是田猎,而与练兵有关。皆非是。前往是逡字的本义,至于前往干何事,是另一回事,不能混为一谈。師,师旅驻扎之所,做地名。

10.1:癸卯卜,……王旬亡[㱿]。

癸未卜,在白,贞,王[旬]亡㱿。

按:旬,十日曰旬。殷商历法用旬,且于每旬之末的癸日占卜下一旬之吉凶,说明殷商历法一个月是三十天,使用的是太阳历。周历一般不用旬这个时间概念(西周极少数铜器铭文中出现"旬"一词),周历使用的是太阴历,主要根据月的变化而有大小月之分。这是两者显著不同之处。白,或说像大拇指之形,或说像人首之形。本书以为当像大拇指之形。参阅《诂林》第1095条。根据语法关系卜辞是地名,或说是河南开封府扶沟北之白亭。

10.2:癸卯,王[卜],贞,旬亡㱿。王固曰:吉。王在敝。

按:敝,从攴从巾,或从几个小点,隶作敝。《诂林》引徐灏《说文解字注笺》云:"巾本完好,无缘引申为败坏之义。从攴治之,故有败意耳。因其败而攴治之也。"参阅《诂林》第2885条。《说文》:"敝,帗也。一曰败衣。从攴从㡀,㡀亦声。"根据语法关系卜辞是地名,也当是殷王田猎之所。具体地望不详,当在殷王田猎之地沁阳一带。

10.3:□□卜,在朢,[贞],[王]旬亡㞢。

　　□□卜,在癸,贞,王[旬亡㞢],七月。

按:朢,从臣(目)从人,或从一,一,地也,像人站在地上抬足远望之形。参阅《诂林》第0653条。癸,或说像戣(兵器之一种)形,或说像矢形。参阅《诂林》第3686条。卜辞一般用作天干之字。本书以为,癸字当像农家由工字形木支架组成的纺纱绕线用的用具,与巫形相似。参阅卷上第5.2片考释。朢和癸,根据语法关系当是地名。卜辞有望乘之名,是氏族名或方国名。

10.4:癸亥卜,在乐,贞,王旬亡㞢。

　　癸酉卜,在肇,贞,王旬亡㞢。

　　癸未卜,在徬,贞,王旬亡㞢。

　　□□[卜],在□,贞,王[旬亡]㞢。

按:樂,像木支架上安装有弦之乐器形。参阅《诂林》第3166条。《说文》:"樂,五声八音总名。象鼓鞞。木,虡也。"肇,从户从攴下似从兄从二口,拓片不太清晰,疑是肇字的异构。徬,从彳夆声,应是逢字之异构,罗振玉释作逢。参阅《诂林》第2368条。根据语法关系,乐、肇、徬和□,皆当是地名。陈絜曾考定郙国在今山东济南或济阳一带,与古逢国及乐相近。①或说乐是与征人方有关的地名,这四条卜辞同在一版,且时间紧连,那么其他三处地名也应是与征人方有关的地名,或在征人方的沿途。崔恒升谓:"逢在今山东青州市西北,山名。""又据《清一统志》云:'是山跨临朐、益都二县界,在临朐者名逢山,在益都者名石膏山,实一山耳。'"②陈、崔二人释逢之地望在山东济阳至青州间是也。

10.5:□未贞……在乐,围……。

按:围,从囗(城邑之形),四面各从一止(足),像四面包围之形。参阅《诂林》第0823条。或释作正,读作征,非是。《释文稿》隶作止,细审拓片,

---

① 陈絜《郙氏诸器铭文及其相关历史问题》,《故宫博物院院刊》,2009年第2期。
② 崔恒升《甲金文地名考释》,《古文字研究》第二十二辑,中华书局,2000年,第150~156页。

当是围字之残。由于拓片残缺,不知围的是何处。参阅拙著《释"正"与"围"》①。也见于卷上第 16.5 片和卷下第 18.6 片。

10.6:……在夋。
按:夋,上从山,中从厶,下从人,疑是夋字。参阅《诂林》第 0038 条。《说文》:"夋,越也。从夂从兂。兂,高也。一曰夋约也。"兂,即兇,会山高之义。根据语法关系卜辞当是地名或方国名。

10.7:癸未卜,在猷,贞,王旬亡𡆥,在□。
按:猷,从大从𠂤从口,《说文》所无。参阅《诂林》第 0275 条。《诂林》把大写在字的左边,其实大在右边。根据语法关系卜辞当是地名。

10.8:甲午卜,在淡,贞,王步于槔,亡𡿧。
按:淡,从水从大,还有小点,《释文稿》释作淡。抑或是从水从舞的潾字,但与《诂林》第 1343 条潾字写法又略异。槔(háo),从木虍(虎)声,本义是树名。参阅《诂林》第 1702 条。淡、槔,皆是地名,具体地望不详。

10.9:癸未卜,王在登(豐),贞,[旬]亡𡆥,在六月。甲申,工典,其酯,彡。
[癸巳]卜,王[贞],[旬]亡𡆥,在六月。甲午,酯,[且⊕]。
按:登,从癶从壴,癶是左右两只脚的象形,壴是鼓字的初文,疑是豐字的误写。豐,《说文》:"豆之丰满者也。从豆,象形。一曰乡饮酒有豐侯者。"参阅《诂林》第 2807 条。根据语法关系卜辞用作地名。本片卜辞占卜下一句吉凶用𡆥字,陈梦家说从第三期祖甲一直到第四期武乙时皆这样写法。(《综述》第 198 页)本辞称酯且⊕(祖甲),根据世系表,武乙是祖甲之孙,所以才可以称酯祖甲,则本片应是武乙时卜辞。关于武乙、文丁卜辞的特点,参阅萧楠《论武乙、文丁卜辞》一文。②

工典,《释文稿》隶作工册,非是,拓片是典字。工,字或作工,或作𠛼,王襄释作工,孙诒让释作壬,饶宗颐释作示。近年范毓周撰文以为当释作示,通视。典字从册置于丌上之形,或做双手持册之形。参阅《诂林》第 2939 条。《说文》:"典,五帝之书也。从册在丌上,尊阁之也。"《尚书》有《尧典》《舜典》二篇,故许慎曰"五帝之书也。"《尚书·多士》篇记载周公诏告商王

---

① 叶正渤《释"正"与"围"》,《考古与文物》,2005 年增刊《古文字论集(三)》。
② 萧楠《论武乙、文丁卜辞》,《甲骨学论文集》,中华书局,2010 年,第 48 页。

多士(遗民)曰:"惟尔知,惟殷先人有册有典,殷革夏命。"甲骨文有册字,也有典字,可证周公所言不虚妄。根据晚殷周祭制度,工典是在每一轮周祭开始时(第一句)使用这个术语,表明一周祭开始,或说皆是从甲日祭上甲微开始。从卷上第21.3片以及卷下第20.7片来看,工典是在甲戌(11),而肜祭上甲则是在甲申(21),并非所有工典就是奠祭上甲。在翌祭、彡(肜)祭时也使用这个术语,例如本片卜辞"甲申,工典,其酯,彡"便是。晚殷五种周祭,有说是从翌祭开始,到彡祭结束;有说是从彡祭开始,到协祭结束,说法不一。但卷上第21.3片"工典,其酯其冒",则是从所谓冒祭开始的。参阅卷上第21.3片考释。

工典,范毓周以为当读作示典,示通视,即视典,指在举行周祭或其他祭祀之前先由商王的史臣或贵妇亲自检视方国进贡给王室占卜用的龟甲和牛肩胛骨,以示重视。据范毓周文章及卜辞的事实来看,则示典(视典)未必特指周祭开始之前的必需的一个过程或标志,在其他祭祀之前亦可用之。①

10.10:乙丑卜,在妟,肌贞,今夕(月)㠯不歴,在十月。

……歴……在十一月。

按:妟,像女子侧首之形,《说文》所无。参阅《诂林》第0447条。《诂林》谓是人名,非是,根据语法关系卜辞当是地名。妟下一字肌,从九从山(或火),《说文》所无。卜辞当是贞人名。《释文稿》将妟和肌合为一字做地名,细审拓片,当为两个字。歴,从止从辰,叶玉森隶作跀。《说文》:"动也。从足辰声。"郭沫若说是振旅义。参阅《诂林》第1166条。据《释文稿》,或说读作震动之震,有受震动、受惊动、惊扰之义。

10.11:□□卜,在戈,贞,王氵止,亡猒……今……。

按:戈,《说文》:"平头戟也。从弋,一横之。象形。"戈是独体象形字,像兵器之形,不从弋一。参阅《诂林》第2395条。卜辞是地名或方国名。也见于卷下第42.4片。氵止,《说文》:"小渚曰氵止。从水止声。《诗》曰:'于沼于氵止。'"水中的小块陆地曰氵止。参阅《诂林》第0804条。《释文稿》以为也许有泛舟义。据《诂林》,罗振玉释为洗。卜辞"王洗",则洗或是一种用草熬水洗足治病的方法,因为卜辞下句言(王)无祸。

---

① 范毓周《殷墟卜辞中的"示典"》,《古文字研究》第二十七辑,中华书局,2008年,第39~41页。

10.12：在▲(榃)彞……。

按：▲(榃)，左似从杲，右从双臂（或释作寻），其构形理据不明，前之学者亦无释，或隶作榃。参阅《诂林》第1407条。又见于该页第13片至第16片。彞，从隹从廾，隹嘴下尚有两小点，像反缚隹之形。参阅《诂林》第1044条。榃彞，或单称榃，根据语法关系应是地名，疑是殷王田猎地，在殷都近郊，具体地望说法不一。《史记·张仪列传》："仪曰：'亲魏善楚，下兵三川，塞什谷之口，当屯留之道。'"集解："徐广曰：'一作寻，成皋巩县有寻口。'"索隐："一本作'寻谷'，寻、什声相近，故其名惑也。《战国策》云'轘辕、缑（gōu）氏之口'，亦其地相近也。"正义："《括地志》云：'温泉水即寻，源出洛州巩县西南四十里。《注水经》云郭城水出北山郭溪。又有故郭城，在巩县西南五十八里。'按：洛州缑氏县东南四十里，与郭溪相近之地。"①据三家注，其地在河外距殷之辅都朝歌不远，寻、郭和榃，抑或同地而异字。陈絜曾考定郭国在今山东济南或济阳一带，②则寻（郭）在殷都之东。

10.13：癸[□卜，贞]，王[旬亡𤎭]，在[□月]，[甲]寅，□□□在▲(榃)。

[癸]丑卜，贞，王旬[亡]𤎭，在[九]月。

□酉……。

按：本片卜辞单称"在榃"，可证该页第12片之榃彞亦当是地名。

10.14：戊[□卜，贞]，王𢓊[于□]，往来[亡𡿧]。

□寅卜，贞，[王𢓊]于▲(榃)，[往]来[亡]𡿧。

按：黄天树《拼续》说本片与《前》2.21.1片缀合，即《合集》36579＋37637。缀合后《拼续》第534则的释文如下：

戊戌[卜，贞]：王𢓊[于]□，往来[亡灾]。

丁丑卜，贞：王田于𢒍，往来亡灾。

丁卯卜，贞：王田于□，[往]来亡[灾]。

戊□[卜]，[贞]：王[田于□]，往[来]亡[灾]。

□□卜，贞：[王]□于𢒍，[往来]亡灾。隻犾[十]又二。

□□卜，贞：[王]𢓊于□，[往]来亡灾。二。（《拼续》第432～433页）

𢓊，《说文》："迹也。从彳戈声。"根据段注𢓊是践字的异体，行走的样子，故卜辞下文言往来无灾。参阅《诂林》第2297条及卷上第9.13片考释。

---

① 司马迁《史记》，中华书局，1985年，第2282页。
② 陈絜《郭氏诸器铭文及其相关历史问题》，《故宫博物院院刊》，2009年第2期。

卜辞"王徣于某"与"王步自……于……"的句式所表示的意义不相同："王徣于某",一般表示王前往某地的意思;"王步自……于……",则表示王从某地而来前往另一地。

10.15:于梌,亡戈。

于🅐(梌),亡戈。

按:本片两条卜辞"于"字之前皆省略往来义的动词。梌,从木余声。参阅《诂林》第1423条。梌、梌,根据语法关系皆是地名。梌,陈梦家以为《左传》之榆或即梌,与汲郡朝歌县东南的雍相近。(《综述》第261、262页)戈,从戈才声,异体较多。参阅《诂林》第2417条。卜辞读作灾,灾祸、祸忧。亡戈,无祸忧。

10.16:一月,在🅐(梌)𦎧,自上下于𪐴,余□□𣓟,亡尤。

按:𪐴,从贝,从示,从又,尚有四小点,像手持贝置于祭台上行祭之形,与祭、叙等字的构字原理应相同。《说文》所无。参阅《诂林》第1121条。𣓟,上似人头,下似从大从舛(無、舞),《说文》所无,疑是舞字之异构。《诂林》似未收此字。据语法关系卜辞或是地名。

11.1:在宁,徣于□,往来亡🅑。

按:宁,从宀从皿从丁,疑是宁字之异构。参阅《诂林》第2049条。根据语法关系卜辞用作地名。《释文稿》引陈梦家说以为是汉代的修武,即今河南获嘉、修武县境内的狩猎区。(《综述》第261页)参阅卷上第15.11片考释。又见于卷上第19.7片以及卷下第24.1片等。徣于□,意为前往某地。

11.2:[甲午卜,行]贞,[王其田,亡]🅑,[在駺卜]。

乙未卜,行贞,王其田,亡🅑,在二月,在庆卜。

丙午卜,行贞,王其田,亡🅑,在庆卜。

按:行,祖甲时贞人名。所以,《释文稿》说这是祖甲时期的田猎卜辞。庆,郭沫若隶作从心从鹿的慶字。参阅《诂林》第1914条。《释文稿》据董作宾《断代研究例》隶作从馬从貝的駺字。《说文》所无。第二辞在动物的头上还有像角样的两小竖,当是同一个字,但是第三辞动物头上则没有两小竖。所以,当隶作慶。《说文》:"慶,行贺人也。从心从攵。吉礼以鹿皮为贽,故从鹿省。"甲骨文不从攵。《诂林》以为"慶字从鷹从心,不从鹿",据字形来看,其说是也。根据语法关系卜辞当是地名,其地望亦当在殷王田猎区范围之内。

　　第三辞拓片是"丙申卜……",《释文稿》隶作"丙午卜",误。甲午、乙未、丙申三日正好连接,记殷王在庆这个地方连续几日田猎皆平安无灾祸。

11.3:己酉卜,王在宎……。

　　按:宎,从宀从耳,《说文》所无。《诂林》以为是廳字之省。参阅《诂林》第2052条。按《诂林》之说,则卜辞是地点用字,而不是地名。本片卜辞字体较大,当是武丁时期的卜辞。

11.4:贞,王其田,在泗北湄……亡戈。

　　按:田,王国维说:"卜辞中凡田狩之田字,其口中横直二笔皆与其四旁相接,而人名之田,则其中横直二笔大抵与四旁不接,与田字区别较然。"陈炜湛说:"卜辞田多用为畋,与兽(狩)同义。"这就是说,卜辞之田,是田猎、狩猎。参阅《诂林》第2189条。泗,从水从四,疑是泗字的异构。参阅《诂林》第1349条。根据语法关系卜辞是殷王田猎之所,当在殷都近郊。北,从二人相背之形。二人相背,寓意人体相接触的部位即背也。所以,北字的本义指人的脊背,引申指背着太阳的方位,即北方之北。唐兰论之甚详。参阅《诂林》第0070条。湄,《说文》:"水艸交为湄。从水眉声。"《诗经·秦风·蒹葭》:"所谓伊人,在水之湄。"戈,从戈才声。参阅《诂林》第2417条。卜辞亡戈,即无灾。

11.5:癸未卜,在嫋,贞,王旬亡㞢。

　　[癸]亥卜,贞,[王]旬亡㞢。

　　按:嫋,左从女,拓片右侧不清晰,据《释文稿》,叶玉森隶作嫋,暂从之。《说文》:"嫋,妇人妊身也。从女叕声。《周书》曰:'至于嫋妇。'"根据语法关系卜辞用作地名。

11.6:王在棺。

　　按:棺,从木从自(师),《说文》所无。参阅《诂林》第3013条。根据语法关系,卜辞用作地名。

11.7:戊[□]卜,在曺,[贞],[王]今夕[亡⸺]。

　　□□卜,在呈,贞,[王]田,衣[逐],亡⸺。

　　□亥卜,[在]呈,贞,[王田],衣逐,[亡]⸺。

按：嘼，从更，下从口，更字像纺砖之形，《说文》所无。参阅《诂林》第2957条。呈，从口生声。根据语法关系嘼(更)、呈都是殷王田猎的地名，当在殷都周边近郊，或沁阳一带。

衣，《说文》："依也。上曰衣，下曰裳。象覆二人之形。"衣像上衣之形。参阅《诂林》第1948条。卜辞当读如殷，祭名。也见于周初金文，如武王时的朕簋(大丰簋)铭文："王衣祀于王丕显考文王，事喜上帝。"衣祀，孙诒让、王国维均读为《汉书·韦玄成传》"五年而再殷祭"之"殷祭"。所以，衣祀即殷祀，盛大的祭祀。参阅卷上第20.1片考释。

11.8：癸酉卜，在洒，贞，王旬亡［㐭］。
　　　癸丑卜，在涉，贞，王旬亡㐭。

按：《释文稿》说本片与卷上第9.12片的左半，《前编》卷二7.1片缀合。洒，从水从西，《释文稿》采用罗振玉之说释作洒，《诂林》以为当是从水甾声的淄字，卜辞是地名。参阅《诂林》第1105条。涉，从水从步，像两足在水两边之形，寓意涉水。参阅《诂林》第0802条。《释文稿》说，洒(当隶作淄)是第五期频见的地名，涉应是与之相邻近的地名。拓片涉字字迹不清晰，未知是涉字否。

11.9：□□卜，在尤淲，［贞］，［王］步于□，亡巛。

按：淲，从水虎声。参阅《诂林》第1334条。卜辞是地名，丁山说是《左传·哀公四年》的夷虎，亦称死虎，当在今安徽寿县东南四十余里。淲水见于《水经注》。丁山说："淲为水名，疑即虎溪水。卜辞虎氏地望，当在今虎牢、中牟、新郑三角地带。即卜辞所见'东淲'。"（《氏族制度》第150、151页）《释文稿》说"淲"字之上加一个"尤"字，是毫无道理的。拓片在"淲"字之上的确有个尤字，所以本辞隶作"在尤淲"。或"尤淲"是个复合地名。

11.10：……东遘田□，□徣遘从□，亡㐭。王在桑。

按：东，《说文》："动也。从木。官溥说：'从日在木中。'"徐中舒曰："东，古橐字。《坤苍》曰：'无底曰橐，有底曰囊。'……实物囊中括其两端，東形象之。"束，橐中无物；东，橐中实物，本是一字。参阅《诂林》第2968条。方位名词活用作动词，向东。遘，《说文》："遇也。从辵冓声。"参阅《诂林》第3116条。田，上甲的专用字。参阅《诂林》第3557条。下一字残缺，当是祭名，本句意为向东之日恰逢祭祀上甲微的祭日。徣有前往的意思，遘有正巧遇到的意思，从字之后所缺之字当是地名。

桑，像桑树之形，罗振玉始释作桑。参阅《诂林》第1444条。卜辞桑是地名，疑在河南淇县境内，即《诗经》之桑中。《释文稿》说，如果根据《前编》卷四第41.4片卜辞"辛未卜，何贞，王往田桑，[亡]〈〈"，桑是廪辛时期有关田猎的地名。但是，根据本片刻辞用"亡𢦏"，而不是用"亡〈〈"来看，本片刻辞把桑解释为第五期有关田猎的地名似乎比较妥当，并不仅仅是廪辛时期的地名。因为"亡𢦏"是帝乙、帝辛时期的占卜用字，廪辛时用"亡〈〈"。其说可参。

11.11：癸未[卜，在]逢，贞，[王旬]亡[𢦏，在□月]。

癸巳卜，在八桑，贞，王旬亡𢦏，在四月。

按：逢和八桑，都是地名。或说八桑与上一片之桑是同地，即《左传·昭公二十一年》"六月庚午，宋城旧鄘及桑林之门而守之"的桑林。桑林是周时宋国社（宗庙）名。关于第二辞，《释文稿》引董作宾说是帝辛四十祀四月，是《前编》卷一第6.6片同一事的再贞例。假如董作宾之说是对的，那么，卷上第11.10片刻辞《释文稿》仅据《前编》卷四第41.4片"辛未卜，何贞，王往田桑，[亡]〈〈"，说该片刻辞中的桑是廪辛时期有关田猎的地名，那就不可信了。可能《释文稿》只根据何是廪辛时期的贞人这一点来做判断的，但是没有注意到地名是可以长久使用不变的，但卷上第11.10片刻辞和《前编》卷四41.4片卜辞的常用语是不相同的。桑可以是同一地点，但是两片刻辞的时代可能并不相同。

11.12：隹……其……。

……卜，贞，在聑。

按：聑，从耴（tiē），从肉，《说文》所无。卜辞做地名。《释文稿》引饶宗颐说以为是摄字，即《左传·昭公二十年》之摄，在今山东聊城市东北。摄，春秋齐地。本邢地聂北，邢亡后入齐，改称摄，为齐之西界。或说通作脠，意为切脍（肉）。参阅《诂林》第0695条。

11.13：贞……。

□辰卜，出[贞]，今夕[亡卜]，十月，[在]聑。

按：出，祖庚时贞人名。聑，地名。参阅该页第12片考释。

11.14：庚子卜，[在]阱，贞，[王]步[于□]，[亡〈〈]。

□□卜，在□，贞，王[步]于□，[亡]〈〈。

按：《释文稿》说本片与《前编》卷二第10.4片缀合。阱，拓片字迹不清楚，《释文稿》据他人文章隶作陡。疑从阜（阝）从友，非声，《说文》所无。卜辞做地名，地望不详。

11.15：□□卜，贞，王徣于□，往来[亡]〔災〕。
□□[卜]，贞，王曰[徣]延于夫，延[至孟]，[往]来亡〔災〕，[在七月]。

按：《释文稿》说本片与《前编》卷二第20.4片是同片，拓片狭窄，据该片补。王徣于□，犹言王往于某地，地名之字残缺。徣、延二字连用，仍是前往的意思。

夫，从大从一，也像正面站立的人形。《说文》："夫，丈夫也。从大，一以象簪也。"参阅《诂林》第0202条。《释文稿》据他文隶作夫，但又不确定，因为夫字上边一横正好在裂纹处，究竟是大字，还是夫字，难以确定。本书参考该页第16片卜辞释作夫，卜辞是地名。《释文稿》在王字之后还有一个缺字，细审拓片，是曰字。夫字之后的释文，《释文稿》皆据文意补，暂从之。

11.16：戊辰卜，宁贞，乎㠯般取于夫。

按：宁，从宀从万（不是简体万字），隶作宾。参阅《诂林》第2065条。卜辞是武丁时贞人名。本片刻辞字体较大，符合武丁时刻辞的特点。般，从殳从凡（盘字之初文）。《说文》："般，辟也。象舟之旋，从舟。从殳，殳，所以旋也。"参阅《诂林》第3129条。㠯（师）般，人名。据《释文稿》，董作宾说即《尚书·君奭》篇中的甘盘。《尚书·君奭》："在武丁，时则有若甘盘。"陈梦家也说："是可能的，因为古文字'㠯'和'甘'形近易讹，所以㠯般可能即甘盘。"（《综述》第362页）师盘也见于卷下第24.1片卜辞。取，《说文》："捕取也。从又从耳。《周礼》：'获者取左耳。'《司马法》曰：'载献聝。'聝者，耳也。"参阅《诂林》第0681条。根据本片卜辞文意推测，取当用作祭名。夫，根据语法关系当是地名。

12.1：癸酉卜，[贞]，[宰]豕屖（辟）[兄侯]篆庚[豕]，[翌]日戊寅，王其□□□[召]，[王弗每，毕]。
丁未卜，贞，王徣于噩（桑），往来[亡]〔災〕。
辛未王卜，在召庭，隹寮，其令卿史。

按：《释文稿》说本片与《前编》卷二第23.1片缀合。

关于第一条卜辞的考释，据《释文稿》，囊之说者说法较多且异。由于缺字较多，加之拓片字迹又小又不太清晰，因此文意较难理解。宰，从宀从午，《说文》所无。参阅《诂林》第2047条及卷上第13.7片、第13.13片、第14.2

片等卜辞。《释文稿》说是祖庚以后的地名,此处也指牢地之人。牢字也见于晚殷牢犬簋铭文,曰"牢犬作父丁饋彝",牢也用作地名。(《集成》6.3608)辟,从卩从辛,当隶作辟,像以刑具(辛)施以罪人(卩)形。参阅《诂林》第2505条及第2506条。牢豖、犀(辟)兄,疑是人名。郭沫若释豖为追逐之逐。矦,从矢从厂,像张矦(箭靶子)之形。参阅《诂林》第2558条。侯彔是地名。庚,是武丁时期的地名。参阅卷上第9.3片卜辞。庚豕,庚地之豕,豕是野猪。召,当是地名。见下文考释。

"王弗每,毕",《释文稿》此四字是据其他拓片补释。《释文稿》以为,每读作悔,悔咎、反悔之义。卜辞"王其每"或"王弗每"之每,结合卜辞文意,本书以为当读作敏捷之敏,加副词"不"含有不倦怠、不疲倦义。参阅卷上第14.5片考释。毕,本义是捕鸟的网。《说文》:"畢,田罔也。从華,象畢形。"段注:"谓田猎之网也。"此指田猎有擒获之事。意谓王耽于田猎,对田猎之事毫无倦怠,毫无反悔,但有擒获。参阅卷下第2.13片考释。

徃,犹往,参阅卷上第9.13片考释。噩,从木从四口,罗振玉隶作噩,以为借作鄂,地名。于省吾释作桑,地名或人名。参阅《诂林》第1447条。叶玉森释作喿,是鄵(cào)之古文,引《路史·国名纪》疏曰:"鄵,侯国,在慈州。"(《整理与研究》第30页)鄵,春秋时属郑,在今河南新郑市、鲁山县之间。噩是殷王田猎之所(沁阳),当在殷都近郊,故下文言往来无灾。

𠤕(召),从𦥑(双手)从酉从盧或从皿,从刀或召声,像人手持酒器向另一器皿中倒酒之形。其异体较多,传世文献作召(shào),卜辞做地名。饶宗颐以为即《左传》《史记·秦本纪》之召陵,故城在河南郾城县(今漯河市郾城区)东,殷时召方疑即居于此。参阅《诂林》第2489条。刘钊在《安阳殷墟大墓出土骨片文字考释》一文中认为,在甲骨文中"召方"的召从不作𠤕,"王必于𠤕"的𠤕从不作召,二者从不相混。① 本书结合读音考察,召、倒上古音是双声关系,𠤕即倒字之初文。庭,此庭字从广,《说文》:"宫中也。从广廷声。"𠤕庭,位于𠤕(召)的庭名,可见召地有规模较大的建筑群。尞,祭名,焚柴之祭。卿史,犹卿士,职官名。

12.2:丁酉卜,贞,徃于召,往来亡[𢦔]。
　　戊戌卜,贞,徃于召,往来亡𢦔。
　　□□卜,贞,王[徃]于召,[往]来亡𢦔。
　　按:召,地名,与该页第1片卜辞中的召当是同地,可资参阅。戊戌,二字是反书,写法与其他卜辞不同,且笔画显得很生硬。

---

① 刘钊《书馨集》,上海古籍出版社,2013年,第1~22页。

12.3：于……亡戋。

翌日辛，王其徣于䚂，亡戋。

于桧，亡戋。

于噩（桑），亡戋。

按：䚂，从更从酉，《说文》所无。参阅《诂林》第2957条。根据卜辞语法关系卜辞当用作地名，或说属沁阳田猎区。桧，从木从谷省，《说文》所无。卜辞也是地名。噩（丧），卜辞是殷王田猎地名。参阅该页第1片考释。第三、第四条刻辞承前一句省略"王其徣"三个字，成为无主句。

12.4：王往，出于甘。

按：甘，《说文》："美也。从口含一。一，道也。"口中所含的一，是指事符号，不定指何物。参阅《诂林》第0718条。卜辞是地名。《释文稿》引陈邦怀说是《山海经》中的甘水，在今河南宜阳县东南。今河南宜阳县东依洛阳市区，南临嵩县，西望洛宁，北接新安，东南与伊川为邻，西北与义马市渑池接壤，在黄河以南，离殷之辅都朝歌较远。

12.5：贞……徣……。

贞，今日不其徣，雨。

贞，王往于甘。

今日雨。

按：徣，据本片第二辞当有前往的意思，因有雨而不其往。参阅卷上第9.13片徣字考释。本片言"王往于甘"，该页第4片言"王往，出于甘"，可见本片所记之事时间当发生在第4片所记之前。参阅该页第4片考释。

12.6：壬[辰卜]，贞，[王]往[休]。

庚子卜，贞，王往休。

按：休，《说文》："息止也。从人依木。"根据语法关系卜辞是地名。参阅该页以下二片的考释。

12.7：贞，王往休。亡⽶。

12.8：庚子卜，方贞，王往休。亡□。

丙辰[卜，□]贞，……屮……。

□□卜，方[贞]，……辛未……未……于……。

按:方,武丁时贞人名。休,卜辞用作地名。据《释文稿》,或说是山东滕县(今滕州市)西,或说是河南登封县(今登封市),或说是"孟子去齐居休"之休,说法不一。以上诸说之地点离殷较远,录此以备一说。休,也见于卷上第15.5片。

12.9:乙卯卜,㱿贞,今日王勿往于章(鄘)。

按:黄天树《拼续》说本片加卷下第37.3片与《合集》13599、2192缀合,前两篇是蔡哲茂《甲骨缀合集》第325组,黄加缀《合集》2192片。即《合集》4632正+13599+2192。缀合后《拼续》第429则释文如下:

贞:[于]乙[门]令。

贞:勿于乙门令。

贞:勿于乙门令。

[今]日[往于章]。

勿屮多父。

勿屮于父乙。

乙卯卜,㱿贞:今日王勿往于章。三。

己子(巳)卜,㱿,贞:犬延亡其工。六月。二。(《拼续》第386页)

㱿,武丁时贞人名。章,从亯从羊,或释作郭,读作虢。参阅《诂林》第1986条和第1987条。卜辞是武丁时地名。或说在殷之东,或说在沁阳东南。丁山以为是敦字,即敦邱,河南敦丘(今河南温县东),为郭氏的发源地。(《氏族制度》第103、104页)本书以为,章做地名当释作墉,像城垣有门楼之形,今字作庸。《说文》:"墉,城垣也。从土庸声。㒁,古文墉。"《说文》所收古文㒁,字中的回像四方形内外城之城墙,外城有南北相对之城楼形,即《说文》训"民所度居"之墉。墉,《集韵》:"纣畿内地名。"畿内谓牧野地,即《诗经·鄘风》之鄘。鄘在河南汲县(今卫辉市)北,新乡西北一带,非《说文》南夷国之鄘(今湖北竹山县东)。章字做地名又见于卷上第9.7片、第20.1片,卷下第14.10片、第25.8片及第27.14片等。

卜辞中还有一个从二亯重叠的亯字,也是地名用字。参阅《诂林》第1983条及卷上第13.11片和卷下第12.9片考释。

章字从亯从羊,曾宪通据《说文》说是烹羊为埶会意,义同于鬻。参阅卷上第9.7片考释。甲金文"章伐"连言,或释作敦伐,为大规模征伐之义,与"撲伐"义略同。

12.10:乙巳卜,争贞,屮于王亥,[十□听……]。

丁未卜,争贞,王往去㞢,于章。

按:争,从二又从厂,像两只手争夺某物之形。《说文》:"争,引也。从受、厂。"参阅《诂林》第1045条。卜辞是武丁时贞人名。王亥,殷先公之一。参阅卷上第1.1片考释。十□忳,有缺字,所缺字疑是用牲之数。

㠯前一字《释文稿》隶作㐁,应是去字。㠯,从矢,像三锋矢之形,《说文》所无。或说是癸字异体,或说是㲋字初文,当隶作朿。参阅《诂林》第2571条。卜辞用作方国名或地名。㠯字也见于卷下第6.9片卜辞。

12.11:庚寅卜,贞,畢(費)弗其禽,亡(又)虎。四月。

王于出𠂤(殷、搦、铺)。

令。

按:畢,从匕从罕。罕,《说文》:"捕鸟毕也。"即捕鸟的小网。参阅《诂林》第2825条。卜辞是武丁时期人名,也是氏族名,一说是羌之一支。丁山考证说,疑读若毗,即《春秋·哀公五年》"春,城毗",谓毗当即昭公十一年《经》所谓"大阅于比蒲"之比蒲;比蒲疑即隐公元年《左传》所谓"费伯帅师城郎"之费,"鲁大夫费岑父之邑也。今山东鱼台县西南有费亭"。费亭,即《纪年》所谓"祖乙居庇"之庇,在今鱼台县境。(《氏族制度》第85、86页)古费亭位于今河南永城市南十四公里处新桥乡境内,浍河右岸。参阅卷下第4.3片及第17.5片考释。

前文业已言及,古文字考释如果没有字形方面的直接联系,而是通过音义的辗转寻绎所得到的用法及意义,恐怕不可遽信。无论是甲骨刻辞还是青铜器铭文的用字,虽然假借或通假现象很普遍,但绝大多数与字形还是有一定内在联系的。

费,又音秘,邑名,在鲁。《书·费誓》传:"费,鲁东郊之地名。"同鄪。以费之古音证丁山之说是可信的。

弗,从己(绳索之形)从丿丨,丿丨像一曲棍缚在一直棍上使之直形,即拂或矫之初文。《说文》:"弗,撟也。从丿从乀,从韋省。"尚存弗字本义,说字形略有误。参阅《诂林》第3366条。禽,从隹从罕,像网中捕得鸟之形。参阅《诂林》第2826条。卜辞"禽"通擒获之擒。《诂林》按语曰:"释'兇'不可据。卜辞亦不得读作'亡凶'。"参阅《诂林》第0050条。亡,细审拓片,好像是又字,不是亡字。虎,像回首的老虎之形,或释作从凶从勹,《说文》所无。根据卜辞文意,犹言因为有虎,故而无所擒获。出,字迹不太清晰,似从倒止(足趾)从凵,像足出凵(半地穴)之形,据语法关系当是地名。

𠂤(殷),从席从双臂,像双手铺席之形。《说文》所无。卜辞多见,释寻似乎已成定论。参阅《诂林》第2233条。卜辞或做祭名。《释文稿》引众家之说,亦无定论。笔者以为从双臂从席的𠂤,即殷字,当是"布席"即今言铺床、铺席子的"拵""铺"字的初文。㡀正像双手铺席之形,古语曰布席,今则曰铺席,古读重唇音,今读轻唇音。《说文》:"拵,扪持也。从手布声。"《康熙字典》引作"一曰舒也,布散也"。布散,犹今言摊开、铺开。《宋本玉篇》:"拵,相持也。"所以,㡀既非寻字,亦非谢字,且与寻字的字形亦不类。《说文》寻本作㝷:"㝷,绎理也,从工从口,从又从寸。工口,乱也;又寸,分理之,彡声。此与㬎同意。度人之两臂为寻,八尺也。"古文字考释,首先要有字形方面的依据,其次要有音义方面的联系。㡀是否即㝷字的简略写法,也不一定。㡀,卜辞当是一种席坐告祭礼。参阅卷上第7.5片及卷下第9.4片、第10.7片、第31.8片等考释。

又,卷上第15.8片有"㡀舟于滴"一语。㡀,或即㡀字之异体,叶玉森释作援引之援,引也。㡀舟,谓引舟。参阅卷上第15.8片考释。

12.12:辛丑卜,行贞,王步自囗(绝、断)于雇,亡𢦏。
癸卯卜,行贞,王步自雇于勅,亡𢦏。在八月。
己酉卜,行贞,王其步自勅于来,亡𢦏。

按:《释文稿》说本片与卷上第13.2片缀合。行,祖甲时贞人名。灾祸字用𢦏,时代亦相合。囗,或反书,《说文》释为古文绝。绝字像丝缕横绝形。叶玉森《殷契钩沉》卷甲释作绝。(《整理与研究》第13页)或释作断。参阅《诂林》第3172条。又见于卷下第15.14片和卷下第32.14片。卜辞"绝"根据语法关系当是地名。雇,《说文》:"九雇。农桑候鸟,扈民不婬者也。从隹户声。"参阅《诂林》第1774条。据《释文稿》,囊之说法不一,或说是扈,即汉代河南郡原武县,今属河南原阳县;或说是顾,今河南范县。或即《诗经·商颂·长发》"韦雇既伐,昆吾夏桀"之雇。卜辞也是地名。或说韦,国名,在今河南滑县东,夏桀的属国;顾,国名,在今山东鄄城县东北,夏桀的属国。于,往也。下二辞中的于也是往的意思。第一辞说王从断前往雇,无灾。其余依此类推。勅,从朿从力,拓片不太清晰,此从《释文稿》隶定,《说文》所无。卜辞也是地名,当与雇相邻。来,像禾麦之形。参阅《诂林》第1507条。卜辞也是地名,或说是河南修武县的敕丘。参阅卷上第6.5片及第15.2片考释。

13.1:戊寅[卜,行]贞,王其囗㜮囗囗,亡𢦏。
己卯卜,行贞,王其田,亡𢦏。在杞卜。
庚辰卜,行贞,王其步自杞于囗,亡𢦏。
囗囗卜,行[贞],[王其]……亡𢦏。

按:行,祖甲时贞人名。㜮(cān),从女喿声,《说文》所无。《龙龛手鉴》："萢也。"或隶作从女桑声的嬠，《说文》所无。参阅《诂林》第0465条。卜辞疑是地名。田，田猎。杞，《说文》："枸杞也。从木己声。"参阅《诂林》第1418条。卜辞是地名，河南杞县，位于开封东南。王其步自杞于□，意为王从杞步行至于□地，无灾祸。

13.2：辛丑卜，行贞，王步自绝（断）于雇，亡𢦏。
　　□□卜，行贞，□步自绝（断）于雇，亡𢦏。
　按：参阅卷上第12.12片考释。于，往也。

13.3：□子卜，行［贞］，王其步自□于樊，亡𢦏。
　按：樊，从二𣎵（从耒从犬）相并，《说文》所无。金文也有樊字，宋人读作协。前之学者众说纷纭，至今无定论，或说是耕字初文，或说是袭击义。参阅《诂林》第1587条。根据语法关系本片卜辞当用作地名，是殷王田猎之所。樊字也见于卷上第14.8片、卷下第23.13片和卷下第25.10片，可资参阅。

13.4：甲……亡……我……。
　　丙辰贞，王步于兜，又𡆧。
　　□□贞，王步于繐。
　按：我，方国名。丁山以为"我"孳乳为"仪"，即《春秋·僖公元年》之夷仪，汉属河东郡聊城，西邻顿丘。卜辞之𦊒（敦）邑，"近于王都，甲翼所谓'我……在𦊒'，最可证𦊒、我两地相近，我非夷仪莫属矣"（《氏族制度》第103、104页）。参阅卷上第9.7片和第12.9片考释。

兜，像人头上戴有头饰之形，《说文》所无。《诂林》第0042条释作免字诸形与此字写法不同，引叶玉森之说涉及本字。参阅拓片及《诂林》第0042条。据语法关系卜辞用作地名，《释文稿》说是武丁时期地名。又𡆧，有祸、有忧。

繐（suì），从丝，叀声，《说文》解为细而疏的麻布。主要做丧服，古代叫缌衣。或释作𦄂；或说从𣄢下垂形，从叀。参阅《诂林》第2959条。卜辞也用作地名或方国名，具体地望不详。

13.5：丙申卜，炎𠂤（关）尸在繐，若。
　　……丹（冉）……北单……。
　按：炎、𠂤（关）、尸、繐，皆是氏族名或方国名，或地名。根据《释文稿》，前之学者说法不一，大体上在河内晋东南至鲁西南一带。𠂤，叶玉森《殷契钩沉》隶作𠂤，谓是国名；王襄隶作关，地名。《诂林》疑是滕字初文。参阅卷上第8.

12片考释及《诂林》第1038条。緫,地名。参阅卷上第13.4片考释。若,顺也。

𣎵(冉),叶玉森释作竹,古国名,说即孤竹国。笔者曾以为当释作冄或冉,曰:"叶玉森𣎵为'竹',《诂林》3097竹字条从之,王襄疑是'冉'字,李学勤以为或即孤竹国之省。窃以为𣎵、𣎵当是一字,即'冄(冉)'字的初文,象须下垂之形,非竹字,也即'那'字的左边,古国名,周文王幼子(第十子)冉季载受封之地,在河南新郑县故地。"(《整理与研究》第80页)唐玄度《九经字样》列有《说文》的𣎵字和隶变的冄字,《说文》曰:"毛冄冄也。象形。"也可证甲骨文𣎵即隶变以后的冄或冉字,卜辞是地名。叶玉森所疑竹妇二字当是"冄妇"二字,或"姌"字之初文。冉,或说今山东菏泽市定陶区冉堌镇是其故地,位于定陶区和曹县、成武二县交汇处,并非孤竹国。孤竹国位于辽西,今河北卢龙县一带是其故地。关于商殷的区域范围,陈梦家研究指出:"其四界是:北约在纬度40°以南易水流域及其周围平原;南约在纬度33°以北淮水流域与淮阳山脉;西不过经度112°在太行山脉与伏牛山脉之东;东至于黄海、渤海。"(《综述》第311页)参阅卷上第20.10片考释。单,像某种兵器形,或说与干同字,甲骨文狩、战等字从之。参阅《诂林》第3051条。卜辞北单当是地名。

13.6:戊□[卜],贞,翌日王步于㵣。

按:㵣,《说文》:"水,出东郡东武阳,入海。从水纍声。桑钦云:'出平原高唐。'"段注:"东郡东武阳,二《志》同。今山东曹州府朝城县县东南有东武阳城是也。……平原郡高唐,二《志》同。今山东济南府禹城县西南有高唐故城。《左传》襄十九年,廿五年,昭十年,哀十年之高唐也。《前志》高唐下曰:'桑钦言㵣水所出。'郦注《河水篇》云:'按《竹书》《穆天子传》两言湿水,寻其沿历迳趣,不得近出高唐也。桑氏所言盖津流所出,次於是间也。'玉裁按:'桑举其源之近者耳。今禹城县湿水已不可详。'"或隶作从水从𤔔的灤字,恐非是。参阅《诂林》第3174条。根据语法关系,卜辞也当是地名。

13.7:辛丑[卜,出]贞,[王]步[自]牢[于]商,[亡]𤉭。

□□卜,出贞,王其……亡[𤉭]。

按:出,祖庚时贞人名。牢,从宀午声,《说文》所无。参阅《诂林》第2047条。卜辞是地名,《释文稿》说是第二期至第五期的田猎之所。参阅卷上第12.1片考释。于,往也。王从牢前往商,无灾,可见牢与商两地相距不会太远。

商,地名。根据《释文稿》,前之学者说法不一。陈梦家据卜辞把商分为商、丘商(商丘)、大邑商(沁阳)、天邑商(朝歌)和中商(安阳)四处。(《综述》第255～258页)《释文稿》说单言的商可能也不止一处。参阅卷上第9.7片考释。

13.8：戊午[王卜，贞]，田䲴，[往来]亡𡆥。[王𠄏]曰：吉。[兹御]，隻（获）□。

□□王卜，贞，[田䲴]，往来[亡]𡆥。[王𠄏]曰：吉。[兹御]，隻犭（狐）。

按：䲴，或释作桑，卜辞是殷王田猎之所，地名。参阅卷上第12.1片考释。兹御，是帝乙、帝辛时期卜辞用语。郭沫若曰："御者，用也。'兹御'殆犹他辞言'兹用'矣。"犹兹用，即用兹。胡小石以为兹是代词，用是动词，且后置，因此，"兹用"即用兹。① 本书以为，"兹用"之兹，代指所占之卜。见于帝乙、帝辛时期卜辞。又参阅胡厚宣《释兹用兹御》。参阅《诂林》第3161条。隻，《说文》："鸟一枚也。从又持隹。持一隹曰隻，二隹曰雙。"参阅《诂林》第1730条。卜辞读作获，捕获。

犭，从豕亡声，旧释狼。叶玉森《殷契钩沉》卷乙据古音释作狐，引《易·解·九二》"田获三狐"为证，为学界所认可，已成定论。（《整理与研究》第51页）参阅《诂林》第1609条。

13.9：戊戌卜，贞，王其田盂，亡戋。

辛丑卜，贞，王其田盂，亡戋。

壬寅卜，贞，王其田向，亡戋。（以上是本片刻辞）

乙巳卜，贞，王其田𦦵，亡戋。

戊申卜，贞，王其田盂，亡戋。（以上是该页第12片刻辞）

按：《释文稿》说本片与该页第12片、《粹》第983片缀合。盂、向、𦦵，皆是殷王田猎之所，根据占卜的日期来看基本上是紧挨着的，故其地相距也不会太远，按陈梦家之说当在沁阳一带。盂，王国维考证说是邘。《段注》："《尚书大传》曰：'文王受命一年，断虞芮之讼。二年伐邘。'此商时之邘也。武王子所封。徐广曰：'在野王县西北。'按：今河南怀庆府府西北十三里有故邘城。"邘在今河南沁阳市西北三十里，现为西万镇邘邰村。参阅卷上第9.13片和第18.6片考释。

向，《说文》："北出牖也。从宀从口。《诗》曰：'塞向墐户。'"向本义是朝北的窗户。卜辞用作地名。《左传·隐公十一年》："王取邬、刘、蒍、邘之田于郑，而与郑人苏忿生之田温、原、絺、樊、隰郕、欑茅、向、盟、州、陉、隤、怀。君子是以知桓王之失郑也。"可知向与邘的确相距不远。《春秋左传词典》注："周王室地，今河南济源县南。"（第246页）

𦦵，细审拓片，字当从又篸声，《说文》所无。卜辞用作地名，当与盂

---

① 转引自赵诚《胡小石的甲骨文研究》，《古文字研究》第二十五辑，中华书局，2004年，第80～85页。

（邢）、向相距不远，皆是殷王田猎之所，在沁阳一带。

13.10：戊申卜，王其田歮，亡𢦏。

　　　　酉……更……酉……酉……。

按：歮，当从癶癸声，《说文》所无。参阅《诂林》第0950条。卜辞用作地名，是殷之侯国。歮，根据陈梦家之说，《水经注》或作郲，名郲城、郲麓；《竹书纪年》作葵，地在今修武县西北。（《综述》第260页）参阅卷上第15.7片考释。

13.11：壬戌卜，贞，王田，往来亡𢦏。

　　　丁卯卜，贞，王田喪，往来亡𢦏。

　　　壬申卜，贞，王田亯，往来亡𢦏。

按：喪，殷王的田猎之所，当在沁阳一带。亯，从二亯重叠，《说文》所无。参阅《诂林》第1983条、第1986条和第1987条。卜辞做地名。亯，据《释文稿》，本片卜辞或说做动词，读作郭，通廓，是筑城的意思。非是。王田亯，是王田于亯的意思，田是动词田猎，亯是地名，或即墉字之古字。参阅卷上第12.9片及卷下第12.9片考释。

13.12：壬寅卜，贞，王其田向，亡𢦏。

　　　乙巳卜，贞，王其田劆，亡𢦏。

　　　戊申卜，贞，王其田盂，亡𢦏。

按：《释文稿》说本片与该页第9片缀合。参阅该页第9片考释。向、劆、盂，皆是殷王田猎之所。

13.13：乙未卜，贞，王其田噩（桑），亡𢦏。

　　　戊戌卜，贞，王其田斿，亡𢦏。

　　　辛丑卜，贞，王其田牢，亡𢦏。

按：斿，从子从扑。参阅《诂林》第3023条。卜辞是殷王田猎之所。牢，从宀从午，结合卷上第15.6片庚午之午写法近于土，故知当与卷上第12.1片、第13.7片中从宀从午的牢是同字。《说文》所无。参阅《诂林》第2047条。卜辞用作地名，是殷王田猎之所。又见于卷上第14.2片。

14.1：辛酉卜，圣贞，王其田于斿，亡𢦏。

按：圣，从廾从土，像拥（擁）土之形。或隶作圣，读若垦。参阅《诂林》第

1212条。坚是祖甲时贞人名。叶玉森《殷契钩沉》卷甲说:"坚,从两手撮土,乃扫除之意,当为弃之本字。"(《整理与研究》第 20 页)又见于卷下第 23.4 片。田,田猎。斿,地名,根据卜辞文意是殷王田猎之所。

14.2:王其田牢,㭦。

按:牢,从宀从午(不是土)。参阅卷上第 12.1 片、第 13.13 片考释。㭦,从丮(双手)从中或从木,《说文》所无。或释作从丮从戈的㭦(huái)字,《说文》:"击踝也。从丮从戈。读若踝。"则非是。西周早期金文中也有此字,或读作扬,说有击伐义。卜辞与殷王田猎有关,则非击伐义。参阅《诂林》第 0382 条。此字也见于卷上第 14.6 片、第 28.4 片,卷下第 11.2 片、第 25.4 片和卷下第 39.14 片等。其字正体应该是从丮从中或从木的㭦,像手举中(艸),卷下第 39.14 片甚是清晰,可资参阅。释作从丮从戈或从火,皆是拓片不清晰而误释。沈培《说殷墟甲骨卜辞的"㭦"》引裘锡圭说以为当是"夙"字。① 谓卜辞是表示早晨的时间词,与夕相对。其说可信。参阅卷下第 11.2 片及第 25.4 片卜辞。

14.3:壬辰卜,出贞,王其田𠛬,亡⿱灾。

按:出,祖庚时贞人名。𠛬,从索从刀,或说是索字的繁文,《说文》所无。参阅《诂林》第 3182 条。卜辞用作地名,是殷王田猎之所。或说即《左传》之索氏,杜预注:"河南成皋县东有大索城。"约在今河南荥阳市西北。

14.4:戊戌[卜,行]贞,王[其田]隙,亡⿱灾。

[辛]丑卜,行贞,王其田隙,亡⿱灾。

按:行,祖甲时贞人名。隙,当是从阜(土山)粤声,《说文》所无。参阅《诂林》第 1292 条。卜辞用作地名,是殷王田猎之所。又见于卷上第 15.8 片。

14.5:□田亡戋,𫾷。弜田农,其每之。

按:以上是《释文稿》所释,最上一字残缺。《甲骨文合集释文》29316 读作(括号内字是本书所加):

弜(弗)每(敏),弜田农,其每(敏)。……田亡戋,𫾷(禽)。(亡戋。)

弜,从二弓,本义是檠弓。叶玉森说卜辞读作弗。卜辞另有一字与弜字

---

① 转引自黄天树《黄天树古文字论集》,学苑出版社,2006 年,第 167 页。

形近，《诂林》谓是人名或方国名，与弜字有别。参阅《诂林》第 2630 条和 2631 条。每，或说读作悔。结合卜辞文意，本书以为当读作敏捷之敏，加副词"不"含有不倦怠、不疲倦义。参阅卷上第 12.1 片考释。

牢，从宀，下从人从水，《说文》所无。参阅《诂林》第 2056 条。卜辞用作地名，是殷王田猎之所。其每（敏），《释文稿》隶作"其每之"，误。细审拓片，"之"是戈字上半截，拓片左旁还有一个"亡"字，《释文稿》漏释且误释。亡戈，同亡𢦏，无祸忧。罕，像捕鸟网之形，后加鸟巢田，即是毕字。《说文》："田罔也。从𦥑，象毕形。或曰：由声。"毕字的本义是捕鸟网。卜辞或读作禽，通擒。参阅《诂林》第 2824 条。

14.6：王其田牢，枫（风），湄日，亡戈。

　　莫田，亡戈。

　　乙不雨。

　　按：牢，地名，是殷王田猎之所。参阅卷上第 13.7 片考释。枫（风），《释文稿》隶作𤌍，从𠬞从火，非是。细审拓片，当是从𠬞从木的枫字。参阅《诂林》第 0386 条。该页第 2 片从𠬞从中作𤈷，可资参阅。湄，从水眉声，其异体较多。湄日，杨树达曰："湄日者，湄当读弥，弥日谓终日也。"参阅《诂林》第 0620 条。据《释文稿》，湄日犹言终日。从早到晚田猎无灾祸。参阅卷下第 23.13 片。

　　莫，《说文》："日且冥也。从日在茻中。"暮字的初文，日色将暗的意思。参阅《诂林》第 1393 条。莫田，则是指天色将要晚了，还在田猎，且无灾祸。乙不雨，占得下一个逢乙之日不会下雨。

14.7：壬，王其田，湄日亡戈。

　　按：壬，单用日干纪日。其余参阅该页第 6 片考释。

14.8：癸未卜，翌日乙，王其田，不凤（风）。大吉。兹用。

　　王往田，湄日不遘大风，亡戈。

　　王其每。

　　𤑔。

　　按：凤，《说文》："神鸟也。……从鸟凡声。"参阅《诂林》第 1769 条。卜辞借作风。兹用，用兹。兹，代词，代指前之所卜。参阅卷上第 4.15 片考释。本句是占辞，占得翌日乙，王田，无风，大吉，于是用卜。故下句验辞曰："王往田，湄日不遘大风，亡灾。"结果与所占的情况完全吻合。

每,卷上第12.1片和卷上第14.5片中之每,《释文稿》以为皆读作悔,悔咎、后悔。但是,从本片内容来看,读作悔似乎不合文意,因为占卜所得和实际情况完全吻合,皆为大吉,故而王对于乙日往田之事不应悔之。据《释文稿》,郭沫若读作罥,借作网,指田猎以外之事。卜辞"王其每"或"王弗每"之每,结合卜辞文意,本书以为当是倦怠、疲倦之义。参阅卷上第12.1片、第14.5片以及卷下第2.13片考释。

燚,从二棥相并,金文也有燚字,前之学者众说纷纭,或说是耕字初文。然于卜辞似皆与田猎有关,而与耕种并无关联。《说文》所无。参阅《诂林》第1587条。卜辞做地名,是殷王田猎地。参阅卷上第13.3片考释。

14.9:庚申卜,翌日辛,王其田,湄日亡戈。

……卣。

按:卣,从口从卣,像兑酒之器,罗振玉释作卣。参阅《诂林》第1897条。卜辞一般做量词。卜辞辞缺,其义不明。据拓片疑是迺字。参阅《诂林》第1104条。

14.10:□□卜,贞,王田𠂤,往[来亡巛]。王固曰:吉。兹]御,隻(获)犴(狐)十,兔三,雉六。

按:𠂤,构形理据不明,《说文》所无。根据语法关系卜辞当是地名,是殷王田猎之所。犴,旧释狼,叶玉森《殷契钩沉》卷乙释作狐,已成定论。(《整理与研究》第51页)兔,像长耳短身短尾的兔形。参阅《诂林》第1703条。

雉,《释文稿》曰未知何鸟。当从隹夷声。参阅《诂林》第1780条。古汉字从隹和从鸟可以通用,且上古音从夷得声的字读作 tí,如《诗经·邶风·静女》"自牧归荑"之荑,故知雉当是"鹈"字的初文。《说文》:"鹈,或从弟。"段注:"今字多作鹈。"《尔雅·释鸟》:"鹈,鴮鸅。"郭璞注:"今之鹈鹕也。好群飞,沈水食鱼,故名鴮鸅。俗呼淘河。"《正字通》引陆玑曰:"形如鸮而大,喙长尺余,口中正赤,颔下大如数升囊,小泽中有鱼,共抒水满而弃之,水竭鱼出,乃食之。"即鹈鹕。参阅卷下第6.4片考释。

14.11:王叀田……。

其田徏,焚,亡戈,毕。

焚……。

按:徏,从彳从水口,或从谷,《说文》所无。唐兰曾将此字与卷下第17.8片从彳从𠬝的字皆释作寻。《诂林》收在第2310永字条下。卜辞用作地名,是殷王田猎之所。陈絜曾考定郚国在今山东济南或济阳一带,①则寻(郚)在殷都之东,故知此字不当释作寻。殷王田猎之地据陈梦家考证在今河南沁阳一带,位于殷都之西或西南。焚,字迹看不清楚,暂从《释文稿》所释,焚即焚烧山林以驱野兽。参阅《诂林》第1222条。毕,或释作禽,擒获。

15.12：王其田于䃺,亡戋。
 按:䃺,从石戈,《说文》所无。参阅《诂林》第2278条。根据文意卜辞用作地名,也是殷王田猎之所。

15.1：庚寅卜,尹贞,其田于㮇,亡𢦏。在一月。
 按:尹,祖甲时贞人名。㮇,上从小点,或从小圈,下从木,《说文》所无。或说是主字,即炷字。主,火柱之象形。参阅《诂林》第1406条。根据语法关系,卜辞用作地名,是殷王田猎之所,具体地望不详。又见于卷下第15.15片和第40.14片卜辞。

15.2：戊戌卜,行贞,王其田于𠙹,亡𢦏。
 戊申卜,行贞,王其田于来,[亡𢦏]。
 按:行,祖甲时贞人名。𠙹,《说文》所无,存疑待考。或释作渊,与字形不符。参阅《诂林》第1348条。卜辞做地名,是殷王田猎之所。来,也是地名,是殷王田猎之所,或说是河南修武县的敕丘。参阅卷上第6.5片及第12.12片考释。

15.3：田于宕,□其用兹卜。
 按:宕,从宀从石。参阅《诂林》第2255条。《说文》:"宕,过也。一曰洞屋。从宀,砀省声。汝南项有宕乡。"甲骨文不从砀省声。卜辞用作地名,是殷王田猎之所。《释文稿》引陈邦怀说是春秋时的项国,河南项城。《说文》已言之。崔恒升谓:"宕在今河北曲城县西。"②□其用兹卜,缺字疑是王字。兹卜,当指田于宕之贞卜。

15.4：王其田𧘇(襄),𤊾于河。
 河𤊾。

---

① 陈絜《郚氏诸器铭文及其相关历史问题》,《故宫博物院院刊》,2009年第2期。
② 崔恒升《甲金文地名考释》,《古文字研究》第二十二辑,中华书局,2000年,第150~156页。崔文注《后》下15.3,误,经核对原应是《后》上15.3片。

河䍩,一牛。

按:㠱,从人,像人头有装饰之形。叶玉森《殷契钩沉》以为是《说文》升字,后于《说契》改为古文奔字,地名。(《整理与研究》第81页)于省吾释作襄,地名,春秋时宋襄公所葬之襄陵,在今河南睢县,与大邑商相近。参阅《诂林》第0030条和第0031条。卜辞做地名,是殷王田猎之所,当在河南沁阳一带。又见于卷下第14.13片和第14.18片。䍩,从㒸刚声,《说文》所无。或释作纲。参阅《诂林》第2834条。卜辞当是祭祀用语。也许与卷上第22.4片和第23.4片之刚是同一个字,只是繁简不同,该字也是祭祀用语。第二、第三辞应是第一辞之倒文。河,特指黄河之神。

15.5:辛[卯卜,贞,王田]㠱(襄),[往来亡灾]。

壬辰卜,贞,王田休,往来亡灾。弘吉。

按:第一辞残缺过甚,据第二辞补。㠱(襄),是殷王田猎之所。休,地名,也是殷王田猎之所。参阅卷上第12页第6、7、8片考释。弘吉,大吉。

15.6:庚午卜,王田虘,其……。

按:虘,从山(或从火)虡声,《说文》所无。参阅《诂林》第1696条和第1697条。卜辞用作地名,是殷王田猎之所。据《释文稿》,或说是商丘东北的虞、虞方,或说是盧。未知孰是。

15.7:□□[卜贞],王田于戣麓,往[来亡灾],兹御,获麋六,鹿,九月。

按:戣麓,《释文稿》说与卷上第13.10片之戣是同地。卜辞用作地名,是殷王的田猎之所。戣,根据陈梦家所说,《水经注》或作郊,名郊城、郊麓;《竹书纪年》作葵,在今修武县西北。(《综述》第260页)参阅卷上第13.10片考释。兹御,犹言兹用,即用御、用兹。参阅卷上第13.8片及第14.8片考释。麋,《说文》:"鹿属。从鹿米声。麋冬至解其角。"参阅《诂林》第1707条和第1709条。鹿,《说文》:"兽也。象头角四足之形。鸟鹿足相似,从匕。"鹿字是独体象形字。参阅《诂林》第1715条。

15.8:□丑卜,行贞,王其眅舟于滴,亡灾。

□□[卜,行贞],王其田[于]陮,亡[灾]。[在]八月。

按:行,祖甲时卜人名。眅,吴其昌、郭沫若释作汎(泛),唐兰释作寻,叶玉森隶作爰,读作援,引也。援舟,犹言引舟。于省吾读作率舟,谓顺流而行也。参阅《诂林》第1036条。此字或即卷上第12.11片之殷字,左从席,右从双臂,像双手铺席之形。卷上第 12.11 片"王于出殷",当是一种席坐告祭礼,出是地名。王其𠂔舟于滴,当指王在滴改乘舟行。

滴,从水商声。参阅《诂林》第 2147 条。拓片水在商之右侧,《诂林》皆摹在左侧,符合隶古定的惯例。卜辞是水名,或说即漳水。《说文》:"漳,浊漳,出上党长子鹿谷山,东入清漳。清漳,出沾山大要谷,北入河。南漳,出南郡临沮。"其说或是。

陴,当从阜(土山)粤声,《说文》所无。参阅《诂林》第 1292 条。卜辞用作地名,是殷王田猎之所。参阅卷上第 14.4 片考释。

15.9:……在受𠂤(师)……步……,亡𡿪。

……卜,贞,……往来亡𡿪。

……不……田……。

按:受𠂤,受是地名。𠂤,从𠂤朮声,亦读作师。参阅《诂林》第 3006 条。出征在外的军队叫师,军队驻扎之所曰𠂤。卜辞"在□,步于□",意同"在□,徙于□",是在某地前往某地的意思。

15.10:癸亥王卜,在川师,贞,旬亡𡿪。

按:川,其构形理据不明,或释作巛,饶宗颐说是古浍字,《诂林》以为其说不可据。参阅《诂林》第 3319 条。川师,卜辞用作地名,是军旅驻扎之所。

15.11:卜,在罕师。

按:罕,上从皿,下从丂,《说文》所无,或隶作宁。参阅《诂林》第 2667 条。罕师,卜辞用作地名,也是军旅驻扎之所。《释文稿》引陈梦家之说以为是汉代的修武,即今河南省获嘉、修武县境内的狩猎区。《释文稿》隶作上从罒下从丁的罕字,非是。参阅卷上第 11.1 片和卷上第 19.7 片考释。

15.12:癸巳王[卜],贞,旬亡[𡿪]。在中师。

癸卯王卜,贞,旬亡𡿪。在丽师。

癸丑王卜,贞,旬亡𡿪。在齐师。

按:中,《说文》:"艸木初生也。象丨出形,有枝茎也。古文或以为艸字。读若彻。"参阅《诂林》第 1380 条。麗,《说文》:"旅行也。鹿之性,见食急则必旅行。从鹿丽声。《礼》'丽皮纳聘',盖鹿皮也。"字像二鹿相并之形,叶玉森释作丽。参阅《诂林》第 1722 条。齐,《说文》:"禾麦吐穗上平也。象形。"参阅《诂林》第 2124 条。中师、丽师和齐师,是三处地名,皆是军旅驻扎之所。

《释文稿》采用陈梦家《殷虚卜辞综述·方国地理》所论三地是殷王室征人方所经过的河南商丘附近的夏邑、杞县和大小齐城等地之说。(《综述》第308页)

本片与下一片皆于一旬末之癸日贞卜下一旬的吉凶,说明商代晚期一个月是三旬,一旬十日,一个月是三十日。这是使用太阳历的表现和例证。

15.13:癸丑[卜,贞],王旬[亡㐁],在六月,[在]莱泉[师]。
　　癸[亥]卜,贞,王旬亡㐁,在六月,在莱泉师。
　　[癸]酉卜,贞,王旬亡㐁,[在]七月,在[莱泉]师。
　　按:莱,叶玉森引吴大澂之说谓:"从又从华,手拔华曰拜。"或曰读作求,或曰读作赍。参阅《诂林》第1533条。泉,像山崖下泉眼流水之形。参阅《诂林》第2153条。莱泉师,地名。参阅《诂林》第2156条。《释文稿》说,辞末的地名也见于《前编》卷二第15.6片,叶玉森以为是华泉的合文。或说即赍泉—百泉,在朝歌之西,在今河南辉县市附近,或说在河南淇县一带。
　　本片卜辞也是于每旬之末癸日占卜下一旬的吉凶。第二辞缺字根据干支表当是癸亥。癸丑、癸亥属于六月,癸酉属于七月,很明显每旬十日,一月三旬。

15.14:□□[卜,在]溇师,[贞],[王涉于]㵎,亡[尤]。
　　按:溇,从水麦声,《说文》所无。《诂林》水下、麦下皆未收此字。溇师,地名,也是军旅驻扎之所。㵎,细审拓片,当如叶玉森所说,从水省,从即从尞,《说文》所无,或释作潦。参阅《诂林》第1323条。卜辞用作地名。

15.15:贞,㹜(猷)伐棘(曹),其戋。
　　按:㹜,从甾从犬,王襄等说是古猷字。参阅《诂林》第1108条。郭沫若说与从米从酉从犬的是同字,即猷字。参阅《诂林》第2735条。卜辞是方国名。《释文稿》说是武丁时期地名。叶玉森说是犬戎之一,在今陕西附近,商代是寇边之国。(《整理与研究》第16页)犬戎在商末周初活动于今陕西、甘肃一带。也见于卷下第36.5片和卷下第42.4片。伐,从人何戈。参阅《诂林》第2410条。卜辞或用作征伐义,或为祭名。棘,从二朿,曹字的古文。参阅《诂林》第2970条。《说文》:"曹,狱之两曹也。在廷东。从棘,治事者;从曰。"卜辞是地名或方国名,或说是春秋时曹国,即今山东曹县,或说是河南滑县白马城。从卜辞㹜伐棘来看,曹似不应靠近殷都,当是殷之边邑或位于边邑的方国。

　　其,推测语气词。戋,从戈从中,中像草木之枝叶,戋字像以戈剪伐草木之枝叶。或曰中像人长发,戋像以戈斩伐人首形。参阅《诂林》第2417条。

卜辞既可读作灾,有灾祸义;也可读作斩,斩伐、剪伐,皆可通。

16.1:贞,帚……。
　　贞,叀王往伐昌,受屮又。
　　按:帚,当读作妇。昌,隶作昌,即昌方。叶玉森《殷契钩沉》卷甲曰:"昌方殆即苦国,其国出矢。《后编》卷上第十七叶'(缺)于王曰勾昌方矢',勾,求也。苦方以矢著名,故殷求之,所谓楛矢是也。"叶玉森以昌方为苦国。(《整理与研究》第 15 页)
　　昌方,据甲骨卜辞,是武丁至祖庚时期长期寇扰殷边境的一个比较大的方国,或说即鬼方,大约于祖庚时期被殷王室征服。《周易·爻辞·既济》:"高宗(武丁)伐鬼方,三年克之。"昌方之地望,据《释文稿》,前之学者众说纷纭,比较可信的说法是位于殷之西北。王国维以为昌方在殷之西,饶宗颐以为即耆,也即《尚书·西伯戡黎》之黎,孔安国传:"黎在上党东北,即今之黎亭是也。"在今山西长治市东北,或即黎城县故地,位于太行山脉南段东翼。参阅《诂林》第 0738 条。又见于卷上第 17.4 片。
　　受屮又,屮,读作有。又,读作佑,佑助。"受屮又"大意是会受到(祖先在天之灵的)佑助。

16.2:贞,[勿]乎伐昌。
　　贞,于庚午令步。
　　贞,乎伐昌,弗其受屮又。
　　按:勿字缺,据辞例补。勿,表示劝阻或禁止的否定副词。步,据卜辞文意当释作人名。弗其受屮又,大意是不会受到(祖先在天之灵的)佑助。

16.3:贞,乎伐昌,受屮又。
　　贞,乎伐昌方。
　　按:参阅该页第 1 片、第 2 片考释。

16.4:贞,乎正(征)昌方。
　　按:正,从口(像城邑之形)从止(足趾)。参阅《诂林》第 0821 条。卜辞读作征,征伐。

16.5:贞,昌方不亦(夜)围。
　　按:亦,从大从左右两点。《说文》:"亦,人之臂亦也。从大,象两亦之形。"即腋字的初文。参阅《诂林》第0215条。卜辞读作夜,夜晚。围,《释文稿》隶作正,读作征。非是。细审拓片,本片之围,上从口,下从舛(二止,两足)。参阅《诂林》第0823条。与该页第4片从口从止的正(征)字写法不同,不是同字。参阅卷上第10.5片考释及《释"正"与"围"》。①

16.6:㓄方弗其[出]。
　　按:本片文字只刻了竖画,横画未及刻,根据字形轮廓当隶定如上。出,拓片尚存止,参照该页第7片当是出字。叶玉森所释不误。出,站在殷王室的立场而言是出兵来犯的意思。

16.7:贞,[㓄]方[其]出?
　　屮于父乙。
　　贞,㓄方其出?
　　按:第二辞《释文稿》隶作"屮于父乙",拓片父字之左侧乙字不清晰。《释文稿》说:"不用说是小乙。"未知所据。"贞,㓄方其出",意为贞问㓄方是否会出兵犯我殷边。

16.8:庚申卜,㱿贞,王勿正(征)㓄方,下上弗若,不[我其受屮又]。
　　按:㱿,武丁时贞人名。上下,二字合文。若,顺;弗若,犹言不顺。本句卜辞当指上帝及先公先王在天之灵既不佑助我,众臣也不支持王对㓄方的征伐。

16.9:庚午卜,争贞,我受㓄方[又]。
　　按:争,武丁时贞人名。庚申贞卜因下上弗若而不宜征伐㓄方,此于十日后的庚午又贞问我征伐㓄方是否会受到佑助。

16.10:贞,王勿令❋(费)❋(以)众伐㓄方。
　　按:《释文稿》漏释"令"字。❋,从㒸(捕鸟网)从匕,《说文》所无。参阅《诂林》第2825条。卜辞为武丁时人名,也是氏族名,一说是羌之一支。❋,从人从厶,《说文》所无。参阅《诂林》第0022条。或释作氏,或释作氏。丁山在其《甲骨文所见氏族及其制度》"论某勺"中认为❋像人曲肘有所抱取

---

①　叶正渤《释"正"与"围"》,《考古与文物》,2005年增刊《古文字论集(三)》。

形,是勹字,即抱字之本字,卜辞有引、取义。① 本片卜辞当读作以,率领义。众,从三人从日,郭沫若说像众人在日下劳作之形。参阅《诂林》第0079条。卜辞指殷之众方国。又见卷下第3.15片。

16.11:辛丑卜,㱿贞,呂方其来,王勿逆伐。
　　辛丑卜,㱿贞,霝妃不囚。
　　按:㱿,武丁时贞人名。逆,《说文》:"迎也。从辵屰声。关东曰逆,关西曰迎。"甲骨文从大之倒,或从辵。参阅《诂林》第0270条及第2328条。逆伐,犹言迎战。参阅卷下第12.1片考释。霝妃不囚,根据《释文稿》,前之学者众说纷纭。霝,《说文》:"雨零也。从雨,𠅣象霝形。《诗》曰:'霝雨其濛。'"参阅《诂林》第1182条。卜辞是方国名,当是来犯的呂方同盟者。妃,《说文》:"匹也。从女己声。"甲骨文从女巳声,或隶作妃。参阅《诂林》第0456条。叶玉森解作女性俘虏,可从。霝妃,霝国的女性俘虏。囚,像以囚笼关押犯人之形。《说文》:"系也。从人在口中。"参阅《诂林》第0053条。霝妃不囚,似可解作霝国的女俘不予关押的意思。囚字也见于卷下第11.16片、第16.4片和第29.7片。

16.12:辛亥卜,㱿贞,勿隹(唯)王往伐呂方。
　　贞,勿隹王伐呂方,下上弗若,不我其受[屮又]。
　　按:本片两条卜辞皆贞得王不要前往征伐贡方,因为上下不顺,我将既得不到祖先在天之灵的佑助,亦得不到群臣的支持。

17.1:□□[卜,㱿贞,勿𢍏人]三千,乎伐呂方,受[屮又]。
　　贞,翌丁未酌中(仲)丁,易日。
　　□□[卜],㱿贞,翌辛未令伐呂[方]。
　　癸巳卜,㱿贞,𢍏人,乎伐呂方,受[屮又]。
　　按:勿,恐是衍文。𢍏,从左右两手,或隶作廾,像双手拱立之形。杨树达曰:"𢍏人,即登人,登假为征,即征人也。"参阅《诂林》第1022条。卜辞用为动词。结合卜辞文意,𢍏人当如前之学者所说与"登人"同义,为征召、招募众人之义。又见于卷上第31.5片和卷下第27.7片。三千,合书。千字从人。
　　据第二辞"翌丁未酌仲丁"推算,则第一辞所缺干支或是丙午。酌,祭

---

① 丁山《甲骨文所见氏族及其制度》,中华书局,1999年,第14~16页。

名。中丁，即仲丁，大戊之子。王国维根据甲骨卜辞认为中丁是祖乙之父，并非《史记》所记为河亶甲之子。(《观堂集林》第 447 页)参阅卷上第 2.10 片考释。易日，天气放晴。参阅卷上第 8.6 片考释。

　　𣪘，武丁时贞人名。根据第三辞"翌辛未令伐呂方"，则本辞所缺干支或是庚午卜。据第三辞翌辛未令伐呂方，可证第一辞《释文稿》所补之勿字当是衍文。

17.2：乙巳卜，争贞，叀王往伐呂方，受屮又。

　　按：争，武丁时贞人名。此片卜辞内容与 17.1 片相同，只是贞人不同。

17.3：辛未卜，𣪘贞，王勿逆伐呂方，下上弗[若，不我其受屮又]。[□月]。
　　　壬申卜，𣪘贞于河，匄呂方。

　　按：《拼合集》说本片与《合补》4565 片缀合，即《合集》6203＋《合补》4565。《拼合集》第 276 则释文与上同，缀合后拓片上有若字、又字。(《拼合集》第 482 页)𣪘，武丁时贞人名。逆伐，犹言迎击。河，特指黄河河神。匄，从亡从人。《说文》："匄，气也。亡人为匄。逯安说。"段注："气者，云气也。用其声叚借为气求、气与字。"又曰："从亡人者，人有所无，必求诸人，故字从亡从人。"《玉篇》："匄，乞也。行请也，取也。"匄字的本义是乞求，或作祈求。匄，《诂林》谓："从刀，不从人。"参阅《诂林》第 2481 条。第二句卜辞义当为：祈求河神保佑，呂方不要来犯我殷边邑。

17.4：□于王曰：匄呂方矢。

　　按：《释文稿》说和曾毅公《缀合编》第 121 片是同一面。匄，乞也。本片之矢，据《释文稿》，前之学者曾有许多不同的解释。本书以为仍当释作矢为宜。叶玉森曾据传世文献以为呂方即苦方，并曰苦方产楛矢，应向殷王室进贡，故殷求之曰"匄苦方矢"。参阅卷上第 16.1 片考释。但本片之矢字写法很特别，箭头像蛇头一样的扁平而大，作夌之形。裘锡圭先生释作界，曰与普通的矢有别。参阅《诂林》第 2575 条。

17.5：戊午卜，宁贞，王从沚𢦔伐土方，受屮[又]。

　　按：宁，武丁时贞人名。从，跟从、随从。𢦔，从戈从爪从目，《说文》所无。或隶作夏，或䵼，或𢦔。卜辞是方国名。参阅《诂林》第 2422 条。沚𢦔，根据《释文稿》的考释，前之学者解说很多，至今无定论。沚，据《诂林》，罗振玉释为洗，杨树达读作姺，方国名，在今陕西合阳县。参阅卷上第 9.9 片考释。󰀀也当是方国名。其地望,陈梦家说:"武丁时代的沚和土方、邛方、羌方、龙方、印方有过征伐的关系,此诸方多在晋南,所以我们定沚在陕县是适合的。陕县在以上诸方的南面。"(《综述》第297页)陈梦家以为,沚󰀀是殷王室征伐土方的将帅人名。(《综述》第273页)

土,像地上立着的土块形。参阅《诂林》第1211条。土方,武丁时期经常侵犯殷边邑的方国名,或说是猃狁的一支。关于土方之地望,据《释文稿》,或说当在殷之更北或更偏西北,约今山西、河北与河南北部交界处。根据《菁华》第2片卜辞土方当在沚国之东,陈梦家疑土方即杜,引《左传·襄公二十四年》"在商为豕韦氏,在周为唐杜氏",杜注:"唐、杜二国名。"(《综述》第272页)

17.6:贞,王从沚󰀀伐土方。

按:卜辞所记与上一片相同。参阅该页第5片考释。

18.1:伐土方,受㞢又。

按:参阅卷上第17.5片考释。

18.2:己酉,王卜,贞,余正(征)三丰方,叀𢼒令,邑弗每,不化彝,在大邑商。
王𡆥曰:大吉。在九月。遘上甲肇五牛。
叀戠令。

按:余,像气从口散出之形。参阅《诂林》第1979条。《说文》:"余,语之舒也。从八,舍省声。"尚保存余字本义,然其解说字形则误,余字初文既不从八,也不从舍省声。卜辞用作代词,指代殷王。丰,从中,像土上栽种树木之形。郭沫若说即封字。参阅《诂林》第1384条。三丰方,即三封方,地名,当是寇边之方国,其地望不详。据《释文稿》,或说即古封父国,即河南阳武县(今原阳县)东。参阅卷上第2.16片考释。𢼒,左上从倒午,左下从五,右上从言,右下从大,《说文》所无,存疑待考。《诂林》第0265条无释。卜辞用作人名或族名,《释文稿》推测恐怕与戠一起同属于三丰方之一。

叀𢼒令,与第三辞"叀戠令",大约是商王对𢼒和戠的命令。叀,通唯,含有强调语气。邑,或指大邑商。弗每,不化彝,《释文稿》引郭沫若说是无侮、不变常之义,则每读作侮。化,变也。彝,《说文》:"宗庙常器也。"引申有常义。

遘,据《释文稿》,或说读作尞,祭也。意思虽合,但于字形则不合,仍当隶作遘,遇也(正逢祭某王之日),做祭祀用语。本句大意是:恰逢被祭上甲之日,用五牛。所以,遘字不需要改读,商代晚期甲骨卜辞和金文经常有这

245

种用法,如二祀、四祀和六祀邲其卣铭文。戲,从又虘声。《诂林》曰:"即《说文》从邑之鄌字。"参阅《诂林》第 1699 条。《说文》:"鄌,沛国县。从邑虘声。"卜辞是方国名。

18.3：辛巳卜,㱿贞,今[春]王从望乘]伐下𢀛(危),受又。

辛巳卜,㱿［贞］,……。

按:㱿,武丁时贞人名。今[春王从望乘],《释文稿》隶作"今春王比望乘",语义费解。卜辞屡见"王从望乘伐下危"的记载,所以,"比"当是"从"字。从木从口,前之学者解释颇多,叶玉森《殷契钩沉》释作春,曰今春。参阅《诂林》第 1405 条。本书释作昧,曰今昧,犹言今晨。(《整理与研究》第 8 页)本句卜辞喻遂生《卜辞词语补释》引《英》588 正释文作:"贞,今杏王勿作从望乘伐下危?"①"今杏"不辞,很显然原释文把隶作杏；原释文"勿作"当是衍文,喻书所引原释文恐怕有误。下𢀛,𢀛字构形不明,于省吾释作"下危",方国名,卜辞亦称危方。参阅《诂林》第 3272 条。其地望说法不一,或说在安徽、江苏交界处,或说在殷之北或西北,与土方、𢀛方相邻,武丁时与土方、𢀛方等常寇扰殷之边邑,故殷王常率属国征伐之。

关于𢀛字,李家浩曾释作"弁",赵平安曾对𢀛字做专门而又详细的考释。赵平安在《释甲骨文中的"𢀛"和"𢀛"》一文中考证说:"下𢀛当即下辩(辩、笲上古声韵相同)。""下辩,《汉书·地理志》称'下辩道',王莽称杨德,属武都郡,故治在甘肃成县西,曾是少数民族聚居之地。"又曰:

下𢀛,卜辞也作𢀛方。"𢀛方"与"下𢀛",或以为两个方国,或以为一个方国的异称。当从后一种说法。"下𢀛"多见于第一期卜辞,"𢀛方"多见于三、四期卜辞,可能是不同时期,称谓有别。

第五期征尸方卜辞亦有𢀛,这个𢀛应读为卞(弁、笲通用,卞是弁的异体),为古县名,《汉书·地理志》属鲁国,故治在今山东泗水东部。泗水地处山东南部,正是征尸方所经之地。

把字音和字形综合起来看,𢀛很可能是笲的本字。② 笲,竹器,其形状像筥。

望乘,方国名,殷之属国。又见于卷上第 31.9 片。

---

① 喻遂生《甲金语言文字研究论集》,巴蜀书社,2002 年,第 171 页。
② 李家浩《释弁》,《古文字研究》第一辑,中华书局,1979 年,第 391～395 页。赵平安《释甲骨文中的"𢀛"和"𢀛"》,《文物》,2000 年第 8 期,第 61～63 页；收入《新出简帛与古文字古文献研究》,商务印书馆,2009 年,第 3～9 页。

18.4：甲辰卜，㱿贞，⽅方其禺，隹⽊(戎)，十一月。

按：㱿，武丁时贞人名。⽅，《说文》所无，其构形理据亦不明。叶玉森《殷契钩沉》卷乙说像井栏之形，疑是井字，或释作串字，《诂林》以为均不可据。参阅《诂林》第2952条。卜辞之⽅方，是方国名，叶玉森疑是荆方，《释文稿》以为当是殷之北或西北的方国，因其常犯殷边，所以殷王征伐之。陈梦家《综述》对⽅方的地望无说。(《综述》第290页下)卜辞另有井方，见该页第5片。井字的写法与今略同，而与⽅字则截然不同。卜辞或单称⽅，见于卷下第13.4片。卜辞另有子⽅，是人名，据说是武丁诸子之一。参阅卷下第18.2片考释。

禺，《说文》："并举也。从爪，冓省。"参阅《诂林》第3110条。段注引赵岐注《孟子》曰："称贷曰称，举也。凡手举字当作禺，凡偶扬当作偶，凡铨衡当作称。今字通用称。"所以，⽅方其禺，大意是⽅方大举寇边。⽊，其构形理据不明。或释作捍。参阅《诂林》第2401条。丁山释作戎，戎狄。(《氏族制度》第98页)隹戎，据《释文稿》，前之学者说法众多，或解为获戎，或解戎为地名等。本书以为，当是因⽅方为戎狄，因曰唯戎，强调是戎狄来犯。所以，其地当在殷之北或殷之西北。

18.5：石。

癸卯卜，㱿贞，井方于唐宗，豙。

按：井，像井栏之形。参阅《诂林》第2859条。井方，方国名，或单称井。见卷下第6.13片和卷下第37.2片。其地望陈梦家说是山西河津县(今河津市)之耿国，郭沫若说是陕西岐山县渭水南岸。今从陈梦家之说，当是位于河津县(今河津市)南汾水南岸的耿。(《综述》第288页)唐，方国名。据《辞海》，山西境内上古有二唐国：一在平阳(临汾)，尧所徙且王于此，也即《诗经·唐风》之唐；一在翼城西，尧之后所居，为周成王所灭，叔虞封于此。结合商代地理范围考察，本片卜辞当是翼城西之唐。其地在井方(耿)之东、沁阳之西。宗，庙也，位于唐的宗庙。豙，从豕从矢。《说文》："豙，豕也。后蹏废谓之豙。从乌矢声；从二匕，豙足与鹿足同。"本义是母猪。参阅《诂林》第1604条。卜辞用作祭名。

18.6：[癸未，王卜]，在漠，贞，旬亡祸。[王固曰]：弘吉，在三月。甲申，祭小甲，[𦎧]大甲，隹王来正(征)盂方白炎。

按：漠，从自(鼻子)从水，拓片字残，缺水。据陈梦家考定，漠是水名，即涅水，也即沁水，亦名少水。(《综述》第310页)弘，从弓，上引一斜笔是指事符号，像引(开)弓之形，隶作弘。参阅《诂林》第2624条。弘吉，大吉。甲申祭小甲、𦎧大甲，属于周祭。王征盂方，是殷晚期帝乙、帝辛时期之事。盂方,或说与殷王田猎之地的盂是同一地,恐非是。盂,王国维考证说是邗。《段注》曰:"《尚书大传》曰:'文王受命一年,断虞芮之讼。二年伐邗。'此商时之邗也。武王子所封。徐广曰:'在野王县西北。'按:今河南怀庆府府西北十三里有故邗城。"邗在今河南沁阳市西北,现为西万镇邗邰村。参阅卷上第9.13片和第13.9片等有关考释。盂方是殷王室征伐的方国,据考证在殷之东南,在商丘附近或以东地区。所以,盂和盂方未必是同一个地方。

白,或说读作伯,意为方伯、邦伯,则炎就是盂方方伯的人名。参阅该页第7片考释。炎,《说文》:"火光上也。从重火。"参阅《诂林》第1271条。卜辞是盂方伯的私名。不过,细审拓片,此字似从重屮,而不是重火。而下一片炎字拓片残缺,故暂从学界隶定作炎。

18.7:[癸卯,王]卜,贞,旬亡𡆥,王固曰:弘吉,[在□月]。甲辰,酌且甲,王来正盂方白[炎]。

按:本片与该页第6片卜辞所记内容大致相同,都是记殷王来征盂方伯炎,只是占卜、征伐的日期和祭祀的对象略有不同。该页第6片是癸未王卜,三月甲申祭小甲暨大甲,王来征盂方伯炎。而本片是癸卯王卜,在三月或四月甲辰酌祭祖甲,王来征盂方伯炎。从时间上来看,据干支表,卜日和祭日皆相距二十日,可见征盂方伯炎还是费些时日的。参阅卷上第20.9片考释。郭沫若以为卜辞征盂方之例盖均帝乙十年前后事也。(《卜辞通纂》第470页)而王晖则认为,黄组卜辞中有"王廿祀"及征盂方伯炎应属于帝乙时期的卜辞,而有"在上虞""王廿祀"及征人方且在征途中没有其他先祭祀祖先王的记载则属于帝辛时期的卜辞,曰:"有周祭祀典的'王廿祀'卜辞几乎每一片上都有祭祀先祖先王的记录,这应是帝乙时期的卜辞。"① 根据郭沫若、陈梦家等学者的考证,尽管帝乙、帝辛时期的卜辞比较少,但绝不是没有。但是,日本立命馆大学落合淳思基于晚殷周祭卜辞中没有祭祀帝乙的记载,他认为没有祭祀帝乙的原因可能有二:(1)帝辛实际不存在。由于帝乙是殷最后的王,所以没有受祭祀。(2)帝乙实际不存在。由于帝乙实际不存在,所以帝辛时期的祭祀卜辞不可能看到帝乙之名。② 落合淳思之说,既不符合传世文献的记载,也不符合甲骨卜辞的实际。古本《竹书纪年》:"帝乙处殷。二年,周人伐商。"今本《竹书纪年》:"帝乙,名羡。元年庚寅,王即位,居殷。""九年,陟。"《太平御览》卷八十三引《帝王世纪》:"帝乙在

---

① 王晖《古文字与商周史新证》,中华书局,2003年,第289页。
② 落合淳思《甲骨文字に歴史を読む》,东京筑摩书房,2008年,第166页。

位三十七年。"《史记·殷本纪》:"帝太丁崩,子帝乙立。帝乙立,殷益衰。"

甲骨刻辞中有一片小臣墙刻辞(《合集》第 36481 正、反),胡厚宣考证说:"其时代当属于帝乙帝辛。"①卷上第 4.15 片、第 18.7 片及记载征盂方诸片即属于帝乙时期卜辞。诚然,在晚殷周祭卜辞中没有帝乙之名。但是,根据传世文献的记载,结合商末戍嗣子鼎、宰椃(háo)角以及周初利簋和新邑鼎等铜器铭文的记载来看,帝辛(纣王)早在二十二祀之前就已开始经营那个被释作"闌"或"管"的地方,也即后来称作朝歌的地方。虽然帝辛时名义上未迁都,仍在殷墟安阳,但帝辛早就移居"闌"(朝歌),所以,安阳必然无帝辛时甲骨出土,因为政治中心转移了。(参阅拙著《武成时期铜器铭文与语言研究》第 13 页)

18.8:于盂,亡𢦏。

按:盂,当是殷王田猎之所的盂,而非盂方。无灾作"亡𢦏";而与征盂方有关的卜辞一般称"旬亡𡆥",二者用字用词明显不同,说明属于不同的王世。

18.9:□□卜,在蠡,贞,□□蔵方,余从□□,王𡆥曰:大吉。

按:蠡,上似从庚,下从蚰,拓片字迹不太清晰。《说文》所无。《诂林》似亦未收此字。根据语法关系卜辞用作地名。蔵,从艹或从舛,歳声,《说文》所无,或说即歳字之繁文。参阅《诂林》第 1700 条和第 1699 条。蔵方,方国名。

18.10:虐亡𢦏。

按:虐,上从虍,下从占,像虎或鹿一类的动物形。《说文》所无。参阅《诂林》第 1694 条。卜辞用作地名。《释文稿》引饶宗颐说与卷上第 15.6 片下从火或从山的虐字是同地。西周初期献簋、奚方鼎铭文有檔字,从木,当是同字同地。陈梦家在《西周铜器断代》中说:"疑是《说文》櫖字,音近于鄠(hù)。"

18.11:□□卜,在□□,贞,王□□祭寮□□,往来□□先……。

按:《释文稿》引陈梦家说"祭寮"是一个字,《释文稿》以为当是两个字,像采穗之形,且"祭寮"无连用的例子。细审拓片,当是祭、寮二字。本片残缺过甚,意义不明。先,《说文》:"前进也。从儿从之。"儿(rén)是人字的变体,像足趾前行,寓意在人之先。参阅《诂林》第 0835 条。卜辞用作先后之先。

---

① 胡厚宣《甲骨续存》,转引自刘钊《"小臣墙刻辞"新释》,《书馨集》,上海古籍出版社,2013年,第 21 页。

19.1：贞，帝于王亥。

按：帝，像花蒂之形。《诂林》曰："帝象花蒂之说，郑樵《六书略》已言之，非吴大澂之创见。"参阅《诂林》第1132条。卜辞读作上帝之帝；或读作禘，祭名，大合祭。《说文》："禘，谛祭也。从示，帝声。《周礼》曰：'五岁一禘。'""祫，大合祭先祖亲疏远近也。从示、合。《周礼》曰：'三岁一祫。'"是则周礼三年之合祭曰祫（xiá），五年之大合祭曰禘，其礼或源自商代。王亥，殷先公名。参阅卷上第1.1片考释。

19.2：癸丑卜，争贞，翌乙卯屮于且乙。

按：争，武丁时贞人名。翌，本句卜辞指癸丑之后第三天的乙卯（均含当日在内）。屮，读作侑，祭名。且乙，祖乙。

19.3：甲戌卜，即贞，翌乙亥彡于小乙，亡尤，在一月。
　□□[卜]，即[贞，翌□]丑……亡[尤]，步……。

按：即，祖甲时贞人名。翌，本句的翌是第二日的意思。彡，即肜祭，祭了又祭曰肜。小乙，阳甲、盘庚、小辛之弟，武丁之父。《史记·殷本纪》："帝盘庚崩，弟小辛立，是为帝小辛。帝小辛立，殷复衰。百姓思盘庚，乃作《盘庚》三篇。帝小辛崩，弟小乙立，是为帝小乙。帝小乙崩，子帝武丁立。"（《史记》第102页）

19.4：癸巳王[卜，贞]，旬亡畎，[在]四月，王固[曰：大]吉。
　癸卯王卜，贞，旬亡畎，在四月，王固曰：大吉。甲辰，彡大甲。
　癸丑王卜，贞，旬亡畎，在四月，王固曰：大吉。甲寅，彡小甲。
　[癸]亥王卜，贞，旬亡畎，在五月，王固曰：大吉。

按：本片卜辞皆于每旬末之癸日占卜下一旬是否平安无祸忧，证明商代晚期一个月的确是三旬，每旬十日。《释文稿》引董作宾说是帝乙十六祀。

大甲，大丁之子、汤之孙，沃丁之父。《史记·殷本纪》："汤崩，太子太丁未立而卒。""帝中壬即位四年，崩，伊尹乃立太丁之子太甲。太甲，成汤適（嫡）长孙也，是为帝太甲。""伊尹嘉之，乃作《太甲训》三篇，褒帝太甲，称太宗。太宗崩，子沃丁立。帝沃丁之时，伊尹卒。"（《史记》第98、99页）

小甲，大庚之子，雍己之兄。《史记·殷本纪》："沃丁崩，弟太庚立，是为帝太庚。帝太庚崩，子帝小甲立。帝小甲崩，弟雍己立，是为帝雍己。殷道衰，诸侯或不至。"（《史记》第99、100页）

19.5：瀧。

壬子卜，尹贞，□［壬］，岁羊。

按：瀧，从水，从龟，《说文》所无。参阅《诂林》第 1879 条。卜辞或是地名。尹，祖甲时贞人名。岁，据《释文稿》所引，章鸿钊释作岁星，星宿名。岁羊，祭祀岁星用羊做牺牲，疑当是岁祭名。参阅卷上第 19.7 片考释。

19.6：于劦日沚……卤又（侑）彳，王受［又］。

其又（侑）长子，叀龟至，王受又。

……又……。

按：劦日，协祭之日，周祭之一。沚，从水止（足），罗振玉谓像用水洗足，即洗字。本片卜辞或即用其本义，洗足当是一种治病的方法。卜辞也作方国名。参阅《诂林》第 0804 条及卷上第 9.9 片、第 17.5 片考释。然本片卜辞这个字与沚字还有些区别，沚下还从丂，未知是何字。见拓片。据《释文稿》，前之学者说法不一，本辞大体上可以理解为祭名。卤，卜辞读作迺或乃，副词，比较妥当。本片两条卜辞中的前一个又，读作侑，祭名；第二个又，读作佑，佑助、保佑。彳，或反书，其造字理据不明。据《释文稿》所引，叶玉森等人释作升；章鸿钊释作斗，星宿名。参阅《诂林》第 3335 条。本辞应是祭名，或同示。

长子，人名，是侑祭的对象。龟，像乌龟之形。参阅《诂林》第 1875 条。龟甲是上古时期先民用来占卜的主要工具。《史记·龟策列传》："太史公曰：自古圣王将建国受命，兴动事业，何尝不宝卜筮以助善！唐虞以上，不可记已。自三代之兴，各据祯祥。涂山之兆从而夏启世，飞燕之卜顺故殷兴，百榖之筮吉故周王。王者决定诸疑，参以卜筮，断以蓍龟，不易之道也。"又曰："夫摛策定数，灼龟观兆，变化无穷，是以择贤而用占焉，可谓圣人重事者乎！"至，从矢一，像矢着地之形，因有来、到之义。参阅《诂林》第 2560 条。卜辞即用其本义。

19.7：己［未］贞，［叀］大［示］又彳岁。

己未贞，叀元示又彳岁。

己未卜，罕（宁）雨于土。

按：大示，犹大祭。据陈梦家考定，大示限定于祭祀直系祖先父丁，而元示则限定于祭祀直系祖先上甲。(《综述》第 460 页）彳，祭名。参阅该页第 6 片考释。岁，岁星，星宿名，则"大示，又彳岁"，表示大示时侑祭彳祭岁星。下一辞表示在元示时侑祭彳祭岁星。元，从二（上）从人，突出人体最上的部位（首也）。参阅《诂林》第 0023 条。早期金文就像人首之形。罕，《说文》所无，或隶作宁。参阅《诂林》第 2667 条。《释文稿》以为读作宁，罕雨是止雨的意思。罕，卜辞也用作地名。参阅卷上第11.1片和第15.11片考释。土，是祭祀时祈求的对象。

19.8：丁丑卜，旅贞，王宾父丁，岁三牢，亡尤，在[□月]。

[辛酉]卜，[旅]贞，翌[壬]戌祭大壬，亡[尤]。

按：黄天树《拼三》说本片与《合集》23223缀合，即《合集》23191＋23223。缀合后《拼三》第710则的释文如下：

癸亥卜，[旅]贞：父丁岁□。

丁丑卜，旅贞，王宾父丁岁三牢，亡尤，在□[月]。

[癸酉]卜，[旅]贞：翌[甲]戌岁祭[于]大甲，亡[尤]。（《拼三》第357页）

《拼三》第三辞释文有数处错误：(1)卜日的干支应该是辛酉，而不是癸酉。卜辞所记不可能在癸亥与丁丑占卜之后又回到癸酉再占卜之事，或记在丁丑占卜之后五十七日（含当日）的癸酉再占卜之事。(2)翌日的干支应该是壬戌，而不应该是甲戌，这从所祭祀的对象是大壬也能够得到印证。拓片壬字残缺，《拼三》根据所认为的祭祀对象大甲因而推测纪日当是甲戌。其实，本片卜辞的几个干支依次是：辛酉、壬戌、癸亥和丁丑，前后相距不过十七日。(3)祭字之前多岁字，拓片无。(4)祭祀的对象是大壬，甲骨文壬字像工，拓片很清楚，而不是大甲。

旅，祖甲时贞人名。祖庚、祖甲是兄弟，祖庚之父是武丁，则也是祖甲之父，所以父丁应该指武丁。三牢，古代祭祀时用三鼎盛牛、羊、豕三牲称三牢。

大壬，《释文稿》曰："大壬是谁？不明了。从祀序来说，恐怕是示壬的别称。"王国维《殷卜辞中所见先公先王考》曰："卜辞屡见示壬、示癸，罗参事谓即《史记》之主壬、主癸，其说至确。"（《观堂集林》第426页）参阅卷上第1.3片考释。

19.9：丙戌卜，行贞，王宾父丁，夕岁叔，亡[尤]。

贞，弜（弗）物。

按：行，祖甲时贞人名。父丁，武丁。参考该页第8片考释。叔，寮祭之一种，约略与紫祭同。参阅卷上第2.3片考释。弜（弗）物，据《释文稿》，前之学者解释不一。弜，似仍应读作弗，否定副词，相当于"不"。物，意为杂色牛，此处或指岁祭时勿用杂色牛做牺牲。据该页第8片及第10片卜辞，岁祭时用三牢，其中有牛。正如《论语·八佾》所言："子曰：'夏礼，吾能言之，杞不足征也；殷礼，吾能言之，宋不足征也。文献不足故也。足，则吾能征之矣。'"

19.10：卯子(巳)，祝彳岁叙，鼎(鬯)三小牢，勿(物)牛白豕，岁且乙，二牢，用，咸叙。更之登祝。

按：卯巳，结合"岁且乙"来看，疑是乙巳之误刻。祝，《说文》："祭主赞词者。从示从人口。"参阅《诂林》第0306条。卜辞是祭名。彳岁叙，参阅该页第7片考释。

鼎，《释文稿》隶作鬯，细审拓片应是鼎字。祭祀时用鼎盛牢，因曰鼎三小牢。鬯，用秬(黑黍米)酿制的一种香酒，与此小牢似不相联系。小牢，即少牢，与大牢(太牢)相对，祭祀时用小家畜犬、豕、羊各一做牺牲。《礼记·王制》："天子社稷皆大牢，诸侯社稷皆少牢。"

勿(物)牛白豕，当指用杂色牛、白色猪做牺牲。咸，陈梦家说疑是巫咸，但本句与其所举例句的语境明显不同。其所举例句之咸可做主语、补语、宾语或介词的宾语几种成分，个别的句子可受副词修饰，如"不唯咸"(《乙》7561)。(《综述》第365页)而此处应是范围副词皆，指以上几种祭祀仪式皆顺利结束。

更之登祝，本句卜辞的意义不太好理解，拓片字迹也不太清晰，试释如下。更，读作唯。之，往。登，《释文稿》以为是地名。祝，祭名。

19.11：大甲。

乙巳，祭于且乙。

按：大甲，大丁之子。且乙，即祖乙，中丁之子。

19.12：癸亥[王卜，贞]，旬亡[㕚]，在正月。[甲子]，酉小甲，[叠]大甲。

[癸酉，王卜]，贞，[旬亡]㕚，在[二月]。[甲戌，祭戋甲，叠小甲]。

按：本片残缺过甚，且拓片又不太清晰，许多内容据卜辞辞例补。辞一，于正月甲子，酉祭小甲，叠祭大甲。辞二，于二月甲戌，祭戋甲，叠小甲。戋甲，即河亶甲，大戊之子，中丁、外壬(卜壬)之弟。《史记·殷本纪》："中宗崩，子帝中丁立。帝中丁迁于隞。河亶甲居相。祖乙迁于邢。帝中丁崩，弟外壬立，是为帝外壬。仲丁书阙不具。帝外壬崩，弟河亶甲立，是为帝河亶甲。河亶甲时，殷复衰。"(《史记》第100、101页,《观堂集林》第448页,《综述》第379页)

正月，一年的第一个月。夏历以建寅为正月，殷历以建丑为正月，周历以建子为正月。自汉武帝以来仅指夏历一年的第一个月。《春秋·隐公元年》："元年，春，王正月。"杜预注："隐公之始年，周王之正月也。凡人君即位，欲其体元以居正，故不言一年一月也。"根据卜辞，殷历既称正月，亦称一月。"正月"之称,又见于卷上第 20.13 片等,"一月"之称见于卷上第 10.16 片和第 15.1 片等。

19.13:其……。

乙未卜,贞,王㝸于武丁雈,亡尤。

叀……。

按:《拼三》说本片与蔡哲茂《甲骨缀合集》第 269 则缀合,即《合集》35815+37163+37211。缀合后《拼三》第 714 则释文如下:

其牢又一牛。二。

其牢又一牛。兹用。

其牢又一牛。二。

叀□。

乙未卜,贞:王㝸武丁雈,亡尤。二。(《拼三》第 359 页)

其首句仅剩"其……又……"二字,其余文字当据辞例所补。㝸,祭名。武丁,即殷高宗。《史记·殷本纪》:"帝小乙崩,子帝武丁立。帝武丁即位,思复兴殷。"雈,从廾从雀,像双手持雀之形,疑亦获字异构,《说文》所无。参阅《诂林》第 1731 条。卜辞当用作祭名。《拼三》隶作从示从隻,拓片下从廾不从示。

19.14:□□[卜,行]贞,……在[□月]。

癸酉卜,行贞,王㝸父丁,岁三牛,眔兄己一牛,兄庚□□,亡尤。

癸酉卜,行贞,王㝸叔,亡尤,在十月。

乙亥卜,行贞,王㝸妣庚,[岁]二牢,叔,[亡]尤。

按:行,祖甲时贞人名。结合本片卜辞"王㝸父丁,岁三牛,眔兄己一牛,兄庚"来看,也应是祖甲时卜辞。祖甲是武丁之子,祖己、祖庚之弟,故卜辞称所祭对象为父丁,兄己、兄庚。《史记·殷本纪》:"帝武丁崩,子帝祖庚立。祖己嘉武丁之以祥雉为德,立其庙为高宗,遂作《高宗肜日》及《训》。帝祖庚崩,弟祖甲立,是为帝甲。"(《史记》第 104 页)眔,从目从三小点,郭沫若说:"此当系涕之古字,像目垂涕之形。"参阅《诂林》第 0611 条。卜辞用作连词,及也。

王㝸妣庚,根据陈梦家的归纳,乙、辛周祭卜辞直系配偶称妣庚者有示壬、且乙、四且丁、小乙。(《综述》第 384 页)又曰:"羌甲奭妣庚,同于祖甲周祭和岁祭卜辞。"(《综述》第 382 页)妣庚,陈梦家说是小乙之配。《后编》卷上第 3.8 片"庚子卜,贞,王㝸且辛奭妣庚,彡日,[亡]尤",则还有且辛奭妣庚,妣庚是且辛非直系配偶。(《综述》第 452 页)参阅卷上第 3.8 片考释。

19.15：□□[卜,冎贞],其……。

丙辰卜,冎贞,其宜于妣辛。

丙辰卜,冎贞,其宜于妣辛,一牛。

……牢。

按：冎,骨字的初文,像家畜或人的肩胛骨之形。参阅《诂林》第 2241 条。卜辞也是祖甲时贞人名。《释文稿》说,妣辛是小乙之配。据陈梦家归纳,小乙之配妣辛是其非直系配偶。(《综述》第 452 页)宜,从肉从且,或释作俎。《说文》："俎,礼俎也。从半肉在且上。"即房俎(有矮足、有隔的托盘)。参阅《诂林》第 3279 条。卜辞是祭名。《论语·卫灵公》："俎豆之事则尝闻之矣,军旅之事未之学也。"此字也见于晚殷金文,如四祀弋其卣铭文"奠文武帝乙宜"。① 对此字王国维早有考释。(王国维《说俎上下》,《观堂集林》第 156 页)王蕴智《"宜"、"俎"同源证说》详细考释了宜、俎字形演变及在卜辞中的用法意义,可资参阅。②

20.1：甲辰卜,贞,翌日乙王其宜,宜(俎)于𩫖,衣,不遘雨。

其遘雨？

辛巳卜,贞,今日不雨。

按：宜和宜(俎)都是祭名。𩫖,或释作郭,或释作敦。本书释作墉之古字,做地名或即廓字,即《诗经·鄘风》之鄘,在河南汲县(今卫辉市)北。参阅卷上第 12.9 片释文。衣,当读如殷,殷祭,大合祭。指三年一次的祖庙大祫和五年一次合祭诸祖神主的禘祭。《礼记·曾子问》："君之丧服除,而后殷祭,礼也。"孔颖达疏："殷,大也。小大二祥变除之大祭,故谓之殷祭也。"参阅卷上第 11.7 片以及该页第 3 片、第 5 片考释。

20.2：贞,酻彡(肜)衣。

按：酻、彡(肜)、衣,都是祭名。参阅前一片之考释。

20.3：叀兹。

其兹？

丁酉卜,贞,王宜昜自⊞至于武乙,衣,亡尤。

按：兹,兹用或兹御的省称,犹言今。宜、昜,皆是祭名。昜,《释文稿》隶

---

① 叶正渤《戈其卣三器铭文及晚殷历法研究》,《故宫博物院院刊》,2001 年第 6 期。
② 王蕴智《"宜"、"俎"同源证说》,载《字学论集》,河南美术出版社,2004 年,第 275 页。

作肜,细审拓片,疑是曎字。曎,光也;肜,日出时也,一曰日午时也,意义也相近。⊞,上甲。武乙,庚丁(康丁)之子,大丁(文武丁)之父。《史记·殷本纪》:"帝庚丁崩,子帝武乙立。殷复去亳,徙河北。"又曰:"武乙猎於河、渭之间,暴雷,武乙震死。子帝太丁立。"(《史记》第 104 页)所祭对象止于武乙,则时王当是文武丁。就本句卜辞"自⊞至于武乙衣"来看,也证明衣祭的确是一种大合祭,即祼祭。参阅该页第 1 片和第 5 片考释。

20.4:[庚戌]卜,即贞,翌辛亥□□田岁,告□妣乙,衣,亡䧢,八月。

按:即,祖甲时贞人名。田,上甲。妣乙,《释文稿》引《续编》卷一第 6.1 片"来庚戌于示壬妾妣乙",批判诸家之说,以为妣乙当是示壬之配偶。核之拓片,其说可从。本片和《续编》卷一第 6.1 片可补陈梦家乙辛卜辞周祭法定配偶表之缺。

《释文稿》卷上补遗说,张光直把卜辞没有看到以丁为庙号先妣的理由,看成是与甲乙系和丁系支族的交换婚有关。张氏研究认为,殷代家族制度和周代同样,在存在结婚阶级这一点上值得注意。如前述的妣乙这一先妣一个也没有,是值得进一步探讨的重要问题。指卜辞中殷先王之配偶没有看到妣乙这一重要现象。其实,殷先王法定配偶也没有妣丁。(参阅《综述》第 383～384 页和第 451～452 页)

20.5:甲辰卜,贞,王宾秦且乙、且丁、且甲、庚且丁、武乙衣,亡尤。

按:宾、秦(祓),皆是祭名。且乙、且丁、且甲、庚且丁、武乙衣,所祭先王有祖乙、祖丁、祖甲、康祖丁和武乙,共五位,可见衣(殷)祭确为一种大合祭。其称庚丁(康丁)为庚祖丁,则本片属于文丁卜辞无疑。陈梦家谓祖乙是小乙,祖丁是武丁。根据卜辞所显示的殷代世系表,所祭从小乙至武乙为五代直系先王,因此陈说可从。

20.6:丁丑卜,贞,王宾自武丁至于武乙,衣,亡尤。

按:王宾自武丁至于武乙,则本片也应是文丁卜辞。参阅该页第 5 片考释。

20.7:癸卯,王卜,贞,肜,翌日自田至多后,衣,亡䧢,自猒,在九月,隹王五[祀]。

按:癸卯之翌日为甲辰,所祭先公先王自上甲至于多后,符合殷代周祭制度。王卜,这是王亲自占卜的例子之一。田,上甲。多,《说文》:"重也。从重夕。夕者,相绎也,故为多。重夕为多,重日为叠。"王国维曰:"多从二肉会意。"参阅《诂林》第 3278 条。毓,从每从倒子,或从尸或从女,从倒子,像女产子之形,即育字的初文,异体较多,或隶作后,或隶作居。参阅《诂林》第0086条及第0461条。多毓,犹言多君。毓,本义指生育,引申指女性君后,卜辞引申指殷王的配偶,再引申指君王,即多后。王蕴智说:"毓字作为君王之专称,一般是特指距时王最近的先王,兼含最近的先妣,而时王、父王以及远祖皆不称'毓'。由此言之,'毓'应是时王对近祖先王、先妣的尊亲之称。"① 自狱,自占卜之时。隹王五祀,《释文稿》引董作宾《殷历谱》谓是帝乙五祀。检董作宾《中国年历简谱》,帝乙五祀是公元前1205年,该年九月是壬辰(29)朔,则癸卯(40)是九月十二日。笔者研究认为,殷代实行的是太阳历,每月三旬,每旬十日,每月三十日,皆从甲日起,至癸日止。董说存疑待考。参阅拙著《弋其卣三器铭文及晚殷历法研究》一文。

20.8:贞于宗□,酌卅小牢,九月。

按:《释文稿》引陈梦家说,大乙宗和祖乙宗相同。(《综述》第469页)宗,供奉直系祖先神主之庙。此于宗庙举行贞卜之一例。

20.9:□□[王卜,贞,今日]卍(巫)九[备]□□酌,朕□从多田于[多白正]盂方白[炎],叙示,受[又]。

……贞,……亡……十月。

……贞,……。

按:《释文稿》引《甲编》第2416片比较完整的刻辞曰:"丁卯,王卜,贞,今囗余囗卍(巫)九备,余其从多田于多白正盂方白炎,更衣。翌日步,亡尤。自上下于叙示,余受又,不曾戋囗,告于兹大邑商。亡壱,在狱,[王固曰]:弘吉。在十月,遘大丁翌日。"卍,郭沫若、陈梦家释作巫。卍(巫)九备,据《释文稿》,前之学者解释颇多,郭沫若以为是人名,《释文稿》以为可能是部族名,因为与多田、多白征盂方相联系。以上两说均可参考。备,从攵从囗,《说文》所无,拓片残缺,此从《释文稿》隶定。卜辞疑是人名或部族名。朕,从舟从廾从丨,叶玉森《说契》谓:"朕像两手奉火爨舟之隙,此为初谊。"即船民用麻布之类的条状物塞船之缝。参阅《诂林》第3127条。卜辞用作第一人称代词我。

多田,据《释文稿》,郭沫若释作多甸。白,读作伯。甸、伯皆是爵名。于,读作与,连词。正,读作征。盂方,帝乙、帝辛时被征伐的方国名,约在今河南商丘附近及以东地区。参阅卷上第18.6片和第18.7片考释。叙,从

---

① 王蕴智《"毓"、"后"考辨》,载《字学论集》,河南美术出版社,2004年,第245~261页。

血从示从又，其构形取义当与叙相同。参阅《诂林》第 0917 条。叙表示禜祭，𠨘当表示血祭。古代有血祭之礼，《周礼·春官·大宗伯》："以血祭祭社稷、五祀、五岳。"𠨘字也见于晚殷的我方鼎铭文（无"又"旁）。① 示，也应是祭名，与𠨘同义连用。

20.10：于辛酉。

岳眔河，王受又。

……酉……。

按：岳眔河，卜辞屡见的两个自然神名。岳，从丘从山，像高峰形，孙诒让始释作岳。参阅《诂林》第 1221 条。卜辞之岳，或说是嵩高山，或说是太岳山。陈梦家对卜辞中的河、岳这两个重要的袯年祭祀对象也多次加以论证说明。(《综述》第 342～361 页）本书以为，卜辞中的岳应指太行山，位于殷之西北，卜辞中的河特指黄河，位于殷之南和东，是殷王室除了祖宗神之外的两个重要的祭祀对象——自然神。以其能降风雨，故袯年之祭多祭之。《荀子·劝学》篇："积土成山，风雨兴焉；积水成渊，蛟龙生焉。"董仲舒《春秋繁露·五行对》："地出云为雨，起气为风。风雨者，地之所为。"皆言风雨起于山河。他们的论述代表了先秦两汉时期人们的观念，故卜辞中的河与岳绝对是自然神，而非祖宗神。

另据《尚书》考证，帝尧至殷商只有四岳的概念，到武王伐纣灭殷，始将嵩山立为五岳之一。参阅《逸周书·度邑》篇。② 关于商殷的区域，陈梦家研究指出："其四界是：北约在纬度 40°以南易水流域及其周围平原；南约在纬度 33°以北淮水流域与淮阳山脉；西不过经度 112°在太行山脉与伏牛山脉之东；东至于黄海、渤海。"（《综述》第 311 页）所以，卜辞中殷王室重要的袯年祭对象岳，不应是中岳嵩山。

20.11：甲□[卜]，贞，翌乙□酻，乡于后且[乙]，亡𡆥。

按：后且乙，陈梦家以为在武乙卜辞中后且乙必须是小乙，而不是王国维所考证的武乙。（《综述》第 416～418 页）

20.12：□□卜，贞，酻，乡……至于多后，衣，亡尤，自𡆥，隹王三祀。

按：多后，犹言多君。衣，殷祭。隹王三祀，或说是帝乙即位之第三年。

---

① 叶正渤《我方鼎铭文今释》，《故宫博物院院刊》，2001 年第 3 期。
② 叶正渤《〈逸周书·度邑〉"依天室"解》，《古籍整理研究学刊》，2000 年第 4 期。

20.13：癸卯卜，个贞，王旬亡𡆥，在十月。

癸亥卜，贞，王旬……。

癸未卜，贞，王旬亡𡆥，在十月又二。甲申，冒酻祭✚。

癸亥卜，贞，王旬亡𡆥，在正月。甲子，耆［小甲］，翌日大甲。

按：个、帝乙、帝辛时贞人名。冒，此字上似从北，下似从冃，陈梦家隶作冒（《综述》第394、395页），《说文》所无。于省吾释作冃，像帽形，即冒字。参阅《诂林》第3296条和第3297条。卜辞用作祭名，与酻同义连用。又见于卷上第21.3片。耆，进黍稷之祭。此片所记也是周祭卜辞。参阅卷上第1.6片考释。或说本片是帝乙时期卜辞，从"王旬亡𡆥"用字来看，其说当是。

20.14：癸卯……更……。

𢆶于丁，酻。

……大甲……三牛……。

按：𢆶，读作祓，即祓祭，禳除灾祸之祭。丁，《释文稿》说是指武丁。参阅卷上第23.11片考释。

20.15：庚辰贞，酻，翌中，翌日辛巳，沉岳，雨。

戊子卜。

按：《释文稿》认为本片是王族卜辞的书体。翌中，庚辰之翌日是辛巳，下辞已言之，此"翌中"不知是何义。沉，从水从牛，像水中沉牛之形。参阅《诂林》第1553条。沉是一种祭祀仪式，即沉牛之祭，所祭的对象皆是河。但本片所祭的对象是岳，岳是太行山。岳，本片是一种简体写法，但仍是岳字。雨，用为动词下雨。后半句辞义约为：翌日辛巳沉牛祭岳之时，下雨。

21.1：乙巳卜，㱿贞，来辛亥酻。

按：㱿，武丁时贞人名。来，来日。乙巳（42）距辛亥（48）含当日相距七日，与翌或翌日用法意义略同，意在强调当日以后的某一日。苗利娟在《略论甲骨卜辞中"翌"与"来"的时间差异》一文中指出："甲骨卜辞中'翌'、'来'在表示将来时，'翌'主要指次日、再次日，旬内诸日均可，偶指旬外诸日。'来'不能指次日、再次日，六旬内的其他诸日均可。……'来'可与春、秋、岁搭配，先秦古文献中不乏其例，而'翌'则未有此搭配形式。"邓飞、文旭在《商代甲骨卜辞中的"今来"再论》一文中认为苗文中"今来岁"可省称为"今来""来"的观点不成立。吴祺《卜辞"来"、"翌"辨》一文认为，"翌"表示最近的将来，多在占卜日起一旬之内。"来"则表示较远的将来，由卜辞实例可知，多在占卜日起第二旬之内。此外还有一些用法上的区别。参阅卷上第 9.11 片考释。酌,祭名。

21.2:于[来]己[酉]酌。

于来己未酌。

按:两次酌祭时日相距整十日,其纪时法参阅该页第 1 片考释。

21.3:[癸]酉卜,贞,王旬亡䀁,在十月又二。[甲]戌,工典其[酌]其冒。

[癸]未卜,贞,王旬亡䀁,在十月[又二]。[甲申],酌冒,祭𠂤。

[癸巳]卜,贞,王旬亡䀁,在正月。[甲午],祭大甲,𣪘𠂤。

按:这也是一片周祭卜辞。工典,在每一轮周祭开始时(第一旬)使用这个术语,表明一周祭开始,或说皆是从甲日祭上甲微开始。但是,从本片以及卷下第 20.7 片来看,工典是在甲戌(11),而肜祭上甲则是在甲申(21),并非工典就一定是奠祭上甲。有说是翌祭时使用,也有说是彡(肜)祭时使用这个术语。这里涉及周祭是从翌祭开始,还是从彡祭开始的问题。五种周祭形式,有说是从翌祭开始,到彡祭结束;有说是从彡祭开始,到协祭结束,说法不一。但本片"工典其酌其冒",则是从冒祭开始的,表明可能也有例外。范毓周以为,工典当读作示典,即视典,指在祭祀之前由史臣或贵妇亲自检视占卜所用的龟甲或牛肩胛骨。参阅卷上第 10.9 片考释。

何谓冒祭?曩之学者无说。本书以为,冒或通赗。《说文》:"赗(fèng),赠死者。从贝从冒。冒者,衣衾覆冒之意。"《公羊传·隐公元年》:"赗者何?丧事有赗。赗者盖以马,以乘马束帛。车马曰赗,货财曰赙(fù),衣被曰襚。"则赗祭是向死者赠车马之祭也。此说若成立,则其礼之由来亦久远矣。参阅卷下第 20.7 片考释。

第一旬甲戌工典其酌其冒,第二旬甲申酌冒祭上甲微,第三旬甲午祭大甲,𣪘祭上甲,可见上甲微在周祭卜辞中的地位是最高的。今本《竹书纪年》:"(武丁)十二年,报祀上甲微。"也见其地位之高。但《史记·殷本纪》"振卒,子微立。微卒,子报丁立"(《史记》第 92 页)仅记上甲微的世系关系,无任何生平事迹记载。

21.4:戊□[卜,贞],王……。

己未卜,贞,王宾武乙于妣戊,亡尤。

按:王宾武乙于妣戊,根据《史记·殷本纪》的记载,武乙是文丁之父,则本片卜辞属于文丁时无疑。于,《释文稿》说是及的意思,其实也可读作与,连词。妣戊,是武乙直系法定配偶。(见《综述》第 383 页)

21.5：己……又……⊞十……。

　　己酉卜，又伐大乙，乙卯……。

　　癸丑卜，甲寅其雨。

　　庚申卜，炆。

　　庚申卜，弜（弗）炆。

按：⊞，上甲。十，指所用祭品之数。由于卜辞残缺，不知所用祭品是何物。第二辞"又伐大乙"之又，当读作侑，祭名。伐，《说文》："击也。"这是伐的本义。卜辞之伐引申为一种祭祀仪式（乐舞），故有九伐、五伐等语。两种祭仪连用在卜辞中是很常见的。参阅卷上第4.11片和第21.11等片考释。大乙，即成汤。传世文献称成汤或成唐，《史记·殷本纪》作天乙，曰："契卒，子昭明立。……主癸卒，子天乙立，是为成汤。""成汤，自契至汤八迁。汤始居亳，从先王居，作《帝诰》。"（《史记》第92、93页）卜辞亦称高且乙或唐，是重要的祭祀对象之一。参阅卷上第1.11片考释。乙卯，当指又伐大乙当在乙卯之日。这也符合晚殷祭祀先公先王必于先公先王庙号相同之日干日举行的制度。

炆，上从文，下从火。或隶作炆。罗振玉曰："《说文解字》：'炆，交木然也。'《玉篇》：'交木然之，以燎祡天也。'此字从交下火，当即许书之炆字。"叶玉森《研契枝谭》曰："《尸子》曰'汤之救旱也，素车白马布衣，身婴白茅，以身为牲'，是殷初祈雨，以人代牺之证。后世或变而加厉，乃投罪人于火，示驱魃意。如卜辞云'贞炆奴之从雨'（《前编》卷三第三十三叶）。"（《整理与研究》第121页）陈梦家隶作炆，曰："象人立于火上之形，……炆与雨显然有直接的关系，所以卜辞之炆所以求雨，是没有问题的。由于它是以人立于火上以求雨，与文献所记'暴巫''焚巫'之事相同。"（《综述》第602页）此外学术界还有其他诸多说法。参阅《诂林》第1228条。本书以为像置人于火上，人出汗之形。末两辞反复贞问：是用炆求雨，还是不用炆求雨？强调的是是否用炆求雨。参阅卷下第15.2片和第15.8片考释。

21.6：又耆。

　　叀庚伐。

　　丁酉卜，乙巳易日。

　　癸卯贞，酌，大宜于殷（磬）亯，伐……。

按：又，读作有。耆，灾祸。叀庚伐，叀，含有强调的意思；庚，指某个庚日；伐，一种祭祀仪式，祭名。参阅该页第5片考释。易日，天气放晴。参阅卷上第8.6片考释。

宜,或释作俎,祭名。《尚书·泰誓》:"类于上帝,宜于冢土。"传:"祭社曰宜。冢土,社也。"殷亯,即磬京,《释文稿》引陈梦家说是距离商之旧都不远的地名。(《综述》第266页)拓片是亯字。陈梦家《综述》隶作京,称殷京。京,像高台基上建有亭子之形。参阅《诂林》第1995条及第1982条。殷,从石从殳,像手持木锤击磬石之形,即磬字的初文。参阅《诂林》第2270条及第2272条。磬京,殷都近郊的祭坛,地名。参阅卷上第26.15片考释。卜辞中单言的京,作为地名,或是春秋战国时的京邑,位于今河南荥阳市东南。《史记·老子韩非列传》:"申不害者,京人也,故郑之贱臣。"索隐:"按:《别录》云'京,今河南京县是也'。"正义:"《括地志》云:'京县故城在郑州荥阳县东南二十里,郑之京邑也。'"(《史记》第2146页)伐,祭也。陈梦家说是武丁记事刻辞。

21.7:己酉卜,又伐卅。

按:又、伐,都是祭名,此处是用牲之祭。

21.8:庚戌……又伐……。

……伐廿……。

按:参阅该页第7片考释。

21.9:丁酉卜,贞(贞),王㲋伐,卯,亡尤。

□□[卜],贞,王㲋叙,亡尤。

按:《释文稿》说第一辞衍一"贞"字,细审拓片,是多一贞字。㲋、伐和㲋、叙,都是祭名。卯字之前当逗开,否则"王㲋伐卯",句意不通。卯,像桎梏(木枷、手铐)形。参阅《诂林》第3355条。卯是初文,其繁文是刘字。《尔雅·释诂上》:"刘,杀也。"《尚书·盘庚上》:"重我民,无尽刘。"孔安国传:"刘,杀也。"《逸周书·世俘》:"越若来二月既死魄,越五日甲子朝,至,接于商,则咸刘商王纣。"孔晁注:"刘,尅也。"《世经》引《尚书·武成》:"粤若来[二]月既死霸,粤五日甲子,咸刘商王纣。执矢恶臣百人。""刘"字表示杀伐之义,是不仁之字,故许慎为避皇家刘氏之讳而于《说文》未收刘字。卜辞卯用作杀义,如卷上第21.11片"卯九牛"、卷上第22.3片"卯五羊"等。

21.10:来庚寅,酚血、三羊于妣庚,岁伐廿,鬯卅,牢卅,服三㚸。

按:《释文稿》说,本片是子组卜辞特异的字体。与《前编》卷一第35.5片以及卷八第12.6片,《库》第616片等共同记录了祭祀妣庚的盛典。血,从皿,皿中有血点,点像血饼。参阅《诂林》第2643条。酓血,这是殷代血祭之证明。妣庚,可能是武丁之父小乙之法定配偶。䣆,从册从口,《诂林》谓于省吾先生读作删,犹今言砍,卜辞表用牲之数。参阅《诂林》第2937条。《说文》有个从曰从册的字,解曰:"告也。从曰从册,册亦声。"卜辞从口从册,与《说文》当是同字,即典字。典,从册置于丌上之形,或做双手持册之形。《说文》:"典,五帝之书也。从册在丌上,尊阁之也。"参阅《诂林》第2939条。本书以为,䣆也即典字,表示告祭时还要供奉典册。参阅卷上第23.1片考释。也见于卷下第40.2片。

鬯,像卣中盛香草和黑黍酿制的酒。参阅《诂林》第2828条。鬯酒,一种用香草和黑黍米(秬)酿制的香酒。鬯酒的单位是卣(一种盛酒器),所以,"鬯卅"犹言用鬯酒三十卣。天子祭祀祖先所用之酒为何曰鬯酒?刘向《说苑·修文》:"鬯者,百草之本也。上畅于天,下畅于地,无所不畅,故天子以鬯为贽(礼品)。"按此说,结合商代卜辞,则其礼由来亦已久矣。𠬝,从又,像押解一人,即服字的初文。《说文》:"𠬝,治也。从又从卩。卩,事之治也。"卩是坐人之形,非事之治也。参阅《诂林》第0354条。𦠻,从二肉,《说文》所无。王国维释作多,谓从二肉,会意。参阅《诂林》第3278条。卜辞是牺牲名。

21.11:贞,九伐,卯九牛。

按:伐,祭名。卯,杀。

21.12:五伐,五牢。

按:参阅该页以上诸片之考释。

21.13:癸卯贞,弜(弗)㠯(以)高且(祖)王亥丑(羞),叀寮。
甲辰贞,来甲寅又伐⊕,羌五,卯牛一。
甲辰贞,又伐于⊕,九羌,卯牛一。
乙卯贞,酓乡于父丁,叀鹿。
……翌……且乙……寮……用。

按:首句"弜(弗)㠯(以)高且(祖)王亥丑"之丑,细审拓片,字形不像子丑之丑字,但又不太清晰,暂从《释文稿》所释。疑是羞字,祭名。寮,燎祭,焚柴之祭。

又、伐,皆是祭名。⊕,上甲(微)。羌五,卯牛一,羌、卯牛皆是用牲之祭。父丁,《释文稿》引陈梦家等说卜辞称庚丁(康丁)曰父丁(《综述》第428页),本片不是其他曰父丁者。叀鹿,强调酓彡于父丁时用鹿做牺牲。

22.1：㫃。

其戈（伐）沿方。

贞,……。

癸巳贞,又イ伐于伊,其乂（乂）大乙彡。

其三羌,卯牢。

甲申贞,其又イ岁于尹。

按：根据拓片,本片卜辞顺序当如上读。㫃,像旗帜飘扬之形。参阅《诂林》第3016条。戈,戈上像有缨之类的装饰物,据卜辞文意当读如伐,征伐。沿,从水从口,《说文》所无。沿方,方国或氏族名。参阅《诂林》第1364条。陈梦家《综述》"武丁时的多方"一节也未列沿方之名。其地望未详。

又、イ(示、升)、伐,皆是祭名。伊,人名。根据陈梦家的研究,当是商之旧臣,未知是汤时的伊尹,还是大戊时的伊陟。（《综述》第362页）乂（乂）,其构形理据不明。《说文》："乂,芟艸也。从丿从乀相交。"丁山谓乂像剪刀形。参阅《诂林》第3230条。卜辞当是祭名,未知是何种祭仪。大乙,即成汤。

三羌,三个羌俘,用作牺牲。牢,《释文稿》隶作牛,非是,拓片是牢字。下一辞又イ岁于尹,又、イ、岁,皆是祭名。尹,祭祀的对象,人名,或即伊尹,则前文之伊,就有可能是伊尹。参阅该页第3片考释。

22.2：癸酉卜,[𥄎]贞,大乙□伊其□。

□□卜,𥄎[贞],……□三……亡[尤]。

按：本片释文与《释文稿》小有差异。𥄎,陈梦家隶作从日从頁,《释文稿》隶作从日从覓,根据拓片,当从陈梦家的隶定。根据陈梦家《综述》,𥄎是廪辛时贞人名。（《综述》第205页）《说文》所无。参阅卷上第4.16片考释。

22.3：丙寅贞,尞三小牢,卯牛于□。

丙寅贞,又イ岁于伊尹,二牢。

戊辰卜,㞢,今夕雨；弗㞢,今夕雨。

癸酉卜,又尞于于六云,五豕,卯五羊。

丁卯贞,于庚午酻,尞于兑。

尞于岳,亡从,在雨。

壬申贞,祡年于河。

癸酉卜,又尞于六云,六豕,卯羊六。

方贞,卯豕八。

丙寅贞,叀丁卯酻于兑。

丙寅贞,于庚午酚于兜。(以上是第 22.3 片卜辞)

隹其雨。(本辞当见于《续编》卷四第 21.10 片卜辞)

22.4:己[巳贞],庚[午酚燎]于[兜]。

壬申㓷于伊奭。

庚午,燎于岳,亡从,在雨。

壬申贞,桒年于夒。

……雨……。(以上是第 22.4 片卜辞)

按:《释文稿》说本片与该页第 4 片及《续编》卷四第 21.10 片缀合,故其合在一起做隶定与考释。本书从之,但做必要的说明。

第 22.3 片第一辞"燎",祭名,焚柴之祭。小牢,祭祀时所用的猪、羊等小家畜。卯,犹杀也。

第二辞"又彳岁",三个字皆是祭名,说见前第 1 片。伊尹,人名,名伊。一说名挚,尹为官名,商汤时的重臣。

第三辞"𠬝",从又从卩,服字的初文,其本义是车右骖,引申为"事也"。卜辞当用作祭名。参阅卷上第 6.4 片考释。

第四辞"六云",据《释文稿》,前之学者或释作六合之云,或释作六色之云,抑或是根据云气占卜年岁的吉凶。本书以为,六云既然是燎祭的对象,且用牲之数比较多,当是指某个重要的自然神名。

第五辞"兜",下从人,上像头盖骨未合之囟门,按造字理据当是兒字之异构。参阅《诂林》第 0378 条。或读作郳,卜辞是氏族名。丁山引郭沫若考证说:"在今山东滕县东。"(《氏族制度》第 79 页)郳在今山东滕州市境。《释文稿》引前之学者诸多说法,最终采用兜字字形,但于其意义则未遽做定论,以待后考。卷下第 27.11 片之兜,《释文稿》以为是殷先公之一,其说恐亦非是。

第六辞"燎于岳,亡从,在雨",河与岳是甲骨卜辞中两个重要的自然神和燎祭的对象。亡从,当断句,疑即无从。在雨,可能是指在燎祭岳时正好下雨。该页第 4 片作"庚午,燎于岳,又从,在雨"。亡从、又从,其意义不甚明了。

第九辞在拓片的右下方,字迹不太清晰,细审拓片,当是"方贞,卯豕八"。本书之释文与《释文稿》有所不同。贞人名方,根据陈梦家《综述》,则本片卜辞属于廪辛时期。《综述》廪辛时期有个近似于方字的贞人名,当即此字。"卯豕八",杀八头豕。

㓷,从刀网声,《说文》所无。或说是刚字的初文。参阅《诂林》第 2834 条。卜辞用作祭名。与卷上第 15.4 片之㽞也许是同一个字,繁简不同,㽞也是祭名。伊奭,据《释文稿》,或说是伊尹的别名,或说是伊尹的配偶,暂无定论。

夒,王国维说即殷之先公高祖夒。参阅卷上第 3.6 片和第 14.2 片考释。

22.5:乙亥贞,隹大庚作壱。

大庚不作壱。

乎多尹往函(关)。

按:大庚,殷直系先王。今本《竹书纪年》"小庚辩即位,居亳",写作小庚。《史记·殷本纪》写作太庚,名辨,是大甲之子,大戊之父。《史记·殷本纪》:"沃丁崩,弟太庚立,是为帝太庚。帝太庚崩,子帝小甲立。帝小甲崩,弟雍己立,是为帝雍己。殷道衰,诸侯或不至。帝雍己崩,弟太戊立,是为帝太戊。帝太戊立伊陟为相。"(《史记》第 99、100 页)本片之"作"字,写法与他辞不同,《释文稿》说是乍字的繁文,其说可从。作壱,犹言作祟。

尹,职官名。多尹,犹言多士。《尚书·多士》:"王若曰:'尔殷遗多士,弗吊旻天,大降丧于殷,我有周佑命。'……'尔殷多士,今惟我周王丕灵承帝事。'……'告尔殷多士,今予惟不尔杀,予惟时命有申。'"

函,叶玉森《殷契钩沉》隶作臾,谓是国名;或隶作关,地名。据本片卜辞"多尹往函",则函显然是地名。参阅卷上第 8.12 片、第 13.5 片考释及《诂林》第 1038 条。不过,在甲骨卜辞中,地名、方国名和氏族名,往往是同一的。

陈梦家说本片是武乙时卜辞,《释文稿》说大抵近是。

22.6:□□[卜],宁,御子狱于兄丁。

丁巳卜,宁,御子狱于父乙。

按:宁,武丁时贞人名。本片抑或漏刻"贞"字。御,祭也。狱,从戈从大,《说文》所无。参阅《诂林》第 0241 条。子狱,卜辞是人名。《释文稿》引丁山说是武丁弟兄辈,父乙是小乙。(《氏族制度》第 94 页)陈梦家也以为本辞中的父乙是小乙。(《综述》第 454 页)小乙是武丁之父。《史记·殷本纪》:"帝小乙崩,子帝武丁立。"(《史记》第 102 页)

本片卜辞既称兄丁,又称父乙,根据陈梦家《殷世系表》,行祭者应该是武丁的弟兄之一。但是,武丁诸弟无有嗣位为王者,则本片卜辞还应属于武丁时期。参阅卷上第 7.5 片考释。

22.7:庚戌贞,辛亥又(侑)河方,寮大牢,宜(俎)大牢。兹用。

按:河方,应是河神的另一种称谓。从寮祭、宜祭用太牢来看,也应指河神。寮、宜,皆是用牲之法。宜,祭名。参阅卷上第 19.15 片考释。

23.1：己未卜,贞,尞酻鬯㊀大甲。

按：鬯,当是以鬯酒祭祀大甲的意思。因为尞是燎祭,即焚柴之祭,焚柴之祭时要灌注鬯酒。殷人以为,浓郁芬芳的酒味随着燔柴的烟气袅袅上升,先公先王的在天之灵就可以享用。参阅卷上第21.10片考释。

㊀,从册从口。参阅《诂林》第2937条。本书以为当是典字,表示告祭大甲时还要供奉典册。《尚书·多士》："惟尔知,惟殷先人有册有典,殷革夏命。"甲骨文中既有册字,也有典字,证明《尚书》所言不诬。参阅卷上第21.10片考释。

23.2：贞,沉十牛。

按：沉,是祭祀仪式之一种,即沉牛之祭,所祭的对象是河。参阅《诂林》第1553条。但是,卷上第20.15片沉祭的对象却是岳,岳是山,即太行山,或沉祭也有例外。抑或本应是河字,误写成岳字。

23.3：丙申卜,宁贞,尞十牛。

按：宁,武丁时贞人名。尞,燔柴之祭。

23.4：丁巳[卜],[其]㞢于……。

丁巳卜,其㞢于河,牢,沉卲。

己未卜,其刚羊十于西南。

按：牢,祭祀时所用的牺牲,传世文献称太牢,此处用为动词,用太牢祭祀河神。沉,祭名。参阅该页第2片考释。卲,拓片左从卩(坐人形),右从妾,《说文》所无。参阅《诂林》第0430条。《释文稿》隶作左从妾,右从卩,符合汉字的一般书写习惯。陈梦家以为是奴妾(《综述》第598页),即用活人做牺牲。这是殷王室用活人祭祀的例证之一,由本片可以证明商代奴隶社会的性质。

刚,一种祭祀仪式,用作动词。参阅卷上第15.4片和卷上第22.3片考释。西南,《释文稿》说是四方神名,屡见于武丁时期卜辞。由此可见,在殷商之际先民早已有角方位的观念了。东北,见于卷上第24.5片。《释文稿》说本片属于武乙时期卜辞。

23.5：尞于王亥。

贞,若。

按：王亥,殷先公名。商始祖契的六世孙,商代开国君主成汤的七世祖。

267

参阅卷上第1.1片考释。若,顺也。

23.6:辛卯[贞],……河,来……牛二。
辛卯贞,其秦禾于河。尞二牢,沉牛二。
河尞三牢,沉牛。
辛卯贞,秦禾于河,弗尞。叀丙。

按:《释文稿》说本片与《粹》第9片缀合。秦禾于河,向河神祈求来年禾稼长得好,犹言祓年。由本片卜辞可见祓祭河神祈求来年丰收,既用燎祭,又用沉牛之祭,且所用牺牲等级规格很高,可见河神在殷人心目中的地位非同一般。叀丙,当是指于辛卯日秦禾于河不用燎祭,至丙(申)日秦禾于河时用燎祭。

23.7:贞……。
贞,尞于东母,三牛。
贞,御凸(骨)于父乙。

按:《拼合集》说本片与《合集》15125缀合,即《合集》14338+15125。《拼合集》第143则的释文顺序是:
贞:御凸(骨)于父乙。
贞:尞于东母,三牛。
贞:勿御。

拓片由下而上读的顺序如本书所释,《拼合集》是从上往下读的。(《拼合集》第428页)东母,据陈梦家的考证,卜辞有尞于东母、西母之祭,应指日月之神。陈梦家引《祭义》曰:"祭日于东,祭月于西。"又引《封禅书》汉宽舒议曰:"祭日以牛,祭月以羊彘特。"(《综述》第574页)彘,《说文》"豕也",今曰猪;特,《说文》"朴特,牛父也",即公牛。本书以为陈说是也。

御,祭名。凸,肩胛骨的象形,骨字从之,《说文》所无。参阅《诂林》第2239条。卜辞用为灾祸、祸忧义,或表示用牲之祭。本辞当是表示用牲之祭。父乙,或说是武乙。

23.8:[贞],大甲尞二羊,卯四牛。
贞,大丁尞三羊,卯□□。

按:大甲,大丁之子;大丁,成汤大乙之子。成汤、大丁、大甲,是商初三代直系先王。(《综述》第374页)

23.9:贞,尞五牛。

23.10：戊……，薶于河，二牢，三月。

按：薶，像置沉牛于半地穴之形，隶作薶，读作埋，卜辞是用牲之祭，祭祀仪式之一种。参阅《诂林》第1554条。《五经文字》："貍，经典或借用为埋字。"《周礼·天官·鳖人》："以时籓鱼鳖龟蜃凡貍物。"郑玄注："自貍藏伏于泥中者。"又《春官·大宗伯》："以貍沈祭山林川泽。"据传世文献记载，可知沉牛之祭、薶牛之祭古皆有之，可证文献记载并不虚妄。

23.11：丙寅卜，馭[贞，翌]丁卯尞于丁，卯䂂卅牢。

按：馭，武丁时贞人名。"尞于丁"之丁，《释文稿》以为第二期以后卜辞的丁当指武丁。䂂，从册从口，表示举行告祭时还要供奉典册。参阅卷上第21.10片及该页第1片考释，《诂林》第2937条。

23.12：来丁卯尞十牛，酚卅，卯□屮五。七月。

按：来，来日。卜辞所言之来（来日），有的指第二天，有的包括好几日，总之在贞卜当日之后的某日。苗利娟在《略论甲骨卜辞中"翌"与"来"的时间差异》一文中指出："甲骨卜辞中'翌'、'来'在表示将来时，'翌'主要指次日、再次日、旬内诸日均可，偶指旬外诸日。'来'不能指次日、再次日、六旬内的其他诸日均可。……'来'可与春、秋、岁搭配，先秦古文献中不乏其例，而'翌'则未有此搭配形式。"邓飞、文旭在《商代甲骨卜辞中的"今来"再论》一文中认为苗文中"今来岁"可省称为"今来""来"的观点不成立。吴祺《卜辞"来"、"翌"辨》一文认为，"翌"表示最近的将来，多在占卜日起一旬之内。"来"则表示较远的将来，由卜辞实例可知，多在占卜日起第二旬之内。此外还有一些用法上的区别。参阅卷上第9.11片和第21.1片考释。酚，祭名，后面是数目字卅（牛），表明酚祭也是用牲之祭。屮，读作又，或即"卯十又五"之残缺。

23.13：薶二牢，尞牢二牢，薶三牢。

按：本片缺辞较多。贞问是薶二牢、尞二牢，还是薶三牢。

23.14：丙辰卜，争贞，尞三牢。

按：争，武丁时贞人名。

23.15：尞于蚰。

按：蚰，鲲字的初文，《说文》："虫之总名也。从二虫。"卜辞当是殷先公名，是燎祭的对象。参阅卷上第9.11片考释。

23.16：甲辰卜,㱿贞,来辛亥尞于王亥卅牛。十二月。

按：㱿,武丁时贞人名。王亥,殷先公名。参阅卷上第1.1片及该页第5片考释。卅牛,可见尞祭王亥时所用的牺牲等级和用牲之数是较高和较多的。

24.1：贞,囗夒,囗五牛。

高酻尞五牛。

按：夒,即殷之先公高祖夒。参阅卷上第3.6片、第14.2片和第22.4片等考释。高,当是高且(祖)之省。

24.2：即于岳。

叀兹𠕋用,尞羊一,卯一牛。

按：即,从皀从卩,像人就食之形。参阅《诂林》第0336条。据《释文稿》,前之学者或释就,来也,或释作祭名。本片当以祭名为是。𠕋,从示从册,《说文》所无。参阅《诂林》第2936条。此字也见于西周早期叔夨方鼎铭文。李伯谦以为册字加示旁,乃以简册告神也。① 刘钊在《叔夨方鼎铭文管见》一文中认为应释为"典"字,是关于祭祀的法典。② 本书以为,𠕋当是一种祭祀仪式,或以简册祭告祖先亡灵。或是礿字。《说文》："夏祭也。"《尔雅·释天》："春祭曰祠,夏祭曰礿,秋祭曰尝,冬祭曰烝。"礿亦作禴。字又见于卷下第43.4片卜辞。

24.3：贞,尞,告众,步于丁彔。

贞,翌丁未酻尞于丁,十小牢,卯十勿牛,八月。

按：告众,告于众人。众,指殷之臣民,或是某些所属方国的臣民,包括某些层次的属官,未必就是奴隶。彔,像袋中盛物而滤去其汁水,即滤字之初文。参阅《诂林》第2917条。丁彔是地名,彔读作麓。"尞于丁"之丁,《释文稿》说是祖丁。勿,读作物,杂色牛。参阅卷上第4.15片考释。

24.4：尞[于王]亥。

丁卯卜,内尞于河十牛,宜十牛。

按：王亥,商始祖契的六世孙,成汤的七世祖。参阅卷上第1.1片和第

---

① 李伯谦《叔夨方鼎铭文考释》,《文物》,2001年第8期。
② 刘文载《黄盛璋先生八秩华诞纪念文集》,中国教育文化出版社,2005年,第158页。

23.5 片考释。内,武丁时贞人名。也见于卷下第 25.1 片卜辞。本句言尞祭于河用十牛,宜祭用十牛。

24.5:贞,翌庚子易日。
　　翌庚子不其易日。
　　贞,尞于西。
　　□勿[尞]于东北。
　　按:易日,占卜天气是否会放晴。这是对贞。参阅卷上第 8.6 片考释。东北,东字不太清晰,但仍隐约可识。由此可见,在殷商之际先民早已有角方位的观念了。西南,见于卷上第 23.4 片。据《释文稿》,前之学者对北字有误释的情况,细审拓片确实是北字,但是北字的中间尚有一个乙形的曲笔。由此片可知,举行尞祭时一要看天时,二要看方位。

24.6:贞,于昌尞。
　　贞,今乙□不?
　　按:昌,上从目或从臣,下从口,《说文》所无。或以为是被祭祀的人名,《诂林》亦以为是祭祀的对象。参阅《诂林》第 0603 条。据《释文稿》,此字前之学者或释作人名,或释作殷之先公名,或释作地名,众说不一。本书据卜辞辞例和语法关系来看,昌用在介词于之后,当用作地名。第二辞之不,读作否,表疑问,意为:今乙□(干支名)尞否?①

24.7:宣方出于卜,尞。
　　弜(弗)尞。
　　按:宣,从宀从亘。亘,回环之形。参阅《诂林》第 2285 条及第 2286 条。《说文》:"宣,天子宣室也。从宀亘声。"宣方,陈梦家引《逸周书·世俘篇》"百韦命伐宣方",曰:"应即卜辞的宣方。"又曰:"此卜似是地名,……卜或即《逸周书·王会篇》的卜人(或以为《牧誓》之濮)。"(《综述》第 276 页)《诂林》按语曰:"李孝定《集释》以'宣方'连读,以为方国名,似未妥。《刻辞类纂》于《合集》二八〇〇三释读亦有误。"其说恐非是,宣方仍当是方国名。

24.8:己丑卜,河尞夕,叀豚。
　　弜夕河。

---

① 叶正渤、王秀丽《甲骨文否定词研究》,《殷都学刊》,2005 年第 4 期。

按:《拼合集》说本片与《合集》29532 缀合,即《合集》29532＋30434。《拼合集》第 185 则的释文是:

　　弜夕河燎。

　　己丑卜,河燎夕,惠豚。

　　河燎夕惠羊。(《拼合集》第 446 页)

　　夕,像新月形。和月字有时不分。参阅《诂林》第 1153 条。《释文稿》曰:"夕是祭名。"豚,从豕从肉,会意。异体较多。参阅《诂林》第 1603 条。更豚,强调燎祭河神时用豚做牺牲。

24.9:……卜,其莱禾于夒戉,燎二牛。

　　……夒戉,燎一牛。

　　按:禾,像禾穗之形。参阅《诂林》第 1482 条。夒戉,二字合书,据语法关系来看,当是殷祖先神名或先公名。夒戉,或即"夒戉"之初文。

24.10:丙子卜,㱿贞,勿❏酢河。

　　丙子卜,㱿贞,乎舌酢河,燎三豕三羊,卯五牛。

　　按:㱿,武丁时贞人名。❏,上似羊角,下似羊脸,《说文》所无。或释作从丫❏的苜字。《说文》训:"目不正也。"参阅《诂林》第 0621 条。细审拓片,该字并不从丫❏,而是像整个的羊头之形。据《释文稿》,前之学者考释很多,有释作羞,有释作羊字的变体,有说是虚词,有说是头体供牲的祭名。虽然说法不一,大多认为是祭名。由于其常和否定副词连用,本书以为或读作蔑,《说文》:"劳目无精也。从❏,人劳则蔑然;从戍。"引申之则有"莫、没、不、无"等义,与"勿"连用,相当于"无不",双重否定含有强调肯定的意味。也见于卷下第 16.14 片、第 37.8 片、第 40.6 片等。

　　舌,从口,像口中吐出舌之形。参阅《诂林》第 0721 条。根据《释文稿》,前之学者也有许多不同解释。有说与告同字,有说是言的意思,有根据卜辞用例说是祭名。但是,根据卜辞文意当是人名,因为用在乎的后面,做宾语。如果理解为祭名,那么舌、酢都是祭名,祭祀的对象是河,"乎"就没有宾语。

25.1:贞,㞢告乘,豕乎逐。

　　贞,今癸子(巳)勿燎。

　　按:㞢,当读作又,再也。乘,从大从木,王国维说:"象人乘木之形。"参阅《诂林》第 0239 条。卜辞是人名或方国名。逐,从止从豕,或从犬,或从兔,寓意人追逐野兽。其造字体例当如牢字,或从牛,或从羊,或从马;沉字或从牛,或从羊;薶字或从牛,或从羊,或从犬。杨树达曰:"余考之卜辞追逐二字用法划然不紊,盖追必用于人,逐必用于兽也。"参阅《诂林》第 0845 条。豖乎逐,《释文稿》据陈梦家书以为是"乎逐豖"的倒文。陈说可参。(《综述》第 553 页)

25.2:……尞,叀白豚。

按:豚,从豕从肉,《说文》:"小豕也。"本辞强调尞祭时用白色小猪。

25.3:己亥卜,方贞,王至于今水,尞于河,三小牢,沉三牛。

  业雨,王步。

按:《释文稿》说本片和《京大》第 0001 片缀合。方,武丁时贞人名。今水,《释文稿》隶作汆,卜辞用作地名,陈梦家隶作今水二字,说是河边祭祀的场所。(《综述》第 344 页)小牢,与太牢相对,指用犬、豕、羊等小家畜做牺牲。牛属于大家畜,曰太牢,故卜辞分言之。"业雨,王步",据《释文稿》,贝冢茂树读作"王步,业雨"。贝冢氏的读法不合卜辞释读体例。(参阅拓片的书写顺序)

25.4:甲辰[卜,贞],武乙,其[牢]。

  丙午卜,贞,康且丁,其牢。

  甲寅卜,贞,武乙升,其牢。

  其[犧]。

  其犧。

  其犧,兹用。

按:《释文稿》说本片与《前编》卷一第 21.4 片缀合。武乙,是庚丁(康祖丁)之子。牢,名词活用作动词,用牢(牺牲)。升,从勹从一,像勹中盛物形。或说是升字,同烝,烝祭。或释作柲。参阅《诂林》第 3220 条。卜辞用为祭名。犧,下从牛,上从散声,《说文》所无,《诂林》亦未收此字。据《释文稿》,前之学者解释颇多,说法不一,卜辞当用作祭名。

本片卜辞既祭康祖丁,又祭武乙,则时王必是武乙之子大丁(文丁)无疑。

25.5:癸巳卜,贞,□□,[丁]叀[羊],兹用。

  丙戌卜,贞,武丁,丁叀羊(驿)。

按:"丁叀羊"之丁,据《释文稿》,前之学者有释作祭名,有释作祭日,有说是宗庙的祊祭,甚至有说是帝(禘)祭。大抵上,以祭日说为妥,即某个丁日。周代有以丁日、庚日为吉日的观念,晚殷是否已有之,存疑待考。

羊,从羊牛,《说文》所无。或隶作骍、䭭,赤色马牛。参阅《诂林》第 1552 条。本辞意谓:丁日祭祀武丁更用赤色牛做牺牲。丁其牢,《释文稿》说是第五期特有的祭祀用语。参阅该页第 13 片考释。

25.6:乙亥卜,㱿贞,㞢牛于丁。

大甲。

按:㱿,武丁时贞人名。㞢,侑祭。㞢牛于丁,《释文稿》以为第二期以后卜辞的丁当指武丁。参阅卷上第 23.11 片考释。大甲,传世文献作太甲。《史记·殷本纪》:"帝中壬即位四年,崩,伊尹乃立太丁之子太甲。太甲,成汤適(嫡)长孙也,是为帝太甲。"(《史记》第 98 页)

25.7:……岁,大戊,……。

己巳贞,王其登,□囧米,翌乙亥……。(以上是卷下第 23.5 片)

乙未贞,王米及叀(专)于父丁,㠯(以)于囧米。

丙申贞,射甾(关)㠯羌,冘用,自⊞。

丙申贞,□于父丁,□□射甾,□□羌。(以上是卷上第 25.7 片)

按:《释文稿》说本片和卷下第 23.5 片缀合。岁,岁祭,祭名。大戊,大庚之子,大甲之孙。《史记·殷本纪》:"帝雍己崩,弟太戊立,是为帝太戊。帝太戊立伊陟为相。"(《史记》第 100 页)

登,从𠬞从豆,像双手奉豆(礼器)而进献。参阅《诂林》第 1032 条。《尔雅·释诂》:"登,升也。"《玉篇》:"上也,进也。"卜辞用作祭名,或即烝祭。囧,《说文》:"窻牖丽廔闿明。象形。读若犷。贾侍中说:'读与明同。'"参阅《诂林》第 3344 条。叶玉森说卜辞用作地名。囧米,或以为囧地所产之米,则囧为地名或方国名。据《释文稿》,前之学者对囧字的解释颇多,今以地名说为上。也见于卷下第 10.9 片等。登米,也见于卷下第 29.15 片卜辞。米,像米粒之形。参阅《诂林》第 1888 条。卜辞用其本意。及,或说用作祭名。叀,读作专,祭名。也见于卷下第 7.6 片卜辞。父丁,《释文稿》以为指庚丁(康丁)。㠯,读作以,介词;或读作与,则用为连词。

射甾(关)㠯羌,《释文稿》说白川静以为甾族中有善射技能的战斗集团。㠯羌,以捕获的羌人献给殷王室。郭沫若以为射是职官名。萧楠《再论武乙、文丁卜辞》一文说:"因甾与羌较近、甾任武职又称'射甾',经常与羌人发生战争。"①

本书以为,本辞之射或是祭名,㠯读作与,连词,意为用甾(关)与羌俘做

---

① 萧楠《再论武乙、文丁卜辞》,《甲骨学论文集》,中华书局,2010 年,第 113 页。

牺牲,从上甲祭起。甶(关)也是殷王室征伐的对象之一。参阅卷下第27.14片卜辞。𠔼,其字或是《诂林》之公字。参阅《诂林》第3301条。唐玄度《九经字样》乖字条下曰:"公,古文别字。"① 公,本书疑是山谷之谷字初文,卜辞用作地名或氏族名。《释文稿》以为是祭名,恐非是。⊞,上甲。

25.8:贞,用羌。

　　　用羌。

　　　卸(御)于且辛。

　　按:用羌,用所俘获的羌人做牺牲,即人祭。卸,读作御,祭名。且辛,祖辛,祖乙之子。《史记·殷本纪》:"祖乙崩,子帝祖辛立。"(《史记》第101页)

25.9:父甲一牡,父庚一牡,父辛一牡。

　　按:此牡字从羊从土,是牡字的异构。参阅《诂林》第1549条和第1569条。《说文》:"牡,畜父也。从牛土声。"指雄性家畜。其实牡字从牛或从羊,从古文⊥,⊥是雄性生殖器之象形,小篆演变为士,又讹作土,做声符,已误甚。曰父甲、父庚、父辛,指祖丁之子阳甲、盘庚、小辛兄弟三王。时王是小辛之弟小乙之子武丁。(参阅《综述》第377页)

25.10:□牝三牡□。

　　按:牝,从牛,王襄说"牝或从豕、从犬、从羊、从虎、从马,无一定",从匕。参阅《诂林》第1550条。《说文》:"牝,畜母也。从牛匕声。《易》曰:'畜牝牛,吉。'"匕,乃雌性生殖器之象形。所以,牝字与牡字同,本是会意字,小篆皆讹作形声字。拓片牝字之上之字残缺,疑是九字。拓片三牡之三字第三横划刻作向右的箭头,在箭头之处还有一小竖,写法颇怪异。

25.11:贞,且辛岁,牢牡。

　　　贞,牢牝。

　　按:祖辛,是祖乙之子。参阅该页第8片考释。牢牡,用牡(雄性)牲为牢。牢牝,以牝(雌性)牲为牢。此是贞辞,贞问岁祭祖辛时用牡做牺牲好,还是用牝牲好。

25.12:贞,更小牝,二月。

　　　□辰王……。

---

① 转引自赵平安《隶变研究》,河北大学出版社,2009年,第1页。

按:此牝字从豕匕声,与从牛匕声、从羊匕声之牝字属同字异构。

25.13:戊寅[卜,贞],庚[且丁,丁]其牢[羊,兹用]。
丙午卜,贞,庚且丁,丁其牢羊,兹用。
□□[卜],贞,[庚且丁],丁[其牢]羊,兹用。
按:参阅该页第5片考释。庚且丁,即康祖丁。

25.14:[戊]辰卜,贞,翌丁巳□父丁,龏岁牡。
按:父丁,《释文稿》说是武丁。缺字当是某个祭名。龏,从禾从日从大,《说文》所无,《诂林》亦未收。卜辞用作祭名,其义约同登。

26.1:丁卯[卜],贞,般[庚]又(侑)羌□白牡□。
按:般庚,即殷之先王盘庚。《史记·殷本纪》:"帝阳甲崩,弟盘庚立,是为帝盘庚。"(《史记》第102页)本句意为侑祭盘庚用羌俘若干,用白牡若干。

26.2:癸酉卜,中贞,四牛。
壬申,王夕在西大。
按:中,从口从㫃,口像张矦(箭靶子),中间立杆上有飘动的㫃,以便射箭者瞄准准的。关于中字的构形理据,众说纷纭。参阅《诂林》第2925条。黄德宽说:"'中'为测风器的象形字。"①卜辞或说是武丁晚期或祖庚时贞人名。西大,《释文稿》以为当是地名,根据语法关系其说当是。

26.3:贞,五牢。

26.4:甲戌卜,用大牛于且乙。
按:据《释文稿》,陈梦家以为本片是㝬组卜辞。

26.5:甲辰卜,㝬贞,帝于□。
贞,登王亥羌。
按:㝬,武丁时贞人名。帝,读作禘,祭名,大合祭。《说文》:"谛祭也。从示帝声。《周礼》曰:'五岁一禘。'"段注:"谛祭者,祭之审谛者也。何言乎

---

① 黄德宽《卜辞所见"中"字本义试说》,原载《文物研究》第三期,黄山书社,1988年;收入黄德宽《开启中华文明的管钥——汉字的释读与探索》,北京师范大学出版社,2011年,第147页。

审谛,自来说者皆云审谛昭穆也。谛有三,有时谛,有殷禘,有大禘。"参阅该页第15片考释。拓片帝字是倒书,一行字中某个字写成头朝下的情况很少见。抑或是寮字。登,进献也,是祭名。羌,用羌俘做牺牲。"登王亥羌"是个双宾语句,登是动词,做谓语,王亥做近宾语,羌做远宾语。

26.6:乙[未贞],小牢,五牛。
　　乙未贞,大叴(御),其遘翌日。
　　乙未贞,大叴,弜(弗)遘翌日,其興。
　　[甲]辰贞,其求生于且丁母妣己。
　　按:大,人名,侍御者,也是祖甲时的贞人名。又见于卷上第5.9片。翌日,此处可能指恰逢翌祭之日的意思。弜,读作不。興,《说文》:"起也。从舁从同,同力也。"舁,像四只手抬物之形。参阅《诂林》第2847条。卜辞或是祭名,或贞卜某事将兴起。
　　求生,据《释文稿》,郭沫若等释作产生的祈求、祈祷。本书以为,此可能是向女性祖先祈求保佑生育的意思。且丁母妣己,根据陈梦家《综述》的归纳,中丁和四祖丁之配皆有妣己。根据萧楠《论武乙、文丁卜辞》一文的有关论述,本片字体较大且刚劲有力,应该属于武乙时卜辞,此祖丁应该是武丁,①则武丁尚有一个非法定配偶妣己。据陈梦家归纳,武丁确有非法定直系配偶曰己者。(《综述》第452页)

26.7:□𠕋十□,鬯十□用。
　　按:𠕋,从册从口,或即典字。参阅《诂林》第2937条及卷上第23.1片、第23.11片考释。鬯,以鬯酒行祭。参阅卷上第21.10片和第23.1片考释。

26.8:□于小乙,一牛。
　　按:所缺一字当是祭祀字,或是寮字。小乙,小辛之弟,武丁之父。《史记·殷本纪》:"帝小辛崩,弟小乙立,是为帝小乙。"(《史记》第102页)

26.9:㞢于且辛,二牢。
　　　㞢于且辛,一牢。
　　按:且辛,即祖辛,祖乙之子,祖丁之父。《史记·殷本纪》:"祖乙崩,子

---

① 萧楠《甲骨学论文集》,中华书局,2010年,第47、51、57页。

帝祖辛立。帝祖辛崩,弟沃甲立,是为帝沃甲。帝沃甲崩,立沃甲兄祖辛之子祖丁,是为帝祖丁。"(《史记》第 101 页)

26.10:丁酉[卜],王□于伊。

其一羌一牛。

其三羌三牛。

癸丑卜,于丁巳徙多𠭯,易日。(本辞是本片残辞及卷下第 34.3 片)

辛丑贞,王令皋以子方奠于並(竝)。(以上是卷下第 34.3 片)

按:《释文稿》说本片与卷下第 34.3 片缀合。伊,即伊尹,汤之相。《史记·殷本纪》:"伊尹名阿衡。阿衡欲奸汤而无由,乃为有莘氏媵臣,负鼎俎,以滋味说汤,致于王道。或曰,伊尹处士,汤使人聘迎之,五反然后肯往从汤,言素王及九主之事。汤举任以国政。"(《史记》第 94 页)参阅卷上第 1.13 片和第 22.1 片等考释。

徙,或隶作徙,《说文》:"迹也。从彳戋声。"卜辞有前往的意思。参阅卷上第 9.13 片和第 10.14 片考释。𠭯,其构形理据不明,前之学者或据《说文》以为是宁字,又以为是贮字。参阅《诂林》第 2856 条。《释文稿》以为与官名的多马、多犬、多射等同类,或者是族名。根据语法关系卜辞"多𠭯"当是地名。易日,天气放晴。参阅卷下第 34.3 考释。

皋,从大,或释作央,丁山谓:"像人颈上荷枷形,董作宾释央,是也。"参阅《诂林》第 0209 条。据《释文稿》,此字卜辞屡见,前之学者有多种隶定,今隶作皋。参阅《诂林》第 0212 条。根据语法关系卜辞是人名,或说是武丁时的重臣。此人及本片卜辞内容也见于卷下第 36.3 片。以,读作与,连词。子方,也是人名。奠,从西从丌,像置酒坛于丌上之形。参阅《诂林》第 2716 条。卜辞是祭祀用语。卷上第 27.10 片之奠字从𠬞(廾,双手)持西,写法与此略异,或隶作尊,也是祭祀用语。《说文》小篆把奠作为尊字的异体。竝,从二立,像二人并立于地之形。参阅《诂林》第 0245 条。卜辞言奠于並,当是地名,疑此处当有宗庙。其地望有多种说法,或说是殷王田猎地名,恐非是。

26.11:……𢍜夒五牢。

按:𢍜,从骨占声,即《说文》"卟,卜以问疑也,从口卜"之卟。义同占,《说文》:"视兆问也,从卜从口。"《诂林》说读若稽。参阅《诂林》第 2243 条及卷上第 7.13 片考释。卜辞一般读作占卜之占,但本辞似有祭祀义。夒,王国维说即殷之先公高祖夒。参阅卷上第 3.6 片和第 14.2 片考释。《释文稿》隶作且乙(祖乙),细审拓片,字迹虽不太清晰,但仍隐约可辨,当是夒字。

26.12:□□卜贞,卸于丁,三牢,羌十。
　　按:卸于丁,即御祭于丁。是哪一个庙号曰丁的先王,卜辞简短,难以确定。

26.13:贞,坐于且乙,五牢。
　　按:本片与该页第11片辞例、内容相近,字体也相同,当是同一时期的卜辞。但本片侑祭的对象是且乙,彼片祭祀的对象是夒。

26.14:翌己酉泰(奏)三牛。
　　按:泰,从𠬞持木或持丰,《说文》所无。参阅《诂林》第1076条。据《释文稿》,前之学者或隶作桊,或隶作奏,或隶作奉,谓像两手持木,有敬献义。隶作桊,恐非是。《说文》:"桊,两手同械也。从手从共,共亦声。《周礼》:'上辠,桔桊而桎。'泰,桊或从木。"《周礼·秋官·掌囚》:"凡囚者,上罪桔桊而桎,中罪桎桔,下罪桔。"郑玄注:"郑司农云:'桊者两手共一木也,桎桔者两手各一木也。'玄谓在手曰桔,在足曰桎。"据此则桊是一种戴在罪人手上的刑具,类似桎桔,显然与卜辞文意不合。根据语法关系卜辞是一种祭仪。或释作奏,奏舞,谓奏乐舞蹈,乃求雨之祭。① 2014年10月11日在"纪念容庚教授诞辰一百二十周年学术研讨会暨中国古文字研究会第二十届年会"上,有学者说从木从廾之𣎵字乃是拔字,谓像拔木之形。然根据生活经验来看,拔的动作应是双手朝下,而不是双手向上做围拱之状。《后编》共出现四处𣎵皆是双手向上做围拱之形,故此字当是拱或奏字。参阅拓片。泰字也见于卷下第15.9片、第15.15片和第42.1片。

26.15:癸酉贞,帝五丰(玉),其三百牢。
　　　癸酉贞,其三小牢。
　　　癸酉贞,于田。(以上是本片)
　　　于南𠃊。
　　　于[正京]北。(以上是卷下第3.16片)
　　按:《释文稿》说本片与卷下第3.16片缀合。帝,读作禘,禘祭。参阅该页第5片考释。据《释文稿》,或谓帝指上帝,自然神,恐非是。丰,像串玉之形,当是玉字的初文。参阅《诂林》第3253条。五玉,以玉行祭。或谓五玉

---

① 朱彦民《从甲骨文"舞"字看"葛天氏之乐"》,《殷都学刊》,2014年第1期。

犹五臣,指日月星辰风雷,或谓五方之神,恐皆非是。百,从一白声。十个十为百。参阅《诂林》第1097条。田、南亡、正京,据语法关系皆指祭祀的场所。亡,或释作兮。参阅《诂林》第3324条。或说读作禜(yíng)。① 《说文》:"禜,设绵蕝为营,以禳风雨雪霜水旱疠疫於日月星辰山川也。从示,荣省声。一曰:禜、卫,使灾不生。《礼记》曰:'雩、禜,祭水旱。'"绵蕝,见于《史记·叔孙通列传》,索隐引韦昭注:"引绳为緜,立表为蕞。"蕞,蕝也。《说文》:"朝会束茅表位曰蕝。"指古代朝会时表示位次的茅束。《国语·晋语八》:"置茅蕝,设望表。"后因谓制订整顿朝仪典章为"绵蕞"或"绵蕝"。卜辞南亡是祭祀场所名。参阅卷下第3.16片及第36.3片考释。"正京"二字拓片残缺,仅剩北字。

27.1:甲寅卜,争贞,勿御帚媟于庚。

丁丑卜,争贞,御于且辛,十牢。

按:争,武丁时贞人名。御,御祭,祭名。据董作宾考证,卜辞言某御祭某位先祖的神灵,一般是因患疾病而举行的一种祭祀形式。帚,读作妇。媟,从女枼声。参阅《诂林》第0463条。妇媟,武丁诸妇之一。参阅卷上第6.9片考释。庚,庚日。祖辛,殷之先王名。参阅卷上第26.9片考释。从人名及字体来看,本片当是武丁时卜辞。

27.2:贞,子渔亡其从。

壬申卜,㱿贞,五羌,卯五牛。

按:子渔,人名,《释文稿》说是武丁子之一。丁山谓:"由'御子渔于父乙'(小乙)与告子渔疾于父乙诸辞看,他定死于武丁之前,可能也是小乙的儿子。子渔之后,是为渔氏。由字面推寻,渔氏采地,宜在今河北密云县境。"(《氏族制度》第76页)丁山推定渔氏采地即秦时的渔阳。又根据文字声韵通假进一步推定春秋时的工敔(句吴)"可能即商王小乙的儿子子渔氏之后,迨至周人灭商,周公践奄,硬将渔氏放逐到江南去"(《氏族制度》第77页)。子渔是小乙之子当可信。

《释文稿》以为,"亡其从"当是"其亡从"的倒文。本书以为当读作"无其从",犹言不其从。㱿,武丁时贞人名。五羌,以五个羌俘行祭。这也是用活人做牺牲的例子之一。

---

① 连劭名《商代祭祀活动中的坛位》,《古文字研究》第二十二辑,中华书局,2000年,第13～21页。

27.3:㞢▣,牛二。

癸卯卜,翌庚辰㞢▣,一牛。吉。

按:侑祭上甲用二牛,庚辰侑祭上甲用一牛,看来用牲之数并不固定。

27.4:且辛岁,二牢。

壬午卜,王往田,雨。

按:二牢,《释文稿》隶作十二牢,细审拓片,"十"字笔画特别粗,疑是划痕,当是二牢。田,田猎。雨,活用做动词,下雨。上古汉语中名词、动词界线不分明,根据语境来判断。

27.5:癸……。

大甲卅牢。

按:大甲,即太甲,成汤之孙,大丁之子。祭祀大甲用三十牢,可见规格很高。参阅卷上第5.7片考释。

27.6:癸丑卜,㱿贞,耒年于大甲十牢,且乙十牢。

按:㱿,武丁时贞人名。耒年,祈求丰年。"大甲十牢,且乙十牢",可见祭祀此二位先王的规格是很高的。比较该页第7片卜辞之用牲之数,便知其差别。

27.7:且辛一牛,且甲一牛,且丁一牛。

按:陈梦家根据祭祀的对象是祖辛、沃甲和祖丁,说本片是庚甲卜辞。(《综述》第377页)其用牲之数仅各一牛,祭祀的规格远不如大甲、祖乙。

27.8:三。

▣五十羌,八月。

按:▣,上甲。《释文稿》引吴泽说,羌字是羊字之误。细审拓片,应是羌字。拓片下有"三"字,《释文稿》无,当补。祭上甲用五十羌做牺牲,可见其规格之高。

27.9:㞢于母庚,一牛。

按:《释文稿》说母庚当是小乙之配。据陈梦家《综述》,母庚是小乙之法定配偶。(《综述》第452页)

27.10:乙卯贞,其奠䘌又羌。弜羌,叀牛。

甲寅贞,来丁巳奠鬲于父丁,宜卅牛。

按:奠,从𠬪持酉,一般隶作尊,但是于卜辞解释不通,当释作奠,祭也。卷上第26.10片之奠字从酉从丌,像置酒坛于丌上之形,写法与此字略异,也是祭祀用语。鬲,三足,是一种炊具。《说文》:"鬲,鼎属。实五觳。斗二升曰觳。象腹交文,三足。"参阅《诂林》第2759条。本辞之鬲指人鬲,也即俘虏。大盂鼎铭文:"赐汝邦司四伯、人鬲,自驭至于庶人,六百又五十又九夫,赐夷司王臣十又三伯、人鬲,千又五十夫。"陈梦家读作献。又,当读作与,连词。羌,羌俘。贞辞意当为:其祭奠用人鬲与羌俘。验辞意当为:不用羌俘,只用牛。

来,来日,指丁巳日。以人鬲祭奠于父丁,宜祭用三十牛。陈梦家以为父丁指庚丁,则本片卜辞属于武乙时期。(《综述》第266页)

27.11:……卜,宗戊……于丁岁……□五十牢。

按:宗戊,殷先王名戊者只有一个大戊。《史记·殷本纪》:"帝雍己崩,弟太戊立,是为帝太戊。帝太戊立伊陟为相。"(《史记》第100页)丁,《释文稿》说是祖丁。岁,岁祭。□五十牢,所缺之字当是屮字,侑祭。

27.12:□□屮匚(祊)于丁,卅七牛。

按:匚,像方形盛物之器,卜辞是置神主之器。读作祊,即《说文》从示彭声的䵼(bēng)。古代在宗庙门内举行的祭祀。《礼记·礼器》:"设祭于堂,为祊乎外。"郑玄注:"设祭之馔于堂。"也指司祭礼的人进行祭飨。《诗经·小雅·楚茨》:"祝祭于祊,祀事孔明。先祖是皇,神保是飨。"毛传:"祊,门内也。"《诂林》释作报,以为是后世之报祭。参阅《诂林》第2247条。

27.13:贞,二牢,二月。

辛卯卜,即贞,王宜岁,不雨。

按:《释文稿》将"贞,二牢,二月"置于第二辞。但是本句在拓片之下部,"辛卯卜……"句在上部,所以卜辞顺序应如本书之读法。即,祖甲时贞人名。宜,祭名。岁,岁祭。

28.1:贞,屮于王亥,更三白牛。

按:三白牛,据《释文稿》,郭沫若释作三百牛,王国维斥之,以为是三白牛。《释文稿》说,根据字形郭说是正确的。笔者细审拓片,本片是白字,与百字的写法明显不同,可比较该页第3片三个百字的写法。所以,应该是三白牛,王国维之说是也。白牛,白色的牛。白色属于素色,应是纯洁的象征,与杂色(物)不同。看来殷王室在祭祀重要先公先王时,选择牺牲的颜色还是很有讲究的。

28.2:乙亥,屮于且乙,三牛,一月。

□□,酚⼚(祊)于⊞,九羌,卯一牛。

按:⼚,或作⼛,读作祊,在庙门内举行祭祀。参阅卷上第 27.12 片考释。

28.3:丁亥卜,㱿贞,昝(昔)乙酉箙旋,御于大丁、大甲、且乙,百鬯百羌,卯三百[牢]。

按:㱿,武丁时贞人名。昝(昔),上从水下从日。参阅《诂林》第 1141 条。叶玉森《说契》曰:"从日,古人殆不忘洪水之灾,故制昔字取谊于洪水之日。"(《整理与研究》第 74 页)昔乙酉(22),此在丁亥(24)日贞卜,含当日仅距三日,可见只要在当日之前皆可称昔。箙,从矢从口,像矢放在韬内。《说文》:"箙,弩矢箙也。从竹服声。《周礼》:'仲秋献矢箙。'"参阅《诂林》第 2561 条。卜辞是第一期贞人名,或说出身于某部族。旋,从㫃(旗帜)从止,陈梦家释作旋,《释文稿》亦释作旋。参阅《诂林》第 3017 条。《说文》:"旋,周旋,旌旗之指麾也。从㫃从疋。疋,足也。"徐锴曰:"人足随旌旗以周旋也。"据《释文稿》或说是武丁。本书以为卜辞或是旋踵、返回义。也见于卷下第 20.16 片和卷下第 35.5 片,卷下第 26.2 片之旋是人名。本片被认为是追卜乙酉日箙旋,御于大丁、大甲、且乙之事。

28.4:翌丁未枒攰于丁,一牛。

按:枒,从廾持木。参阅《诂林》第 0386 条。卜辞表示早晨的时间,裘锡圭说是凤字。参阅卷上第 14.2 片及第 14.6 片考释。攰,从它或也或虫,从攴,拓片字迹不太清晰,异体较多,《释文稿》隶作攰,《说文》所无。参阅《诂林》第 1858 条。据《释文稿》,叶玉森说此字像持物在水中制蛇(它)之形。陈梦家说:"卜辞攰字象以杖击蛇,而蛇头小点象出血状,其字本为杀蛇之专字,其后则引申为杀。"(陈梦家《释攰释豕》,《考古社刊》第六期,第 195 页;参阅《综述》第 285 页)陈剑在《试说甲骨文的"杀"字》一文中联系金文用例做了详细分析,论证攰就是杀字。① 卜辞为祭祀时的用牲之法,其义与卯同,杀也。也见于卷下第 23.3 片及 32.17 片。丁,《释文稿》说依然是祖丁。拓片"丁"字之下、"一牛"之上还有个"三"字。

---

① 陈剑《试说甲骨文的"杀"字》,《古文字研究》第二十九辑,中华书局,2012 年。

28.5：壬申卜，贞，㞢于东母西母，若。

　　……贞……攸……牢。

　　按：《拼三》说本片与《合集》1997缀合，即《合集》14335＋1997。缀合后《拼三》第788则的释文如下：

　　壬申卜，贞：㞢于东母西母，若。三。

　　癸卯卜，贞：翌甲辰施于丁牢。三。

　　二。（《拼三》第390、391页。末一辞二，拓片是三。）①

　　东母西母，卜辞有寮于东母、西母之祭，陈梦家说应指日月之神。参阅卷上第23.7片考释。若，顺也。言祭祀东母、西母之神时很顺利。下一辞残缺过甚。攸，参阅该页第4片考释。

28.6：□□卜，大贞，□十牢，逐五牢，𧉞（蚕）示三牢，八月。

　　按：大，祖甲时贞人名。逐，右从豕，拓片左侧所从不太清晰，疑从彳，当是逐字。参阅《诂林》第0845条。根据卜辞来看，亦当为用牲之动词，是祭名。《释文稿》隶作逐。𧉞，隶作蚕或它。参阅《诂林》第1841条。或说指蚕神。卜辞言"蚕示三牢，八月"，或释"它示三牢，八月"（《综述》第462页），说明是祭祀的对象，所以，理解为蚕神亦可通。殷商之际早已有栽桑、养蚕、缫丝及纺织技术，《殷虚文字外编》第451片就是养蚕、缫丝的形象记录。此外，甲骨文从糸之字特别多，亦足以证明商代栽桑、养蚕、缫丝和纺织业的发达。

28.7：贞，示[壬]示[癸]二示。

　　□午贞，日……酌。

　　按：示[壬]示[癸]二示，据《释文稿》，陈梦家以为二示指示壬示癸，且以为是武丁卜辞。（《综述》第460页）□午，所缺是天干之字。

28.8：乙未贞，于大甲莱。

　　乙未贞，其莱自田十示又三，牛，小示羊。

　　莱。

　　按：陈梦家说，十又三示指自上甲至祖乙十三世直系，即大示；武乙卜辞的十又二示当是自羌甲至康丁的十二王。小示，指旁系。小示是祊于祊的，大示是祊于宗的。（《综述》第464、465页）又曰："大示自上甲起，终于父王，与直系同。……大示常用牛牲，小示常用羊牲。"（《综述》第466页）

---

① 《拼三》注《后下》28.5，误，经核对原书应是《后》上28.5。

28.9：癸卯卜,于十示,秦一牛。
丁卯卜,□王步。甲辰易日。
……五月……。
按：陈梦家说："十示是元示加九示,中间不计三匚二示。"根据其所编直系表,上甲微为元示,加大乙至祖丁九示为十示。(《综述》第464、465页)秦一牛,被祭用一牛。易日,天气由阴转晴。

28.10：秦于九示。
按：九示,陈梦家说："九示是大乙至且丁九世直系。"(《综述》第463页)

28.11：贞,叀子渔登于大示。
按：子渔,人名,小乙之子。参阅卷上第27.2片考释。登,进献也,祭名。大示,相对于小示而言的直系先王。参阅该页第8片等的考释。

28.12：贞,秦于九示。
贞,秦于九示。
按：参阅该页第9片、第10片考释。

28.13：贞,其示……七月。
按：卜辞残缺过甚,内容不明。祭大示、小示者,大多属于武丁卜辞。

28.14：……出……上帝……兄……。
按：或隶作"兄……上帝……出……"。"上帝"二字合书,义同天帝,但陈梦家说殷代无天帝的观念,至西周时才有天的观念。陈梦家以为是祖庚、祖甲时卜辞。(《综述》第562页)上帝是一种自然神,与祖宗神相对,其权力与能力很大。

29.1：贞,勿出于且丁。
贞,出于且丁。
贞,不其受年。
按：据字迹来看,此且丁当是武丁之祖父丁,也即小乙之父。此当是武丁时卜辞。不其受年,犹言不会有收成。拓片第三辞"贞"字笔画未刻全。

29.2：贞,㞢方衡,勿告于且乙。
乎帚先。

285

贞,告🈳方于且乙。

□酉卜,㱿[贞]……。

按:衜,从行从眉方声,《说文》所无。唐兰释作遝,刘钊以为释遝不确,该字只用于对方国的防御。参阅《诂林》第2301条。行字中的眉、方似为一个整体,不宜分开。据《释文稿》,胡厚宣以为是恐惧舌方将要内侵,因此祷告于祖乙。因此,"遝"有侵略义。根据卜辞用例,本书以为当是逢字,巡察、侦察。此字又见于卷下第15.16片,可资参阅。告,祭告。帚,读作妇;先,当是妇的名字。因为卜辞下文无辞,故可直接称为妇先,如同妇好、妇妌等。㱿,武丁时贞人名。

29.3:贞,于大丁告🈳[方]。

贞,于大甲告。

贞,于唐告🈳方。

贞,勿[于]大□[告]。

按:大丁、大甲以及唐(大乙成汤),殷之诸位先王。本片是舌方来犯,而时王告祭于诸先王祈求保佑的卜辞。

29.4:告🈳方于黄尹。

贞于大甲,告🈳方出。

贞,告。

按:黄尹,人名。《释文稿》引陈梦家说,王国维、郭沫若等释为阿衡,即伊尹。尹是职官名,属史官,伊是私名。(《综述》第361页)参阅卷上第6.2片考释。黄尹,也见于卷下第40.2片。

29.5:丁卯贞,来乙亥告自⊞。

按:从丁卯(4)到乙亥(12)含当日是九日,可见卜辞中之来所包含的时日既不固定而且时日较长,大抵上只要在某个起始日之后都可称为来或来日。告是告祭,从上甲开始。

29.6:辛巳……。

辛巳贞,日又戠,其告于父丁。

……牛……。

按:又,读作有。戠,从戈从言。参阅《诂林》第2415条。后讹变作从戈从音。戠,《说文》:"阙。从戈从音。"据《康熙字典》,戠有二义:一,同埴,黏土;二,聚集。日又戠,读作日有戠。陈梦家曰:"日又戠有两种可能的解释:一如郭沫若在《粹》55 考释所推测,以为'戠与食音同,盖言日蚀之事';一读若识誌或痣,乃指日中黑气或黑子。由前说,则武乙卜辞称日又食为日又戠;由后说则殷代已有日斑的记录。"(《综述》第 240 页)陈剑研究指出,此种用法的戠应该读为異,指自然界的异常现象。(转引自刘钊《书馨集》,第 15 页)刘钊以为其说十分正确。本书以为,卜辞"日又戠"当指日食。《诗经·小雅·十月之交》:"十月之交,朔月辛卯。日有食之,亦孔之丑。彼月而微,此日而微;今此下民,亦孔之哀。"古人对发生日月食天文现象的原因不理解,感到很奇怪,认为是上天示警,因而记之。《诗经》所反映的虽然是西周晚期人们的观念,然而其由来必然久远。

卷上第 25.4 片有"其犠",其字从牛戠声,《释文稿》说与本片之戠字有别,可资参阅。《释文稿》以为父丁是康丁。

29.7:甲辰卜,贞,王㲻月□,亡尤。

按:㲻,祭名。月下一字残缺,不知何义。

29.8:甲午卜,亍贞,王往出。

按:亍,武丁时贞人名。出,从止从凵或从口(地穴),像足趾向外行走。其构形与各字正相反,因而其意义亦相对。参阅《诂林》第 0605 条与第 0807 条。

29.9:其出,雨。

29.10:丁巳卜,今朿(芚、春)方其大出,四月。

按:朿,从木,像树木枝条呈弯曲形。参阅《诂林》第 1405 条。《释文稿》引胡厚宣《殷代年岁称谓考》之说隶作芚,读作春。方,氏族名或方国名。陈梦家说:"方当在沁阳之北、太行山以北的山西南部。"大,用作副词,犹言大规模。出,此指出动、犯边。根据陈梦家《综述》,方从武丁以迄帝辛时皆有入侵殷边之事,卜辞皆有记载。(《综述》第 270 页)

29.11:丁卯卜,亍贞,方不出。

按:亍,武丁时贞人名。方,氏族或方国名。参阅该页第 10 片考释。

29.12:王往省西。

□。

按:省,从目从中,《说文》:"视也。从眉省,从中。"甲骨文不从眉省。从中,寓意直视之义。参阅《诂林》第0613条。西,西部。

29.13:贞,来。

29.14:贞,来。

29.15:贞,亡其来,自西。
  按:本片卜辞贞问:不会从西边来(犯)吧。

30.1:贞,今己酉夕步。
  ……争……。
  按:夕,拓片半月形中间有一竖,当是月字,但是根据卜辞句意当读作夕。步,《释文稿》以为是祭祀用语。争,武丁时贞人名。

30.2:戊辰卜,王不其降。
  按:《释文稿》在王字后断句,非是,王字当连下读。降,从阜从倒步,寓意从高处下行。参阅《诂林》第1275条。《释文稿》说,陈梦家以为是帝降祸的意思(《综述》第566页),胡厚宣以为是帝降的意思,《释文稿》觉得其义难以判定。本书因为把王字连下读,所以,降的主语应该是王,而不是帝。这样,降应读作一般意义的下降之降,指从高处下来。本辞贞卜:王大概不会下来吧。

30.3:又来嫜(艰)。
  按:又,读作有。嫜,从菐从壴,或从女从壴,写作嫜,郭沫若读作祟,唐兰读作艰,有祸祟义。参阅《诂林》第2811条。艰,《说文》:"土难治也。从堇艮声。囏,籀文艰从喜。"段注:"引申之,凡难理皆曰艰。"笔者研究认为,卜辞"来嫜"一般指人为的灾祸、祸祟,或指敌对的方国来犯,而不是自然界的灾祸降临。① 也见于卷下第26.14片。拓片左侧还有文字,可惜字迹不清,不知是何内容。

30.4:□□卜,尹贞,今日亡来嫜。
  按:尹,祖甲时贞人名。今日亡来艰,犹言今日无(敌国)来犯。参阅该页第3片考释。

---

① 叶正渤《卜辞"来嫜"研究》,《殷都学刊》,2004年第1期;又见《整理与研究》,第34页。

30.5：辛□。

于翌日壬归，又大雨。

甲子卜，亚戋◊龙母，啓，其啓弗每，有雨。

按：壬，由于前辞干支"辛□"残缺，所以不知翌日壬是何日。歸，《说文》："女嫁也。从止，从婦省，自声。"甲骨文从帚从自。本义是女子出嫁，引申指归来、返回。参阅《诂林》第2995条。亚，是先民根据对大地八方位的认识而创造出来的一个文字符号，是先民关于宇宙结构——空间方位观念的符号化。具体来说，亚是大地四方位而缺其四个角方位的象征符号。①卜辞是武丁时贞人名。参阅《诂林》第2898条。本辞是人名。

戋，卜辞戋有斩伐义。参阅《诂林》第2417条。◊，像蛇或龙之首，而省其线条化的躯体。据《释文稿》，或释作耳，或释作地名，或释作神名，或释作族名，或与龙字连言，做神名，即龙母。众说纷纭，至今无定论。啓，从又从户（门），像以手开门之形。或从口，或从日，寓意人开口或天气开晴。参阅《诂林》第2166条。本辞表示天气开晴。每，从女，上有头饰。参阅《诂林》第0432条。卜辞读作晦，暗也。就第三辞而言，好像记载的是一则神话故事，或一种有因果关系的天气状况。

30.6：辛。王弜省田，其每。

按：弜，读作弗。省，省视、视察。田，田猎、打猎。秋天打猎古代叫狝（xiǎn）。参阅卷下第20.4片考释。每，《释文稿》读作侮，并说"其每"是"弗每"的肯定形式。《说文》："侮，伤也。从人每声。每，古文从母。"段注："伤也。伤各本作傷，误，今正。错曰：傷，慢易字也。"侮，轻慢之义。本书以为当读作敏，有倦怠义。说见上文。

30.7：己酉［卜］，贞，王步于田，亡⁂。

□亥［卜］，贞，……。

按：《释文稿》说，步字只有上半截，据字形推测也许是步字。田，地名。

30.8：其遘大风。

戊午卜，贞，今日王其田宫，不遘大风。

按：凤，读作风。参阅卷上第14.8片考释。田，田猎。宫，《释文稿》说，宫、

---

① 叶正渤、陈荣军《关于"亚"字符号的文化解析》，《东南大学学报（哲学社会科学版）》，2004年第4期。

盂、向、殷，或者向、盂、噩等地相近，并引陈梦家之说在河南沁阳县（今沁阳市）附近，则宫是地名。（《综述》第260、261页）参阅卷上第9.13片和第13.9片考释。

30.9：壬子卜，贞，王田逐。
　　按：田，田猎。逐，追也。

30.10：乙巳卜，贞，王行逐。
　　乙巳卜，出贞，逐六十兕（兕），隻（获）。
　　按：结合该页第11片卜辞来看，行当是人名，则本片"王行逐"，王和行都是逐这一行为的发出者，卜辞在"王"和"行"之间省略连词"及"或"与"。出，祖庚时贞人名。兕，《说文》："状如野牛而青。"《尔雅·释兽》："兕似牛。"郭璞注："一角，青色，重千斤。"参阅《诂林》第1651条。卜辞兕字有几种写法。参阅《诂林》第1651条、第1708条、第3360条。隻，读作获。

30.11：乙[□……]，隻（获）。
　　贞，乎行逐兕（兕），隻（获）。
　　按：细审拓片，第一辞当如上所释。《释文稿》隶作"隻（获）……亡圥……"，非是。行，人名。结合该页第10片卜辞，行当是与殷王一起田猎的贵族大臣。

30.12：妇好㞢子。四月。（《拼合集》第66则）
　　……㞢。
　　其乍。
　　贞，王出。
　　叀帝臣令。
　　不其隻（获）羌。（以上是本片卜辞）
　　按：《拼合集》说本片与《辑佚》第16片缀合，即《合集》217＋《辑佚》16正。（《拼合集》第393页）㞢子，抑或是妇好祈祷生子之祭。乍，构形理据不明，作字的初文。参阅《诂林》第3227条。孙诒让释乍（作）。帝臣，据《释文稿》，陈梦家把帝臣看作为帝所使唤的五位臣工，即日月风雨；而胡厚宣则以为是殷祖先之灵在天配帝之左右，也即祖先神。《释文稿》以为皆非是，应是多位自然神，至于具体指哪些神，则不清楚。从本片卜辞总体推测文意，尤其是"不其隻（获）羌"一辞，本书认为此处的帝臣，指的还是人臣，即殷王之臣工。既非殷人观念中上帝之众臣或殷祖先之神，亦非指诸自然神，而是指实实在在的人臣。

30.13：射廌,隻(获)一。

按：据《释文稿》,廌,陈梦家释作鹿,孙海波释作廌。细审拓片,当是廌字。参阅《诂林》第1656条。《说文》："廌,解廌,兽也,似山牛,一角。古者决讼,令触不直。象形,从豸省。"又见于卷下第5.13片、第33.4片。

30.14：己丑卜,永贞……。

丁巳卜,𣪘贞,㠯隻(获)羌。十二月。

□□卜,□贞,□王……。

按：《拼合集》说本片与《合集》7700缀合,即《合集》178＋7700。《拼合集》第99则释文如下(第410页)：

己丑卜,永贞：戍其弐。(本辞后三字是《拼合集》缀补)

丁巳卜,𣪘贞：师获羌。十二月。

[乙酉]卜,[方]贞：[王]往[出]。

永,从人从水,像人在水中游泳形,泳字的初文。参阅《诂林》第2309条。卜辞是武丁时贞人名。𣪘,也是武丁时贞人名。㠯,卜辞读作师旅之师。参阅《诂林》第3001条。羌,指羌俘。

30.15：贞……屮……。

贞,翌己卯令多射,二月。

按：射,从弓从矢,像射箭之形。参阅《诂林》第2623条。多射,武官名。据陈梦家研究,殷代臣工有多臣,武官有多马、多亚、多射,史官有多尹、多卜、多工等。(《综述》第503~522页)蔡哲茂在《说殷卜辞的"多马"与"多射"》一文中,同意陈梦家的看法,认为商代的马指的应该是一种机动性极高的常备军,是以战车为主的武装部队。"多马"在商王朝是军队中相当重要的一支常备军,有时也受商王的命令去参与田猎,他们具有一定的财富。"马"无疑的是一职官名。"马小臣"乃是"多马"的统领军官。提出"三族马"乃是多马亚中的伲、萬、弢三族。这三族应该是王族,身份地位较高,故可冠以"亚"的尊号。萬的身份即是"马小臣"。伲、萬、弢他们三人的地位是在皋(昊)之下。"多射"指的是弓箭部队,也是商王朝的常备部队。多马的地位可能高于多射。从《合集》32995来看,多马和多射在战争中是互相配合的。[①]

---

① 蔡哲茂《说殷卜辞的"多马"与"多射"》,《古文字与古代史》第四辑,《"中央研究院"历史语言研究所会议论文集之十四》。

30.16：乙丑卜，王弜征往田，其雨。

按：弜，读作弗。征，读作徎，有前往的意思。参阅卷上第9.13片考释。

31.1：乙亥贞，其畕（召）衣于亘，遘雨，十一月，在甫鱼。

按：畕，从臼从酉，像双手持酉做倒酒之形，《说文》所无。饶宗颐以为是釁字之初形。《说文》："釁，血祭也。"参阅《诂林》第2720条。裘锡圭据罗振玉说以为当读为韽，异体作鞉，即鼗（táo）。① 鼗，俗称拨浪鼓。也见于卷下第24.3片、第24.13片及第41.11片。本书以为，畕字从臼从酉，像双手持酉做倒酒之形，当是甲骨、金文中从臼从酉从盧或皿，或从廾，从刀声或召声，即召字的省形。参阅《诂林》第2489条及卷下第18.1片、第24.3片等考释。本片卜辞用在语气副词"其"之后做动词，当是一种祭祀用语。

衣，祭名，即衣祭。亘，吴其昌说其字像回环形。参阅《诂林》第2285条。卜辞或是武丁时贞人名，或是地名。根据语法关系本辞是地名。也见于卷上第9.2片。《释文稿》说："与卷上第31.1片'寮于亘泉'是同地，贞人亘当出自此。"《释文稿》前后释文不同。根据《释文稿》，陈梦家说是河南的垣曲，屈万里以为是洹水。参阅卷上第9.2片考释。

甫，从田从中，像园圃里长出禾苗形。参阅《诂林》第2197条。甫鱼，地名。据《释文稿》，或说甫是地名。鱼，读作渔，是捕鱼的意思。卜辞有从水的渔字，见卷上第27.2片和第28.11片，曰"子渔"，是人名用字，小乙之子。参阅卷上第27.2片考释。也有从糸或从网的渔字，见叶玉森《研契枝谭·渔猎》。（《整理与研究》第105页）甫鱼，或是双音节地名，或即甫鲁。参阅该页第2片。据喻遂生《卜辞词语补释》一文，徐中舒《甲骨文字典》"第1254页仍视'在甫鱼'之'鱼'为'水虫也'"。②

31.2：贞，其雨。在甫鲁。

按：鲁，从口或从曰，鱼声。参阅《诂林》第1813条。《说文》："鲁，钝词也。"本义指人言语不流利、愚拙。卜辞借作地名。甫鲁，当即该页第1片的甫鱼，地名。

31.3：乙酉卜，王贞，𠂤（师）不余其见。二月。

按：《释文稿》说这是王自问卜辞的例子，并说应读作"𠂤（师）能被余（王）

---

① 裘锡圭《甲骨文中的几种乐器名称——释庸、豐、韽》，《古文字论集》，中华书局，1992年。
② 转引自喻遂生《甲金语言文字研究论集》，巴蜀书社，2002年，第169页。

其所见"。按照《释文稿》之说,则"臼不余其见"是以否定的形式表示被动,实质上是表示能动意义的。如果读作"臼(师)不(否)？余其见",王贞问有师否,余能否见之,似乎更好理解。

31.4：甲申卜,方贞,正……。

按：方,武丁时贞人名。正,读作征,征伐。

31.5：丁酉卜,㱿贞,今春王奴人五千,正土方,受㞢又。三月。

按：㱿,武丁时贞人名。奴,像双手拱立之形。杨树达曰："奴人,即登人,登假为征,即征人也。"参阅《诂林》第1022条。卜辞用为动词。结合卜辞文意,奴人当如前之学者所说与"登人"同义,为征召、招募众人之义。参阅卷上第17.1片和卷下第27.7片考释。据《释文稿》,董作宾把本片与卷下第1.3片看作是同月,即武丁廿九年三月十八日。（董作宾：《殷历谱》下九·四）查检董作宾《中国年历简谱》,武丁廿九年是公元前1311年,该年三月是庚辰(17)朔,卜辞丁酉(34)卜是三月十八日。但是,从晚殷卜辞来看,殷代施行的应该是太阳历,而不是太阴历。土方,经常寇犯殷边邑的方国名。参阅卷上第17.5片考释。

31.6：贞,戉(越)允其伐。

按：戉,《说文》："斧也。"当是象形字。参阅《诂林》第2448条。卜辞读作越,氏族名或方国名。《释文稿》引钱穆说是吴越春秋的大越,当今山西平陆县之东。卷下第34.6片"大戉于……"之戉,则是祭名。允,果然、果真。

31.7：贞,伐🝢(贡)方,受㞢(有)又(佑)。

按：受有佑,得到祖先在天之灵的保佑。

31.8：癸亥[王卜],贞,旬[亡𡆥],王来[正(征)]尸(夷)[方]。

癸酉王卜,贞,旬亡𡆥,王来征尸(夷)方。

按：《释文稿》曰本片与《林》卷一第1.10片缀合。尸方,根据拓片,当隶作"人方"为是。甲骨文、金文"人"字作站立的人形,而尸以及从尸之字作跪坐的人形,两者是有明显区别的。

31.9：辛丑卜,方贞,令多紃(尹)从望乘伐下🖑(危)。受㞢又。

按：方,武丁时贞人名。多紃,即多尹,殷代史官名。紃,从糸从尹。《说文》所无。卜辞应该是多尹的专用字。参阅《诂林》第3194条及卷下第20.18片考释。从，随从、跟从，《释文稿》隶作比，非是。望乘，方国名，也是氏族名或人名。下⚝，读作下危，氏族名，也是方国名。赵平安《释甲骨文中的"⚝"和"⚝"》读作下辩。参阅卷上第18.3片考释。

31.10：甲寅[卜]，㞢贞，㚸妌受黍年。

按：㞢，从口从中，读作中，陈梦家隶作古，武丁时贞人名。参阅《诂林》第2932条。妌，从女井声。参阅《诂林》第0459条。㚸妌，读作妇妌，武丁的嫔妃之一。蔡哲茂在《论武丁的三配与三子》一文中指出，"妇好"与"司母辛"是同一人，司母辛也就是第五期卜辞武丁三配中的妣辛。妇好与妇妌是同时之人。引金祥恒之说，后母戊即妇妌。（见《屯南》4023）妇好的地位似在诸妇之上，其被立为司，故铜器铭文称"司母辛"。又引唐兰之说，谓妇妌就是武丁法定配偶之一的妣戊，也就是后母戊鼎的后母戊。妇妌、妣戊的地位与妇好相当。而妇妌比妇好更像商王之后。引郑振香之说认为，武丁法定三配偶之一的妣癸可能即如郑说的即"司䲹母癸"，䲹可能早死，所以卜辞不见其活动的记录，仅见于《合集》21614。小王父己可能就是司䲹母癸之子。引黄天树所说卜辞中的倒凹就是小王"父己"生前的私名。小王父己就是文献上的孝己。武丁的配偶妣癸过世之后，第二个过世的配偶是妣辛（母辛），即妇好。在妇好去世之后，妇妌继立为武丁之正室，所以商王武丁有三位先后册立为后的配偶，生前称妇䲹、妇好、妇妌，又可称司癸、司辛、司戊（卜辞未见），在第五期黄组的周祭卜辞又称妣癸、妣辛、妣戊，而他们三人先后所生的儿子皆被册立为继承人，只是祖己早卒，而祖庚、祖甲则相继为王。①

黍，从禾从水，像黍之形。参阅《诂林》第1503条。《说文》："黍，禾属而黏者也。以大暑而穜，故谓之黍。从禾，雨省声。孔子曰：'黍可为酒，禾入水也。'"黍年，黍子丰收年，代指丰年。

31.11：贞，弗其受秬年。二月。

贞，弗其受黍年，二月。

按：秬，从米从酉，释作秬。参阅《诂林》第2734条。秬，即黑黍，古人视为嘉谷。《诗经·大雅·生民》："诞降嘉种，维秬维秠。"古代常用来酿酒，称秬鬯。《尚书·洛诰》："伻来毖殷，乃命宁予以秬鬯二卣。"卜辞"受

---

① 蔡哲茂《论武丁的三配与三子》，《"中央研究院"历史语言研究所会议论文集之十三》。

秬年""受黍年",代指丰年。又见于卷下第 26.9 片卜辞。

31.12:贞,不其受黍年。二月。

31.13:己亥卜,贞,今日不风。
按:凤,读作风。不风,不刮风,"风"活用作动词。

31.14:丙午卜,亘贞,今日风󰀁。
按:亘,武丁时贞人名。拓片有"亘"字,《释文稿》漏释。󰀁,陈梦家说像卜骨上有卜兆形,以为是祸字,引《说文》"祸,害也,神不福也"为证。风󰀁,犹言风祸。(《综述》第 565 页)于省吾以为是咎字。参阅《诂林》第 2240 条。

32.1:□未卜,方贞,雨。
　翌壬戌其雨？壬戌风。
按:方,武丁时贞人名。第二辞干支是翌壬戌,根据干支表,"□未卜"所缺当是己未之己。

32.2:今夕其雨？

32.3:丁丑,亡大雨。
　其又(有)大雨？
按:这是典型的对贞卜辞。

32.4:今十三月雨。

32.5:庚……今……允……。
　庚辰卜,辛巳雨。
按:庚辰(17)占卜,得次日辛巳(18)有雨。

32.6:其自南来雨？
按:《释文稿》说本片与《林》卷一第 21.4 片、《前编》卷六第 57.7 片及《元》第 46 片缀合。自,像鼻子之形。参阅《诂林》第 0700 条。《说文》:"自,鼻也。象鼻形。"引申指自己。徐灏《说文解字注笺》:"人之自谓,或指其鼻,故有自己之称。"又引申为介词,由、从。

32.7:贞,其雨?十二月。

32.8:自今癸巳至于丁酉雨。
　　按:从今日癸巳(30)到丁酉(34),皆有雨。可见殷时通过占卜已能够准确推测含当日在内未来五日的天气状况。

32.9:戊辰卜,贞,王往于田,三月。
　　庚午卜,争贞,自今至于己卯雨。
　　按:王往于田,《释文稿》隶作"王步于田",拓片往字上从止,下从王,是往字。田,地名,见于卷上第30.7片等。争,武丁时贞人名。本辞庚午(7)贞卜,自今至于己卯(16)含当日整一旬皆有雨。可见殷时通过占卜已能够准确推测含当日在内未来一旬的天气状况。

32.10:辛酉卜,贞,今日不雨,妹(昧)雨。
　　其雨?
　　按:拓片从下往上读依次是:"辛酉卜,贞,今日不雨,妹(昧)雨。其雨?""其雨"二字在骨片最上边,《释文稿》把"其雨"二字插在"今日不雨"之后,不合卜辞文例,欠妥。妹,从女未声。参阅《诂林》第0462条。卜辞读作昧,《说文》:"昧爽,旦明也。从日未声。一曰暗也。"昧爽,黎明时分。

32.11:贞,其征不(否)?在六月。
　　按:征,读作徎,段注徎是践字的异体,是前往的意思。参阅卷上第9.13片考释。不,读作否,否定性疑问语气词。

卷　　下

1.1：贞，来子(巳)入商。七、八。

　　入商。

　　按：来子(巳)，指未来逢巳这一日。这是干支的省略形式，仅用地支表示某一日。关于商，卜辞中有天邑商、大邑商、商、丘商和中商等不同说法，陈梦家曾予以专门讨论。(《综述》第 256 页)《释文稿》引前之学者诸说，以为不仅是一个地名，即安阳(中商)，也可能指其他地方，如商丘、古朝歌之商邑(淇县北)、天邑商(某处田猎地，沁阳附近)。但是，一般学者以为即是殷墟安阳。此外，拓片还有七、八两个数目字，与"入商"卜辞不连读。入商，入于商邑。拓片右下角似乎还有一个字，好像从匕，字的左侧看不清楚。

1.2：大出𩫖(敦)□。

　　七、八、九、十。

　　按：大出，大规模地出(征)。𩫖，读作敦，即敦伐。本片卜辞下缺一字当是"伐"。参阅卷上第 12.9 片考释。此外，拓片右侧从上到下还有"七、八、九、十"四个数目字，未知何义。《释文稿》未释。

1.3：丁酉卜，争贞，今春王奴人五千，[正□]方，[受虫(有)又(佑)]。

　　按：争，武丁时贞人名。奴人五千，征召五千人，用于征某方。登人五千，参阅卷上第 31.5 片考释。某方，据《释文稿》，前之学者有说是征土方，有说是征𢀛方，由于卜辞残缺，难以决断。方字以下卜辞残缺，据文意补。

1.4：癸……。

　　丁卯卜□贞，兽(狩)正(征)□□，㚔(毕)，隻(获)□□鹿百六十二，□百十四，豕十，旨(麂)一。

　　按：獸，从犬从單，犬和單(捕兽工具)皆为捕兽所需，因以为獸(狩)也。

297

参阅《诂林》第 3056 条。卜辞读作狩。《说文》:"狩,犬田也。从犬守声。《易》曰:'明夷于南狩。'"犬田者,用犬狩猎也。旨,从甘从匕。参阅《诂林》第 0013 条。《释文稿》引陈邦怀说即《尔雅·释兽》的麀(yōu)字。《说文》:"麀,牝鹿也。从鹿,从牝省。"陈梦家以为借作麠字。

1.5：月一正曰食麦,甲子、乙丑、丙寅、丁卯、戊辰、己巳、庚午、辛未、壬申、癸酉、甲戌、乙亥、丙子、丁丑、戊寅、己卯、庚辰、辛巳、壬午、癸未、甲申、乙酉、丙戌、丁亥、戊子、己丑、庚寅、辛卯、壬辰、癸巳,二月父核。甲午、乙未、丙申、丁酉、戊戌、己亥、庚子、辛丑、壬寅、癸卯,甲辰、乙巳、丙午、丁未、戊申、己酉、庚戌、辛亥、壬子、癸丑、甲寅、乙卯、丙辰、丁巳、戊午、己未、庚申、辛酉、壬戌、癸亥。

按：首句意义不明。食麦,《释文稿》引郭沫若说是《月令》孟春之月的食麦礼,饶宗颐说是祈求麦子成熟之礼。其余为六十干支表,有的笔画未刻全,或是习刻。

1.6：庚□卜,贞,王……今……亡㊀。
按：卜辞残缺过甚,辞义不明。

1.7：丁巳……今夕……。

1.8：巳。
按：《释文稿》隶作已,非是,拓片是巳。《说文》:"巳也。四月,阳气已出,阴气已藏,万物见,成文章,故巳为蛇,象形。"参阅《诂林》第 1846 条。

1.9：庚寅……贞,今……。

1.10：丁亥卜,□贞,……。

1.11：癸亥……贞,……亡㊀。
按：此贞字下从口,《释文稿》引孙海波说这种写法恐怕是武丁时期的字体。

1.12：癸巳卜,㡿(中)贞,……雨雹,十月,在[□]。
按：㡿,武丁时贞人名。雹,从申(闪电形),左右从两块冰雹形,叶玉森《殷契钩沉》卷甲释作雹。(《整理与研究》第 3 页)从卜辞辞例和语法关系来看,雨雹,动宾关系,是讲得通的。或释作电,或释作雷,或释作霰,从语法角度来看,是讲不通的。参阅《诂林》第1208条。十月,殷历之十月,是夏历九月。夏正建寅,殷正建丑,周正建子,古所谓"三正"。

1.13:丙申……。庚子卜,雪。十又三……。
　　甲辰卜,丙午卜,雨。
　　[甲]辰卜,[乙]子(巳)雨。
　　按:雪,从雨从羽从几小点,像雪花飘落形。叶玉森《殷契钩沉》卷甲释作雪,极是。(《整理与研究》第9页)参阅《诂林》第1186条。

2.1:王因曰……其囗(晕)……正(围)……。
　　按:囗(晕),从日,四面各加一画,叶玉森释作辉,说是晕字之古文,周边的四画乃像云气。其说是也,学术界多从之。参阅《诂林》第1137条。正,拓片上从口,下从相向的二止,寓意城邑被众人所包围,当是围字。①

2.2:甲戌卯囗囗,㧘戋……。
　　辛[亥]囗卜……。
　　按:甲戌卯之下还当有字,拓片太不清晰。左侧二字当是㧘(扬)戋(斩)……。㧘,从丮(双手)持戈,《说文》训"击踝",所以有击之义。该字本从玉从丮,玉字一竖写出头,就误释为从戈。见卷上第14.2片考释。参阅《诂林》第0382条。《释文稿》说本片是子族卜辞字体。

2.3:辛丑……宿……五……。
　　按:宿,左从人,右从席,或从宀。参阅《诂林》第2231条。《说文》:"宿,止也。"卜辞意为止宿,或用作祭名。

2.4:宿。
　　按:此宿字上从人,下从席,与该页第3片宿字的写法略有不同。参阅《诂林》第2231条。宿,拓片孤辞只字,其含义不明,恐也是止宿的意思。据《释文稿》,前之学者或释作缩酒之缩,酿酒义,恐非是。

2.5:壬辰卜……令……莫……我……册陝……。
　　囗辰卜,王令……舊友……狱……。

――――――――――
① 叶正渤《释"正"与"围"》,《考古与文物》,2005年增刊《古文字论集(三)》。

按：据《释文稿》，毌，《说文》："穿物持之也。从一横贯，象宝货之形。"郭沫若以为与干(盾牌形)是同字。参阅《诂林》第2406条。卜辞毌也是人名或族名。陔，左从交，右从阜，因而有人释作郊。阜是土丘，所以应该隶作陔。《诂林》第1295条隶作左从大，右从阜，与拓片不合。参阅《诂林》第1295条。卜辞用作人名或族名。

舊，从萑从臼，像萑在窠臼之形。参阅《诂林》第1759条。假借为新旧之旧。友，从二手相叠之形。参阅《诂林》第1024条。或隶作双，非是，拓片是舊友二字。《释文稿》引叶玉森说当是祭祀用语，义同侑。参阅卷下第40.16片考释。狋，从豕或从象，《说文》："彖，豕走也。从彑，从豕省。"是象亦豕也，从戉，《说文》所无。《诂林》未收，第1544条之字与此相近，但写法迥异，并非同字。《释文稿》以为卜辞是祭祀时用牲用语。

2.6：翌日……。

2.7：丙午卜，翌日丁未启。
按：启，从户从又，本义是用手开门。参阅《诂林》第2166条。卜辞表示天气开晴。《说文》："启，开也。从户从口。"《说文》所解是开口之啓。

2.8：癸巳卜，□贞，王旬亡祸，在十月。甲午翌日戋甲。
癸卯卜，衙贞，王旬亡祸，[在]十月。甲辰[翌]日羌甲。
按：此翌日是祭祀用语，非时间词。戋甲，郭沫若在《卜辞通纂》中考订为河亶甲；龟甲，为阳甲；羌甲，为沃甲。衙，从行从大，《说文》所无，《诂林》第2321字与此相近，右侧无亍。据《释文稿》，饶宗颐以为是武丁时贞人名。

2.9：甲寅卜，争贞，翌乙卯不其启。
[壬]子卜，争贞，[翌癸]丑……。
按：争，武丁时贞人名。不其启，或指贞问乙卯这一天不会转晴吧。

2.10：[甲辰]贞，翌乙巳……步，㞢去，雨。
按：《释文稿》说细字是子族卜辞的字体。去，从大从口，像人离开地穴之形，因而有离开之义。参阅《诂林》第0214条。本片之㞢去，㞢是祭名，即侑祭，去或做地名。

2.11：戊子卜，□贞，翌□□，其古于□，在六月。
□。

按：古，《说文》："故也。从十、口。识前言者也。"徐铉等曰："十口所传是前言也。"《释文稿》说是祭祀用语。参阅卷上第6.13片考释。

2.12：行取。
按：这是甲桥刻辞。行，祖甲时贞人名。取，当读作收取，指贞人行收取某方国进贡给殷王室的龟甲。

2.13：戊戌卜，翌日弗每，毕，衍王。
按：弗每毕，据《释文稿》卷上第12.1片考释，每，读作悔，咎悔、反悔。并误。本书以为，卜辞"王其每"或"王弗每"之每，结合卜辞文意，当读作敏捷之敏，加副词"不"含有不倦怠、不疲倦义。参阅卷上第12.1片、第14.5片考释。毕，《说文》："田罔也。从華，象畢形。"毕字本义是捕鸟网，卜辞或指田猎之事。意谓王耽于田猎，对田猎之事毫不倦怠，因而有所擒获。古代打猎，是采用围猎的方式，《史记·殷本纪》记载商汤外出见人张网四面，且祝曰"皆入吾网"，汤劝其网开三面勿捕绝，这样将来就永远有野味吃。（参阅《史记》第95页）用今天的话来说，就是要可持续发展。

衍，从行从人（或从人），《说文》所无。《释文稿》考释颇详，学界或释作行，或释作道，然终无定论。《诂林》收在第2310永字条下，曰："涵有吉庆之义。"其字从行，当与人行走的动作有关系。衍王，本书结合古代田猎方式，解为为王前导、前行，有为王驱赶禽兽之义。

2.14：壬申卜，贞，令……衍。
按：参阅该页第13片考释。

2.15：戊寅□父……。
　　□伙□……。
按：伙，从彳从入，当与衍是同一个字，是衍字的省形。《说文》所无。参阅该页第13片考释。《诂林》第2372条曰："字从彳从匕，辞残，其义不详。"

2.16：戊申贞，屮，在师臣。
……贞，翌……酚三，畿七……。
按：屮，侑祭。师臣，根据语法关系当是地名。臣，像竖目之形。参阅《诂林》第0651条。《释文稿》以为与卷上第15.11片的罡师是一个字。细审拓片,其实写法不同,本片当是臣字。参阅卷上第15.11片考释。

2.17:彊……。

按:彊,从弓畺声。《说文》:"畺,界也。从畕;三,其界画也。"畺字本义是田界。彊,《说文》:"弓有力也。从弓畺声。"彊字本义是弓有力。卜辞残缺过甚,意义不明。

3.1:□未……埜(野)。

按:埜,从林从土,野字的异体。参阅《诂林》第1432条。《释文稿》根据《前编》卷四第33.5片"贞,埜入涤"推定,埜或是族名或是地名。本书根据其所举例辞来看,埜能发出入的动作行为,所以当是人名或族名,而非地名。

3.2:……森……三牢。

……牢。

按:森,从三木。《说文》:"木多皃。从林从木。读若曾参之参。"参阅《诂林》第1480条。拓片上部还有字,但字迹笔画不清晰,无法辨认。

3.3:□申卜,贞,……窆谷岁,亡尤。

按:窆,祭名。谷,即山谷之谷字,《说文》:"谷泉出通川为谷,从水半见,出于口。"参阅《诂林》第3304条。《释文稿》据《前编》卷二第5.4片等卜辞以为是地名,于本辞则认为是人名。根据卜辞语法关系,其说当是。

3.4:癸……。

贞,其㞢大水。

按:《释文稿》引陈梦家等考释,大水即洪水。㞢大水,侑祭洪水,勿使民人受灾也。在历史上的确发生过洪水危害人类生存的重大事件。《尚书·尧典》:"帝曰:'咨!四岳,汤汤洪水方割,荡荡怀山襄陵,浩浩滔天。下民其咨,有能俾乂?'佥曰:'於!鲧哉。'帝曰:'吁!咈哉,方命圮族。'岳曰:'异哉!试可乃已。'"乂,治也。这是帝尧命鲧治水的记录。胡厚宣说是第一期卜辞。

3.5:贞,……水,乎……。

3.6:……卜……帚……泉……。

按:泉,像水从泉眼流出形。《说文》:"水原也。象水流出成川形。"参阅

《诂林》第2153条。卜辞多用作地名,且常与地名字合书曰某泉。

3.7:……其……泉……。
　　按:拓片裂痕上部还有字,但笔画不清,无法辨认。

3.8:贞,旬亡󰀁,在䵼(朝)。
　　贞,旬亡󰀁,在虤(䖒)。
　　按:䵼,从茻从明,或说即萌字之初文,当是朝字。罗振玉曰:"此朝暮之朝字。日已出茻中,而月犹未没,是朝也。"罗说极是。参阅《诂林》第1394条。根据语法关系卜辞用作地名。虤,从二虎相倒,即䖒(yán)字。《说文》:"虎怒也。从二虎。"参阅《诂林》第1678条。根据语法关系卜辞用作地名。

3.9:不盁(卣),雨。
　　按:盁,上从卣,下从皿,或是卣字的异构,《说文》所无。参阅《诂林》第2653条。据《释文稿》,王国维读作卣,胡厚宣以为是求雨之祭名。

3.10:叀□……乍(作)□……。
　　叀𩵋不益,隹之,又遣。
　　……隹……又……十月。
　　按:𩵋,上从鼎,下是房屋,像房子上有装饰物之形。《说文》所无,拓片不太清晰。《释文稿》说是人名或族名,可从。益,从水从皿,像器皿中有水之形。参阅《诂林》第2646条和第2647条。或说卜辞用作与天象有关的意义,或说用作祭名。隹之,当读作唯之。之,往也,从止一;一,地也。遣,从𠂤从自从口。参阅《诂林》第3007条。《说文》:"遣,纵也。从辵𠭴声。"《广韵》:"送也。"又遣,当读作有遣,有所差遣,或有所赠送义。参阅卷下第12.3片考释。

3.11:洹……不隹……。
　　按:洹,从水亘声,水名,即安阳河。《说文》:"水,在晋鲁间。"段注引《水经》曰:"洹水,出上党泫氏县,东过隆虑县北。又东北出山,过邺县南,又东过内黄县北,东入于白沟。林虑县即隆虑县。今河南彰德府林县是其地也。今洹水自山西长子县流入,经林县东北流,经安阳县北,又东流经内黄县西北入卫河。"参阅《诂林》第1320条。

3.12：新帚（寝），十一月。

按：帚，从帚在宀下，读作寝。参阅《诂林》第2042条。陈梦家释作新建的寝庙。（《综述》第479页）《礼记·月令》："（仲春之月）乃修阖扇，寝庙毕备。毋作大事，以妨农之事。"郑玄注："凡庙，前曰庙，后曰寝。"孔颖达疏："庙是接神之处，其处尊，故在前。寝，衣冠所藏之处，对庙为卑，故在后。"帚字也见于卷下第30.13片，当是人名或氏族名。

3.13：……贞，丁亥，其寇帚，牢，十二月。

按：寇，从宀从殳从九，或从九声，《说文》所无，或说是宄字的初文。参阅《诂林》第1860条。寇帚，或说是于寝宫举行祓禳之祭。结合下文用牲牢来看，其义当与祭祀有关。饶宗颐说卜辞宄寝犹言治寝。以备一说。

3.14：……用……牢……。

3.15：贞，般圂⺈（抱）……。

按：圂（hùn），从宀或从口（猪圈）中有二豕之形。参阅《诂林》第2045条。《说文》："圂，豕厕也。从口，象豕在口中也。"般圂，或说是翻动清除猪圈里的粪便以便换新草新土。⺈，从人，像以手抱物。或释作以，或释作氏，或释作氏，丁山释作勹，即抱字之初文。见卷上第16.10片考释。参阅《诂林》第0022条。卜辞有致送义，有时用作与。《释文稿》从孙诒让隶作㠯（以）。所以，"般圂"就是清除猪圈里的粪便，然后送到田里。卜辞"般圂"疑是人名，不能完全拘于字形做解释，应结合语义、语法关系做分析解释。丁山在其《甲骨文所见氏族及其制度》"论某勹"中认为⺈像人曲肘有所抱取形，是勹字、即抱字之本字，卜辞有引、取义。① 本片卜辞释作抱，有"取"之义比较合适。

3.16：癸……。

于南亠。

于正京北。

按：《释文稿》说本片与卷上第26.15片缀合。亠，或释作兮。参阅《诂林》第3324条。或读作祭，祭坛。南亠，根据语法关系当用作场所名。正京，祭祀的场所名。参阅卷上第26.15片考释。

---

① 丁山《甲骨文所见氏族及其制度》，中华书局，1999年，第14～16页。

3.17：……鬼……㞢(古)……正……。

按：鬼，像人而大其首，与常人不同因曰鬼。参阅《诂林》第0316条。《说文》："鬼，人所归为鬼。从人，象鬼头。鬼阴气贼害，从厶。"古，或是"古王事"之残。卜辞常见"古王事"之语，据《释文稿》，是武丁时期常见的成语。前之学者解释颇多，或说是《诗经·唐风·鸨羽》"王事靡盬"，《诗经·小雅·采薇》"王事靡盬，不遑启处"，是勤于王事的意思。靡，无、没有；盬，止息。或说古是由、甾，通载，即载行王事。或说古是由，读作助，即助行王事。陈剑《释"㞢"》一文考证说，㞢王事之㞢读作堪，有胜任义。① 也见于卷下第14.13片、第25.12片及第38.1片。本书以为结合《诗经》用例，"古王事"或是"盬王事"之最初表达形式，据卷下第25.12片及第38.1片当是止息（做完）王事之义。

3.18：庚辰卜，贞，多鬼梦，不至㞢。

[庚辰]卜，贞，今夕[亡]㞢。

按：梦，从人或从见，从爿(床)，像人闭目躺在床上之形，写法与疾字相似，丁山释作梦。参阅《诂林》第3074条。《说文》："夢，不明也。从夕，瞢省声。"甲骨文既不从夕，也不从瞢省声。本片卜辞言多鬼梦，意指贞问梦见多鬼，但不至于有祸忧。㞢，祸忧。

4.1：䂂三百……允以人……。

以(与)人王臣……。

按：䂂，上从冂，像岩穴之形，下从王(玉)从井，像人于岩穴中取玉石之形，叶玉森《说契》释作凿。参阅《整理与研究》第93页及《诂林》第2122条、2123条。本片卜辞《释文稿》隶作"巫三百……允㠯(以)人……。㠯(以)人王臣……"，非是。巫，当是凿字。第二个以字当读作与，连词。

4.2：壬子卜，贞，卟……。

按：卟，从口、卜。参阅《诂林》第3349条。《说文》："卜以问疑也。从口、卜。读与稽同。《书》云：'卟疑。'"

4.3：贞，沉……牛，五月。

贞，䝅(费)立事于㐱侯，六月。

按：沉，祭名，即沉牛之祭。䝅，氏族名。丁山考证疑即隐公元年《左传》所谓"费伯帅师城郎"之费，"鲁大夫费庈父之邑也。今山东鱼台县西南有费

---

① 陈剑《释"㞢"》，《出土文献与古文字研究》第三辑，复旦大学出版社，2010年。

亭"。费亭,即《纪年》所谓"祖乙居庇"之庇,在今鱼台县境。(《氏族制度》第85、86页)古费亭在今河南永城市南十四公里处新桥乡境内,浍河右岸。参阅卷上第12.11片、第16.10片及卷下第17.5片考释。立事,犹言莅事。⊠,侯名,叶玉森释作亚侯。参阅《诂林》第2899条。也见于卷下第28.18片。拓片六月之月字写到六字之内,很像合书。

4.4:貍丙。

……卜,今日貍。

按:貍,从犬从凵,同埋。参阅《诂林》第1588条。祭名,即貍祭。《说文》:"霾,风雨土也。从雨貍声。《诗》曰:'终风且霾。'"毛传:"霾,雨土也。"

4.5:戊申卜,……□……炏(焚)……。

……贞,……□……□……。

按:炏,从火从木,或隶作焚。当是一种焚草耕种的方式,所谓刀耕火种是也。《诂林》隶作从木从山,是地名。参阅《诂林》第1241条。

4.6:官(官)。二。

按:官,从宀从𠂤,隶作官,或即馆字之初文。参阅《诂林》第3008条。卜辞或用作动词。《释文稿》以为是地名或人名。拓片孤辞只字,无法确定。

4.7:□□卜,贞,子央畯(畯)隹人。

按:《释文稿》说,子央是武丁儿子辈中的一人。畯,从田允声,读作畯。《说文》:"畯,农夫也。从田夋声。"罗振玉已指出古金文皆从允。参阅《诂林》第2210条。卜辞当用为动词。畯,古代掌管耕种的田官名"田畯"。《诗经·豳风·七月》:"同我妇子,馌彼南亩,田畯至喜。"毛传:"田畯,田大夫也。"殷代也当有田官之职。参阅卷下第8.1片考释。

4.8:王其乍㒼于旅邑,其受□。

按:㒼,从人从再从土,像人于土上搭建构木之形,《说文》所无。据《释文稿》,郭沫若释作城塞之塞。作㒼,义即筑馆舍。参阅《诂林》第3103条。裘锡圭说㒼是跟后世行宫一样的建筑。刘钊说:"甲骨文的㒼是王在战争和狩猎过程中临时驻跸的地方,在其中既可以居住,又可进行祭祀,这一点与上列金文应(居)字揭示的用途完全相同。"①㒼又见于卷下第36.8片。邑,

---

① 刘钊《书馨集》,上海古籍出版社,2013年,第8页。

从囗，囗是先民为防止异族或野兽入侵而建的城墙或壕沟的象形，从卩（人形），寓意囗中居住的是人。参阅《诂林》第0305条。旅邑，是地名。受字下所缺当是又字，读作佑，助也。

4.9：……囗卜，……囗㳆……。
按：㳆，下部残缺，此据《释文稿》释。拓片从㐺，从止从白，似旋字。

4.10：叟（搜）……。
按：叟，从又从火从宀，像手持火在室内搜寻之形，即搜字的初文。

4.11：……东，麦告曰：兒（郳）白（伯）……。
……贞，㞢于爻戊。
按：麦，从又持聿，聿是笔的形象，下从乂，像错画之形，王国维疑是古畫字。参阅《诂林》第3092条。根据语法关系卜辞是人名或氏族名。据考证是武丁封于东方的一个儿子。丁山以为是小辛、小乙的弟兄辈，武丁诸父之一。其地望据本片卜辞可知与郳、防为近邻。胡厚宣谓："即孟子去齐宿画之画，在今山东临淄之西北三十里。"郳在山东滕县（今滕州市），防在山东平阴县。（《氏族制度》第79页）又见于卷下第21.12片和第37.2片。兒伯，叶玉森说即郳伯。参阅《诂林》第0048条。丁山引郭沫若考证说："在今山东滕县东。"（《氏族制度》第79页）

爻戊，据陈梦家说，戊是官名，与巫音近；爻是其私名。（《综述》第365页）爻戊，是侑祭的对象，或与咸戊是同类，当是巫贤之类。《尚书·君奭》："公曰：'君奭，我闻在昔成汤既受命，时则有若伊尹，格于皇天。在太甲，时则有若保衡。在太戊，时则有若伊陟、臣扈，格于上帝；巫咸乂王家。在祖乙，时则有若巫贤。在武丁，时则有若甘盘。率惟兹有陈，保乂有殷，故殷礼陟配天，多历年所。'"

4.12：……永……乎……囗子……于……。
按：本辞残缺过甚，辞义不明。

4.13：走……。
按：走，从夭（人）从止，像人甩开膀子快走之形，罗振玉释作走。《说文》："走，趋也。从夭止。"又："奔，走也。从夭，贲省声。"是走和奔同义。参阅《诂林》第0260条。走字初文形体与夭、矢极相近，易混，不可误释。《释文稿》即隶作夭,说是人名。非是。

4.14:㞢于王,矢□,二犬。

按:本片的矢,像人侧头形,有学者隶作夭,则非是。细审拓片,与该页第13片的走字写法截然不同,当是矢字。参阅《诂林》第0203条。卜辞或用作人名。本辞断句当如上,《释文稿》断作"㞢于王矢,□二犬",恐非是。

4.15:……□丑卜……□旡……。

按:旡,《说文》:"歓食气屰不得息曰旡。从反欠。"《诂林》疑旡通作既。参阅《诂林》第0349条。卜辞残缺过甚,不知旡于卜辞为何义。

4.16:己酉卜,王弜隹死。九月。

己酉卜,王弜不隹死。

按:《释文稿》说本片与《前编》卷五第41.3片缀合。《拼续》又加缀《合补》第1502片。即《合集》17059+17060+《合补》1502。缀合后《拼续》第433则释文如下:

己酉卜,王:弜隹死。九月。

己酉卜,王:弜来告,不隹死。(《拼续》第389页)

死,据《释文稿》,前之学人或释作北,或释作尸,皆非是。字从倒人(匕)从歺(歹)。歺,《说文》:"骨之残也。从半冎。"寓意人死化而为残骨,《释文稿》隶作死,是对的。参阅《诂林》第2869条。《拼续》之弜字,当读作弗、不,表否定义。

4.17:庚申……文……。

按:文,从大,像人于胸部纹身之形。参阅《诂林》第3236条。本辞残泐过甚,不明其义。

5.1:贞,……辛……膏……。

按:膏,《说文》:"肥也。从肉高声。"本片之膏字,构件肉放在声符高字下边的口之上。于省吾说:"膏与高古通用。膏鱼为地名,典籍作高鱼。《左传》襄公二十六年的'遂袭我高鱼',杜注:'高鱼城在廪丘县东北。'……总之,典籍的高鱼或作高梧、高吴、交鱼,音有通转,地望不殊,但据甲骨文则本作膏鱼。"参阅《诂林》第2003条。《释文稿》说膏字也见于他辞,卜辞用作地名。

5.2：贞，王𥁕盥，亡尤。

按：𥁕，𥁕祭，祭名之一。盥，下从皿，右上从匕，左上从肉及水点，《说文》所无。或释作鹭（五味盉鹭），或释作㲻（羹祭），或释作醢（肉酱），叶玉森以为是祭名，当是。参阅《诂林》第 2650 条。

5.3：[丙子卜，争贞]，[以其]昔我旧[臣]石之齿，今之[屮古]。

按：《释文稿》据胡厚宣《卜辞同文例》补，并说此与征伐有关，但其意义不明。这是一片卜骨，字迹甚大，可惜残缺太多，辞义不明。我下一字《释文稿》隶作旧，据字形残笔推测，恐是。

5.4：三牢，其牛又一。

按：拓片牢字右侧偏下还有个"三"（四）字，当是四牢。本辞意当为：四牢，牛，又加一。

5.5：□乙牛，示……。

……唐……勿……□乙……。

按：《释文稿》引陈梦家说，"牛示"是一种神格化名称。（《综述》第 476 页）但是，在牛字左侧牛角上还有一短横画，当是"一牛"的合书。参阅《诂林》第 1556 条。则示字当单独成句。唐，据残辞推测，或指大乙成唐。

5.6：丙寅[卜，贞]，文[武]宗，[丁其牢]，兹用。

按：文武宗，陈梦家说是乙辛卜辞。卜辞凡称某某宗，"上甲以后，没有早于大乙的，没有旁系的，没有先妣的"（《综述》第 469 页）。据《释文稿》，前之学者将"丁其牢"隶作"日其牢"，非是。丁，指某个丁日。其牢，用牲之法的牢祭。

拓片上部还有一个"二千牛"的合书字，右侧还有一个用字。《释文稿》皆无，当补。

5.7：贞，……。

甲子卜，旅贞，翌乙丑古，宙白牡。

按：旅，祖甲时贞人名。翌，翌日，据干支表，本片之翌日指第二天。古，也见于卷上第 6.13 片，《释文稿》说岛邦男读作古，通祜，是一种祭仪，是求福于母戊的意思。该片《释文稿》以为母戊是第三期祖甲之配。宙，读如更，通唯，起强调作用的语气词。白牡，白色雄性家畜。白，据《释文稿》引饶宗颐说是殷之正色。典籍有"殷色尚白"之说。《史记·殷本纪》:"孔子曰,殷路车为善,而色尚白。"(《史记》第109页;《论语·卫灵公》:"颜渊问为邦。子曰:'行夏之时,乘殷之辂,服周之冕,乐则《韶》舞。'"《史记》活用其意。)《前汉纪》卷十四:"故夏色尚黑,殷色尚白,周色尚赤。"

5.8:弜(弗)牡。

按:弜,如果读作弗,则弗牡意谓不用牡牲。这是对贞辞的回答。

5.9:甲□贞,翌□□㞢于□□,勿牛□□,勿物□□,十月。

按:勿物,《释文稿》隶作勿牡,据拓片当是勿物。物,《说文》:"杂色牛也。"或说即黎色牛。卜辞残缺过甚,辞义不明。

5.10:……叀兽,乎比侯奴。

按:兽,据拓片,所像的家畜身腰细长,且尾巴上翘,所以此字当从犬。在犬腹处还有一曲画向后。《诂林》收在豕部之后,所举例辞正是本片卜辞,其释非是。参阅《诂林》第1607条。《释文稿》隶作兽,读作狩,狩猎。比,《释文稿》释作从,非是。此字两人面向右,当释作比,或即使面向左但两手略上扬;如果两人面向左,则当释作从。奴,从矢从又,像手持箭矢。《说文》所无。参阅《诂林》第2557条。比侯奴,武丁时诸侯名。奴字也见于据考证属于西周中期的任鼎铭文,居于铭文之末,当是族徽。① 本书以为,据王冠英《任鼎铭文考释》以及李学勤《论应国墓地出土的匍盉》等铜器铭文考证反推,②殷时比侯奴的封地当在周代应国故地,即今河南平顶山市附近。应国在今河南宝丰县以东、鲁山县东南及平顶山市区、叶县、郏县、襄城县一带,并以鹰为族徽,子孙以国为姓。任鼎铭文末之族徽奴,或即透露出其是殷比侯奴之后裔的信息。

5.11:贞,□其来象三。

按:来,来贡。象,大象。参阅《诂林》第1653条。三,三只。卜辞中表示数量关系的格式,一般是事物名词在前,数词在后。这种表达形式被保留下来,成为古代汉语表达数量关系的固定格式。

---

① 参阅董珊《任鼎新探——兼说亢鼎》,载《黄盛璋先生八秩华诞纪念文集》,中国教育文化出版社,2005年,第163页。

② 王文载《中国历史文物》,2004年第2期;李文载《平顶山师专学报》,1999年第1期。

5.12：□□卜，㞢贞，……。

　　隻（获）虎……。

　　按：㞢，武丁时贞人名，陈梦家隶作古。隻，读作获。

5.13：廌。

　　按：廌，《说文》："解廌，兽也，似山牛，一角。古者决讼，令触不直。象形，从豸省。"参阅《诂林》第1656条，卷上第30.13片及卷下第33.4片考释。

5.14：甲子卜，扶，祝马至且乙。

　　按：扶，从大，右手臂有一笔指事符号，寓意手扶物。陈梦家隶作扶。参阅《综述》第145页及《诂林》第0272条。卜辞是武丁晚期贞人名。祝，从示从叚，《说文》所无。《诂林》未见此字。卜辞当用作祭名。祝马，可能指马祭，祭祀马祖。且乙，祖乙。

5.15：庚戌[卜，王曰]贞，翌[辛亥其]田。……。

　　庚戌卜，王曰贞，其□爵用。

　　庚戌卜，王曰贞，其剀右马。

　　庚戌卜，王曰贞，其剀左马。

　　□□[卜]，王[曰贞，其剀□]马。

　　按：爵，像一种三脚有二柱的酒器形。参阅《诂林》第2760条。剀（制），左从角，右从刀。《诂林》未见此字。据《释文稿》，这是祭仪用爵的例子。或释作剩，或释作利，或释作觜的借字，《释文稿》采用李旦丘的考释释作制。制左马、制右马，可能指驾驭马车的左右马。制字也见于卷下第18.8片，可资参阅。

5.16：贞，亚马。

　　按：贞，笔画未刻全。亚马，或说是王者六乘的三乘曰亚马，陈梦家说："马、亚都是官名。"（《综述》第508页）《释文稿》说，本片是贞卜乘舆马的吉凶。

6.1：丙辰卜，即贞，更[出，于夕御马。

　　按：即，祖甲时贞人名。[，像人立于地上之形，但人脸是朝右的。据《诂林》，或释作弋，即橛字之初文；或释作柲，即古代兵器戈、矛等的长木柄。参阅《诂林》第3362条。根据语法关系，本片卜辞当用作人名。御马，或释作御祭马，《释文稿》以为非是，认为是：唯[于夕（月）出时不驾驭马吗？其说可参。

6.2：辛巳卜，曰贞，壴……。

　　□丑卜，贞，隹……。

　　□丑卜，贞，……寅隹……。

　　按：壴，鼓字的初文。参阅《诂林》第2797条。卜辞残缺过甚，意义不明，当是祭祀用语，或即伐鼓之祭。参阅卷下第26.13片考释。

6.3：……三自集……。

　　按：《释文稿》说这是骨臼刻辞。关于甲骨文中的三字，据《释文稿》，于省吾释作气，求，迄至，有终迄的意思。还有释作彤，或如字仍释作三，与索取义相关联。本书根据卜辞来看，当如字读作三，与自集的行为相关联。骨臼刻辞一般记载方国向殷王室呈送龟甲或骨头的数量，史官把它登录下来，故当如字读。自，鼻子的象形。参阅《诂林》第0700条。集，从隹从木。三自集，辞残意义不明。

6.4：乙未……雉……。

　　按：雉，从隹夷声，即《尔雅·释鸟》《说文》鹈字的异体。《说文》："鹈，或从弟。"段注："今字多作鹈。"读如"自牧归荑"之荑（tí），即鹈鹕。鹈鹕是栖息于全世界许多地区湖泊、河流和海滨的一种水鸟。这种水鸟的特征是有一个大而具有弹性的喉囊，鹈鹕用这种大喉囊捕鱼而食。参阅卷上第14.10片考释。

6.5：乙丑卜，翌空雚（观）。

　　……卜……。

　　按：雚，同"鹳"，是一种水鸟，即白鹳，形似鹭。《说文》："雚，小爵也。从萑吅声。《诗》曰：'雚鸣于垤。'"垤（dié），蚂蚁洞口小土堆。甲骨文雚是象形字。参阅《诂林》第1760条。卜辞或读作观，祭名。参阅该页第6片考释。

6.6：王其雚（观）。

　　弜（弗）雚（观）秋。

　　按：雚，当读作观，犹言视察。据《释文稿》，或说通灌、祼，祭名，即灌祭。秋，从禾从日，《说文》所无。据《释文稿》，叶玉森《殷契钩沉》读作秋（参阅《整理与研究》第10页），于省吾释作腊。据《诂林》，前之学者解释颇多，陈梦家以为是月名，曰："凡此皆与天时祭祀农事有关。"参阅《诂林》第

1494条。本书疑是香字的异构，代指成熟的庄稼。《说文》："香，芳也。从黍从甘。《春秋传》曰：'黍稷馨香。'"卜辞或与获禾之农事有关，或与祭祀有关。

6.7：己巳卜，其遘菫（观）。

羌弨五十，叙燹。

按：遘，正巧遇到。菫，于本片卜辞当读作观，即与王观获禾之事有关。弨，从弓从攵，似以手执弓，《说文》所无。参阅《诂林》第2627条。据《释文稿》，郭沫若以为是用牲之义，当即祭名。叙燹，《诂林》据于省吾之说曰："字当释豵，通作肆。卜辞之'豵燹'即延长福祉之意，犹他辞言'征燹'。"参阅《诂林》第3221条。卜辞是祭祀用语。参阅卷上第5.12片和卷上第7.12片考释。

6.8：祉菫癸……岁。

按：祉，读作踐，践字的异体，有前往的意思。参阅卷上第10.14片考释。

6.9：帚（妇）井（姘）黍蒦（获）。

去🀄。

按：妇姘，武丁诸妃之一。参阅卷上第6.7片考释。蒦，据《释文稿》，前之学者有诸多说法，今取陈梦家之说，释作获。🀄，从矢，像三锋矢之形，《说文》所无。卜辞是地名。参阅《诂林》第2571条及卷上第12.10片考释。《释文稿》说见于卷上第12.1片，当误，应是卷上第12.10片。

6.10：□□卜，□贞，王令……[亡]𢢔，王……旧……。

按：王令，《释文稿》隶作□今，非是。拓片是"王令"二字。舊，本像菫在巢上之形，即棄舊之舊，假借作新旧之旧。参阅卷下第2.5片考释。

6.11：鸣……。

令犬方。

按：鸣，从鸟从口。参阅《诂林》第1794条。《释文稿》说与卷下第13.1片同样，是地名或族名。查卷下第13.1片无鸣字，当是卷下第6.13片之误。犬方，据《释文稿》引胡厚宣说，是位于殷之西被殷征服而授爵的方国名。1991年河南安阳高楼庄后岗9号墓出土商犬方爵一件，鋬内铸铭文一字，或即卜辞犬方之遗物。

6.12：乙亥卜，冎贞，乍大御自亩。

按：冎，武丁时贞人名。大御，大御祭，祭名。自亩，从上甲开始祭起。

6.13：辛未卜，鸣隻（获）井，隻（获）。

鸣不其井隻（获），允不。

按：鸣，据《释文稿》卷下第6.11片考释，当是征井方所经之地名。井，井方，方国名。《释文稿》说见卷上第10.15片，经查检，当是卷上第18.5片之误。其地望，参阅卷上第18.5片考释。又见于卷下第37.2片。鸣不其井隻（获），本句当是"鸣不其获井"的倒文，故验辞曰"允不"，意谓果然没有获得井方（之俘）。

6.14：壬戌……。

……卜，其兄龙。兹用。

按：龙，像传说中龙之形。参阅《诂林》第1827条。据卜辞文意当是人名。卜辞有彭龙，见于卷上第9.5片。兹用，犹言今用。

6.15：甲辰……鱼……。

按：鱼，像鲫鱼形。参阅《诂林》第1812条。卜辞残缺过甚，其意义不明。

6.16：辛未贞，受禾。

按：受禾，与受年义略同。卜辞贞问来年庄稼长得好，有收获否。

7.1：癸丑卜，王贞，翌甲寅王其宁父［甲］，升。

按：据《释文稿》，陈邦怀把宁作为动词，《释文稿》以为父甲之甲缺。细审拓片，尚有十（甲）横画之残笔。卜辞宁常做动词，表祭祀义，故陈说是也。升，像斗中盛米且有洒落之形，卜辞也是祭名。参阅卷上第4.15片考释。

7.2：……贞，今其雨？不隹䅻（秝）。三告。

按：䅻，上从三禾，下从田；或从二禾，下从田，《说文》所无。据《释文稿》，罗振玉释作稿，郭沫若从之，以为是收敛的意思，吴泽以为是在田中插禾。据《诂林》，温少锋等以为是秝字，当读为《诗经·王风·黍离》"彼黍离离"之离，像田中禾稼有行列之形。参阅《诂林》第2193条。本书以为温说是也。秝，禾垄长苗之象形字。参阅卷下第11.3片考释。拓片尚有"三告"二字。

7.3：……邑贞,耑□……囗受……。

按:邑,武丁时贞人名。《释文稿》隶作兄,与字形不合。兄是祖庚时贞人名。耑,端之初文。参阅《诂林》第0844条。《说文》:"物初生之题也。上象生形,下象其根也。"题,额也。甲骨文正像植物初生上露其苗(题,额也)之形。卜辞是方国名。耑下一字残缺不全,仅剩下字头□,或是邑字,或隶作日,非是。

7.4：王彝在……。

按:《释文稿》以为彝是西方风名,也有用作地名,或做祭名,且以为彝下一字当是在字。据本片卜辞来看,卷上第10.12片卜辞中的彝,也当是祭名,与上一字榃字不连读。参阅卷上第10.12片考释。在,《说文》:"存也。从土才声。"参阅《诂林》第3332条。本书以为,甲骨文才、在,像植物于地之形,疑是栽字之初文。

7.5：鬺……。

己丑卜,贞,王宜、伐,亡尤。

□陴羌□人,卣一卣,卯牢又一牛。

□兽(狩)狀……。

按:《释文稿》把"己丑卜……"一句置于最末一节,根据拓片位置来看,非是。鬺(shāng),从鼎,将声,一种鼎的名称,《玉篇》:"煮也。"也见于西周穆王时的剌鼎等铭文。参阅《诂林》第2748条。据《释文稿》,郭沫若读《诗经·周颂·清庙之什》"我将我享"之将,郑笺:"将,犹奉也。"享,毛传:"献也。"卜辞做祭名。宜、伐,皆是祭名。参阅卷上第21.5片考释。

陴,从阜(土山)从奠,金文中多见,一般隶作尊,非是,当是陴字,即祭奠皇天后土之义。参阅《诂林》第1286条。奠字或不从阜。参阅《诂林》第2719条。陴羌若干人,正用作祭奠义。卣酒之礼商代已有之。参阅卷下第21.10片考释。卯,杀。牢,祭祀时所用的纯色牛羊等牺牲。

狀,此字残缺,左侧从立,右侧好像从犬,《说文》所无,未知是何字。

7.6：爵帝専方。

按:《释文稿》以为専除了做人名外,和卷上第25.7片同样是祭祀用语。爵可能也是做祭祀用语的。帝,像花蒂之形。参阅《诂林》第1132条。此处应指上帝。参阅卷上第19.1片考释。本书以为,専当读作更,通唯,强调下一字方。方,武丁时贞人名,本片用作祭名。宾字写法与他辞略有不同,疑是宅字。

7.7:贞,于河,莱年。

贞,勿于河,莱年。

贞,勿㞢于王亘。

贞,卜,□爵□单(毕)。

按:莱,读作祓,《说文》:"除恶祭也。从示发声。"祓年,犹后世的祈年,祈求好年成。㞢,读作侑,祭名。王亘,即王恒。参阅卷上第1.1片及第9.10片考释。爵,也当是祭名。毕,也当是祭名。

7.8:王其㞢爵,乍……若。

且丁……。

按:㞢爵,读作侑爵,两个祭祀名词连用,此处皆用作祭名。若,顺也。

7.9:斝凡……。

按:斝,《说文》:"玉爵也。夏曰琖,殷曰斝,周曰爵。从吅从斗,冂象形。与爵同意。或说斝受六升。"斝,一种酒器,是独体象形字,既不从吅,也不从斗、冂。《说文》据小篆字形立说,误。参阅《诂林》第2767条。凡,《释文稿》说除了假借为风之外,也作祭名,参阅卷上第7.5片卜辞,或是祭仪。凡,读作盘。本片与斝一起当表示两种器皿。辞残,不明其义。

7.10:……王贞,韦……二夕。

……王贞,韦……爵凡。

……兄……。

按:"……兄……",《释文稿》置于上二节对贞之间,但拓片在最上部,故应是最末一辞。韦,《释文稿》说,叶玉森解作离畔义的动词,应该是和武丁时贞人韦有关系的人名,与卷下第18.2片的子韦是同一人,卜辞有"出自韦",则用作地名。夕,丁山说:"骨曰所见的夕字,我认定是夕字的或体。""我认为白辞所见夕诸字,决是朝夕的夕字。"(《氏族制度》第4、5页)于男性而言,夕常为诸侯宿卫殷王几夜之义;于女性而言,当为侍寝天子几夜之义。卜辞诸夕字(或反书)之前皆与数目字连用,应是一个物量名词,最多至十夕又一。见卷下第8.16片和第13.9等片夕字。丁山之说或可取。

爵凡,犹该页第9片之斝凡,即斝凡(盘),也是两种器皿。

7.11：辛未卜，贞，其⿰，十三月。

　　壬申，㓺。

　　辛未卜，贞，其㐬囗，十三月。

　　壬申㡀。

　　囗囗。

　　按：以上是《释文稿》隶定的顺序。拓片自下而上的顺序应当是：

　　壬申，㓺。

　　辛未卜，贞，其⿰，十三月。

　　壬申㡀。

　　辛未卜，贞，其㐬囗，十三月。囗囗。

《释文稿》根据干支表辛未在壬申前一日做以上顺序隶定，恐非是。《释文稿》据董作宾《殷历谱》以为是武丁时十三月的例子。㓺，见于卷上第22.4片和第23.4片，是祭名。⿰，《说文》："治也。"参阅卷上第6.4片考释。

7.12：戊囗［卜］，大贞，……㿝……。

　　癸未，癸未。

　　甲辰卜，出贞，王疾首，亡㧱。

　　按：大，祖甲时贞人名。㿝，从皀从殳，一种盛食物的器皿。参阅《诂林》第2784条。最早是陶制，也用青铜铸造，后来改用竹制，写作簋。《说文》："簋，黍稷方器也。从竹从皿从皀。"由于卜辞残缺过甚，不知何义。出，祖庚时贞人名。同一片甲骨上既出现祖甲时贞人大，又出现祖庚时贞人出，抑或贞人大和出历仕二代殷王。疾首，头痛病。亡㧱，犹言头痛不会延长。卷下第11.8片有"㧱疾"一语，可资参阅。

7.13：贞，传㠯（以）盉囗……㿝䎽曰弃乎……子。

　　按：本片当隶作"贞，传㠯（以）盉囗……飤闻曰弃，乎……子"。传，从人专声。参阅《诂林》第2956条。《释文稿》说传是传丘，族名。㠯，读作以或氏。参阅《诂林》第0022条。丁山读作抱。盉，从氏在皿中，《说文》所无，此从王襄、孙海波之释，为氏族名或地名。参阅《诂林》第2654条。䎽，从卩从耳，《释文稿》从唐兰释作听。参阅《诂林》第0689条。本书以为，本片之㿝，从食从人，当是飤字。下一字从卩（坐人形）从耳，当是闻字。《说文》："知闻也。从耳门声。"段注："往曰听，来曰闻。《大学》曰：'心不在焉，听而不闻。'引申之为令闻广誉。"知闻者，下报上上以知闻也。令闻，犹言美誉、美名。《正字通》："凡人臣奏事于朝曰闻。"闻字或从耳从口。参阅卷下第30.18片考释。棄,从子从其(箕)从𠬞,像双手持箕弃子之形。参阅《诂林》第0594条及第1054条。卜辞文意不明,或是地名。卷下第21.14片有弃方,可资参阅。

7.14:……大……飤……爵……其……。

按:大,当是祖甲时贞人名。飤,从人从食,也当是飤字。爵,《释文稿》隶作舟,疑是爵字。由于卜辞残缺过甚,文意不明。

7.15:丙寅……鬲……。

按:鬲,古代一种炊具。《说文》:"鼎属。实五觳。斗二升曰觳。象腹交文,三足。"《尔雅·释器》:"鼎款足者谓之鬲。"鬲,三足,足比较矮,但较粗大,中空,盛水接触火的面积较大,因而热得快。参阅《诂林》第2759条。卜辞残缺过甚,其义不明。

7.16:鬲。

乙卯卜,贞……。

按:卜辞残缺过甚,辞义不明。

8.1:丙寅卜,方贞,……子虖啬畎四方。十月。

按:方,武丁时贞人名。本片卜辞,据《释文稿》,前之学者论述颇多,意见不一。本书以为,虖,《说文》:"鬲属。从鬲虍声。"即甗字。参阅《诂林》第2745条。《说文》:"甗也。一曰穿也。从瓦虖声。读若言。""甗,甑也。从瓦曾声。"甑甗互训,是甑即甗,甗即甑,古代一种炊具,下层烧水,中间有细孔,上层蒸食物。子虖,人名,据说是武丁诸子之一。啬,从辛从口,王国维说是《说文》啬字。《说文》:"语相诃歫也。从口歫辛。辛,恶声也。读若蘖。"或说是薛,即孽字的初文,卜辞有"作孽"一语。参阅《诂林》第2499条及卷下第10.5片考释。啬,与畎连用,或做动词。畎,同畯,即田畯,古代掌管农事的农官。《诗经·豳风·七月》:"同我妇子,馌彼南亩,田畯至喜。"毛传:"田畯,田大夫也。"卜辞当用作动词。参阅卷下第4.7片考释。

8.2:癸未卜,贞,醻豊(醴),更㞢酉,𢆶,十二月。

按:醻,从酉从束从𠬞(双手),像双手持束酒之形,《说文》所无。《诂林》第3208、3209条据饶宗颐之说释作㻌,《说文》"鼎实",以㻌为醻字异体。卜辞或是有敬献义的祭祀用语。参阅卷下第22.13片考释。豊,读作醴泉之醴,甘甜的酒。酉,读作酒。酉后一字\((不清晰,像是用字。《释文稿》隶作"月十二日",细审拓片,非是。辞末的纪时是"十二月"。

8.3:□□卜,□贞,翌庚□登方帚。

按:据《释文稿》,叶玉森把登作为国名,与登人同义。末一字拓片不清晰,疑是帚字,郭沫若释作祟,有祸忧义。参阅卷上第 6.12 片考释。笔者以为是杀字,见《卜辞"来婞"研究》一文。①

8.4:贞,作册……。

按:作册,商、周时史官名。据卜辞,作册之官早在殷商时已有之。作册掌管王室简册,奉行王命。王册命臣下时,作册宣读册命,并授给臣下。原掌祭祀时奉王册命以告神,后来并管册命诸侯、卿大夫。

8.5:庚戌[卜],□贞,易多女屮贝珏(朋)。

按:易,读作锡,赐也。多女,可能指女奴,作为赏赐的对象。或说是武丁的亲卫。关于屮在此处的用法,据《释文稿》,前之学者说法颇多,有说是祭名,通侑;有说作为连接词"又";有说是地名,即产贝之所,等等。本书以为,屮当读作又,连词,连接多女与贝珏(朋),做赐的宾语。《释文稿》说郭沫若以为本片是卜辞中赐贝的唯一例子,可见其重要性。

8.6:贞,令中人,七月。

□□[卜],争贞,令上丝眔禾侯。

按:中人,据《释文稿》,陈梦家根据卜辞的用例,认为是左中右三军中的一支。(《综述》第 513 页)争,武丁时贞人名。丝,像丝缕形。参阅《诂林》第 3193 条。上丝,方国名或氏族名。禾侯,方国诸侯名。上丝与禾两地当邻近。上部左侧还有"□牛"二字。

8.7:贞,[令]中[人]。

□□[卜,争]贞,[令]上丝[眔□]侯□若。

按:争,武丁时贞人名。上丝[眔□]侯,据该页第 6 片卜辞,当是上丝及禾侯。若,顺也。具体来说,当是指上丝及禾侯皆服从王命,故曰若。上部左侧也有"□牛"二字。

---

① 叶正渤《卜辞"来婞"研究》,《殷都学刊》,2004 年第 1 期。

8.8：裘往，裘往，……。

　　……□□……。

按：裘，像衣服外表有毛形。参阅《诂林》第1955条。《说文》："裘，皮衣也。从衣求声。一曰象形，与衰同意。"衰，《说文》："艸雨衣。秦谓之萆。从衣，象形。"俗称蓑衣。裘，甲骨文裘字是独体象形字。《释文稿》据叶玉森说是地名，裘往即往裘。

8.9：允戈，月一。

按：允戈，根据语法来看，允是副词，修饰戈，则戈用为动词，当是允伐的意思。由于辞句太短，句意不明。月一，当读作一月。

8.10：庚辰卜，争贞，……。

　　癸巳卜，争贞，乎戈……。

按：争，武丁时贞人名。戈，方国名或氏族名。卷上第10.11片显然是方国名，可资参阅。又见于卷下第12.10片。

8.11：己卯……毕（毕）……百廿。

按：毕（毕），《说文》："田罔也。从华，象毕形。"本义是捕鸟网。参阅《诂林》第2824条。卜辞读作禽，擒获。百廿，一百二十。

8.12：网……。

按：网，像张网形。参阅《诂林》第2829条。刻辞残缺过甚，其义不明。

8.13：屮……。

　　其……。

　　己未卜，洼，霙眔皀，一月。

　　其……一月。（以下刻辞不清晰）

　　贞，勿……霙……皀。

按：《释文稿》说本片与《前编》卷五第31.6片缀合。洼，从水从土从止。叶玉森释作迋。《说文》："迋，步行也。从辵土声。"即徒字的初文。参阅《诂林》第0822条。卜辞或是人名或是族名。霙，从二帚相对，从廾，像双手持二帚之形，《说文》所无。《诂林》说当与从二帚的字是同字。参阅《诂林》第2989、2991条。卜辞乃是人名。皀，《诂林》说："此亦当是'皀'字。"参阅《诂林》第2790条。皀像豆中盛满食物之形，故即、既、食、飢等字从之。本片疑或是亯京之亯字的异文。

8.14：糞。

按：糞，像手持帚扫釆(biàn,垃圾)入箕而弃之之形。糞字与棄字的区别在于：糞字从廾从帚从釆，表示扫除的对象是釆。参阅《诂林》第2988条。卜辞糞或表示糞除义，卜辞简短，存疑待考。棄字从廾从箕从倒子，表示所弃的对象是夭折的婴儿。参阅《诂林》第0594条和第2820条。关于棄字的构形理据，黄德宽说："很可能是一种古老的民俗——试子之俗。"所谓试子之俗，即黄德宽说"婴儿的降生所带来的与其说是兴奋，不如说是忧虑；因此将他们置于箕中（或其他东西之中）放到某一地方，并通过各种偶然的事件来推测其命运、前途的吉凶"的一种习俗。详见黄德宽《关于汉字构形功能的确定》一文。①

8.15：于多子御弃。

按：御，祭名。弃，抑或表示通过御祭而使多子存活，不致被弃。人多子则不易存活。王充《论衡·气寿》篇："妇人疏字者子活，数乳者子死。何则？疏而气渥，子坚强；数而气薄，子软弱也。"疏字者子活，是说妇人生育稀疏，则婴儿体质强壮易存活。数乳者子死，是说妇人生育过密，则婴儿体质不强健易夭折。疏而气渥，言妇人生育稀疏则体能充实，毓子体质坚强易存活。殷人尚或不知此理，但欲通过祭祀来祈求多子能够存活。

8.16：□寅三(气)，自乎，牢十丩，帚。

按：据《释文稿》，本片是骨臼刻辞。三，或说读作气，通祈求之祈，求也。自，鼻子的象形，做介词，义同从。下一字疑是乎字，根据语法关系或是地名。十丩，据《释文稿》或读作十屯。丩，丁山说："骨臼所见的丩字，我认定是夕字的或体。""我认为臼辞所见丩诸字，决是朝夕的夕字。"（《氏族制度》第4、5页）于男性而言，夕常为诸侯宿卫殷王若干夕之义；于女性而言，当为侍寝天子若干夕之义。卜辞诸丩字（或反书）之前皆与数目字连用，应是一个物量名词，最多至十丩（见卷下第7.10和第13.9等片）。丩，甲骨卜辞和青铜器铭文常读作纯，本片卜辞当是指祭祀时用纯色的牺牲。参阅卷下第7.10片和卷下第13.9片考释。帚，骨臼刻辞常见的人名，当是史官。

---

① 黄德宽《开启中华文明的管钥——汉字的释读与探索》，北京师范大学出版社，2011年，第272、273页。

8.17：大吉。

　　于既……帚（扫）……廼扫。

　　归于又宗，其又雨。

　　按：既，从皀从旡，像人食后转头之形。参阅《诂林》第 0338 条。帚，读作扫。廼，从西从凵，读作廼，同乃，连词。参阅《诂林》第 1104 条。第二辞残缺过甚，文意不明。又宗，据《释文稿》当读作右宗。古代以西为右，以东为左，故右宗当指位于西边的宗庙。又雨，有雨。陈梦家说："'又宗'常与'又大雨'相联，则祈于'又宗'与求雨有关。所谓'又宗'者当指'河六示'的诸宗……。"（《综述》第 474、475 页）

8.18：它（虫）栽。

　　按：它，像巨首细体之虫形。参阅《诂林》第 1843 条。虫栽，据《释文稿》，或隶作"虫在火（山）"三字。拓片"在火（山）"可能是一个字，即栽字，所以，当隶作虫栽，即虫灾。

9.1：羞其㞢来嬉（艰），不吉。

　　七日己巳夕𤉪，［庚午］□㞢新大星并（竝）火。

　　按：羞，或隶作祟，有祸忧义，笔者曾以为当是杀字。㞢，读作有。来嬉，笔者以为当指将有来犯之敌的意思，一般指人祸。① 不吉，《释文稿》隶作"木，吉"，非是，当是"不吉"之误。𤉪，据《释文稿》，前之学者对此字解释颇多。据《诂林》，或释作礼省；或释作亜，即禋之古文；或释作蚀之古文，等等。参阅《诂林》第 2814 条。笔者以为𤉪乃是一种天气现象，即晕字，谓："晕这一天象是由于空气中水汽浓或空气密度大，因而在日月周围形成的光环。农谚曰'日晕雨，月晕风'，所以月晕是有大风的征兆。𤉪字下从豆，上似从倒八，乃是水汽四散之状。盖月晕如豆中盛热食，热气四散，月晕似之，因以造𤉪（晕）字。"不是祭礼名。（《整理与研究》第 34 页）

　　㞢（有）新大星并火，据《释文稿》，前之学者众说纷纭，莫衷一是。本书以为当是"有新大星及火星并出"之义。由于这是少见的天文现象，故卜辞怪而记之。竝，像二人并立于地之形，所谓比肩是也。新，从斤（斧钺）辛声，假借为新旧之新。参阅《诂林》第 2528 条。

9.2：余焚。

　　余焚。

---

① 叶正渤《卜辞"来嬉"研究》，《殷都学刊》，2004 年第 1 期。

按:焚,从火从林,意谓焚烧山林之义。参阅《诂林》第1222条。余焚,《释文稿》引鲁宾先说以为是余(我)焚烧山林以便田猎的意思。本书以为当是焚烧山林野草以便耕种的意思。

9.3:……焚……㲋。

按:㲋,上似从兔,下从口,《说文》所无。参阅《诂林》第1660条。卜辞中常与狩猎有关,因而有人释作陷阱之阱。或即㲋字之初文。卜辞或做人名,㲋甲,也即文献中的阳甲。卜辞残缺过甚,或是焚而获其㲋之义。

9.4:辛丑卜,贞,𢆶(擒)千羌。王于门𠩺(拚、铺)。

□□卜,㑒贞,□□在燊𠁥(冉)……一牛……三豆。

按:𢆶,从丵从匕,像丵(捕鸟网)中有物之形。据《释文稿》,或说从匕从罓,细审拓片,字并不从罓。参阅《诂林》第2825条。疑是禽字的初文,即擒字的古文,故下文往往记获禽若干,或获羌若干。千,不太清楚,从人,当是千字。《释文稿》隶作三,与拓片不合。门,《说文》:"闻也。从二户。象形。"独扇曰户,双扇曰门。参阅《诂林》第2167条。𠩺(㲋),从双臂从席,像双手铺席之形。参阅《诂林》第2233条。《释文稿》引众家之说,亦无定论,一般隶作寻,本处当是一种席坐告祭礼。萧楠谓:"寻当为杀人以祭。"①

笔者以为从双臂从席的𠩺,即㲋字,当是"布席"即今言铺床、铺席子的"拚""铺"字的初文。𠩺正像双手铺席之形,古语曰布席,今则曰铺席。𠩺,卜辞当是一种席坐告祭礼。参阅卷上第7.5片、第12.11片考释,又见于卷下第10.7片、第31.8片等。

㑒,武丁时贞人名。在,字残,或是示字,但下二字似是地名,因释作在字。燊,从大从四点。或隶作炎,非是。参阅《诂林》第0219条。卜辞是地名。𠁥(𠁥、冉),叶玉森释作竹,古国名,即孤竹国。笔者曾以为当释作𠁥或冉。唐玄度《九经字样》列有《说文》的𣎵字和隶变的𠁥字,《说文》曰:"毛𠁥𠁥。象形。"《史记·仲尼弟子列传》冉有,字亦作𠁥,也可证甲骨文𠁥即隶变以后的冉字。参阅卷上第13.5片考释。豆,《说文》:"古食肉器也。从口,象形。"参阅《诂林》第2789条。

9.5:……东𩩅……西𩩅犬寮白……幽……。

按:𩩅,像骨头片上有刻划标记形,抑或是卜、𠁁字的异体,卜辞是与祸

---

① 萧楠《卜辞考释数则》,《甲骨学论文集》,中华书局,2010年,第86页。

忧有关的字，《说文》所无。参阅《诂林》第2239条。东启……西启，或指有祸来自东，有祸来自西的意思。犬，燎祭时用犬。寮，即燎祭，燔紫之祭。幽，《说文》："隐也。从山中丝，丝亦声。"参阅《诂林》第3162条。假借为黝，《小雅》："桑叶有幽。"毛传："幽，黑色也。"卜辞幽与白相对，当指燎祭所用犬的颜色。

9.6：……帝……立……。

按：卜辞残缺过甚，其义不明。

9.7：庚子……[酚]于丁……。

□今日竝新鬯。

按："于丁"之前所缺之字疑是酚字，祭名。竝，像二人并立于地之形。新，从斤（斧钺）辛声，假借为新旧之新。参阅《诂林》第2528条。新鬯，当指新酿制的鬯酒。据《释文稿》，或说竝、新皆是祭名，恐非是。左侧还有一残字。

9.8：印（抑）令。

按：印，从爪从卩，像一只手压住一个人。据《释文稿》或隶作印，或说是印字的反文，恐非是，当是抑字的初文。参阅《诂林》第0359条。根据语法关系卜辞用作人名。若读作"令印（抑）"，则是动词。辞残过甚，不明其义。

9.9：于盂亡戈，于宫亡戈。

辛启，辛启。

按：盂，地名。参阅卷上第9.13片考释。宫，从宀从二口，像屋内有室之形。参阅《诂林》第2038条及第2039条。据前一句卜辞推之，宫当是处所名。辛启，指于辛日天气开晴。

9.10：问……若……。

按：问，《说文》："讯也。从口门声。"参阅《诂林》第2168条。若，顺也。

9.11：讯……曰，曰……。

按：讯，从女从口。《说文》："问也。从言卂声。"参阅《诂林》第0469条。甲骨文不从言，也不从卂声。曰，从口从一，一，像气出形。参阅《诂林》第0719条。下一字根据残笔推测还当是曰字，尤其是上一笔与两侧竖笔不连接。《释文稿》隶作呂（贡），非是。

9.12：叀辛兑伐。

伐其伐，又戋。

□戋。

按：兑，从人从口从八，八，分也。孔广居以为悦字初文。参阅《诂林》第0043条。据《释文稿》，郭沫若释作悦，鲁宾先释作锐，是一个与征伐、远行或田猎有关系的动词，有疾速义。本书以为，卜辞之伐有二义：一是征伐义，二是祭祀义。本片卜辞下文言"伐其伐，有灾"，可见伐当指征伐，而不是指祭祀。

9.13：丙申卜，出贞，翌小䄟（嗣），叀癸，八月。

丁酉卜，兄贞，其品司，在兹。

贞，其品司于王，出。

按：出，祖庚时贞人名。翌，《释文稿》隶作"乍"，细审拓片则非是，应是翌字。䄟，从辛从司省，或作嗣。参阅《诂林》第2508条。小䄟，据《释文稿》，或说是先祖祭日名；或说是方名；或说借作死；或说是小祀，祭名；或说是人名。从卜辞"翌小䄟，叀癸"来看，释作小祀似乎合乎语法，于文意亦讲得通。

兄，祖庚时贞人名。品，《说文》："众庶也。从三口。"参阅《诂林》第0758条。司，《说文》："臣司事於外者。从反后。"后，《尔雅·释诂》："君也。"《说文》："继体君也。象人之形。施令以告四方，故厂之。从一口。发号者，君后也。"参阅《诂林》第2254条。品司，抑或表示众臣在王前议论部曹职事之得失。在兹，犹言在今。

10.1：戊……。

丙申卜，出贞，乍小䄟（嗣）日，叀癸，八月。

丁酉卜，兄贞，其品司，在兹。

贞，其品司于王，出。

按：本片与卷下第9.13片内容全同，但据拓片来看显然不是同一片刻辞。第二辞在"小䄟"下多一"日"字。参阅卷下第9.13片考释。乍小䄟，抑或表示做小祀。"乍小䄟日"意当为做小祀这一天。

10.2：辛未卜，[王]贞，夕卜五同，叀其[多]。王固曰，叀象，其奉𦉢□于癸。

按：据《释文稿》，这是一条王亲自贞问的卜辞。夕卜，指傍晚或黄昏时的占卜。同，从口从凡。参阅《诂林》第2850条。据考证同是酒樽口部的一种塞子。象，像长鼻子大象之形。参阅《诂林》第1653条。奉，从廾丰声。参

325

阅《诂林》第1076条及第1082条。䍃,字迹残缺不全。卜辞残缺,文意不明。

10.3:□已卜,□㞢疾□□告□□御。
　　按:㞢,读作有。疾,疾病。御,御祭。

10.4:乙亥卜,□贞,今夕王◇言。
　　按:◇,《说文》所无。《诂林》说是囟门的囟字,卜辞以囟为西,是音假。参阅《诂林》第1101条。若据《诂林》读作西,则本片卜辞"今夕王西言",显然不成辞,可见◇并不能读作西。据《释文稿》,或释作西,说是迺字的省文。言,《说文》:"从口辛声。"根据卜辞"王◇言"的语境,◇读作迺,副词,似较妥。但也不一定,因为卜辞中动词的修饰语(形容词或副词)并不多。

10.5:丙……争……令作啻。
　　按:啻,从口辛声,见于《说文》。参阅《诂林》第2499条及卷下第8.1片考释。本辞"令作啻",据《释文稿》,或说是薛,即孽字,即《孟子》"天作孽"的意思。《孟子》原文出自《尚书·太甲中》:"天作孽,犹可违;自作孽,不可逭。"《孟子·公孙丑上》《离娄上》引作"太甲曰:'天作孽,犹可违;自作孽,不可活'",则"作孽"一语产生于殷商时期,其由来久矣。

10.6:王岁,其競,在十一月。
　　按:競,从二人,人首皆戴有头饰,寓意人之争竞,因曰競也。参阅《诂林》第0078条。《释文稿》以为是祭祀用语,其说可参。十一月,三字合书。

10.7:贞……𠬝(抪、铺)……。
　　按:𠬝(抪、铺),从席从双臂,像双手铺席之形。参阅《诂林》第2233条。《释文稿》引众家之说,亦无定论。唐兰释作寻。萧楠谓:"寻当为杀人以祭。"①笔者以为从双臂从席的𠬝,可隶作𠬝,当是今言铺床、铺席子的"抪""铺"字的初文。𠬝像双手铺席之形,古语曰布席,今则曰铺席,既非寻字,亦非谢字,卜辞当是一种席坐告祭礼。参阅卷上第7.5、第12.11片和卷下第9.4片考释,又见卷下第31.8片。

10.8:今癸𠬝,岁。
　　按:𠬝,亦抪或铺字,卜辞当是一种席坐告祭礼。岁,岁祭,祭名。参阅

---

① 萧楠《卜辞考释数则》,《甲骨学论文集》,中华书局,2010年,第86页。

卷下第9.4片及第10.7片考释。

10.9：戊戌贞，辛巳正囧。
殷……。
按：正，《释文稿》隶作沙。细审拓片，应是从止（足）囗的正字。正，当读作征。囧，参阅卷上第25.7片考释，是地名或方国名。殷，当读作拊或铺，是古代一种席坐告祭礼。

10.10：庚子卜，史其往于……。
按：史，《说文》："记事者也。从又持中。中，正也。"中，像丨（笔）置于笔筒中之形。手持笔，此乃史官之职。《礼记·玉藻》："动则左史书之，言则右史书之。"《段注》"君举必书，良史书法不隐"，故此似中而实非中字，引申有正直之义。本辞中或读作使，动词。

10.11：叀乍方为。
贞，勿为亍。
按：方为，据《释文稿》，于省吾以为是"为方"的倒文。参阅下二条卜辞。亍，当是祭祀用语，或是御祭者名。叙（为），罗振玉说："卜辞作手牵象形，……意古者役象以助劳，其事或尚在服牛乘马以前。微此文几不能知之矣。"则为用作动词，有劳作的意思。参阅《诂林》第1654条。为方，或是"做御祭者"之义。

10.12：勿为亍。
按：参阅该页第11片考释。

10.13：乙丑卜，敝贞，我叀方为。
丁未卜，敝贞，我为［方］。
□□［卜］，敝贞，我叀方为。
按：敝，武丁时贞人名。为，作、做也。为方，或是做御祭者的意思。

10.14：庚辰卜，方贞，令去门眔晋眔商乘。
按：方，武丁时贞人名。陈梦家以为"去门"是一个词，用作地名或族名。（《综述》第121页）眔，同及，连词。晋（晋），从䇂（倒矢）置于囗（箭箙）中形。《说文》："晋，进也。日出万物进。从日从䇂。"日，或作囗（箭箙）。参阅《诂林》第2568条。卜辞是地名或族名。商,也是地名或族名。参阅卷上第9.12片考释。秉,《说文》:"禾束也。从又持禾。"参阅《诂林》第1484条。卜辞或做祭祀用语。

10.15:敏。

按:敏,《说文》:"疾也。从攴每声。"敏捷之义。参阅《诂林》第0441条。卜辞单写一个敏字,未知何义。抑或是人名。

10.16:贞,效往于……。

按:效,《说文》:"象也。从攴交声。"甲骨文似从攴从交声。参阅《诂林》第2556条。或是子效,根据语法关系卜辞是人名。

11.1:□□卜,出见,岁不兴用。

按:出,或即祖庚时贞人出。岁,此处或是祭名。兴,起也,起用。像四只手抬起井栏(同)之形。《说文》:"兴,起也。从舁从同,同力也。"舁,四只手的象形;同,抬盘;四只手抬盘,寓意并力之貌。参阅《诂林》第2847条。

11.2:贞,丮(夙)生。

　　贞,正;贞,正。

按:丮,拓片从丮从中或木,《说文》所无。或隶作丮,像人双手上扬有所指之形,《说文》:"丮,持也。象手有所丮据也。"或释作从手持戈,读作扬。参阅《诂林》第0379条。本片卜辞《释文稿》隶作幸,谓像桎梏之形,或释作奎。拓片是从丮从中或从木的丮或枾字。裘锡圭读作夙,为早晨义。参阅卷上第14.2片考释。生,从中,从一,一,地也,像草出于地之形。参阅《诂林》第1381条。据《释文稿》,由于前之学者释作丮生,因说意为祈求生子。或隶作奎,说是人名,与卷下第26.13片之白奎是同一个人,疑当非是。卷下第26.13片当是执字,白是人名,执是动词,捕获。若读作夙,则夙生犹晨生。正,读作征。

11.3:甲午贞,秝酌。

按:秝,从止(足)秝声。参阅《诂林》第0876条。本书以为即经历之歷字的初文。所谓经历,指足迹跨过几行禾垄,向之说者皆未明其义耳。参阅卷下第7.2片考释。武乙时有贞人秝,或即此人。参阅该页第5片考释。《释文稿》以为此处不是人名,当是祭名,恐非是。酌,祭名。

11.4：其㲋登。

弜（弗）㲋登。

按：㲋，《释文稿》认为不是人名，而是祭名。本书以为仍是人名，"弗㲋登"，意或为不要㲋参与祭祀。登，从豆从二又（双手），像双手奉豆之形，故有进献之义。或隶作蒸，即烝祭。参阅《诂林》第1032条。卜辞亦是祭祀用语。

11.5：癸未，㲋贞，旬亡囚。

按：本片之㲋，当是贞人名。据陈梦家《综述》，㲋是武乙时贞人。

11.6：□未，㲋□，□亡囚。

按：本片与该页第5片刻辞相同，但不是同片。参阅该页第5片考释。

11.7：……克……归……。

按：克，罗振玉说古金文克字像人戴有头盔之形，或说甲骨文克字像人有肩任之义。参阅《诂林》第0739条。卜辞克有用作动词任也、胜也诸义。

11.8：贞，妇好不㴀（延）疾。

按：妇好，人名，殷高宗武丁法定三配偶之一，其地位很高。参阅卷上第3.5片、第31.10片考释。㴀（延）疾，《释文稿》说与卷下第7.12片同，㴀指疾病的延长、拖延。卜辞贞问"妇好不㴀（延）疾"，是说妇好疾病不会拖延吧。

11.9：甲申卜，乎衙。

丙戌……翌……。

按：衙，从行从步，《说文》所无。参阅《诂林》第2298条。据《释文稿》，或说是卫字，或说是步字之繁体，本书疑是歬（前）字的异体。根据语法关系，卜辞是人名。参阅该页第10片衙字的考释。

11.10：……御，子衙（歬、前）于父乙［尹］。

……［御，子］衙于父乙尹。

……［御，子］衙于父乙［尹］。

按：衙，从行从歬（前），《说文》所无。参阅《诂林》第2299条。本书以为当是从止在舟上的歬字的繁体，也是衙字的异体。子衙，人名，《释文稿》说是武丁诸子之一。父乙，当指武丁之父小乙。《史记·殷本纪》："帝小乙崩，子帝武丁立。"尹，或说即伊尹，名伊，一说名挚，商初大臣。《史记·殷本纪》:"伊尹名阿衡。阿衡欲奸汤而无由,乃为有莘氏媵臣,负鼎俎,以滋味说汤,致于王道。或曰,伊尹处士,汤使人聘迎之,五反然后肯往从汤,言素王及九主之事。汤举任以国政。"(《史记》第94页)

11.11:衡(茀、前)。

按:衡(茀、前),据该页第9片刻辞是人名。参阅该页第9片和第10片考释。

11.12:……□□于……陟于……。

按:陟,《说文》:"登也。从阜从步。"从步从阜,像足登高阜之形,故曰陟也,其形其义与降字相反。参阅《诂林》第1274条与第1275条。本辞做动词。

11.13:丁丑卜,陟[贞],今夕[亡囚]。

按:陟,武丁晚期贞人名。这是贞卜当夜有无灾祸的卜辞。

11.14:贞,降陟,十月。

按:降,从倒步(双脚)从阜,寓意从高处下来,与陟相对。降陟,犹言升降,指祖先在天之灵魂。拓片十月之下还有一个二,抑或是十二月的合书。

11.15:壬午卜,屰贞,今夕亡[囚]。

按:屰,《说文》:"不顺也。从干下屮。屰之也。"《说文》说解字形非是,甲骨文、金文屰字像大字之倒书,即倒子之形。妇人产子时婴儿脚先出产门,即《左传·隐公元年》庄公寤生之状,故引申为"不顺也"。逆,屰之繁体。屰、逆、逆是一字之分化。参阅《诂林》第0270条。卜辞屰是武丁晚期贞人名。逆为第三期廪辛时贞人名。这片也是贞卜今夕无祸的卜辞。

11.16:贞,逆其囚。

按:逆,《释文稿》说这个逆和贞人是同一人。本书以为,本片之逆似可读作逆,受也。囚,俘虏。《仪礼·聘礼》:"众介皆逆命不辞。"注:"逆犹受也。"所以,卜辞"逆其囚"当是受其囚的意思。参阅卷上第16.11片考释。也见于卷下第16.4片,曰"贞,炆其囚",辞例与本片正同,逆、炆皆用作动词。

12.1:王逆伐……。

按:逆,《说文》:"迎也。从辵屰声。关东曰逆,关西曰迎。"所以,逆伐,犹言迎战。参阅卷上第 16.11 片考释。

12.2：光……。
　　□寅卜,王……徉(逆)入……史(事),五月。
　　丙寅卜,王兹循余伐。
　　□未卜,王……㠯取……侯。

按:《释文稿》说这个徉也和贞人屰是同一人。史,或读作事。王兹循余伐,兹,今也;循,从直从彳,旧释德,叶玉森《殷契钩沉》卷乙释作循,已成定论。(《整理与研究》第 58 页)参阅《诂林》第 2306 条。循,巡视、视察;余,我也。㠯,似从口从口,但又不像从二口的叩(喧)字。《诂林》以为是人名。参阅《诂林》第 2182 条。拓片逆、卜、月、伐、取、侯等字皆反书,拓片可能不慎印反。

12.3：己亥卜,□贞,遣……。
　　按:遣,从𦥑从𠂤,下或从口,遣字之初文。参阅《诂林》第 3007 条。本片卜辞残缺,所以《释文稿》说,不知是用为遣送义,还是用为遣车义。下一条遣字同。参阅卷下第 3.10 片考释。

12.4：遣。
　　按:本片遣字从𦥑从𠂤,下从口。参阅卷下第 3.10 片、该页第 3 片考释。

12.5：辛□,其兄(祝)……澅(沫)……我。
　　二牢,三牢。
　　按:兄,读作祝,祝祷。澅,从𦥑从頁(首)在皿中,从水,像以手捧水沫浴之形,即沫字之初文。西周金文中常见的"万年眉寿"之眉,其实就是沫字。《诂林》似未收沫字。本片卜辞中的沫,是否如后世祝祷前应戒斋沐浴以示诚的意思,由于卜辞残缺,未知其义。

12.6：贞,勿乎……洡(湔)、澡……。
　　按:洡,从水芇(前)声,即湔字。刘云《说"徙"》一文引罗振玉说,沚与洡当释作"洗";刘云文章引《诂林》曰,杨树达认为应读作"有莘氏之莘(姺)",古莘(姺)国的地望在今陕西合阳县。孙亚冰、林欢《商代地理与方国》一书,以为洗作为方国名,其地望当在晋陕高原。有莘氏,亦作有侁氏、有姺氏,夏商方国,有莘故城在今山东曹县西北莘冢集。参阅卷上第 9.9 片、第 17.5 片及卷下第 28.2 片考释。澡,像夬(手)在器皿中抄水之形,丁山说:"像染指于鼎形,当即许书所谓'舀,抒臼也'之舀。"《诂林》曰:"用为动词,其义不详。释'舀'不可据。"参阅《诂林》第2709条。《释文稿》隶作澡。《释文稿》说湔、澡,也都是族名。根据语法关系,湔、澡皆是呼的对象,当是人名或国名。

12.7:辛未……屎……单……。
　　□巳卜,……王……于……。
按:屎,从尸少,《说文》所无。据《释文稿》,胡厚宣读作屎,卜辞是施肥的意思。据《诂林》,前之学者论述颇多,大抵此字的意义与农事有关。参阅《诂林》第0009条。单,读作墠(shàn),《说文》:"野土也。"段注:"野者,郊外也。野土者,于野治地除草。"也与施肥义有关。《释文稿》说即垣字,平地。卜辞有西单(墠)、北单(墠),则是地名。参阅卷上第13.5片考释。

12.8:壬寅卜,兽(狩)隻(获)。
按:兽,从芈从豕,芈是捕鸟的网,豕是野猪,所以当读作狩,狩猎。隻,读作获。

12.9:丁未贞,衘。
　　……贞,不凡疾。
　　……在亯。
按:衘,从行从卸,《说文》所无。据《释文稿》说或是御字的繁文。参阅《诂林》第2326条。卜辞或是祭名。凡疾,不凡疾,有疾,《释文稿》说是卜辞常见的语词。叶玉森说凡读作风,凡疾,即风疾。其说可参。风疾,或即后世所说的头痛病。亯,从二亯重叠,《说文》所无。卜辞做地名。参阅《诂林》第1983条。《释文稿》说或即章字,是第五期地名。其实亯、章二字的写法并不完全相同。章,上从亯,下从羊,曾宪通《说文》释作敦,为烹羊会意。章,卜辞或释作郭,通廓,有筑城的意思。也是武丁时期的地名。或说在殷之东,或说在河南沁阳东南。丁山以为敦,即章字的俗写。敦邱,河南敦丘(今河南温县东),为郭氏的发源地。本书以为做地名或即墉字之古字,也即廓字。参阅卷上第9.7片、第13.11片及12.9片等考释。

12.10:丁未卜,争贞,令执卓甫,乎逪戈幸(执)……。
按:争,武丁时贞人名。卓,《说文》所无,《释文稿》说是第一期地名。《诂林》引裘锡圭说即弋的本字,读为代。参阅《诂林》第2882条。但是,卜辞有弋字,就像木橛之形。参阅《诂林》第3362条。本书根据语法关系以为是人名或氏族名,做执的宾语。此字也见于卷下第 26.4 片、第 27.3 片和第 37.2 片。甫,像园中长禾苗形,圃字的初文,《说文》"种菜曰圃",甲骨文不从囗。参阅《诂林》第 2187 条。《释文稿》以为卓、甫是地名。本书以为是人名或氏族名。

遨,从辵从敄,《说文》所无。卜辞用作人名或氏族名,做乎的宾语。《诂林》引本片卜辞说"用为动词,当与征伐有关",恐非是。参阅《诂林》第 2342 条。戈,叶玉森引《左传》《史记》做人名或氏族名,可从。参阅卷上第 10.11 片、卷下第 8.10 片考释。幸,或隶作䡇,像桎梏形,即执字的初文。参阅《诂林》第 2593 条及第 2602 条。

12.11:……隻(获)……亡肰……。

12.12:[贞,王勿]叚[𣏟]箙牧子,在㯥(燕)。

按:《释文稿》据《续编》卷五第 4.4 片补"贞,王勿"及𣏟四个字。叚,从支从玉,《说文》所无。参阅《诂林》第 3250 条。但从叚字的构形来看,疑与理字义同。理,《说文》:"治玉也。"引申指治理一般事物。所以,叚疑也有治的意思,用为动词。《诂林》:"疑指制作或调集舟楫言之,事与军事行动有关。"𣏟,从木从㐁,《说文》所无。本书以为或是从林从㐁省的鬱字的异体。《释文稿》以为是族名。箙,本是箭韬之形。参阅卷上第 28.3 片考释,或说是武丁时贞人名。于本片,《释文稿》以为是族名。牧,从支从牛。参阅《诂林》第 1555 条。拓片牛在右侧。卜辞也是族名。子,《释文稿》以为同样也是地名。𣏟箙牧子,《释文稿》以为是王把𣏟、箙、牧方三个子爵加给燕方的意思。

㯥,或曰此字从大或㯥,从内或丙,或曰像飞燕形。王襄始释作㯥,于省吾详论之。参阅《诂林》第 3282 条。《释文稿》隶作燕。根据语法关系卜辞是方国名。张玉金《释甲骨文中的"㯥"》说:"(近似㯥之字)也是一个跟'捧或秉、把'音近义通的字。"①

12.13:庚子卜,贞,牧以羌,延于丁,曾用。

雨、雨、夕其……。

按:牧,此处的牧或如喻遂生所言是擒获义。②以,用也。羌,当指羌俘。延,此处当是祭祀用语。丁,殷之先王之一,此指丁的宗庙。曾,上从倒八字形,下从田,《诂林》从于省吾之说释作曾。卜辞之曾,一用作地名,饶宗

---

① 张玉金《释甲骨文中的"㯥"》,《古文字研究》第二十八辑,中华书局,2010 年。
② 喻遂生《卜辞词语补释》,载《甲金语言文字研究论集》,巴蜀社,2002 年,第 168 页。

颐说即《春秋·僖公十四年》"鄫子来朝",杜注"今琅邪鄫县"之鄫。丁山考证以为当是《毛诗》的溱水,在河南新郑(今新郑市)与密县(今新密市)之间。琅琊非其初封之地。(《氏族制度》第106页)鄫,夏禹之后,始封地在今河南方城县北,或即丁山所说之地,终地位于今山东兰陵县文峰山东部向城镇境内。一为祭祀用语,于省吾说通赠,送也。参阅《诂林》第2202条。《释文稿》以为本辞是祭祀用语,其说可参。

第二辞"夕其",《释文稿》隶作"夕雨",非是,细审拓片当是其字之残,残辞补齐或是"夕其雨"。

12.14:□□卜,亐贞,逊禹册……登人京……。
　　　　□□[卜],亐贞,更今秋……逊启,茉自……。

按:亐,武丁时贞人名。逊,从辵牧声,或从彳牧声,其为异体。参阅《诂林》第1555条和第2329条。《释文稿》说是牧字的繁文。卜辞或是氏族名。禹册,是卜辞中常见的成语。据《释文稿》,或说是称述册命,或说是封册的意思,或说是有举册觇述的意思。或解释为符合、遵从王命的意思。但是,本片册字下部残缺,本书以为,册当是典字。《说文》:"典,五帝之书也。从册在丌上,尊阁之也。庄都说:'典,大册也。'"禹典,亦举册也。登人,与廾人同义,征召众人。参阅卷上第17.1片和第31.5片考释。

京,拓片京字下部残缺,抑或是亶字。卜辞中单言的京,作为地名,或是春秋战国时的京邑,位于今河南荥阳市东南。《史记·老子韩非列传》:"申不害者,京人也,故郑之贱臣。"索隐:"按:《别录》云'京,今河南京县是也'。"正义:"《括地志》云:'京县故城在郑州荥阳县东南二十里,郑之京邑也。'"(《史记》第2146页)

秋,像秋蝉之形,或曰从龟从火,则是焦字的初文。参阅《诂林》第1881条。叶玉森《研契枝谭》释作夏(《整理与研究》第130页),唐兰改释作秋。又见于卷下第33.1片和第42.3片。启,据《释文稿》,饶宗颐释作启奏的启。茉,读作祓,禳灾之祭,卜辞也指一般的祭祀。

12.15:辛巳[卜],王贞,敉(牧)……□束(燕)……伐……。

按:敉,从攴从羊,当是牧字的异体。《说文》:"牧,养牛人也。从攴从牛。《诗》曰:'牧人乃梦。'"牧引申为养,如《管子·牧民》篇之"牧民",养民也。据该页第16片卜辞,牧当是氏族名或人名。束,《释文稿》隶作燕,非是。卜辞是方国名。参阅该页第12片考释。

12.16：大，王執𢼄(牧)。

按：執，从廾从幸，像双手带桎梏之形。参阅《诂林》第2600条。《说文》："捕罪人也。从丮从幸，幸亦声。"捕取、捕守之义。牧，氏族名或人名。

12.17：于渔……。

于兄……。

按：渔，从鱼从水。参阅《诂林》第1817条。《释文稿》说是武丁初期的地名。该页第18片以及卷下第13.1片的𩵋，与此当是同字异构，根据语法关系皆是地名。第二辞据拓片应是"于兄"二字。卜辞残缺过甚，其义不明。

12.18：癸亥卜，吏贞，旬亡[卧]。

……卜，敏，旬亡[卧]。

按：吏，武丁晚期贞人名。敏，从攴从鱼，或是𩵋、渔之异构。参阅《诂林》第1816条。或说是钓字，亦据形为说。卜辞用作地名。参阅该页第17片考释。

13.1：癸酉[卜，宂]贞，[旬亡][卧]。

癸丑卜，宂贞，旬亡[卧]，六月。

[癸]亥卜，宂[贞]，[旬]亡[[卧]]。(以上是左侧刻辞，干支是五六月份的。)

癸……。

癸巳卜，贞，旬亡[卧]，八月。

癸□卜，贞，[旬亡[卧]]，在𩵋。(以上是右侧刻辞，干支是七八月份的。)

按：本片卜辞顺序《释文稿》隶作：

癸巳卜，贞，旬亡[卧]，八月。

癸□卜，贞，[旬亡[卧]]，在𩵋。

癸酉[卜，宂]贞，[旬亡][卧]。

癸丑卜，宂贞，旬亡[卧]，六月。

[癸]酉卜，宂[贞]，[旬]亡[[卧]]。

从月份和干支的顺序来看，则非是，其顺序当如本书所释。拓片右下侧斜缺处还有一"癸"字，《释文稿》漏释。

宂，武丁时贞人名。𩵋，从又从鱼，手上端还有一条线与鱼嘴相连，像钓鱼形，当是渔字的异构。参阅《诂林》第1816条。据语法关系，𩵋当用作地名。

13.2：丁酉卜，吴贞，多君曰：来弔以狵。王曰：余其高（啚、廩）。隹王十月。
丙戌卜，吴贞，……丮（*丮）兹……□又。

按：吴，罗振玉曰："许书无此字。殆即疑字，象人仰首旁顾形，疑之象也。"参阅《诂林》第0208条。卜辞吴，是祖甲时贞人名。多君，据《释文稿》，叶玉森《殷契钩沉》以为是诸国之君，陈梦家据《尚书》以为是与多亚、多马等同样的职官名。弔，西周金文通叔，卜辞亦当如是。弔，《释文稿》看作是与贞人弔（廩辛时贞人）有关系的族名弔。狵，从豖从攵，《说文》所无。疑与从豖从又的字是一字。参阅《诂林》第1629条。本片卜辞似用作物名。《释文稿》以为本句是叔来以狵的意思。高，像仓廩下有口形基座，当是啚、廩字的初文。参阅《诂林》第2017条。《释文稿》以为本片卜辞是动词，并据《说文》"受也"的解释，以为有受的意思。《说文》："啚，嗇也。从口、㐭。㐭，受也。"

丮，《说文》："持也。象手有所丮据也。……读若戟。"参阅《诂林》第0379条。据拓片当隶作*丮，从丮从中。或隶作从丮从戈，释为击踝，亦非是。参阅《诂林》第0382条。卜辞残缺，不明其义，或说有打击、击伐之义。

13.3：……㠯……農……。

按：拓片字迹极不清晰，此据《释文稿》释。農，从林或从艸，从辰（贝壳），或从臼或从廾，或隶作莀、辳、農，寓意于辰（晨）时手持蚌壳除草，乃农事也。

13.4：行□……𣥂我……山……。

按：《释文稿》说本片是骨臼刻辞。行，《释文稿》说与卷下第2.12片的"行取"的行当是同一人。行，祖甲时贞人名。𣥂，《说文》所无，其构形理据亦不明。参阅《诂林》第2952条。或即卷上第18.4片𣥂方之简称。叶玉森说是荆方，《释文稿》说是殷之西鄙方国名。参阅卷上第18.4片考释。

13.5：戍叀義、行，用遘羌方。又戋。
弜、用、義、行，弗遘方。
又戋。

按：戍，从人荷戈，《释文稿》引屈万里释作遣戍之戍。弜、用、義、行，据《释文稿》，陈梦家以为以上四字皆是地名。遘，遇也。方，也是地名。陈梦家说："方所出之地曰唐曰匼曰涂，皆在今山西中部和南部。"（《综述》第272页）義，《说文》："己之威仪也。从我、羊。"根据上古音当从羊我声。参阅《诂林》第2456条。又戋，或读作有斩，即有杀伐之事；或读作有灾，有祸忧。

13.6：癸丑……利……。

按：利，《释文稿》说在祭祀卜辞的场合也当是祭祀用语。因卜辞残缺过甚，其义不明。参阅卷下第 18.8 片考释。

13.7：贞囗將囗。

贞，叀辛卯酌，十二月。

囗子(巳)，贞，来子(巳)……。

按：《释文稿》说本片当与《续编》卷四第 6.3 片接续补充。將，从又持肉，爿声，当即將字，祭祀用语。卷上第 7.5 片之叟字，《释文稿》读作將，以为有率领义，引申有扶、进、助、奉、持等义，为误释。参阅卷上第 7.5 片考释。叟，释作寻，卜辞或做祭名，或做地名，视具体语境而定。参阅卷上第 7.5 片考释。

来子(巳)，《释文稿》说是来子的合文，意义不明，恐怕是地名或族名。本书以为当是"来巳"二字，地支之子读作巳，指未来的某个逢巳之日。

13.8：福衣囗……。

按：福，从示(祭台)从酉(酒樽)从廾(双手)，像双手持酒尊向祭台上倒酒之形，是祭祀的一种仪式。参阅《诂林》第 1123 条。用鬯酒祭祀祖先在天之灵和皇天后土，文献记载很多。① 福，或释作祼。《说文》："祼，灌祭也。从示，果声。"祼祭，即灌祭。本书以为，据字形当隶作福。衣，祭祀用语。参阅卷上第 11.7 片考释。

13.9：戊戌，雩示九◊(屯)。

按：《释文稿》说是骨臼刻辞。雩，从雨于声，古代求雨之祭。参阅《诂林》第 1188 条。《说文》："夏祭乐于赤帝，以祈甘雨也。从雨亏声。"《尔雅·释训》："舞号雩也。"郭璞注："雩之祭，舞者吁嗟而求雨。"《礼记·月令》："大雩帝。"郑玄注："雩，吁嗟求雨之祭也。"叶玉森《研契枝谭》曰："卜辞屡言雩示，盖祈雨之祭也。古代雩必用舞，……是殷之舞雩，或拱舞，或围舞，并帅众合舞之义。殷人尚鬼，当设司巫等官。"（《整理与研究》第 121 页）

九◊，卜辞有四◊、十◊之称。丁山说："骨臼所见◊字，我认定是夕字的或体。""我认为臼辞所见◊诸字，决是朝夕的夕字。"就本片卜辞来看当是指祭祀时选用纯色的牺牲。应区别对待。参阅卷下第 7.10 片及第 8.16 片考释。

---

① 参阅叶正渤、李永延《商周青铜器铭文简论》，中国矿业大学出版社，1998 年，第 174 页。

13.10：□卯卜，□盡其不允……。

按：盡，从又持聿（笔）置于皿中，当是盡字。《说文》："器中空也。从皿
夷声。"盡，《释文稿》认为卜辞中除了用作人名外，也作地名或族名。本片之
盡当是人名或氏族名。参阅《诂林》第 2661 条及第 2663 条。

13.11：从盡。

按：从，拓片此字二人面向右，应是比字，《释文稿》隶作从。盡，也当是
氏族名或人名。参阅该页第 10 片考释。

13.12：丙寅卜，大贞，更由又保，自又（右）尹，十二月。

按：大，祖甲时贞人名。由，上从丨下从口，不贯通，或释由，或释古，或
释甾。参阅《诂林》第 0729 条。又，疑义同及。保，从人从子，本像人抱（背）
子形，此是其简体写法。参阅《诂林》第 0085 条。保，或是人名。或说又保
是职官名。周代地官有保氏，职掌以礼义匡正君主、教育贵族子弟，抑或商代
已有之。又尹，读作右尹，也是职官名。周代楚国有左尹、右尹之官，属于卿。

13.13：癸巳卜，贞，王𠂤（师）卯……。

按：𠂤，从𠂤束声，读作师，借作次，师之所止也，军队驻扎曰次。参阅
《诂林》第 3006 条。《释文稿》说在地名上添加词语而构成的与地名有关，其
意义不明。卯，卜辞常用义是杀，本辞残缺，不知用作何义。

13.14：壬寅卜，贞，翌癸卯，王亦东录（麓）出，屮冢（兕）。

按：翌，根据干支关系，此处的翌指第二天。亦，或读作夜，夜晚。参阅
卷上第 16.5 片考释。东录，读作东麓，犹言东坡。屮冢，有兕。冢，《诂林》
隶作兕。参阅《诂林》第 3360 条。这是一片记载殷王田猎的刻辞。

13.15：□戌卜，大……岁于……于吝。

按：大，当是祖甲时贞人名。岁，祭名。《释文稿》说吝是地名，其他意义
不明。吝，《说文》："恨惜也。从口文声。《易》曰：'以往吝。'"参阅《诂林》第
3239 条。根据语法关系卜辞当是地名。

13.16：妹其……。

按：妹，从女未声。《释文稿》说是昧爽的意思，则读作昧。"昧爽"有二
义：其一，黎明时分。《尚书·牧誓》："时甲子昧爽，王朝至于商郊牧野。"其

二,犹暗昧。本片卜辞贞卜昧爽时将要做何事。

13.17:戊寅卜,贞,于丁方祉弓,七月。

按:《释文稿》说本片与《前编》卷一第 10.2 片、卷六第 8.3 片、卷五第 8.3 片,以及《林》卷二第 5.2 片、卷五第 8.5 片缀合。

于丁,于丁宗之省。丁方,《释文稿》以为是丁宗的误刻,意为于丁宗举行宾祭。方,宾祭。祉,引延。弓,《释文稿》以为本片表示用于祭祀的弓,其说可参。甲骨、金文中的数目字十,应读作七,而不是十(10)。有些非古文字研究者和一些文化学研究者将甲骨、金文中的数目字十(7)说成是十(10),或说成是四面神的象征符号,误甚。

13.18:……奴……贞,今日乙……。

按:奴,从幺从又,《说文》所无。参阅《诂林》第 3176 条。《释文稿》说与廪辛时期贞人奴同字。卜辞当是祭名。

14.1:乙卯□,叀介令从敥。

……方贞,……宧……甲。

按:介,拓片从入下着二竖画,《释文稿》隶作介。《说文》:"介,画也。从八从人。人各有介。"甲骨文不从八从人。参阅《诂林》第 3320 条。根据语法关系卜辞是人名。敥,从束从兄,《说文》所无。《释文稿》说或是束允二字的合文,或解释为一个字,是人名或族名。疑《诂林》第 2980 条所收从束从辛即此字,谓:"其义未详。"宧,从宀从牛从止,《说文》所无。《诂林》也未见此字。卜辞也当作人名或氏族名。

14.2:十月……。

[戊]子贞,己亡囚。(卷下第 29.16 片)

己丑贞,庚亡囚。

庚寅贞,辛亡囚。

按:《释文稿》说本片与卷下第 29.16 片缀合。据《释文稿》,郭沫若曰这是占卜明日无祸的卜辞。连续三日占卜明日无祸忧,可见殷王或殷王室必有大事。

14.3:戊□戝不貿。

按:戝,左从戈,右从皀,当隶作戝,《说文》所无。《诂林》第 2437 条收有一字与此字极相似,但又微异,其右侧从类似西而不是皀。卜辞或做人名。貫,从爪从贝,或即得字的异体。不貫,当是不得。参阅《诂林》第1918条。《释文稿》从孙海波隶作覓,谓是不其覓之倒,恐非是。貫字也见于卷下第29.3片。

14.4:帝弗若。

　　贞,……爻……。四、五、七、八、十,小告。

　　按:《释文稿》据卜辞若干用例认为爻是地名,其说可参。拓片还有"四、五、七、八、十,小告"等字,《释文稿》未释。

14.5:……又于夒。兹用。

　　按:又,读作侑,祭名。夒,即高祖夒,又称帝喾,是殷先祖契之父。参阅卷上第3.6片和第14.2片考释。兹用,犹言今用。

14.6:敽。

　　按:敽,从幸(桎梏)从支,当是执字之异构。参阅《诂林》第2599条。《释文稿》根据其他卜辞的用例,以为当是地名或族名。鲁宾先以为是幸(桎梏)的繁文。本书以为鲁说可从。

14.7:多子孙田。

　　按:据《释文稿》,董作宾以为是赐多子孙田而省略了赐字。《释文稿》以为董说是对的。

14.8:取保𠂇(厂)。

　　按:《释文稿》说𠂇也许是祏字,辞义不明。《说文》:"祏,宗庙主也。《周礼》有郊、宗、石室。一曰:大夫以石为主。从示从石,石亦声。"宗庙中藏神主石室也。《左传·庄公十四年》:"命我先人,典司宗祏。"疏:"虑有非常火灾,於庙之北壁内为石室,以藏木主,有事则出而祭之,既祭纳於石室。祏字从示,神之也。"𠂇,据拓片来看应是厂(hǎn,山崖之形)字,或假为祏。参阅卷下第17.17片考释。

　　《诂林》第2251条谓:"𠂇象石之形,或增口为饰作石。《说文》:'石,山石也,在厂之下,口,象形。'金甲文皆从口,《峄山碑》亦从口。许书盖以从口不可解,故改为从口,以象石形说之。"其说误也,许书之说是对的。𠂇或厂是山崖的象形,《说文》:"厂,山石之厓巖,人可居。象形。"《说文》从厂之字亦可以证明。外形像口(圆块状物)形之物太多,唯加上各自所赖以存在的主体事物才可以明确表意。故在口之上加厂表明口乃是山崖之下的圆块状之物。根据生活的经验,人们自然会想到山崖下的圆块状之口当然是石块。所以,石本指圆块状的口,加厂(山崖)为明确表义,不至于误解。这是合体象形字。《诂林》的解释恰恰本末颠倒了。据《诂林》,卜辞中𠁩可以假借为石。姑存一说。

14.9：贞,㞢燹尞……卯……。

……亐……美臦㞢……。

按：㞢,侑祭。燹,殷之先公高祖燹。参阅卷上第3.6片、第14.2片、第22.4片、第24.1片及该页第5片等考释。尞,燎祭。卯,杀。

亐,武丁时贞人名,亦用作祭名。美,《说文》："甘也。从羊从大。羊在六畜主给膳也。美与善同意。"徐铉曰："羊大则美,故从大。"参阅《诂林》第0210条。臦,祖甲时贞人名。《说文》所无,骨字之初文。参阅《诂林》第2241条。陈梦家隶作冎(《综述》第205、206页),像残骨之形,骨字的初文。

14.10：贞于章。

按：章,或隶作郭、虢,或敦,本书释作墉之古字,做地名或即纣畿内(牧野)之廓。武丁时地名。参阅卷上第12.9片及第20.1片等考释。

14.11：其更岁。

贞,更福,用。

暊,其牛。

按：岁,岁祭。福,从示从酉从廾,像双手举尊于示(祭台)前行祭之状,当是福字。或释作祼,灌祭,然与字形不合。参阅《诂林》第1123条。据《释文稿》饶宗颐释作奠,祭名。《说文》奠是尊字的异体,应是一个字的分化。可见释奠亦与字形不合,但意义相似。

暊,从日从頁。廪辛时贞人名。参阅卷上第4.16片、第8.5片和第22.2片等考释。

14.12：方𢦏(我)。

按：𢦏,从我从口,《说文》所无。《诂林》第2455条谓："其义不详。"《释文稿》以为当是族名。本书以为所从的口,乃是放兵器的支架,字像我(斧钺)置于架上之形,所以,仍是我字。卜辞之我是方国名,并非人称代词。

14.13：贞，镬从𠂤🅰︎𢦏文，古［王事］。

按：《释文稿》说与"□未卜，镬从𠂤🅰︎(戠)□文，古王事。㠯(以)镬弗其古王［事］"(《乙编》第 8165 片)同文。镬，从隹从鬲，鬲中还有水，故释作镬。《说文》所无。参阅《诂林》第 1772 条。本片卜辞用作人名。𠂤🅰︎(戠)，据《释文稿》，白川静以为是军事基地。𠂤，从𠂤(师)从一，或隶作从弓从一，非是。《说文》所无。《诂林》释作次，师旅驻扎曰次。参阅《诂林》第 3002 条。本片卜辞与下一字🅰︎连用疑是人名。🅰︎(戠)，从戈从眉，孙诒让释作戛，林泰辅释作戜，叶玉森《殷契钩沉》卷甲释作古国字，或诸侯名。(《整理与研究》第 13、14 页)《诂林》以为释作戜较为近是。参阅《诂林》第 2422 条。

𢦏，从人，头角上有二横画。参阅《诂林》第 0030 条及第 0031 条。叶玉森《殷契钩沉》原以为是《说文》升字，后于《说契》改为古文奔字，地名。于省吾释作襄，地名，春秋时宋襄公所葬之襄陵，今河南睢县，与大邑商相近。(《整理与研究》第 81 页)古，据《释文稿》孙海波隶作㞢，《诂林》镬字条引作𡳿。参阅《诂林》第 1772 条。细审拓片应是古字。古［王事］，"王事"二字拓片所无，《释文稿》据他辞补。古王事，或说是《诗经·唐风·鸨羽》"王事靡盬"，《诗经·小雅·采薇》"王事靡盬，不遑启处"，是勤于王事的意思。陈剑《释"𡉉"》一文考证𡉉当读作堪，𡉉王事为胜任王事之义。本书以为结合《诗经》用例，"古王事"或是"盬王事"之最初表达形式，据卷下第 25.12 片及第 38.1 片当是止息(做完)王事之义。参阅卷下第 3.17 片考释。也见于卷下第 25.12 片及第 38.1 片。

14.14：己亥卜，永贞，孟循。

［庚］子卜，争……。

按：永，武丁时贞人名。孟，从子从止，《说文》所无。参阅《诂林》第 0875 条。卜辞用作人名。循，巡视。参阅卷下第 12.2 片考释。争，武丁时贞人名。

14.15：□寅卜，即，……𤴕鼓……。

按：即，祖甲时贞人名。𤴕，从𦥑从止，《说文》所无。参阅《诂林》第 0818 条。根据语法关系卜辞当是人名。鼓，从壴从殳，即鼓字。参阅《诂林》第 2798 条。卜辞是祭祀用语。甲骨文中既有壴字，又有鼓字。又见于卷下第 28.3 片。

14.16：戜……。

按：戜，从戈首(眉)声，《说文》所无，或隶作蔑。《说文》："蔑，劳目无精也。从首从戍。人劳则蔑然也。"《诂林》说甲骨文从戈首(眉)声。卜辞做人名。杨树达说:"蔑为殷人所事之神名。蔑、密声近,殆即《纪年》所记大戊名密之密矣。"陈梦家以为殷之旧臣。参阅《诂林》第 2459 条。从卜辞中蔑的地位来考察,本书赞同杨树达的说法。

14.17:洝于卯十……。
　　　　令往夠。
　　按:洝,从永从克,《说文》所无。据《释文稿》,饶宗颐以为是武丁时的重臣,人名。参阅《诂林》第 2314 条。与卷下第 18.10 片的夠字疑是同字异构。夠,似犀牛,《说文》所无。参阅《诂林》第 3360 条。根据语法关系,卜辞当是地名,具体地望不详。又见于卷下第 26.15 片,也用作地名。

14.18:贞,由丫……徣(後)伐……令……。
　　按:丫,于省吾释作襄,地名,春秋时宋襄公所葬之襄陵。参阅卷上第 15.4 片和该页第 13 片考释。徣(後)伐,前往征伐。

15.1:戊戌卜,王……在一月,在𠂤(师)巻。
　　按:巻,从山羌声,或从糸,《说文》所无。参阅《诂林》第 0064 条。𠂤(师)巻,《释文稿》说是第五期常见的田猎地。商承祚以为是羌字,叶玉森看作是羊山二字的合文。根据语法关系卜辞是地名。

15.2:其烄于𤲞。
　　按:烄,《释文稿》隶作烄,陈梦家隶作烄,曰:"象人立于火上之形,……烄与雨显然有直接的关系,所以卜辞之烄所以求雨,是没有问题的。"(《综述》第 602 页)根据陈梦家的论说,释烄,释炇,都可以。本书以为像置人于火上,像人出汗之形。卜辞当是祈雨之祭。参阅卷上第 21.5 片考释。𤲞,像井田中有禾稼之形,疑是周,即稠字的初文。参阅《诂林》第 2204 条。根据语法关系卜辞用作地名。其烄于𤲞,于周举行烄祭以求雨。

15.3:其麳。
　　按:麳,从秾从止,《说文》所无。参阅《诂林》第 1519 条。疑是麥字之异构。麦,从来从夂,此从秾从止,造字用意正同。据《释文稿》,卜辞或用作动词,似有播种的意思。

15.4：……王贞，余疾，🈳于示，疾我又（佑）。

按：🈳，《释文稿》说像祭坛上供奉的品物，是祭祀用语。示，是神的意思。疾我佑，是保佑我不要得疾病，本辞是贞问疾病是否平安。细审拓片，🈳，像人首冒热气出汗之状，当是一种头痛病，或是首字。参阅《诂林》第3501条。本句当读作"王贞，余疾🈳（首），于示"。于示，祭祀，祈求保佑我疾首尽快痊愈。

15.5：己卯卜，王咸戋㇒，余曰：雀㕁人伐囸从……。

癸未卜，在□□大戊。

按：咸，《释文稿》以为与卷上第9.1片之咸皆为地名或族名。本书以为当用作范围副词，皆也。戋，读作斩。㇒，叶玉森《殷契钩沉》曰《竹书纪年》"少康即位，方夷来宾"，方夷疑即㇒夷之误。（《整理与研究》第16页）或隶作先，非是。或释作老，亦非是。参阅《诂林》第0040条。本书以为，根据语法关系卜辞㇒是地名或方国名，在本片卜辞中是被斩伐的对象。

雀，从小从隹，隹，《说文》："鸟之短尾总名也。象形。"参阅《诂林》第1790条。卜辞通假作爵，用作动词，赐爵。卜辞中雀也是方国名。丁山以为"雀侯必小乙之子，亦武丁之弟兄行也"，在畿内。（《氏族制度》第124页）㕁，从口，或说从肉，从卪，《说文》所无。据《释文稿》，或以为是葬字。于省吾释作将。参阅《诂林》第3063条。卜辞做人名或氏族名。囸，从目在口（面匡）中，余永梁、李孝定皆释作面，是也。参阅《诂林》第0610条。卜辞是氏族或方国名。

15.6：癸亥卜，贞，王㚖岁。（右辞）

癸……枘（蓺）□……。（左辞）

按：㚖、岁，皆是祭名。枘，从木从丮，当是蓺字的异构。参阅《诂林》第0386条。《释文稿》以为是地名。由于拓片极不清晰且残缺过甚，无法确定。

15.7：于刞。

按：刞，左从刀，右从且（祖字的初文，像男根），叶玉森隶作刞。当是表示割势（割去男根）之字，也即使司马迁曾蒙羞的宫刑的象刑字。《尚书·吕刑》："惟作五虐之刑曰法。杀戮无辜，爰始淫为劓、刵、椓、黥。"其中的椓，指的就是宫刑，或受了宫刑的阉人。《释文稿》隶作屾，近似。据《释文稿》，白川静以为是割势的意思，他把屾羌解作割去羌人势的阉竖。三田村泰助据此认为武丁时期就已经存在宦官。本书以为当是宫刑的象刑字，或即椓字之初文,不一定就是表示宦官。参阅《诂林》第3382条。此字与《诂林》第3280条所收当是一字之异构,而与第3279条所收俎或宜并不是同一个字。根据语法关系卜辞当用作地名,或指割势的地方。据说象刑字兴起于唐尧、虞舜时期。《韩诗外传》卷六之五:"是唐虞之所以兴象刑,而民莫犯法,民莫犯法,而乱斯止矣。"可见象刑字之创造其由来久矣,其目的在于防民之乱也。①

15.8:于𢾖焱。

按:𢾖,从尸或卪从殳,像在罪人头上施以刑罚,疑是黥刑或髡刑的象刑字,亦或辟字的象刑字。《尚书·吕刑》:"惟作五虐之刑曰法。杀戮无辜,爰始淫为劓、刵、椓、黥。"其中就有黥刑。又,《说文》:"辟,法也。从卪从辛,节制其辠也;从口,用法者也。"《释文稿》据鲁宾先隶作左从欠右从殳的𢾖字,非是。参阅《诂林》第0344条。卜辞用作地名。焱,像置人于火上,人出汗之形。卜辞用作求雨的祭名。参阅卷上第21.5片和该页第2片考释。

15.9:庚辰,𩵋𢍏(奏)。

按:𩵋,从八从鱼,据《释文稿》卷下第24.3片考释,前之学者或释作渔,或以为是地名,或以为是祭名,或曰其义不明。陈邦怀谓即颁之本字,卜辞读作班,作班赐讲。参阅《诂林》第1814条及卷下第24.3片考释。本片卜辞当是祭祀用语。

奏,从廾从木,像两手拱木之形,两手合围曰拱。本片奏字与卷上第26.14片、该页第15片奏字写法略异,与卷下第42.1片写法同。彼从廾从聿作𢍏,也是祭祀用语。又如《前编》卷三第20页:"乙未卜,今月𢍏(拱)舞,㞢从雨。"叶玉森已指出拱舞乃是求雨之祭。此从廾从木作𢍏,像两手拱木形。参阅《诂林》第1534条及第1535条。或释作奏,奏舞,谓奏乐舞蹈,乃求雨之祭。② 参阅卷上第26.14片考释及该页第15片、第42.1片考释。2014年10月11日在"纪念容庚教授诞辰一百二十周年学术研讨会暨中国古文字研究会第二十届年会"上,有学者说从木从廾之𢍏字乃是拔字,谓像拔木之形。然根据生活经验来看,拔的动作应是双手朝下,而不是双手向上做拱围之状,故此字当是拱字。参阅拓片。

---

① 叶正渤《〈殷墟书契后编〉所见象刑字浅析》,《古文字研究》第三十辑,中华书局,2014年。
② 朱彦民《从甲骨文"舞"字看"葛天氏之乐"》,《殷都学刊》,2014年第1期。

15.10：丁丑，邑示，四⺀。耳。

按：《释文稿》说是骨臼刻辞。邑示，《释文稿》说卜辞频见，是人名。⺀，《释文稿》隶作包，细审拓片，非是。四⺀(纯)，当表示四个纯色的牺牲。参阅卷下第7.10片、第8.16片和第13.9片考释。耳，是署名，武丁时贞人名。

15.11：贞，从叚……。

雨。

按：叚，从子，从片或从爿，从父。《说文》所无，前之学者说法不一。参阅《诂林》第3079条。据《释文稿》，饶宗颐以为是从子的两个字。本片卜辞当是人名。

15.12：于丁，犾(狐)用。

按：丁，或指丁日，或指殷之先王庙号曰丁者。卜辞过于简短，未知其究竟指的是何义。犾，从犬亡声，罗振玉释作狼，叶玉森释作狐，叶氏所释已成定论。

15.13：贞，翌庚戌[焂]奻于□，⺌从[雨]。

按：奻，从女从凡，《说文》所无，或说是焂祀时所用的牺牲女奴。参阅《诂林》第0529条。方括号里的字拓片所无，《释文稿》据《京大》第0133片补。

15.14：□臥(宿)绝(断)。

……贞……。

按：臥，从人从席，像人躺在席上之形，疑是宿字。参阅《诂林》第2231条。卜辞或做人名。绝，从刀从糸，寓意以刀断绝丝。叶玉森《殷契钩沉》卷甲释作绝(《整理与研究》第13页)。或释作断。参阅《诂林》第3172条。参阅卷上第12.12片和第13.2片考释。也见于卷下第32.14片。卜辞是地名。《释文稿》说是第一期卜辞。

15.15：……㠯(以)㳄……拱(奏)……。

按：㳄，上从皿从点，下从木，《说文》所无，或释作主字，即柱字之初文，但在卜辞中皆与火义无涉。参阅《诂林》第1406条。卜辞用作地名，是殷王田猎之所，地望不详。疑与卷上第15.1片中的㮣是同字。也见于卷下第40.14片。奏，从廾从木或从聿，像双手持木或聿。据《释文稿》，或以为与拱是同字。或释作奏，奏舞，谓奏乐舞蹈，乃求雨之祭。或言从木从廾𦰩字乃是拔字，谓像拔木之形。然根据生活经验来看，拔的动作应是双手朝

346

下，而不是双手向上做拱围之状，《后编》共出现四处✦皆是双手向上做拱围之形，故此字当是拱或奏字。参阅卷上第 26.14 片、该页第 9 片以及卷下第 42.1 片考释。

15.16：……邑方衛（違）……。

按：邑方，地名。衛，从行从眉方声，《说文》所无，或释作违、还。参阅《诂林》第 2301 条。行字中眉、方或是一个整体，不宜分开。拓片这三个字都没有横画，证明甲骨文用毛笔在甲骨片上写好以后，先刻所有字的竖画，然后再把甲骨片横过来刻横画。此字与卷上第 29.2 片应是同一个字，可资参阅。

15.17：……𠄖……北禾……。

按：𠄖，此或是亩（廪）字的异体。拓片字迹模糊，看不清，存疑待考。

15.18：……尃……。

按：尃，从甴（叀）从寸，当是尃字。拓片仅存一字，不知何义。

16.1：丙辰……勿讯……。

按：讯，从丮，像两手被束缚之形。参阅《诂林》第 3152 条。西周铭文中常见"折首执讯"，或"执讯若干"之语，指的是斩首并俘虏敌人。《说文》："讯，问也。从言，丮声。"本片卜辞"勿讯"，当是不用审讯的意思。

16.2 今……中……壬……。

庚戌卜，争贞，王三正（征）河，新舍（畐），允正，十月。

按：争，武丁时贞人名。三，当如字读作三。正，读作征，征伐。河，上古汉语中的河，都特指黄河，《释文稿》认为在这种场合是族名。这一句卜辞的意义，据《释文稿》，前之学者解释颇多，或认为是与治水有关，或以为与占卜建筑河堤等事有关，但大多不合卜辞的一般用例。舍，《说文》所无。或释作衣。参阅《诂林》第 1948 条。本着隶定从宽的原则，其字形隶作畐似乎是可以的。新畐，前之学者解释也比较多，但多牵强，《释文稿》以为是地名，当是。参阅卷下第 20.8 片考释。

16.3：𩺰（麁）。

按：𩺰，上似从×，下从兔（chuò），当是麁字。《说文》："麁，兽也，似兔青色而大，象形，头与兔同，足与鹿同。"参阅《诂林》第 1659 条、第 1666 条

347

和第1667条。《释文稿》认为是地名或族名。孤辞只字,无法解释,存疑待考。

16.4:贞,煅其囚。

按:煅,从火从殳,《说文》所无。《诂林》谓:"字不从殳,不得隶作煅,亦不得隶作威。字在卜辞为人名。"参阅《诂林》第1255(2)条。煅其囚,卷下第11.16片有"逆其囚",当谓受其囚也。本片之煅,字虽不识,但用作动词则是肯定的。究其字形来看,或是拷讯其囚的意思。参阅卷上第16.11片和卷下第11.16片考释。

又,卷下第18.9片有从火从卩的炉字,《说文》所无。据《诂林》,于省吾释作从火戌声的威字。卜辞是人名。参阅《诂林》第1255(1)(2)条。

16.5:其又(侑)岳,叀……。

　大舌……。

按:岳,河岳之岳。拓片左侧还有"大舌"二字,《释文稿》未释。

16.6:……其罙。

按:罙,从网从举双手之大,像人举手张网之形,《说文》所无。参阅《诂林》第2835条。卜辞常做地名。或说像人投网之形,则非是,岂有自投罗网之人?于本片卜辞,《释文稿》说恐怕是与田猎有关的用语,其说当是。甲骨文从网之字为数不少,足以说明先民有张网捕兽或捕鱼之事。《史记·殷本纪》:"汤出,见野张网四面,祝曰:……。"也可做佐证。或是张网之义的会意字。

16.7:贞,佳不隻(获)🐦。

按:🐦,上似从羽翅,下似从心,拓片不太清晰,好像是一种动物的象形,《说文》所无。于省吾谓上从尗,即叔,下从心的惄(nì)字的古文。参阅《诂林》第1939条。《说文》:"惄,饥饿也。一曰忧也。从心叔声。《诗》曰:'惄如朝饥。'"据《说文》则于说恐亦非是。《释文稿》认为是族名,亦非是。在本片卜辞中,🐦很明显做获的宾语,所以当是一种野禽的名字,具体是何字则不明了。

16.8:弜(弗)寊。

按:寊,祭名。寊,从廾持物置于示上,《说文》所无。参阅《诂林》第1122条。本书疑是叔、敊、尗、尗、尗,或祭字的异体。卜辞也是祭祀用语。

16.9：辛卯卜，王贞，□卿(鄉)□……。

按：卿，像二人面对皀(豆中盛有食物形)相向而坐，或隶作鄉。参阅《诂林》第 0337 条。卜辞或做祭名。

16.10：贞，福告，王飢于丁，三月。

□。

按：福、告，皆祭名。飢，从廾奉自(鼻子)，《说文》所无。参阅《诂林》第 0709 条。卜辞当用作祭名。又见于卷下第 22.17 片。丁，庙号曰丁的先王。

16.11：甲辰……至戊。……卩人。

丙午，雨。

按：戊，根据语法关系当是地名。卩，前之学者或释御，即御祭，但与御字字形又不同。于省吾释作卪，恐亦非是。参阅《诂林》第 0302 条。本书以为，卩像人跪坐于庭院之形，乚乃是庭院院墙与地面之线条化。金文每曰"立中廷(庭)"，廷字从人从彡从乚，彡是人影的象形，乚是院墙与地面的线条化，廷字像人立于廷(庭)，影子照在矮墙与地面之形。因此，卩字或是廷字之初文，或是跪字之初文。《释文稿》认为卜辞是族名。但在卷下第 17.5 片《释文稿》又以为是祭祀用语。卩人，辞残，文意不明，或用作地名，亦或是祭祀用语。或隶作卪，谓"卪人"表示夜间节制人的行动。又见于卷下第 17.5 片。"丙午，雨"三字，《释文稿》漏释，据拓片补。

16.12：叀叹令。

按：叹，从又指口，显然不是简体叹字。参阅《诂林》第 0952 条。《释文稿》以为是人名，当是。也见于卷下第 22.16 片，《释文稿》说用为动词。

16.13：贞，乎取般兽(狩)栗。

按：《释文稿》说取般是《前编》卷六第 5.1 片之"夫夫子取自般"。般，当是地名。栗，罗振玉释作栗，叶玉森《殷契钩沉》卷甲证成其说，赵诚申述尤详。卜辞做地名。(《整理与研究》第 29 页)《诂林》谓："释'栗'不可据。字在卜辞为人名。"则非是，当释作栗。参阅《诂林》第 1445 条。

16.14：□□卜，王贞，勿𤕝𤕰酓……𦣞御于……。

按：𤕝，上似羊角，下似羊脸，《说文》所无。参阅《诂林》第 0621 条。或释作从丫䀠的𥄂字。《说文》训："目不正也。"细审拓片，该字并不从丫䀠，而

349

是像整个的羊头形。由于其常和否定副词连用,本书以为或读作蔑,《说文》:"劳目无精也。从苜,人劳则蔑然;从戍。"引申之则有"莫、没、不、无"等义,与"勿"连用,相当于"无不",含有强调肯定的意味。参阅卷上第 24.10 片考释。

㚘,从先从彷,《说文》所无。参阅《诂林》第 2304 条。据《释文稿》,或说是两个字,或说是一个字,至于其意义则不明白。卜辞或做祭祀用语。

丙,从辛从丙,《说文》所无。孙诒让隶作商。参阅《诂林》第 2146 条。《诂林》第 2304 条所举例句即本片卜辞。《释文稿》说是子丙(商),人名。此字也见于卷下第 33.12 以及第 41.9 片。

16.15:燊□……。

按:燊,从并列的两火,从衣,《说文》所无。《诂林》及《释文稿》隶作袋。参阅《诂林》第 1959 条。王志平《说"燊"》一文以为下边不从衣而从卒,以为即僚隶之"僚"本字。① 卜辞用作地名。卷下第 25.5 片一字外框写法与此全同,但衣内有小点,当是同一字。

16.16:癸亥卜,卣贞,今夕亡卜,八月。

按:卣,武丁晚期贞人名。参阅卷下第 17.16 片考释。

16.17:王乍邑,帝若。

按:乍,拓片在乍之上还有一个玉字,因此前之学者有说是玺邑,其实可看作是乍字的繁文。参阅《诂林》第 3227 条。作邑,犹言建造新邑。帝,指上帝。若,陈梦家说是允诺。(《综述》第 567 页)意思是说,王想要作邑必须得到上帝的允诺才可以。如果是"帝弗若",则表示上帝不允诺(不同意)。可见王要干什么大事,允诺之权操之于上帝。

16.18:……何……王㝅……不遘……。

按:何,从人从戈,像人荷戈之形。参阅《诂林》第 0058 条及第 0060 条。《说文》:"儋也。从人可声。"徐铉曰:"儋何,即负何也。借为谁何之何。今俗别作担荷,非是。"㝅,祭名。遘,遇也。

17.1:屮于父□。
……令……乘。

---

① 王志平《说"燊"》,《古文字研究》第三十辑,中华书局,2014 年。

按：㞢，读作侑，祭名。《释文稿》说卜辞的乘，是作为“望乘”来使用的。该页第15片的乘也指望乘。望乘，殷之方国名。

17.2：其𦎫(敦)𥄎……。

按：𦎫，读作敦，敦伐，大规模征伐。𥄎，上从目，下从又，《说文》所无。《诂林》谓：“疑为《说文》训‘捾目’之𥄎字。”参阅《诂林》第0605条。本书疑是臤字的异构，《说文》：“臤，坚也。从又臣声。”《释文稿》说卜辞是人名或族名，本书以为当是族名或方国名。又见于卷下第27.2片和第41.3片。

17.3：……永……明……。

按：《释文稿》说永是贞人名（武丁时），明的意义不明了，也许是日明的意思。明，从日或从囧，从月，寓意明亮。参阅《诂林》第1154条。卜辞残缺过甚，其义不明。

17.4：勿隹姘，亡其雨。

按：姘，从女从牢，《说文》所无。《诂林》谓：“姘乃祭牲，亦以人为祭牲之例。”参阅《诂林》第0475条。《释文稿》据《前编》卷六第27.1片及《佚》1000等片的用例，认为在姘之上省略一个烄字。姘是祭祀用语。

17.5：贞，𢀛(费)弗其㠯(以)昜㔾一□日。

按：𢀛，氏族名。丁山考证疑读若毗，即比蒲，也即费，又即庇，在今山东鱼台县境。(《氏族制度》第85、86页)参阅卷上第16.10片及卷下第4.3片考释。

㠯，《释文稿》说在这种场合有捕致的意思。昜，像日出下有霞光之形，段玉裁、朱骏声以为是暘、陽之本字。参阅《诂林》第1139条。据《释文稿》，胡厚宣以为是鬼方昜的酋长，是昜伯族、昜族的昜。卜辞是地名或氏族名。

㔾，像人跪坐于庭院之形，乚像庭院院墙与地面之形。金文廷字从人从彡从乚，彡是人影的象形，乚是院墙与地面的线条化，廷字像人立于廷(庭)影子照在矮墙与地面之形。因此，㔾或是廷字之初文，或是跪字之初文。卜辞或是地名，亦或用作祭祀用语。或隶作卩。参阅卷下第16.11片考释。细审拓片，在㔾、日之间还有“一□”二字，《释文稿》无。就是说㔾与日不应连读，中间还有两个字，其中一个字残泐看不清，不知是何字。

17.6：㢴，一月，亡𡆥。

按：㢴，从弓从口，《说文》所无。参阅《诂林》第2616条。卜辞是人名。

《释文稿》说与《前编》卷六第52.1片的子㠱是同一个人。

17.7：癸酉，其祢豕。

按：祢，从示从豕，当是以豕行祭，与从羊从示的字同理。《说文》所无。参阅《诂林》第1584条。卜辞当是祭祀用语。拓片字迹不是太清楚。

17.8：寻冤（羅）……。

按：寻，从彳从殳。唐兰曾释作寻。参阅《诂林》第2348条。《释文稿》隶作寻。据《释文稿》，前之学者解释颇多，大多难以信从，暂取其一种说法释作寻。但此字的写法与卷上第14.11片从彳从水从口不同，唐兰皆释作寻。冤，从网从兔，像用网捕兔形，《说文》所无。参阅《诂林》第2830条。根据牢、牡、牝等字的异体写法类推，疑是羅字的异体，抑或是冤字。《说文》："冤，屈也。从兔从冖。兔在冖下不得走，益屈折也。"或释作兔罟之罝字。《说文》："罝，兔网也。从网且声。"卜辞或用作地名。

17.9：己卯卜，□贞，今日启。王固曰：其启？隹其每（晦）。大启。

按：《释文稿》说本片与卷上第30.5片"甲子卜，亚戈☒龙母，启，其启弗每，有雨"相类。启，天气放晴曰启。每，读作晦（暗阴天）。参阅卷上第30.5片考释。

17.10：贞，娕姓（往）。

　　贞，不隹于。

按：娕（chuò），从女束声或索声，《说文》："谨也。从女束声，读若谨敕数数。"钱大昕曰："数数即娖娖。"参阅《诂林》第3203条及第3204条。卜辞当是人名。姓，从女从往，《说文》所无。参阅《诂林》第0511条。据《释文稿》，胡厚宣解作姓，非是。于，当是祭祀用语。

17.11：□未卜，于兢。

按：兢，从二子相并形。《诂林》隶作兢，谓："释兢可从，卜辞用义不详。"参阅《诂林》第0589条。本书以为当是競字的异构。《说文》："競，彊语也。一曰逐也。从誩，从二人。"前之学者业已指出，誩是二人头上饰物的讹变，许慎误从二言。参阅《诂林》第0078条。其一解"逐也"当是競字的本义。参阅卷下第10.6片考释。根据语法关系卜辞是地名。

17.12：福……亡[㐫]。

按：福，从示从廾从酉，像双手持酒坛向祭台行祭之形，故福是洒酒之祭。《诂林》谓："释'福'不可据，郭沫若释'祼'，其义近是，于形则难征，只能存疑。"参阅《诂林》第1123条。商代毓祖丁卣铭文中有"归福"一语，"归福"指祭祀后将祭祀所用的酒和肉取回分给相关的人曰归福或归胙。① 又见于卷下第22.3片和卷下第27.6片考释。拓片还有一个亡字，当是亡[㐫]的残辞。

17.13：弗其……𩩲(骨)……。

按：𩩲，冎字，残骨之象形。冎是祖甲时贞人名。参阅卷下第14.9片考释。

17.14：贞，曰止。

按：止，甲骨、金文本是脚趾或足迹的象形，引申有停止义。也隶作之，往也。参阅《诂林》第0800条。本片卜辞过于简短，其义不明。

17.15：贞，来用乘。

勿，八月。

按：来，当指来日。乘，望乘，氏族名。参阅该页第1片考释。勿，《释文稿》说是来勿用乘的意思。

17.16：癸……。

癸酉卜，𠂤(卣)，亡□。

癸酉卜，𠂤(卣)大甲。

按：第一辞是癸字之残缺。𠂤，从二卣，《说文》所无。参阅《诂林》第1891条。据《释文稿》，饶宗颐认为与卷下第16.16片的卣是同一个人名。卣是武丁晚期贞人名，陈梦家认为是别一个人。

17.17：甲申卜，贞，[亡]𡆥(灾)。

□戌[卜]，贞，祏。

按：祏，从示从石，宗庙中藏神主石室也。参阅《诂林》第2252条。《说文》："宗庙主也。《周礼》有郊、宗、石室。一曰：大夫以石为主。从示从石，

---

① 叶正渤《"归福"本义考源》，《辞书研究》，1999年第5期；《毓祖丁卣铭文与古代"归福"礼》，《古籍整理研究学刊》，2007年第6期。

石亦声。"《左传·庄公十四年》:"命我先人,典司宗祏。"疏:"虑有非常火灾,于庙之北壁内为石室,以藏木主,有事则出而祭之,既祭纳于石室。祏字从示,神之也。"参阅卷下第14.8片考释。

17.18:受邍(原)。

按:邍,《说文》:"高平之野,人所登。从辵备录。阙。"原字的古字。拓片邍字下残缺,且字迹不清晰,此据《释文稿》所释。《诂林》第2385条所收之字与此字颇相似,谓:"字不可识,其义不详。"陈剑《"邍"字补释》一文对此字有详细的分析论说,可资参阅。①

18.1:丁亥,煤丁。叀畢,亦……。

按:煤,从火美声,《说文》:"乾皃。从火,漢省声。《诗》曰:'我孔煤矣。'"同暵字,《说文》:"乾也。耕暴田曰暵。从日堇声。《易》曰:'燥万物者莫暵于离。'"根据《说文》的解释,可知即干旱之旱字。参阅《诂林》第0236条。根据卜辞"丁亥,煤丁"来考察,卜辞当是祭祀用语。而丁则是殷某个先王之庙号。畢,从臼持酉,像两手持尊的形象,《说文》所无。参阅《诂林》第2720条。疑是尊或奠字的异构。或说是召字,或说是釁字。《释文稿》说卜辞或是某种祭仪,可从。此字又见于卷上第31.1片、卷下第24.3等片。

18.2:癸丑卜,子丼、子韦……。

按:子丼、子韦,是武丁诸子。丼,叶玉森《殷契钩沉》卷乙说像井栏之形,《说文》所无。本片卜辞用作人名。卜辞有丼方,是方国名。叶玉森疑是荆方。参阅卷上第18.4片考释。韦,武丁时贞人名,或与子韦有关系。

18.3:庚午,帚(妇)寶示三屯,彔。

按:本片是骨臼刻辞。寶,从玉贝在宀内,无声符缶,当是寶字的初文。参阅《诂林》第1924条。妇寶,《释文稿》说是武丁诸夫人之一。示,祭也。三屯,三个纯色的牺牲。彔,从帚从又,像以手持帚之形,《说文》所无。或释作扫,或读作侵,当以释扫为是。参阅《诂林》第2984条及第2985条。小彔,是骨臼刻辞常见的署人名。参阅卷下第27.10片和卷下第28.4片考释。

---

① 陈剑《"邍"字补释》,《古文字研究》第二十七辑,中华书局,2008年。

18.4：壬子……今癸［丑］……。

　　贞，永令𠈬（保）……。

　　壬子卜，贞，叀❂子令酉用豕。

　　□又其从。

　　按：第一辞拓片尚有"今癸［丑］"二字。第二辞永，《释文稿》谓是人名或族名。本书疑或是武丁时贞人永。令后一字左侧笔画不清，《释文稿》隶作𠈬，似保字，谓是人名或族名。第三辞叀后一字从卪，但人的胳膊上有一圆弧形的圈作❂。参阅《诂林》第0364条。根据卜辞语法关系，❂子是人名。据《释文稿》，胡厚宣说是武丁诸子之一。酉，酻祭，本句是说酻祭要用豕。

18.5：隹鸡疾。

　　按：本片刻辞应是"隹（唯）鸡疾"三字，疾字剩左半，《释文稿》未释。鸡，从鸟，像雄鸡之形。卜辞残缺过甚，其义不明。

18.6：己巳……贞，豚……其围贡［方］。

　　按：豚，《释文稿》隶作豕，非是。豚字在豕肚子之下还有一折笔，或是肉字之残笔，这是豚字造字的笔意所在，应注意区别。参阅《诂林》第1603条。卜辞是武丁时贞人名。围，从囗（城邑）从舛（二止），当是围字。《释文稿》隶作正，读作征，非是。参阅卷上第10.5片和第16.5片考释以及笔者《释"正"与"围"》一文。贡方，方国名，常与殷王室为敌。

18.7：贞，叀亥燡令……，十三月。

　　按：《释文稿》说在这种场合燡是人名，可能与金文燡伯有关系。又曰：这是武丁时期置闰的一例。十三月，说明于年终置一闰，《释文稿》所言是也。

18.8：乙未，□贞……老马□弇俞（制）……。（《后编》第1节）

　　乙未卜，𣊻贞，旧其左□马，其制，不束，吉。

　　乙未卜，𣊻贞，又（右）史入马上（牡），其制。

　　乙未卜，𣊻贞，❂子入马上（牡）一，乙卯制。（《后编》第2节）

　　乙未卜，𣊻贞，自𪓻入赤马上（牡），其制，不束，吉。（《后编》第3节）

　　乙未卜，𣊻贞，左□其制，不束。

　　乙未卜，𣊻贞，在罗田，金右赤马其制……。

　　乙未卜，𣊻贞，辰入马，其制……。

……旬……………。(《后编》第 4 节)

按:《释文稿》说本片与《菁》第 10.16 片、第 9.5 片以及《林》卷二第 26.7 片缀合。本片从下往上较为完整的刻辞有三小节,考释如下:

第一辞:乙未,□贞……老马□弁制……。

老,字迹不清晰,存疑待考。老之后是"马"字,《释文稿》漏释,当补。弁,当是人名。俐,似从人从又利,《说文》所无,《诂林》亦未收,《释文稿》隶作制,或指驯马。未详待考。制字也见于卷下第 5.15 片,从又利,写法与此略异。

第二辞:乙未卜,旬贞,𢎥子入马丄(牡)一,乙弁制。

旬,从日从页,《说文》所无。见于卷上第 4.16 片、第 8.5 片和第 22.2 片等,是廪辛时贞人名。𢎥,从二卩,像二人相抱之形,或即乡字之异构。参阅《诂林》第 0347 条。𢎥子,是人名。马,《释文稿》将其与弁(《释文稿》读作史)合书隶作駚,说是马的一种。参阅《诂林》第 1645 条。本书以为非是。马字仍读作马。丄,读作牡,公马。乙,《释文稿》隶作气,非是。乙弁,是人名。

第三辞:乙未卜,旬贞,自𢀖入赤马牡,其制,不束,吉。

本辞释文顺序以及句读与《释文稿》略异。𢀖,从中从二夕,《说文》所无,《诂林》似亦未收。卜辞自𢀖是人名,𢀖或担任师之职。束,字残泐不清,似卷下第 12.12 片燕字,暂从《释文稿》所释。不束,抑或指马不倔强,比较驯服,抑或指马不骟,吉。

据《释文稿》,前之学者关于本片刻辞若干字的隶定不同,因此考释也不同。其中,根据语法关系大体上可以确定的是:旧其,人名;左史、右史,职官名;𢎥子、乙弁、自𢀖、辰,当是人名;罒田,是地名。大意是:某人或某部族入贡牡马、赤马,经驯服或其他训练等,最终便于驾驭使用。以上解释仅供参考。

18.9:贞,烒不囚……。

贞,咸大甲丁。

按:烒,从火从卩,《说文》所无。据《释文稿》,前之学者多所解释,然皆难以适从。据《诂林》,于省吾释作从火戉声的威字。参阅《诂林》第 1255(1)条。卜辞是人名。卷下第 16.4 片卜辞曰:"贞,烒其囚。"对比这两条卜辞内容和辞例,疑此二字当为同一字,皆用作动词,或即拷讯其囚的意思。咸,罗振玉、王国维以及陈梦家皆以为是《尚书·君奭》篇中的巫咸,人名。(《综述》第 365 页)参阅卷上第 9.9 片考释。丁,当是大丁,蒙上大甲之省称。

18.10：隹𣱵乎望……。

按：𣱵，从永从克，《说文》所无。参阅《诂林》第2314条。与卷下第14.17片的𢦏字疑是同字异构。根据语法关系，卜辞用作人名。乎，借作呼。望，或即望乘，方国名。

18.11：□丑卜，旅贞，血子岁，王其宜。

按：旅，祖甲时贞人名。血子，人名。也见于卷下第30.17片和卷下第39.17片。岁，岁祭。宜，祭名。

18.12：癸卯卜，贞，其刚……于征，犬十□……。

　　□卯贞，其王幸（执）。

按：刚，祭名。幸，桎梏一类的刑具，于本片卜辞读作执。

18.13：癸未卜，贞，兹月又大雨。兹御。夕雨。

　　于生月又大雨。

　　□□卜，贞，……雨。

按：兹月，犹言今月。又，读作有。兹御，犹兹用。御，祭也。生月，或读作之月，这一月，指当月之内。《释文稿》说是第五期卜辞。

19.1：……出贞，益龟旬不融不□……。

按：出，祖庚时贞人名。益龟，叶玉森疑本片即龟益二字之合文，亦龟多之义。（《整理与研究》第53页）据《释文稿》，或说是益龟二字的合文，或说是增益龟的数量。融，从鬲从匕从火，像鬲中热气上升之形。参阅《诂林》第2756条。《释文稿》说是明的意思，指龟版不明不用于祭祀。第二个不字下还有一个字，可惜字迹不清，不知是何字。本辞意义不明，且聊备一说。

19.2：癸未卜，贞，□方允其□启。二月。

按：□方，方国名，拓片残缺，不知是何方国。启，本义是天气放晴。

19.3：壬子卜，王令雀聝伐卑。十月。

按：雀，丁山谓："雀侯必小乙之子，亦武丁之弟兄行也。"雀在殷王畿之内。据丁山考证，约在河南荥泽县（今郑州市惠济区），介于战国魏地北宅、成皋之间。（《氏族制度》第124、125页）聝，从耳从皇，《说文》所无。刘钊隶作从耳皇声的瑝字，谓瑝有大义，"瑝伐"即"大伐"。《诂林》以为字在卜辞当为人名。参阅《诂林》第 0698 条。《释文稿》说当与耳朵有关。卜辞当用作人名或氏族名。也见于卷下第 26.11 片。畀,从廾从田,像双手举方形器,王国维释作畀。参阅《诂林》第 2190 条。卜辞当是方国名。《说文》:"畀,相付与之。约在阁上也。从丌由声。"甲骨文不从由声,由是田形器之讹变。

19.4:戊子,其幕叀扶(扶)用。十月。

按:幕,从宀从酉从六小点,像以巾覆尊之形,《说文》所无。王襄以为是古幎(mì)字,今本作幂。《说文》:"幎,幔也。从巾冥声。《周礼》有'幎人'。"参阅《诂林》第 2722 条。本书以为此字与从宀从酉加六小点的当是同字。参阅《诂林》第 2088 条。卜辞是祭祀用语。扶,从扶从天(或大,站人形),《说文》所无。王襄说是古扶字,从二夫,輦字从此,读若伴侣之伴。李孝定以为是古文扶字,像二人相扶将之形。参阅《诂林》第 0246 条。《释文稿》说是系二人手之形,本片卜辞恐怕是以人身供作牺牲。本书以为李孝定之说可从。卜辞是祭祀用语。下一字《释文稿》隶作雨,拓片是用字。

19.5:甲子……,乙丑……各,且……。

按:各,从夂(足趾)从凵,像足自外入内,因此有入、至的意思,与出字形义相反。各,祖,或分属两句读。本片字迹不清晰,辞多残缺,其义不明。

19.6:辛……癸……。

甲辰卜,辛丑又(侑)兄甲。雨。

弗又(侑)。

按:又,读作侑。下一又字同。兄甲,《释文稿》根据陈梦家的解释以及字体推测认为是廪辛时卜辞,当是。

19.7:罨王。

按:罨,从廾从皿或从血,像双手举器皿行祭之状,《说文》所无。《诂林》隶作益,谓是"益"字之省体。参阅《诂林》第 2660 条。本书疑是登字之异构。卜辞是祭祀用语。

19.8:戊……萬……从……。

按:萬,《说文》:"虫也。从厹,象形。"甲骨文、金文正像水甲虫之形,是独体象形字。金文常加辵,则是邁字,铭文中读作万。卜辞残缺过甚,辞义不明。

19.9:丁卯卜,[涿]贞,王[宜]且丁……。

丁卯卜,涿贞,王宜,叙,亡尤。

……涿……夕……。

按:涿,从水从豕(第二辞)或从豚(第三辞)。参阅《诂林》第1618条。祖甲时贞人名。宜,祭名。叙,粢祭之一种。

19.10:……滴……芿。

按:滴,从水商声。参阅《诂林》第2147条。《释文稿》引叶玉森《说契》以为是陈州商水县的商,是商的国号的发祥地。芿,从林从乃,《说文》所无。《诂林》隶作鬱,谓此当是鬱字之省。参阅《诂林》第1438条。叶玉森根据《路史·国名纪》以为是楑字的初文,《释文稿》以为与字形不相类。卜辞残缺,或是地名。

19.11:□丑,其又(祐)……[王囧]曰……。

按:又,读作佑,佑祜。卜辞残缺,其义不完整。

19.12:□辰卜,□贞,酚岁且乙。

……□贞……。

按:酚、岁,皆祭名。且乙,祖乙。

19.13:鼬□……[王囧]曰……。

按:鼬,从盟从女,疑是媼字。《说文》:"女老偁也。从女㬎声,读若奥。"《诂林》收一左从女右从皿的字,谓是女字。参阅《诂林》第0526条。其写法与鼬字相反,抑或是同一字的异构。卜辞或是人名、地名,或是氏族名。

19.14:□子汏逐鹿,隻(获)。

按:子汏,《释文稿》说是武丁诸子之一。逐鹿,追逐鹿而获之。本片字迹反书,抑或印刷时把拓片纸放反了。

20.1:……王隻(获)嬴,……五人一牛……。

按:嬴,从卩嬴声,《说文》所无。疑即嬴字,从卩(人)与从女同。根据卜辞内容推测当是氏族名,而不是野兽或鸟类。

20.2:癸未卜,何贞,牢,不雨。

按:武丁时期有一个贞人何,廪辛时期也有一个贞人何。陈梦家以为本片之何应该是武丁时期的贞人,《释文稿》从之。但是,从字体方面来看,本片字体较小,不似武丁时期卜辞。牢,当用作祭名。

20.3:用兹,⌂我莱方……从雨。

按:⌂,像房屋开有门洞形,似向字之异体,《说文》所无。《诂林》谓:"字不可识,其义不详。"参阅《诂林》第 2030 条。《释文稿》说其意义不明,恐怕是祭祀用语。我,我氏,方国名。丁山以为"我"孳乳为"仪",即春秋时之夷仪,位于山东聊城故地。(《氏族制度》第 103 页)也见于卷下第 25.1 片卜辞。莱方之方,据《释文稿》,或说是四方,即祈年于四方,有大雨。或说是氏族名,即祈告外方侵寇。

20.4:于壬,王卤(酒)省田。壬,王弜(弗)省田。

按:壬,壬日。省田,据《释文稿》,鲁宾先以为是《礼记·明堂位》"春社秋省"之省,也即狝,古代指秋天打猎。卜辞中的田大多数指田猎、打猎,不是种田。参阅卷上第 30.6 片考释。这是一片对贞卜辞。

20.5:□□卜,争贞,王梦,隹⚍(斲)。

按:争,武丁时贞人名。梦,像人得病卧床身上出汗之形。⚍,从中从斤,像两根矢镞之形。据《释文稿》,或释作斲,从斤从单,《说文》所无,《诂林》亦未收此字。据《释文稿》,或说是殷之先公斲(人名)作祟,因而王做梦。抑或是束字之异构。

20.6:癸……贞……不㱿……。

按:㱿,从歹(残骨形)从爿(床)。参阅《诂林》第 3086 条。本片不从人,疑是葬字之初文。或说是死字,《释文稿》已辨其非是。

20.7:癸亥[卜,王]贞,旬亡[㱿],在三月。乙丑酓小乙。丁卯酓父丁。

癸酉[卜,王]贞,旬亡[㱿],在四月。甲戌工典,其酯彡(肜)。

癸未[卜,王]贞,旬亡[㱿],在四月。甲申酯[彡(肜)]上甲。(以上是《后编》第 20.7 片,即《通》第 301 片。)

癸巳卜,王贞,旬亡[㱿],在四月。菁(遘)示癸彡(肜),乙未彡(肜)大乙。

癸卯卜,王贞,旬亡[㱿],在五月。甲辰彡(肜)大甲。

癸丑卜,王贞,旬亡[㱿],在五月。甲寅彡(肜)小甲。

□□卜……贞,……五月……。

按:《释文稿》曰,曾毅公将本片与《甲骨七集》第78片缀合。又曰,董氏把本片看作是祖甲十一年的。这是典型的周祭卜辞。啓,啓祭。工典,根据晚殷周祭制度,工典或是在每一轮周祭开始时(第一句)使用这个术语,表明一周祭开始,或说皆是从甲日祭上甲微开始。但是,从卷上第21.3片以及本片来看,工典是在甲戌(11),而肜祭上甲则是在甲申(21),并非有工典就是奠祭上甲。范毓周以为,工典当读作示典,即视典,指在举行周祭之前由史臣或贵妇检视占卜用的龟甲或肩胛骨。参阅卷上第10.9片和卷上第21.3片等考释。彡,彡祭。

由本片来看,三月最后一个甲日应该是甲子(1),四月的三个甲日依次是甲戌(11)、甲申(21)和甲午(31),五月的三个甲日依次是甲辰(41)、甲寅(51)和甲子(1)。由此看来殷历一个月的确是三十日,不分大小月。据《释文稿》,董作宾说本片是祖甲十一年。查检董作宾《中国年历简谱》,祖甲十一年是公元前1263年,该年三月董谱是辛丑(38)朔,四月是辛未(8)朔,五月是庚子(37)朔,虽然与本片卜辞纪日相合,但是,这是人为使之相合的。该如何解释卜辞皆于癸日占卜下一旬之吉凶这种普遍现象,这是一个不可回避的事实。

20.8:……贞,畣(畐)。

按:畣(畐),《说文》所无。或释作衣。参阅《诂林》第1948条。本着隶定从宽的原则,其字形隶作畐似乎是可以的。《释文稿》说是卷下第16.2片所见的地名,可资参阅。

20.9:贞,……其……二……。
……告……叀……牛……沈(沉)。

按:以上顺序是《释文稿》的隶定。细审拓片,似应读作:贞……。告叀牛沉。其二。

20.10:……仆卜……。

按:据《释文稿》,饶宗颐把仆释作有争议的卜人之一。僕,细审此字,从头戴饰物且有矢形饰尾的人,人手中捧着其(箕)一样的用具,上有三小点,饶宗颐隶作仆。《说文》:"僕,给事者。从人从菐,菐亦声。"卜辞是卜人名。但是,查检陈梦家《综述》卜人表中无此种写法的卜人名。

20.11:叀偭☒□……。
……贞,……王……。

按：据《释文稿》，丁山把本片读作一辞，即"贞，叀雁王臾"，雁王，即应侯。(《氏族制度》第134页)倠，从隹从匕，《说文》所无。参阅《诂林》第1782条。丁山释作应，即雁字，战国时范雎所封地应邑。(《氏族制度》第126页)本书以为是鳦字，大雁一类的水鸟。《说文》："鳦，舒鳦，鹜也。从鸟几声。"《尔雅·释鸟》："舒雁，鹅。舒鳦，鹜。"《礼记·内则》李巡注曰："野曰雁，家曰鹅。野曰鳦，家曰鹜。"是雁与鳦同类。❏，从臼从再从土，不从火，像双手持土有所用。或释作冉，举也。参阅《诂林》第3111条。西周初期❏鼎铭文也有此字，读作冉，举也。《释文稿》以为本片是垦田的意思。参阅卷下第41.15片考释。

20.12：戊……贞……令……。
……叀叧……十二月。

按：叧，从厂从戉，下从方，《说文》所无。《诂林》隶作从声从殳从方，声是石磬上装饰物之象形，本片之叧从厂，不从声。参阅《诂林》第2278条及第2279条。据《释文稿》，罗振玉释作叧，是殷王田猎地。《释文稿》以为卜辞是从第一期延及到第二期的地名。

20.13：辛酉贞，在大六戜其飢。
辛酉贞，戜弜(弗)飢戠禾。
……贞，……□……。

按：大六，根据语法关系推断当是地名。戜，疑是从我从小从口，《说文》所无。参阅《诂林》第2451条及第2453条。卜辞疑是人名。飢，像人怀抱尸(扫帚之形)，疑与常见的从戈从丮的扬(扬)字是异体关系。参阅《诂林》第0382条及第0383条。《释文稿》说卜辞是祭祀用语，当是。戠，从戈从辛(辛字的初文，尖刀类的刑具)。关于戠字的字形以及在甲骨刻辞中的用法，前之学者考释颇多。参阅《诂林》第2415条。本书以为，《说文》："戠，阙。从戈从音。"戠字的本义许慎认为已缺而不知，甲骨文戠从戈从辛，或题识(刻标识)是其本义。戠禾，当是祭祀禾稼、祈求丰年，与祓年相同。

20.14：贞，戊耆(耄)。

按：耆，从老从至，当是耄字的异构。《说文》："年八十曰耄。从老省，从至。"或说七十曰耋。《诂林》老下、至下皆未收此字。卜辞或是人名。

20.15：珏……。

按：珏，从珏从乚(器皿形)。《诂林》未收此字。卜辞或是地名或族名。

参阅卷下第27.12片及卷下第43.8片考释。

20.16：甲申卜，自，王令厌人日明旋于京。
  按：自，读作师。厌，从匚从禾，禾下所从不清晰，《说文》所无，此从陈梦家释。《诂林》禾下、匚下皆未收此字。根据语法关系卜辞是氏族名或方国名。据《释文稿》，前之学人解释颇多，或说是贞人名，据内容和语法关系推定当非是。日明，陈梦家说是记载时间的专有名词。(《综述》第605页)旋，从㫃(旗帜)从止，陈梦家释作旋。卜辞或是旋踵、返回义。参阅卷上第28.3片和卷下第35.5片考释。京，地名。卜辞中单言的京，作为地名，或是春秋战国时的京邑，位于今河南荥阳市东南。《史记·老子韩非列传》："申不害者，京人也，故郑之贱臣。"索隐："按：《别录》云'京，今河南京县是也'。"正义："《括地志》云：'京县故城在郑州荥阳县东南二十里，郑之京邑也。'"(《史记》第2146页)参阅卷上第5.5片考释。

20.17：贞，王不其隻(获)㕣。
  按：㕣，从又从口，《说文》所无。《诂林》似未收此字。根据语法及文意推测当是某种动物名。

20.18：王勿御白紖史。
  按：紖，从糸从尹，《说文》所无。参阅《诂林》第3194条。又见于卷上第31.9片和卷下第35.9片，曰多紖，二紖。"白紖史"并言，《释文稿》说可能与武丁时期贞人史有关系的人名。《释文稿》曰本片字体属于王族卜辞。

21.1：……卜，争……徇……，囚……。
  按：争，武丁时贞人名。徇，《说文》："疾也。从人旬声。"《诂林》人下、旬下皆未收此字。据《释文稿》，杨树达以为是借作《竹书纪年》所见的沃丁名绚之绚。卜辞可能是人名，卜辞残缺，难以确定。

21.2：丁未……伊……其用。
  更笇用。
  按：伊，《释文稿》说是伊尹。笇(xiǎn)，《释文稿》隶作从竹先声的笇字，本义是刷锅把。《诂林》未收此字。《释文稿》说恐怕是以人身做供牲的部族名。本书以为此字当是上从冉，下从先的字，《说文》所无。卜辞或是氏族名。

21.3：王……紤。

按：紤，从糸从斤，《说文》所无。参阅《诂林》第2531条。据《释文稿》，或据字形从糸从斤来推断，疑与绝字同义。甲骨文有把绝释作断字的。参阅《诂林》第3156条。抑或紤是绝或断字的异构。卜辞残缺过甚，其义不明。

21.4：[壬子]卜，喜[贞]，……小旬……叙若……示。

按：据《释文稿》，"壬子"二字饶宗颐据他辞补。喜，祖甲时贞人名。小旬，二字合文。据《释文稿》，鲁宾先以为卜辞中有与之相对的大旬，认为殷历有大小旬的区别。此说存疑待考。示，祭也。

21.5：……殻……解□……。

按：殻，武丁时贞人名。解，从刀从牛从角。参阅《诂林》第1913条。《说文》："解，判也。从刀判牛角。一曰解廌，兽也。"据甲骨文字形来看，"解"字本义应该是解牛角。解下一残字《释文稿》说上从从，细审拓片似从䒑。

21.6：癸□□，令姶氏……。

按：姶，从女从各，《说文》所无。参阅《诂林》第0488条。丁山以为是殷代氏族之一。（《氏族制度》第31页）拓片字迹不清。细审拓片，右侧还有"癸□□，令"三字，《释文稿》未释。

21.7：炆㴱。

按：《释文稿》说，炆是卜辞频见的祭祀仪礼。㴱，从豆（礼器）从水，像豆沉入水中之形，《说文》所无。参阅《诂林》第1314条。《释文稿》疑是沉字。卜辞当是祭祀用语。

21.8：贞，其䦏，……牝。十一月。

……卜，贞，戊□……。

按：䦏，当是从女门声，《说文》所无。参阅《诂林》第2170条。《释文稿》说卜辞恐怕是祭祀用语，可从。牝，母畜。

21.9：……𤉗……在二月。

按：𤉗，从舛从二自或二角，《说文》所无。《诂林》亦未收此字。卜辞或是地名，《释文稿》引叶玉森《铁云藏龟拾遗附考释》说是田猎地，谓不可识。（《整理与研究》第185页）

21.10:犇(寅牛)。

按:犇,《释文稿》隶作"寅牛"二字的合文,《说文》所无。疑是"黄牛"二字的合文,"寅牛"不好理解。甲骨文寅、黄二字形体本来很近似,难以辨别。参阅《诂林》第2550条。《诂林》未收此字。孤辞只字,或是祭名,或是地名。

21.11:癸酉卜,方贞,乎雝眓𠂤㲚。

按:方,武丁时贞人名。雝,从隹从吕(宫室形,并非像脊柱骨之形的吕),罗振玉释作雝。参阅《诂林》第1757条。据《释文稿》,饶宗颐释作雝,卜辞是人名。眓,从目从戈,《说文》所无。《诂林》引此片卜辞曰:"字亦当是肇字。"参阅《诂林》第2398条。据《释文稿》,前之学者多有解释,但未必正确。《释文稿》根据卜辞用例,归结为(1)族名,(2)攻伐义,(3)祭祀用语,本片卜辞当表示呼雝眓(攻伐)𠂤(师)㲚的意思。也见于卷下第29.8片卜辞。𠂤(师)㲚,当是地名或族名。𠂤,读作师。㲚,从鱼从中,《说文》所无。叶玉森说是地名。殷代地名和方国名往往相同。参阅《诂林》第1823条。

21.12:癸亥……𰻞(费)……蒿……。

□戌贞……麦……帚。

按:𰻞(费),地名,丁山考证说是山东鱼台县境的费。参阅卷上第16.10片、卷下第4.3片以及卷下第17.5片等考释。蒿,从艸或从林高声。参阅《诂林》第2024条。卜辞当是地名。麦,从又持聿,聿是笔的象形,下从乂,像错画之形,王国维疑是古畫字。参阅《诂林》第3092条。据考证麦是武丁封于东方的一个儿子。丁山以为是小辛、小乙的弟兄辈,武丁诸父之一。其地望与郯、防为近邻。(《氏族制度》第79页)参阅卷下第4.11片和第37.2片考释。

21.13:庚子卜,贞,其罪秉二。

按:罪,从目(或臣)从𠬝从生(㤓),《说文》所无。《诂林》谓:"字不可识,其义不详。"参阅《诂林》第0677条。《释文稿》疑与秉字皆为祭祀用语。

21.14:不若弃方。二告。

按:弃方,或是方国名。参阅卷下第7.13片考释。拓片还有"二告"两字。

21.15:贞,王賡来自……。三[告]。

按:王左侧一字上从庚,下从心或贝,本书隶作賡。《诂林》未收此字。《说文》:"賡,古文续。从庚贝。"会意。拓片还有"三告"二字。

365

21.16:㘴。

按:㘴从三个卩(坐人形)从止,《说文》所无。《诂林》谓:"字不可识,其义不详。"参阅《诂林》第0893条。卜辞孤辞只字,不知何义。

21.17:于𡘳(妹京)……。

按:𡘳,上从三个山或火,下从京或亭,《说文》所无。参阅《诂林》第1996条。据《释文稿》,或释作"妹京"二字的合文,即妹邦。《尚书·酒诰》:"王若曰:'明大命于妹邦。'"朱骏声《尚书古注便读》注:"王,成王也。妹,沬也,水名。沬邦,纣都,当在今河南卫辉府淇县东北。其初武丁迁居之,即《鄘》诗所云'沬乡',在朝歌西南也。"(《尚书古注便读》第130页)根据语法关系卜辞当是地名。参阅卷下第25.14片考释,又见于卷下第28.9片和卷下第39.5片。

21.18:□丑贞,我……叀𢦔……𩫖(敦)……。

按:𢦔,右侧从水从又,左侧似从横书的我字,《说文》所无。参阅《诂林》第2028条。卜辞是方国名,是殷王室斩伐的对象之一。𩫖,《释文稿》说此处当读作敦,是敦伐的意思。结合《合集》第33958片卜辞来看,当是。又见于卷下第27.4片。

22.1:令㑯。

按:㑯,从彳从矣(疑),同疑字。参阅《诂林》第2324条。根据语法关系卜辞是人名或方国诸侯名。

22.2:不𦫵众,其𦫵众。

按:𦫵,从二矢并列,《说文》所无。《诂林》谓假作"雉",卜辞字亦或作"雉"。参阅《诂林》第2546条。也即鸥字,《说文》段注:"江苏俗称鹞鹰。"据《释文稿》,前之学者解释颇多。结合段注来考察,则卜辞"不𦫵众,其𦫵众"当读作来(使来到),似有聚集或陈列众人之义,做动词。《释文稿》两句卜辞的顺序与本书相反。但是,拓片"不𦫵众"在下,"其𦫵众"在上,按照卜辞的释读体例,当按本书隶定的顺序读。

22.3:丁巳卜,何贞,福叀……吉。

按:《释文稿》据字体引陈梦家之说,认为这个贞人何不是第三期的贞人,而是武丁时期的贞人。(《综述》第184页)何,像人荷戈之形,是荷的初文。福，从示从廾（双手）持酉（酒尊），洒酒祭也。参阅卷下第17.12片考释。

22.4：己卯卜，贞，弜从卭㽵三羴。

按：弜，当从弓斤声，《说文》所无。参阅《诂林》第2628条。卜辞用作人名。蔡哲茂在《武丁卜辞中囝父壬身份的探讨》一文中说："又弜与囝父壬同版，我们大胆推测，弜有可能是囝父壬的儿子，在囝父壬死后继承爵位。"且说："囝父壬应该就是武丁时期常见的'白囝'或'㠯囝'，他很可能就是南庚之子。"参阅卷上第7.7片考释。卭，从卩弋声。参阅《诂林》第0360条。《释文稿》根据唐兰之说以为是仰念的意思。根据语法关系，本片是人名或氏族名。晚殷铜器有卭其卣三件，或隶作邔，可资参阅。㽵，从井字形围栏，围栏中似有床形的爿，《说文》所无。或释作葬。参阅《诂林》第3066条和第3069条。据语法关系及该页第9片，卜辞当是人名。其下还有个三字。羴，《说文》："羊臭也。从三羊。凡羴之属皆从羴。羶，羴或从亶。"膻（羶）字原是会意字，今作膻，形声字。参阅《诂林》第1566条。卜辞或是氏族名。

22.5：叀伐尸于圅。

按：尸，此尸字与金文尸（读作夷）的写法不同，也见于卷上第13.5片以及卷下第42.16片。一般释作匕。参阅《诂林》第0002条。卜辞是氏族名或方国名，即尸方，其地当在晋东南一带。圅，从矢从韬，像矢置于韬中之形。参阅《诂林》第2563条。根据语法关系卜辞是地名。《释文稿》引饶宗颐说是《左传·僖公三十年》之圅陵。结合该页第6片卜辞考察，圅或是殷王之田猎地，其地当与尸方临近或交界，故殷王于圅地伐尸。

22.6：贞，叀圅豕逐，隻（获）。

按：圅，地名。参阅该页第5片考释。圅豕，圅地所产之豕。逐，追逐。叀圅豕逐，强调追逐的对象是圅豕，并最终捕获。

22.7：□后□及□子孙□……。

按：后，从人从子，或释作后，或释作居，或隶作毓。参阅《诂林》第0087条。及，从又从人，像从后及之。卜辞残缺过甚，文意不明。

22.8：叀物又正，叙牪。

按：物，杂色牛。《释文稿》说是黎色牛，引胡厚宣说是水牛。本书以为恐非是，安阳等中原北部地区以家养黄牛为主，且气候较冷，不适宜家养水牛，水牛是江淮、江南地区所养的家畜。又，读作有。正，疑读作征，征收，犹"苛政猛于虎"之政。叙㚔，祭名。参阅卷上第5.12片考释。

22.9：庚子贞，囧御……。

按：囧，拓片字迹不清晰，疑与该页第4片囧为一字，从井字形围栏，围栏中似有床形的爿，《说文》所无。或释作葬。参阅《诂林》第3066条和第3069条。据语法关系卜辞当是人名，御祭者人名。

22.10：癸酉贞。

自父乙福，若。

自且乙福，若。

□羊卅于卬，若。

按：《释文稿》说与《京大》第2292片缀合。《释文稿》引贝冢氏说父乙是武乙，则本片是帝乙时卜辞。《史记·殷本纪》："帝庚丁崩，子帝武乙立。殷复去亳，徙河北。""帝武乙无道，为偶人，谓之天神。与之博，令人为行。天神不胜，乃僇辱之。为革囊，盛血，卬而射之，命曰'射天'。武乙猎於河、渭之间，暴雷，武乙震死。子帝太丁立。帝太丁崩，子帝乙立。帝乙立，殷益衰。"(《史记》第104页) 卜辞既称父乙又称祖乙，可见时王父祖庙号皆是乙，然据《史记》记载帝乙之父是太丁，也即文丁，庙号非乙也，或者祖是泛称。福，一种祭祀仪式。

卬，从卩弋声，见于该页第4片。参阅《诂林》第0360条。根据语法关系卜辞当是人名。

22.11：壬申……贵……。

按：贵，从戈从贝，即贼字。参阅《诂林》第2438条。《篇海类编》同贼。《说文》："贼，败也。从戈则声。"卜辞或是人名、氏族名，或地名。

22.12：……奚絣白盅……。

按：奚絣白盅，也见于卷下第33.9片，是武丁时卜辞。奚，从爪从幺从女，像手牵女俘或女奴之形，疑是奚字的异体。参阅《诂林》第0052条和第3152条。奚，《周礼·天官》："酒人奄十人，女酒三十人，奚三百人。"孙诒让正义："奚为女奴，隶为男奴也。"《集韵》："隶役也。"《康熙字典》大部"奚"字条引郑玄注："奚，犹今官婢。通作娱、傒。"郭沫若曰："二奚字均呈缧继之

368

象。……以字形而言,乃所拘者跪地反剪二手之形,实非从女,然谓当以罪隶为本义,则固明白如画也。此字足证奴隶之来源。"于省吾考证说,奚当读作戠,做动词,乃杀戮之义。因为"系"在传世文献中没有杀戮之义的用例,根据语音关系,本书以为卜辞当读作系,系押之义。盨,从皿从甾字头,《说文》所无。于省吾曾详加考证,说盨是羍方酋长之名。奚羍白盨,意为杀戮羍方酋长之名盨者。参阅《诂林》第 2696 条。王晖把奚字隶作系,把羍字隶作羌,说盨从廾囟皿,像双手捧囟置于皿中……应是以人头献祭。①

22.13:丁酉卜,争贞,来丁,来醹王。

按:争,武丁时贞人名。来丁,未来逢丁之日。一般指距现在丁酉(34)最近的一个丁日,即丁未(44)。醹,从酉从束从廾,像以双手持束酒之形,或说即《说文》槤字的异体。参阅《诂林》第 3208 条及第 3209 条。结合卷下第 8.2 片卜辞醹醴的用例,卜辞是或有敬献义的祭祀用语。参阅卷下第 8.2 片考释。也见于卷下第 26.3 片卜辞。

22.14:戊辰,炆(炆)于……,弜(弗)炆,雨。

按:炆(炆),祭名。这是求雨之祭的对贞卜辞。参阅卷下第 15.2 片考释。

22.15:枼(葉)隉……□……雨。

按:枼(葉),像木上长有枝叶形。罗振玉释作果;郭沫若、李孝定、裘锡圭及王蕴智等释作枼,即葉字之初文。②《释文稿》释作果。隉,从阜隹声。参阅《诂林》第 1288 条。拓片左从隹右从阜,《诂林》摹本相反。《说文》:"隉隗,高也。"《玉篇》:"隉隗,不平也。"即崔巍之崔字初文。《释文稿》曰,根据卷下第 26.5 片卜辞用例推测,果隉是地名。王蕴智读作葉隗,即葉堆,地名。

22.16:戍省往于来叹,廼邊備衛(衛),又戋(灾)。

更往邊。

按:据《释文稿》,第一句或右行读,或左行读,本书据《释文稿》作右行读。戍,《释文稿》隶作戍。戍,从人从戈,像人荷戈形。参阅《诂林》第 2411 条。戍字与干支之戌字写法截然不同,戌像斧钺形。参阅《诂林》第 2439 条。省,省视,视察。来,根据语法关系当是地名,前之学者也释作地名。

---

① 王晖《古文字与商周史新证》,中华书局,2003 年,第 312 页注释④。
② 王蕴智《"枼"字谱系考》,《字学论集》,河南美术出版社,2004 年,第 227~242 页。

叹,从又从口,《说文》所无。参阅《诂林》第0924条及卷下第16.12片考释。根据语法关系卜辞是地名。又见于卷下第39.15片。邋,《说文》:"行垂崖也。从辵,𠴷声。""垂,远边也。"甲骨文邋字不从辵。参阅《诂林》第0710条。根据第二句卜辞更往邋,则邋当是地名或边境的意思。

𰀐,从山从備,或说从火,非是,《说文》所无。《诂林》谓:"字不可识,其义不详。"参阅《诂林》第0113条。或即是備字,连邋字读作邋備。衛,此字与衞字的区别在于,衞字中间从口,此字中间从才,《说文》所无。《诂林》采用陈梦家之说以为是衞字,与多射是职官名。参阅《诂林》第2300条。卜辞疑读作防卫之防,动词,非职官名。此字又见于卷下第25.8片。又戈,读作有灾,当指边境有寇边之事。

22.17:……并牛……𦤝……丁用。

按:𦤝,从自从廾,似以手指鼻之形,《说文》所无。疑是扬字的异体,其义不明。卜辞当是祭祀用语。参阅卷下第16.10片考释及《诂林》第0709条。

22.18:酌于𩫖,十一月。

按:𩫖,上从斤,下从單,《说文》所无,或释作㫃。参阅《诂林》第3055条。卜辞用为地名。据《释文稿》,或说是卷下第20.5片殷之先公名𩫖者。但是,彼字𰀀从屮从斤,此字从斤从單,写法不同。参阅卷下第20.5片考释。

23.1:弜(弗)……方……其……。

王其比言空麟(兕)。

按:方,《释文稿》隶作大,细审拓片当是方字。比,《释文稿》隶作从,拓片二人的脸是向右的,当是比字。如果二人的脸向左的,则是从字。关于从和比字的区别,林沄和高岛谦一分别做过探讨,可资参阅。① 空,从宀从丙从止,《说文》所无。按照《诂林》之说则是格字之异构。参阅《诂林》第0814条。《释文稿》据陈梦家的分析解释,以为与武丁时贞人当是同一人,且从书体来看本片是王族卜辞。言空,可能是言于空之省。末一字拓片不清晰,像有尾巴的某种动物,《释文稿》隶作麟,《诂林》举本片为例释作兕,细审拓片应是马字。

---

① 高岛谦一《释比、从》,载《安徽大学汉语言文字研究丛书·高岛谦一卷》,安徽大学出版社,2013年,第251页。

23.2：王其射虩。

按：虩，从虎从冃，或说从虎从宁，《说文》所无。《诂林》说卜辞是地名。参阅《诂林》第1675条。据《释文稿》，前之学者虽解释颇多，然难以信从。本书疑是虩字的异构。虩，《说文》："《易》：'履虎尾虩虩。'恐惧。一曰蝇虎也。从虎㕠声。"虩可能就是《说文》所说的蝇虎。蝇虎，根据蝇字的含义推测，当是指一种似蝇（小头大腹）的虎。卜辞是名词，做射的宾语，非地名。又见于卷下第38.5片。

23.3：……□攸牛……。

按：攸，从它或也或虫，从攴，《说文》所无。据《释文稿》，叶玉森说此字像持物在水中制蛇（它）之形。陈梦家说："卜辞攸字象以杖击蛇，而蛇头小点象出血状，其字本为杀蛇之专字，其后则引申为杀。"（陈梦家《释攸释豕》，《考古社刊》第六期，第195页；参阅《综述》第285页）陈剑在《试说甲骨文的"杀"字》一文中联系金文用例做了详细分析，论证攸就是杀字。卜辞为祭祀时的用牲之法，其义与卯同，杀也。参阅卷上第28.4片考释及《诂林》第1858条。也见于卷下第32.17片。

23.4：乙酉卜，方弗戋坙，十月。（卷下第29.13片）
　　□□卜，方……坙。
　　二告。（本片）

按：《释文稿》说本片与卷下第29.13片缀合。方，方国名。其地望，陈梦家说："方当在沁阳之北、太行山以北的山西南部。"（《综述》第270页）戋，本片似读作哉，始也。坙，从廾从土，或释作圣或垦。参阅《诂林》第1212条。叶玉森《殷契钩沉》卷甲说："坙，从两手撮土，乃扫除之意，当为弃之本字。"（《整理与研究》第20页）参阅卷上第14.1片考释。卜辞当作动词，或即垦田义。

23.5：……岁，大戊，……。
　　己巳贞，王其登，□囤米，翌乙亥……。

按：《释文稿》说本片与卷上第25.7片缀合。参阅卷上第25.7片考释。

23.6：……帚……中綍，……亡……。

按：綍，从糸从勿，《说文》所无。参阅《诂林》第3196条。据《释文稿》，杨树达解作杂帛物的綍字。或说从索从刀，即索字之繁文。卜辞为地名。参阅《诂林》第3182条。

23.7：贞,于从黐𠂤(师)。

按：黐,从枼从丂,《说文》所无。参阅《诂林》第1443条。据《释文稿》,唐兰释作斯,以为是析字的异文,《诂林》已辨其非是。或释作靳,然与字形不合。参阅卷下第22.18片考释及《诂林》第3055条。黐𠂤(师),卜辞是地名。

23.8：己巳贞,𢍏𡆢。

按：𢍏,从北从𠬞(双手手掌翻转朝外,攀字的初文),像双手把人双腿拨开之形,《说文》所无,《释文稿》隶作非。非,《说文》："违也。从飞下翄,取其相背。"甲骨文、金文非字皆像鸟翅相背之形,与𢍏字写法不同,所以不是非字,疑是娩字之异构。参阅《诂林》第0072条和第2152条。𡆢,祸咎。𢍏𡆢,当是指分娩有困难,或指难产。卜辞有"𢍏若",或是指分娩很顺利。

23.9：于帚敏执。

按：帚敏,即妇敏,《释文稿》说是武丁诸妇之一。武丁,《释文稿》写成武帝,误。执,相当于西周铜器铭文中的"折首执讯"之折,指抓获并审讯俘虏。

23.10：……取山,卣(迺)又[大雨]。

其虍取二山,又大雨。

[其]虍卣(迺)又大雨。

按：《释文稿》说是贞卜对山求雨。取是祭名。虍,从占虍声,据《释文稿》,前之学者解释颇多,莫衷一是。《释文稿》隶作从盧形虍声的盧。《诂林》以为不能以虍窜入盧字中。参阅《诂林》第1694条及第1698条。西周初期铭文中有从木从虍的字,陈梦家释作櫖,吴镇烽隶作楷。见櫖伯簋等器铭文。卜辞是祭祀用语,一种求雨的祭祀仪式。下或从火。卣,读作迺,连词,于是。

23.11：𦥓。

按：𦥓,从人及首,从糸,《说文》所无,存疑待考。《诂林》似亦未收此字。卜辞单辞只字,不知其义。

23.12：……卜,旬𠱠𡆢㠯□。

按：𠱠,从三口,或释作品,《诂林》以为非是。参阅《诂林》第0748条。丁山考证以为与从口,上从二工的是同字,读作展,陈也。(《氏族制度》第111页)作为地名春秋时有展陂,《春秋汇纂》谓："在今河南许州西北。"展陂在今河南许昌市西。本片卜辞是武丁时贞人名。㠯,残字,不可识。卜辞残缺过甚,意义不明。

23.13：翌日其田,由湄日亡戈,毕。

　　□(田)棥,亡每(敏)。

　　按：田,田猎。湄日,犹言终日。亡戈,无灾。参阅卷上第14.6片考释。毕,捕鸟网,或释作禽,擒获。棥,从二棻相并,金文也有棥字,前之学者众说纷纭,至今无定论,或说是耕字之初文。《说文》所无。参阅《诂林》第1587条。卜辞用作地名,是殷王田猎之所。参阅卷上第13.3片以及卷上第14.8片考释。亡每,读作无敏,有倦怠义。无敏,犹言不倦怠,不疲劳。刻辞与反悔义无涉。

23.14：自橐十,大……。

　　按：《释文稿》说是甲桥或者是背甲刻辞。橐,像囊中有物之形。参阅《诂林》第3187条。丁山解作《山海经·中山经》之橐山。(《氏族制度》第92页)十,当指方国所进献品物(或是龟甲)的数量。大,抑或是祖甲时贞人名。

23.15：往莧。

　　按：莧,上从䚅,疑是眉字,下从人,拓片不是太清晰,《说文》所无。《释文稿》说是与子莧有关系的地名或族名。参阅《诂林》第0630条和第0631条。

23.16：王受又,二魕罙,弜(弗)罙。

　　按：魕,从索从莧,像以绳索缚住莧角之形,《说文》所无。《诂林》似未收此字。卜辞当是祭祀用语或用牲之品物。罙,根据语法关系当是祭祀用语。拓片又字下有重文号,因此本片卜辞当读作：王受又,又二魕,罙。弜(弗)罙?

23.17：□辰卜,宁……丁祝……十三月。三[告]。

　　按：宁,武丁时贞人名。丁,人名。据《释文稿》,饶宗颐把祝释作藝,读作福,祭名。释藝与福,与拓片字形皆不合,拓片像人面对祭台做祝祷之形,应是祝字。

23.18：贞,人卯由勿牛。

　　按：卯,杀也。勿,借作物；物牛,杂色牛。本片卜辞强调用杂色牛做牺牲。

24.1：𠂤(师)般㠯(以)人于北奠(郑)𠧞。

　　人于罕𠧞。

于㞢（青）𠂤。

癸亥，伐即于[丁]卯。

按：㠯般，陈梦家说："乃武丁当时之人，董作宾以为即甘盘，是很可能的。"（《综述》第366页）《尚书·君奭》："在武丁，时则有若甘盘。"参阅卷上第11.16片考释。㠯，读作以，率领。奠，叶玉森读作郑，北奠即北郑。丁山以为可能是帝丘。《春秋·僖公三十一年》："狄围卫，卫迁于帝丘。"杜预注："今濮阳县。"（《氏族制度》第88页）

𥂍，从皿从丂，或从水，《说文》所无，罗振玉以为即《说文》从血从丂训"定息也"之䘏字。或释作宁。参阅《诂林》第2667条和第2668条。卜辞是地名，即𥂍𠂤，当近于北郑。参阅卷上第11.1等片考释。𠂤，㠯下加一横，以别于𠂤（师），也是地名用字。《诂林》谓："师旅为𠂤，师旅之止舍为𠂤，师旅止舍之处为帀。"参阅《诂林》第3001条和第3002条。㞢，丁山释作青。㞢𠂤，丁山以为青丘即清邱。《春秋·宣公十二年》："诸侯同盟于清邱。"杜注："清邱，卫地，在濮阳县东南。"（《氏族制度》第88页）是北郑、𥂍𠂤（宁师）、青丘（清邱），相距皆不远。伐、即，皆是祭祀用语。参阅卷上第21.6片等考释。

24.2：西土亡艱（艰）。

按：西土，即西方。卜辞有为东土、南土、西土、北土祈求受年的例子。笔者以为，殷人四方位的观念是根据太阳运行的平面轨迹而形成的。《殷契粹编》第907片："己巳，王卜，贞：今岁商受年？王占曰：吉。东土受年？[吉]。南土受年？吉。西土受年？吉。北土受年？吉。"四方位的顺序依次是东、南、西、北。又如《合集》12870（《卜辞通纂》第375片）："其自东来雨？其自南来雨？其自西来雨？其自北来雨？癸卯卜，今日雨？"四方的顺序依次也是东、南、西、北，与太阳的运行轨迹完全一致。（《整理与研究》第119、120页）

亡，读作无。艱（艰），《说文》："土难治也。从堇艮声。囏，籀文艱从喜。"段注："引申之，凡难理皆曰艰。"与卜辞"来娘"之娘同义，指灾祸、祸忧。参阅卷上第6.12片及卷上第30.3等片的考释。

24.3：贞，丁宗户盛，亡㕚。

贞，来丁巳易日，十月。

贞，翌丁卯㲽益壴。

贞，丁卯不其㲽，之日（昷、时）卩不。

按：丁宗，卜辞多见之。据《释文稿》，陈梦家以为是祊宗。(《综述》第475页)因为本片是武丁时期的卜辞，所以，丁宗指武丁之前某位庙号曰丁的先祖的宗庙。户，独扇门曰户，两扇对开的叫门。参阅《诂林》第2161条及第2167条。卜辞应是祭祀用语。盛，从益（水从器皿中漫出）成声，陈梦家隶作盛。卜辞也是祭祀用语。(《综述》第475页)参阅《诂林》第2442条。亡勾，无害。易日，天气由阴转晴。参阅卷上第8.6片考释。魚，从八从鱼，《说文》所无。或释作渔字的异体。陈邦怀谓即颁之本字，卜辞作班赐讲。参阅《诂林》第1814条。不其魚，或是用作动词渔，或是祭祀用语。也见于卷下第40.10片。益，据《释文稿》，或说指水患，或说是祭祀用语，或地名。当是增益之义。䚈，从臼从酉，像双手持酉做倒酒之形，或即倒字初文的省形。饶宗颐以为是鬻字之初形。参阅《诂林》第2720条。裘锡圭据罗振玉所说以为读作靴，异体作靴，即鼗。鼗，俗称拨浪鼓。参阅卷上第31.1片考释。之日，这一日。《释文稿》隶作时，即从止从日的旹字。卩，像坐人形，疑也是祭名。不，读作否，语气词。

24.4：癸[巳]……贞……。

癸卯卜，矣贞，旬亡[𡆥]，在四月。

癸丑卜，矣贞，旬亡[𡆥]，[在]四月。

[癸]……卜，矣[贞，旬亡𡆥]。

按：《释文稿》说本片与卷下第25.2片缀合。《释文稿》多"癸酉卜，矣贞，旬亡[𡆥]"一辞，是卷下第25.2片卜辞。矣，像人左右顾盼之形，是疑字的初文，金文也有此字。矣，祖甲时贞人名。这是一片皆在癸日占卜下一旬吉凶的卜辞，说明殷历每旬皆是十日，一个月是三十日。

24.5：……帚井涮……。

按：帚井，读作妇妌，武丁诸妃之一。参阅卷上第6.7片和卷下第6.9片考释。涮，从册从口（丌一类用具）从水，当隶作涮(tiǎn)，《说文》所无。参阅《诂林》第2938条。卜辞当是祭祀用语。

24.6：□䀏……一月。

按：䀏，从目从寅（人身所佩之玉衡），突出人大大的眼，或即瞚(shùn)字。《说文》："瞚，开阖目数摇也。从目寅声。"《诂林》谓："字不可识，其义不详。"参阅《诂林》第0662条。卜辞或是人名、族名、地名。辞残，难以确定。

375

24.7：帚井㳄……。

按：本片重出，但不是同一片，只是内容相同。参阅该页第5片考释。

24.8：丁卯卜，贞，来禹黹。

按：来，来日。禹，从臼从倒㔾，《说文》所无。《释文稿》以为是前进的意思，恐非是。臼是双手，疑与双手的动作有关系。与从丙从止诸形的若干字或是同字，抑或隶作各（格），卜辞有来到，或格杀等义。参阅《诂林》第0813条、第0816条及第0818条等。黹，据《释文稿》，孙海波释作㡀。㡀，《说文》："箴缕所纴衣也。"引申指刺绣。《释文稿》说卜辞也许是地名，根据语法关系当是。

24.9：庚午卜，争贞，乎……。

乙丑卜，争贞，㓞白……。

丙寅卜，争贞，先……。

按：争，武丁时贞人名。㓞，从刀从㓞，《说文》所无。《诂林》亦未收此字。《释文稿》据陈梦家《综述》以为是诸伯之一，人名。（《综述》第412页）白，读作伯，排行第一。本片卜辞刻写的格式与一般的刻辞不一样。根据干支表，乙丑（2）之后一日是丙寅（3），丙寅之后五日（含当日）是庚午（7）。但是，拓片右侧一辞是庚午卜……，中间一辞是乙丑卜……，左侧一辞是丙寅卜……，时间顺序颠倒，不合卜辞刻写的一般体例。

24.10：戊……。

庚……令……衙……。

壬辰卜，扶令㝰（冉）取寁。

十月。

庚戌，勺入。

按：《释文稿》说这是一片背面刻辞。衙，从行从步，或说是步字之繁文，本书疑是前字之异体。卜辞或用作人名，或是方国名。参阅《诂林》第2298条，以及卷下第11.9片考释，也见于卷下第40.2片。扶，武丁晚期贞人名。冉，叶玉森释作竹，氏族名，即孤竹国。本书释作㝰或冉。参阅卷上第13.5片考释。取，《释文稿》以为是祭名，本书以为当如字读，读作攻取之取。寁，从宫从止，《说文》所无。唐兰释作定，当是。参阅《诂林》第0820条。《说文》："定，安也。从宀从正。"甲骨文和早期金文正字上皆从口，下从止。口是人居住的地方，足趾向之，则表示远征、远行，这是正（征）的本义，引申之而有向远方征伐义。寁，《释文稿》以为是与宫相同的地名，本书疑是氏族名或方国名,是丮所应攻取的对象。末一辞"庚戌,勻入",此据《释文稿》的隶定。勻,据卜辞语法关系,也当是氏族名或方国名。

24.11：……獻……。
　　贞,允延(後)羌曾大二。
　　按：允,诚然、果真,副词。延,读作後,有前往义。曾,据《释文稿》,前之学者有许多不同解释,或以为是祭名,或以为是地名,或以为是囱(烟突)的古文或初文,或以为是氏族名,然终无定论。然其初当是地名,即鄫字的初文。饶宗颐引《左传》杜预注谓在河南归德府南(今河南商丘)。参阅《诂林》第2202条。丁山考证以为当是《毛诗》的溱水,在河南新郑(今新郑市)与密县(今新密市)之间。琅琊非其初封之地。(《氏族制度》第106页)鄫,夏禹之后,始封地在今河南方城县北,或即丁山所说之地,终地位于今山东兰陵县文峰山东部向城镇境内。此非其始封之地。参阅卷下第12.13片考释。

24.12：贞,帝弗其𢍰王。
　　按：𢍰,从𦥑(双手)从西,《说文》所无。参阅《诂林》第2720条。据《释文稿》,或释作双手举尊的召字的异文；或释作奠,有辅佐义；或释作福,为祭祀义；或说是帝辅佐王的意思。《释文稿》以为本句卜辞当是奠,是祭祀用语。参阅卷上第31.1片以及该页第3片考释。西周早期大盂鼎铭文有"酒召夹死司戎"一语,"召夹"即辅佐义,可资参阅。

24.13：丙子卜,今日夒(希)旨方执。
　　　　□……□……。
　　按：夒,从文从口,《说文》所无,《诂林》亦未收。据《释文稿》,陈梦家释作希,卜辞似是名词。旨方,据《释文稿》,或释作名方。陈梦家以为是《左传·宣公十五年》的黎,曰："武丁、康丁、武乙卜辞所记征伐之名方应是黎,黎方在壶关黎亭,它是(1)卜辞所征的名方,(2)商纣为蒐的黎,(3)西伯所戡的黎。"(《综述》第287页)执,捕获。执,也见于卷下第26.13片、第27.14片和第38.7片。

24.14：吹。
　　按：吹,从旡(坐人形)从口。参阅《诂林》第0343条。《释文稿》据其他卜辞类推,曰此吹当是氏族名或地名。

25.1：□丑卜,內,我弗其戋田。
　　按：內,武丁时贞人名。我,丁山以为"我"孳乳为"仪",即春秋时之夷仪,位于山东聊城故地。(《氏族制度》第 103 页)参阅卷下第 20.3 片考释。戋,当读作斩,杀伐义。宙,从宀从西,或说下从由,《说文》所无。参阅《诂林》第 1107 条。据《释文稿》,前之学者或释作宙,读作邮,或释作胄。卜辞当是方国名。

25.2:癸酉卜,彘贞,旬亡[囚]……月。

按:《释文稿》说本片与卷下第 24.4 片缀合。参阅卷下第 24.4 片考释。

25.3:庚……贞……霥……。

更辛未……毘……。

按:霥,从矢从口(像龟板),像用矢(箭镞)钻龟板之形,《说文》所无。参阅《诂林》第 2549 条。据《释文稿》,郭沫若以为是在龟版上钻凿之义,《释文稿》认为应该看着是人名。毘,像长着长尾巴的动物落入凵穴之形,或说是麂落入凵穴,疑是陷字之异构。参阅《诂林》第 1711 条。卜辞残缺,其义不明。

25.4:庚辰[卜,行]贞,王……枏福……。

贞,亡尤……。

庚辰卜,行贞,王宫夕福,亡尤。

……亡……。

按:枏,《释文稿》隶作从凡从火的烠。细审拓片应该与卷上第 14.2 片及第 28.4 片从凡从木的枏是同字。参阅《诂林》第 0386 条。《释文稿》说与卷上第 14.2 片是同字,该字从凡从中。卷上第 14.6 片一字与此字相同。沈培引裘锡圭说以为是凤字,表示早晨的时间,与夕相对。行,祖甲时贞人名。宫、福,都是祭名。《释文稿》以为夕是祭祀用语,则宫、夕、福三个祭祀动词连用,不合语言习惯,非是,夕仍是表示傍晚的时间名词。

25.5:[丙]辰卜,旅贞,翌丁巳彘至,在㠯䘳[囚]。

……来自彘㠯。

按:旅,祖甲时贞人名。彘,也是祖甲时贞人名。䘳,从二火,从衣,或说即襞字之初文。《说文》:"鬼衣。从衣,熒省声。读若《诗》曰'葛藟䘳之'。一曰若'静女其袾'之袾。"参阅《诂林》第 1959 条。卜辞是地名。㠯䘳,又见于该页第 11 片。彘㠯,《释文稿》解作"是其所出的地名",意为:彘来自于彘㠯。

25.6:夾。

庚寅卜,翌辛丑雨,隹。

按：夭，从大（站立的人），双手及头部好像有外套，像羽人之形，《说文》所无。叶玉森谓："此字像飞鸟翼上有钩爪，盖古文象形蝠字。"叶释可备一说。参阅《诂林》第0298条。据《释文稿》，前之学者或释作茣，或释作蝠。卜辞意义不明。寉，从隹从冖，或从冖声，像用物罩住鸟之形，或是羅字的异体。《说文》所无。据《释文稿》，前之学者或释作蒙，读作雺，在卜辞中与雨相对，指的都是天气状况。参阅《诂林》第1762条。

25.7：丁酉卜，曰：白圂凡人，其眉。

按：白，氏族名。卷上第10.1片之白，则是地名。该页第13片之白，也是氏族名。圂，从二丙相重，《说文》所无。据《释文稿》，饶宗颐释作更，即《左传·昭公十年》的郠，故址在今山东沂水县境。杨树达亦释作更。《诂林》以为释更（郠）不可据。参阅《诂林》第2138条。蔡哲茂在《武丁卜辞中圂父壬身份的探讨》一文中说："圂父壬应该就是武丁时期常见的'白圂'或'白圂'，他很可能就是南庚之子。"①参阅卷下第38.4片考释。凡，据《释文稿》前之学者释之颇多，《释文稿》以为是地名。本书以为"凡人"当连读，即凡地之人。眉，或读作湄，《说文》："水艸交为湄。从水眉声。"是水边曰湄。此或指凡人与白交界之水边。

25.8：令郭（廓）㠯多射衛（衞），示，乎㝱，六月。

按：𩫖，或释作郭，读作虢；或释作敦，做地名，即敦邱。本书释作廓之古字，做地名即纣畿内（牧野地）之廓，在河南汲县（今卫辉市）北。参阅卷上第12.9片及第20.1片等考释。

㠯，读作以，率领。多射，职官名。衛，《诂林》据陈梦家说以为是衛字，职官名。参阅《诂林》第2300条。《释文稿》也说是职官名。本书据卷下第22.16片及本片之语义，认为当读作防卫之防，动词。参阅卷下第22.16片考释。示，祭祀。㝱，构形理据不明，《说文》所无，《诂林》亦未收。根据语法关系当是人名或侯名，做乎的宾语。

25.9：己酉卜，贞，亚从止（之），㞢雪。三月。

按：亚，陈梦家说是职官名。（《综述》第508～511页）止，读作之。㞢，读作有。三月，周正建子，殷正建丑，夏正建寅，故殷历之三月，相当于夏历的二月，因有雪。

---

① 蔡哲茂《武丁卜辞中圂父壬身份的探讨》，《"中央研究院"历史语言研究所会议论文集之十》。

25.10：癸未[卜]，贞，旬[亡⽥]，在燊。

　　癸卯卜，贞，旬亡[⽥]。

　　……卜……贞，[旬]亡[⽥]，十一月。

　　按：这是地道的贞旬卜辞。燊，卜辞用作地名，是殷王田猎之所。也见于卷上第13.3片、第14.8片和卷下第23.13片等。参阅《诂林》第1587条。

25.11：王在𠂤袋□……。

　　按：𠂤袋，根据语法关系卜辞是地名。参阅该页第5片考释。

25.12：贞，行弗其古王吏（事）。

　　丁未卜。

　　戊辰卜。（以上是《林》卷二第11.17片卜辞）

　　戊……，

　　贞，行古王吏（事）。

　　行古。

　　[贞，叀]戉（越）。（以上是本片卜辞）

　　按：《释文稿》说本片与《林》卷二第11.17片缀合。行，据语法关系当是人名，或即祖甲时贞人行。古王吏（事），据《释文稿》，是武丁时期常见的成语。前之学者解释颇多，或说是《诗经·唐风·鸨羽》"王事靡盬"，是勤于王事的意思。靡，无、没有；盬，止息。或说古是由、徣，通载，即载行王事的意思。或说古是由，读作助，即助行王事的意思等。陈剑考证古读作堪，有胜任义。参阅卷下第3.17片及14.13片考释。本书以为结合《诗经》用例，"古王事"或是"盬王事"之最初表达形式，据卷下第38.1片当是止息（做完）王事之义。戉，读作越。卜辞残缺，其义不明。

25.13：白在丘不𠵺。

　　按：白，氏族名。参阅该页第7片考释。丘，周边高中央低的一种地形。参阅《诂林》第1220条。《说文》："丘，土之高也，非人所为也。从北从一。一，地也，人居在丘南，故从北。中邦之居，在崐崙东南。一曰四方高，中央下为丘。象形。今隶变作丘。"据甲骨文、金文字形，《说文》前释误，唯"四方高，中央下为丘，象形"之说是也。辞是地名或族名。𠵺，从人，上有光之形，左侧还有又，或说是光字的异体。参阅《诂林》第0033条。卜辞用作动词或形容词。本书以为，或是若字之异构。不𠵺，犹言不顺，辞义完全顺畅。

25.14：贞，王往于举（妹京）。

按：举，上从三个火或山，下从京或亭。据《释文稿》，或释作"妹京"二字的合文，即妹邦。卜辞是地名。参阅卷下第21.17片和卷下第28.9片考释。

25.15：□寅卜……燹……。

按：燹，从婴从火，《说文》所无。参阅《诂林》第1252条。据《释文稿》，此是据陈梦家所释。细审拓片，疑此字上当从妾，妾头上有玉簪，下或从火。卜辞或是以女妾为牺牲之祭名，约略同炫祭或炊祭。

25.16：丁酉，王卜，贞，孅誜［奻，亡□］。

按：孅，从女雍声，《说文》所无。《诂林》似未收此字。《释文稿》说是人名。誜，从言从止从殳，此是《释文稿》所释，说是动词，其义不明。细审拓片，此字当从居（毓、后）从又，拓片字迹不清，存疑待考。奻，此据《前编》卷二第11.3片补。奻，从女从力，读作嘉，美也。

25.17：丙……吾……亡……。
……今……。

按：吾，从二工，从口，《说文》所无。丁山谓读展，陈也。与从口上从二口的是同字。（《氏族制度》第111页）作为地名春秋时有展陂，《春秋汇纂》谓："在今河南许州西北。"在今河南许昌市西。饶宗颐谓是珏字。参阅《诂林》第0793条。与卷下第29.17片之吾当是同字，或释作豐。吾字也见于卷下第33.11片，可资参阅。卜辞是武丁时贞人名。

26.1：□未卜，彡贞，令多射衔，一月。

按：彡，上从幺，下似从刀，《说文》所无。卜辞是武丁时贞人名。多射，陈梦家说是职官名。衔，或隶作衞，本书以为当读作防，动词。细审拓片，字的中间偏下是方字，不是从舟的衞字。参阅卷下第22.16片及第25.8片考释。

26.2：叀先又且庚。
□巳旋令，王弗每。

按：先，武丁时贞人名，或氏族名。但是，《释文稿》说，据字形和贝冢氏的分析，应当是第二期卜辞。又，读作侑，祭也。且庚，即祖庚。旋，根据语法关系当是人名。参阅卷上第28.3片及卷下第20.16片、第35.5片考释。

381

每,疑读作敏;弗敏,犹言不疲倦。

26.3:贞,其……悚□……。

……卜,即……攸。

按:悚,从食束声,异体较多,鼎中的食物。参阅《诂林》第3209条。据《释文稿》,前之学者解释颇多,卜辞或是祭名。即,祖甲时贞人名。攸,杀也,卜辞也用作祭名。参阅卷上第28.4片和卷下第23.3片考释。

26.4:庚寅卜,争贞,宙陕卓兂,八月。

按:争,武丁时贞人名。陕,从阜(山而无石者)夷声,《玉篇》:"地名。"参阅《诂林》第1287条。据《释文稿》,白川氏以为是殷都之南的氏族。此字也见于西周初何簋铭文,做动词。卓,卜辞是地名或氏族名。参阅卷下第12.10片考释,也见于卷下第27.3片及第37.2片。兂(忄),从大,像人展开双臂之形。或释作昊。参阅《诂林》第0212条。据《释文稿》,卜辞是人名或族名。

26.5:……步自枼(葉)隹,余丩。

按:枼(葉),像木上长有枝叶之形。罗振玉释作果;郭沫若、李孝定、裘锡圭及王蕴智等释作枼,即葉字初文。参阅卷下第22.15片考释。隹,从阜隹声。参阅《诂林》第1288条。即崔巍之崔字初文。葉隹,根据语法关系是地名。丩,像绳索纠缠、纠结之形。参阅《诂林》第3343条。余丩,意义不明。

26.6:贞,不其矤。

按:矤,从矢从巳(子),像箭矢刺子之形,《说文》所无。参阅《诂林》第0581条。陈梦家说卜辞或有伤害义。(《综述》第570页)也见于卷下第30.2片。

26.7:丙午卜,复伐,不用。

□辰卜,……日雨……□雨。

按:复,从亯,或说从㐭(墉)省,从夂,亯是宗庙类建筑物的象形。夂,人岔开的两条腿。所以,复的本义当指往复。《说文》:"复,行故道也。从夂,畗省声。"参阅《诂林》第0869条。卜辞当是氏族名。又见于卷下第32.6片。伐,是祭祀用语。

26.8:叀畋田,亡戋。

□征……雨。

按:睍,从二卩从兄,《说文》所无。《诂林》谓:"此字形体多变异,均用为地名。"参阅《诂林》第 0309 条和第 0310 条。卜辞是地名或族名。田,田猎。

26.9:贞……秬。

按:秬,甲骨文秬字上从米下从酉,释作秬。参阅《诂林》第 2734 条。秬,黑黍,古人视为嘉谷。《诗经·大雅·生民》:"诞降嘉种,维秬维秠。"古代常用来酿酒,称秬鬯。参阅卷上第 31.11 片考释。

26.10:□巳卜,……月……⺊。
　　　……□……麋□……一月。

按:麋,似鹿。《说文》:"麋,鹿属。从鹿米声。麋冬至解其角。"本片卜辞残缺过甚,其义不明。

26.11:聇伐畀。

按:聇,从耳从𥀢,《说文》所无。刘钊隶作从耳皇声的瞠字,谓瞠有大义,"瞠伐"即"大伐"。《诂林》以为字在卜辞当为人名。参阅《诂林》第 0698 条。《释文稿》说当与耳朵有关。卜辞当用作人名或氏族名。伐,征伐。畀,或释作卑,也当是氏族名。参阅卷下第 19.3 片考释。

26.12:贞,令旁中丨途者(诸)。
　　　一酻。

按:令下一字字迹不清晰,暂隶作旁字,根据语法关系当是人名。中,《释文稿》以为可能是祖庚时贞人,或是与中有关系的氏族名。又见于卷下第 27.10 片。丨,《释文稿》疑也是与贞人有关系的氏族名。抑或是地名。参阅《诂林》第 3319 条。途,从止余声,或释作途。参阅《诂林》第 0866 条。据《释文稿》,前之学者或释作途,为道途;或屠灭义;或释作徐,借作鄐,地名;或说即正字,意为征伐、诛灭;或说是名词,或说是动词,说法不一。《释文稿》根据在卜辞中的具体用例,认为途有时做名词,为地名、氏族名;有时做动词,具有被除灾祸义。本片卜辞用作动词。者,拓片不清晰,《释文稿》以为是族名。酻,祭名。

26.13:……贞,……令见……取叀告……白牵(执),三月。

按:令下一字(拓片右侧第二字)构造很奇特,中从目,像横目竖眉鼻之形。《释文稿》以为也许是见字的异体,在这个场合大概是族名。也许是眉字的异构。取壴,是祭祀用语。参阅卷下第6.2片考释。告,上从午,下从口,《说文》所无。参阅《诂林》第3180条。《释文稿》以为当是与告子有关系的人名。白,侯白之白。㚔,《释文稿》以为与卷下第11.2片的㚔当是同一个人。但该片是朿字,并非同字。参阅卷下第11.2片考释。但与卷下第24.13片是同字,隶作执。

26.14:王固曰:……娎(艰)兹至。……娎(艰)自西□……方。

按:娎,从女从壴,或从某从壴,郭沫若读作祟,唐兰读作艰,有祸祟义。参阅《诂林》第2811条。但是,卜辞"来娎"是指人为的灾祸、祸祟,而不是自然界的灾祸。参阅卷上第30.3片考释。

26.15:于兕。

按:兕,似犀牛,《说文》所无。或释作児。参阅《诂林》第3360条。根据语法关系卜辞是地名。参阅卷下第14.17片考释。

26.16:眔令三族。

按:眔,从目,下有三小点,像目流泪之形。郭沫若隶作眔,谓卜辞一般做连词用,义同及。参阅《诂林》第0611条。三族,据《释文稿》,前之学者或释作氏族之族,或释作王族之近支,即宗族。《释文稿》以为当是后者,即陈梦家所说的"约略相当于'殷民六族'之族"。也即陈梦家所引《左传·隐公八年》"天子建德,因生以赐姓,胙之土而命之氏,诸侯以字为谥因以为族;官有世功则有官族,邑亦如之"的氏族。(《综述》第497页)

26.17:丁亥卜,王贞,……乙酉㸖(扬)……。

按:㸖,或释作扬。卜辞中多见。参阅《诂林》第0382条。《释文稿》引孙海波之说以为是击伐的意思。

26.18:甲戌卜,㱿贞,王不役,在……。

按:㱿,武丁时贞人名。役,从人从殳,像以殳击人之形。余永梁释作役,谓"与《说文》古文同",役使之义。参阅《诂林》第0083条。于本片卜辞,据《释文稿》,前之学者以为是役字,通假为疫。王不疫,指王病而未愈。

27.1:其作亚宗,其㝢先……。

按:作,建造。亚宗,《释文稿》以为亚在卜辞中既是武丁时贞人名,又表示族名或人名,也有第二的意思。所以,亚宗当是指亚的祖先的宗庙。畐,从宀从人从上下二由,《说文》所无。《诂林》谓:"字不可识,其义不详。"参阅《诂林》第 2110 条。先,《释文稿》说在卜辞中既有先后之义,也是祭祀用语。本片当是祭祀用语。

27.2:贞,亡疾。
　　　贞,敗其㞢疾。
　　按:敗,上从目,下从又,《说文》所无。《诂林》谓:"疑为《说文》训'掐目'之敗字。"参阅《诂林》第 0605 条。本书疑是敗字的异构。本片卜辞是人名。㞢疾,有疾病。参阅卷下第 17.2 片考释,又见于卷下第 41.3 片。

27.3:辛……争……㞢……二(上)……。
　　　□光……卓……七月。
　　按:争,当是武丁时贞人名。光,也是人名或氏族名。卓,《说文》所无。《释文稿》说是第一期地名。卷下第 12.10 片是人名或氏族名。参阅《诂林》第 2883 条及卷下第 12.10 片考释,又见于卷下第 26.4 片等。

27.4:□……戋……㦵……。
　　按:㦵,从水从又,从横书的我字,《说文》所无。参阅《诂林》第 2028 条。卜辞是方国名,是殷王室斩伐的对象之一。参阅卷下第 21.18 片考释。

27.5:□卯卜,方……省牛,不……㘡。
　　按:方,武丁时贞人名。省牛,据《释文稿》,陈邦怀引《礼记·祭义》"君召牛,纳而视之,择其毛而卜之,吉,然后养之",以为是一种祭仪。㘡,饶宗颐释作橐,谓:"读如包,也即庖与苞,读为炰。"参阅《诂林》第 2923 条。炰,《广韵》《集韵》:"并同炮。"《诗经·小雅·六月》:"饮御诸友,炰鳖脍鲤。"《鲁颂·閟宫》:"牺尊将将,毛炰胾羹,笾豆大房。"毛炰,带毛涂泥燔烧。《释文稿》说像将俘虏斩首然后包入橐囊之形,因而有断或杀之义。这未免也太残忍了吧!

27.6:戊午卜,大贞,翌丁卯王福。
　　按:大,祖甲时贞人名。翌丁卯王福,戊午的干支序是 55,丁卯的干支序是 4,含当日相差正好是十日,可见卜辞中的翌不一定指第二天,其意义与来、来日大致相当。福,福祭。参阅卷下第 17.12 片和第 22.3 片考释。

385

27.7:□寅卜,㱿贞,王収人□正(征)䖵。

按:本片卜辞与卷下第30.10片相同,本片有一王字,该片无王字。㱿,武丁时贞人名。収人,犹言登人,即征召、招募众人。参阅卷上第17.1片和第31.5片考释。正,读作征,征伐。䖵,据《释文稿》,前之学者或释作匄,读作郇,地名,位于今山西境内(《综述》第295页);或释作匄,同舜,即帝舜;或释作匄。参阅《诂林》第0627条。本书以为,䖵像蚕形,即蜀字的初文。蒋玉斌认为"䖵"当是古书中训为"老而无子"的"独"字的初文。① 卜辞用作地名,其地在今山东泰安市西。参阅卷上第9.7片考释。也见于卷下第30.10片卜辞。

27.8:贞,彶,夕。

按:《释文稿》漏释此片。彶,《诂林》谓:"其义不详。"参阅《诂林》第2374条。《说文》:"彶,急行也。从彳及声。"卜辞简短,其义不明。

27.9:亡……。

贞,子㝈娩[不其妦]。

按:释文据蔡哲茂《甲骨新缀十则》。② 㝈,从子从夕或从肉,《说文》所无。丁山以为即王子㝈,人名,是武丁诸子之一。(《氏族制度》第134页)《诂林》隶作从子从肉,引罗振玉说以为是毓字的异构。参阅《诂林》第0582条。王蕴智在《"毓"、"后"考辨》中也断为表生育义的毓字。③ 卜辞当是人名用字。妦,蔡哲茂隶作冥,当读作娩,表生育义。右侧亡字据残笔补。

27.10:甲子,帚嬦(姗)示四，小䍤,中。

按:《释文稿》说本片是骨臼刻辞。嬦,据《释文稿》,或说是从竹从婦的合文,或说是"竹婦"二字,或说是"婦姗",本书以为是"婦姗"二字。参阅拙著《释"竹(冉)"》一文。䍤,从帚从又,《说文》所无。《诂林》引唐兰之说谓:"似当读作'侵'。"参阅《诂林》第2985条。《释文稿》说是骨臼刻辞常见的署人名。殷王室接受方国所献龟甲之人的署名,其人名䍤,小可能是职官的等级。中,《释文稿》说与卷下第26.12片的中是同一人,即祖庚时的贞人中。本片是小䍤与中二人共同署名。参阅卷下第18.3片和卷下第28.4片考释。

---

① 蒋玉斌《释甲骨文中的"独"字初文》,《古文字研究》第三十辑,中华书局,2014年。
② 蔡哲茂《甲骨新缀十则》,《古文字研究》第二十六辑,中华书局,2006年。
③ 王蕴智《字学论集》,河南美术出版社,2004年,第247页。

27.11：……昜……。
　　　庚寅卜，兇令旃。
　　　……丑……。
　　按：兇，下从人，上像头盖骨未合之囟门，按造字理据当是兒字之异构。参阅《诂林》第 0378 条。或读作郳，卜辞是氏族名，即郳伯。《释文稿》说卷上第 22.3 片是殷先公之一，本片是那个系统的族名。本书以为恐亦非是。旃，上从认，认是旗帜的象形，下是旗帜的支架，《说文》所无，丁山说读为偃，当为河南偃师县(今偃师市)。参阅《诂林》第 3049 条。《释文稿》说也见于卷下第 27.4 片，是和囡(更)有关系的第一期的族名。核之该页第 4 片，那个用作地名的㦱字与此字写法根本不同，显然不是同一个字。根据语法关系卜辞做族名或方国名。又见于卷下第 38.4 片。

27.12：……贞，珏……。
　　按：卷下第 20.15 片之珏，拓片从珏从乚(器物壁之形)。参阅卷下第 20.15 片考释，也见于卷下第 43.8 片。卜辞或是族名，或是人名。

27.13：辛未，王卜，曰：□余告多君曰：般，卜，又(有)𢀛(祟)。
　　　见于方……。
　　按：《释文稿》说这是王卜卜辞之一。"余"上一字拓片不清晰，疑是夕字。多君，陈梦家以为是与多亚等相同的职官名。参阅卷下第 13.2 片考释。般，据《释文稿》，郭沫若解为盘旋之盘，即归来。𢀛，郭沫若解作祟，祸祟。本书在前文业已说明，当解作杀伐之杀。"见于方"三字残缺不全，此据残存笔画隶定。

27.14：乙亥贞，𥃝令𩁹(鄜)㠯(以)众甶(关)执，受又。
　　　三。
　　按：𥃝，氏族名。𩁹，隶作郭或敦。本书释作埔，即鄜，地名或方国名。甶，或释作关，也是氏族名。参阅卷上第 8.12 片考释及《诂林》第 1038 条。众甶(关)，说明甶至少由几个部族组成。执，捕获。《释文稿》隶作牵。众甶(关)应是被捕获的对象。参阅卷上第 27.14 片卜辞与考释，卷下第 24.13 片和第 26.13 片等考释。受又，受到佑助。

27.15：王其……溼……。
　　按：溼，从水从兹从止，或即《说文》溼字。王襄以为是古溼字。参阅《诂林》第 3174 条。据《释文稿》,叶玉森以为是足止水绝流处,卜辞之湮乃地名,于省吾以为读作浧,根据《方言》《广雅》等解作忧的意思。浧,《说文》:"幽湿也。从水;一,所以覆也,覆而有土,故浧也。"忧当是由潮湿这一本义引申而来。本书以为,本片卜辞或读作隰,地名,在今河南武陟县境内,即《左传·隐公十一年》的隰郕。参阅卷上第 13.9 片考释。

27.16:壬申[卜,□]贞,[今夕亡囚]。
　　甲戌卜,涿贞,今夕亡[囚]。
　　丙子卜,[□]贞,今[夕]亡[囚]。
　　按:涿,祖甲时贞人名。也见于卷下第 29.5 片卜辞。本片卜辞隔日贞卜一次夕无祸,表明殷王室或殷王有朝夕之祸,或是将受到入侵,或是殷王身体欠佳。

27.17:己巳……朩……凸……。
　　按:朩,从林从口,《说文》所无。参阅《诂林》第 1425 条。卜辞或是人名。凸,下从口,人群居住的地方,上边向前伸出的两处类似后世拱城结构(参看西安明城墙之南门或北京天安门正门结构),《说文》所无。参阅《诂林》第 3293 条。卜辞是地名或氏族名。丁山以为当读作展,《左传·成公四年》之展陂,《春秋汇纂》:"展陂,在今河南许州西北。"(《氏族制度》第 111 页)丁氏读展以备一说。

27.18:高受年。
　　按:高,从亯从丙,《说文》所无。参阅《诂林》第 1984 条。根据语法关系卜辞或是地名或是方国名。

28.1:鼡入。
　　按:《释文稿》说这片是甲桥刻辞。鼡,从卄,像双手采栗形,《说文》所无。参阅《诂林》第 3476 条。丁山以为是"刈"字,孳乳为"艾",曰:"艾侯故地,疑在鲁南。《春秋·隐公六年》:'公会齐侯盟于艾。'杜注:'泰山牟县东南有艾山。'……艾山,在今山东蒙阴县西北,即蒙山支阜。意者,艾山之阳,沂水上游,即商乂氏旧地矣。"(《氏族制度》第 153 页)艾山位于山东沂南县境内西部,蒙阴县东。根据语法关系卜辞是人名或方国名。

28.2:贞,㳺其㞢[囚]。
　　按:㳺,从水前(前)声。罗振玉说,沘与㳺当释作"洗";杨树达认为应读作"有莘氏之莘(姺)",古莘(姺)国的地望在今陕西合阳县。孙亚冰、林欢《商代地理与方国》一书,以为洗作为方国名,其地望当在晋陕高原。有莘故城在今山东曹县西北莘冢集。参阅卷上第9.9片、第17.5片及卷下第12.6片考释。屮,读作有;卟,读作祸。

28.3:……□壴(鼓)于……。

按:壴,鼓字的初文。《释文稿》说卜辞做祭名。参阅卷下第14.15片考释。拓片右侧还有两个残字,笔画不全,不知是何字。

28.4:庚申,帚□伀示,奠□𠂤小㞢。

按:帚,读作妇。帚(妇)右上一字笔画不清晰,当是妇的名字。伀,像置且于山中之形,当是妇某之名,《说文》所无。《诂林》似也未收。据《释文稿》,妇伀是武丁诸妇之一。示,祭也。根据卜辞辞例,𠂤之前所缺一字当是数目字,𠂤是祭祀时所用的品物之一。小㞢,是骨臼刻辞常见的署人名。参阅卷下第18.3片和卷下第27.10片考释。

28.5:□丑卜,□贞,王取……。

按:取,从又持口指目之形,其义不明,《说文》所无。《诂林》说:"卜辞为人名。"参阅《诂林》第0655条。据《释文稿》,前之学者释之颇多,《释文稿》采用鲁宾先之说释作啓,解作省视的意思。本片卜辞当用作动词,非人名。

28.6:□午卜,贞,勿䀠(眉),今……于□……。

按:䀠,从目从屮(像两道长眉之形),孙诒让说即《说文》训"目不正"之䀠字,读若末。《诂林》谓:"多与否定词连言,是一种加强的肯定语气。"参阅《诂林》第0621条。据《释文稿》,孙海波释作眉,但䀠与卷下第25.7片眉字写法不同。根据语法关系卜辞用作动词,其意义不明了,可能是一种假借用法。

28.7:……宁□……屮食于田……匄雨。

按:宁,武丁时贞人名。屮,读作侑,祭名。食,也应是祭名。田,上甲,是祭祀的对象。匄,乞也,求也。这是一片向祖先上甲亡灵祈雨之祭的卜辞。

28.8:庚寅,米……。

按:米,从中,上下四点,《说文》所无。《诂林》说是人名或方国名。参阅《诂林》第1385条。陈梦家隶作上从火、下从又的㷉字,是祭山的祭祀用语。

《释文稿》说参阅卷下第 26.12 片考释,但该片的刂字与此写法并不相同。本书以为或是寮字的异构,卜辞过于简短,其义不明。

28.9:贞,勿于鞏用。

按:鞏,上从三个火或三个山,下从京或亭,《说文》所无。参阅《诂林》第 1996 条。卷下第 21.17 片《释文稿》释作"妹京"二字的合文,即妹邦。卜辞当是地名。参阅卷下第 21.17 片和第 25.14 片考释。

28.10:辛未卜,奻贞,今夕亡卟。

按:奻,从又从幺,《说文》所无。陈梦家隶作从糸从又,是廪辛时贞人名。(《综述》第 205 页)

28.11:……卜,王其征公史……。

按:征,释作徎,前往。公,长老的称谓。公下一字《释文稿》隶作夫,细审拓片与字形不符,该字正在拓片断裂处,笔画不清,当是从中从又的史字,《说文》:"史,记事者也。从又持中。中,正也。"甲骨、金文的史字,或读作事,或读作使,或读作吏,王国维论之甚详。参阅《诂林》第 2933 条。据《释文稿》,叶玉森释作裦,是国名。卜辞当是职官名或爵位名。

28.12:□◇□。

按:◇,上从△,口向下之形,下似从贞或皀,字的下部拓片不清晰,《说文》所无。据《释文稿》,前之学者或释作壹,或释作壶,与字形皆不类。疑是食字的异构,卜辞或是祭名。

28.13:[王]占曰:二□……丨不………□……刐……。

按:刐,从刀从不,《说文》所无。参阅《诂林》第 2519 条。卜辞或为人名,或为地名,或为方国名。卜辞残缺过甚,意义不明。

28.14:勿亦……。

贞,我受黍年。

□。

按:亦,《释文稿》说卜辞中的亦有三种用法:(1)副词,同也;(2)地名或者族名;(3)祭祀用语。本片卜辞残缺,恐怕是祭祀用语。我,方国名,也是氏族名。受黍年,黍子(一种粮食,黏性,比谷粒略小)将获得丰收之年。

28.15：……寅卜，……其夹。

　　按：夾，像一大人两臂下挟持两小人。《说文》："夾，持也。从大侠二人。"参阅《诂林》第0221条及第0222条。据《释文稿》，前之学者或释作夷，或释作伏，或释作仁，或释作夹，众说不一。卜辞或用作地名、氏族名。本片或是夹击之动词义。

28.16：己亥卜，贞，王往萑（观）藉，徂往。

　　贞，勿往。（以上是《甲》3420片）

　　庚子卜，贞，王其萑藉，叀往。十二月。（本片）

　　按：《释文稿》说本片与《甲》第3420上片缀合。萑，从艸从隹，似猫头鹰一类的鸟。《说文》："萑，小爵也。从萑叩声。《诗》曰：'萑鸣于垤。'"参阅《诂林》第1744条。据《释文稿》，前之学者对此字解释颇多，难以适从。本书以为，本片卜辞萑当读作观，视也。卷下第40.15片当读作收获之获。藉，《说文》："帝藉千亩也。古者使民如借，故谓之藉。从耒昔声。"甲骨、金文藉字像人足踩耒耜之形，是耕种的一种方式。《礼记·祭义》："是故昔者天子为藉千亩，冕而朱纮，躬秉耒，诸侯为藉百亩，冕而青纮，躬秉耒，以事天地、山川、社稷、先古。"本片卜辞所记当是殷王藉千亩之事。但是，殷正建丑，其十二月约当夏历之十一月，已入寒冬，此时不当有藉千亩之农事。故卜辞王往萑藉，疑是一种祭祀仪式，为来年有个好年成而举行祭祷。

28.17：己亥卜……辛雨。

　　己亥卜，其衣若，不若。

　　按：衣，像衣有两袖之形。《释文稿》以为本片之衣，是其异体。参阅《诂林》第1948条。卜辞是祭祀用语。若，顺也。

28.18：己卯……今日……上甲……三……。

　　……宁……庚……⊠……。

　　按：宁，武丁时贞人名。⊠，甲骨文、金文亚字是四合院之符号化（平面图）。笔者对其早就有研究和论述，说："亚字是先民根据对大地八方位的认识而创造出来的一个文字符号，是先民关于宇宙结构——空间方位观念的符号化。"① ⊠，当是人名的专用字。参阅《诂林》第2899条。卷下第4.3片

---

① 叶正渤、陈荣军《关于"亚"字符号的文化解析》，《东南大学学报（哲学社会科学版）》，2004年第4期。

有☒侯,叶玉森释作亚侯,可资参考。参阅卷下第 4.3 片考释。

29.1：癸巳……卜,贞……。

……王……表……。

按：本片之表,《释文稿》说是衣字的异体。参阅《诂林》第 1948 条和第 1950 条。拓片不清晰,本书暂释作从衣从毛的表字。若释作衣,卜辞则是祭名。释作表,卜辞可能也是祭名。

29.2：……告……。

戊子卜,大贞,⛩☒……。

按：告,《说文》："牛触人,角箸横木,所以告人也。从口从牛。《易》曰：'僮牛之告。'"参阅《诂林》第 0720 条。告祭,古代祭祀仪式之一种。大,祖甲时贞人名。☒,从 △ 从山或火,《说文》所无。饶宗颐以为字从宀从火,是栽字。《诂林》谓："此当为'入山'二字。"参阅《诂林》第 1248 条。☒是一个合体字,根据语法关系卜辞是祭祀的对象。未知所指是何人或何神。

29.3：其……貝……。

按：貝,从爪从贝,或是得字的异构。拓片很不清晰。参阅《诂林》第 1918 条。《释文稿》从孙海波隶作觅,恐非是。参阅卷下第 14.3 片考释。

29.4：己未卜,毕,子戻亡疾。

按：毕,武丁时贞人名。毕字之下疑漏"贞"字。戻,从厂从帚从又,《说文》所无,或不从又。参阅《诂林》第 2986 条和第 2998 条。本书疑是"刷"字的异构。卜辞是人名。子戻,据《释文稿》,或说是武丁诸子之一。

29.5：乙[□卜,涿]贞,[王宜],翌日亡[尤]。

乙卯卜,涿贞,王宜敄,亡尤。

[乙□]卜,涿[贞,王]宜[敄],亡尤。

按：涿,祖甲时贞人名。宜、敄,皆是祭名。亡尤,犹言无祸、无忧。祸忧字写作尤,这是第三期卜辞的写法,与祖甲时贞人名涿正相应。

29.6：丁酉……。

丁易兵。二。

按：易,读作锡,赐也。兵,《说文》："械也。从廾持斤,并力之皃。"兵字的本义是斧头一类的兵器,在本片卜辞中做赐的宾语。

29.7:贞,子春不囚。

按:子春,人名。此春字上从分叉的木,下从曰。参阅《诂林》第 1446 条。囚,《说文》:"系也。从人在口中。"像以囚笼关押犯人之形。参阅卷上第 16.11 片考释。不囚,或表示不被囚的意思。这是无标识被动表示形式。

29.8:丙寅卜,王……彖萊雨,旪……。

按:彖,从彖(tuàn)从山,《说文》所无。《诂林》谓:"疑为'皀山'之合文,为祭祀祈雨之对象。"参阅《诂林》第 1237 条。据《释文稿》,疑是祭祀时的山名。萊,祓也,求雨之祭。旪,卷下第 21.11 片作眈,从目从戈,《说文》所无。《释文稿》就卷下第 21.11 片说有征伐义。本书疑是"睯"字的异体。

29.9:□大乙□……。

按:大乙,即成汤,商王朝的开国君主。参阅卷上第 3.7 片等考释。

29.10:伋。

按:伋,从女从彡,《说文》所无。《诂林》谓:"妇伋,为女字。"参阅《诂林》第 0518 条。《释文稿》据《乙》第 58.25 片"丁亥卜,伋虫疾,二月",认为是第一期的人名,且认为本片可能是王族卜辞。其说当是。

29.11:……令多尹……,奴……□。

按:多尹,职官名,犹言多士。参阅卷上第 22.5 片考释。(《综述》第 517 页)奴,从夕从支,《说文》所无。疑是"十月"二字的合书,所从的又,或是拓片的裂纹。存疑待考。

29.12:……王余……。

栅……。

按:栅,从并立的三木,中有匚之形,叶玉森《殷契钩沉》卷乙释作栅。叶玉森说,《后编》卷下第二十九叶有栅字,从三直木,一横木,疑栅之象形文。《说文》:"栅,编树木也,从木从册,册亦声。"森按:册非声,乃象栅形。《前编》卷七第十二叶册作册,象四札二编,栅则象三木一编。(《整理与研究》第 55 页)叶玉森所说是也。

29.13：乙酉卜，方弗戋坙，十月。

按：《释文稿》说本片与卷下第 23.4 片缀合，可资参阅。

29.14：辛丑卜，亙贞，羌掫得。

按：亙，武丁时贞人名。掫，当是从子从攴爿声的字，《说文》所无。《诂林》谓："用为动词，其义不详。"《诂林》举本片为例，但漏释一"得"字。参阅《诂林》第 3079 条。据《释文稿》，饶宗颐以为是子掫的名字，本片卜辞应理解为子掫得(俘获)羌。饶说当是。

29.15：癸巳贞，乙未王其登米？自□□。

按：登、米，皆用为祭名。

29.16：[戊]子贞，己亡𡆥。

按：《释文稿》说本片与卷下第 14.2 片缀合，可资参阅。

29.17：[□□]卜，王，庚……㖇龢……。

按：㖇，从口从珏，似器皿中盛玉之形，《说文》所无。参阅《诂林》第 3251 条。与卷下第 25.17 片及卷下第 33.11 片之㖇当是同字，可资参阅。卜辞也是武丁时贞人名，本片卜辞或是其氏族名。龢，从𠂤(师)从禾，《说文》所无，或即卷下第 13.13 片㯰字的异构。参阅《诂林》第 3006 条及卷下第 13.13 片考释。卜辞或是地名。《释文稿》说本片与卷下第 32.5 片为重出。核之拓片，其说是也。

29.18：……卜，即……速……。

按：即，祖甲时贞人名。速，从束从止，《说文》所无。《诂林》谓："字不可识，其义不详。"参阅《诂林》第 0890 条。卜辞抑或用作动词。卜辞残缺，未知孰是。

30.1：戊……贞……。

𦣞。

按：𦣞，上从二𦣞(眉或目)，下从两面相对的𠂤，像两只眼睛向着两旗之间远看，类似于瞄准这个动作，《说文》所无。《诂林》亦未收此字。其义不明。

30.2：帝(禘)河㝬(學)好。

按：帝，读作禘，禘祭。河，河神。㝬，其构形不明。参阅《诂林》第 3232 条。《释文稿》据陈梦家释作學字别体，陈说是旧臣学戉，学是其私名，戉是其官名。(《综述》第 365 页)好，从矢从子，像箭矢刺子之形，《说文》所无。据饶宗颐考证，有降灾伤害义。参阅《诂林》第 0581 条及卷下第 26.6 片考释。

30.3：其贞……从雔(鷹)……。

按：雔，从隹从乂，《说文》所无。乂是乓或厥字的初文，金文常见，学界或隶作乓。根据古文字同类偏旁可以互换的通例，雔或即《说文》从鸟厥声的鷹字。《说文》："鷹，白鷹，王鴡也。从鸟厥声。"《释文稿》隶作倠，拓片从乂(反书)，不从攴或攵。此字前之学者解释颇多，难以适从。于省吾释作推，读作摧，卜辞有灾咎义，恐也非是。参阅《诂林》第 1732 条。本片卜辞《释文稿》以为有灾害义，其他卜辞是人名或氏族名，恐亦非是。根据语法关系，本片卜辞"鷹"做"从"的宾语，所以也当是人名、氏族名或方国名。

30.4：丁酉卜，争贞，子弖兆，隹㞢㠯。

按：争，武丁时贞人名。弖，从弓从口，《说文》所无。参阅《诂林》第 2616 条。据《释文稿》，前之学者或径直释作弓。子弖，或说是武丁诸子之一，人名。兆，字形颇似長字，学界释作微字之初文，谓是四方风名之一。参阅《诂林》第 0035 条。《释文稿》以为是地名或族名，本片卜辞当是子弖人名。㞢，读作有。㠯，似口中含有饼块形物，《说文》所无。或释作古，或释作甾，或释作由，读作咎。参阅《诂林》第 0732 条。《释文稿》以为此字与壱、𢀝等相关而有祸忧义。

30.5：癸巳卜，……兹衖自……。

□辰卜，王贞，㩲作余𢀝。

□未……。

按：兹，犹言今。衖，从行从𠬝，《说文》所无。《诂林》亦未收此字。《释文稿》以为是祭祀用语。㩲，拓片不太清晰，疑似从人举手之状，是㩲(扬)字的反书。卜辞或做动词，其义不明。余，当是殷王自称。

30.6：䆁㞢于……。

按：䆁，从矢从帝，或从帝声，《说文》所无。或释作镝，或曰乂即射天。参阅《诂林》第1133条。不过,在殷商晚期的确有殷王射天之事。《史记·殷本纪》:"帝武乙无道,为偶人,谓之天神。与之博,令人为行。天神不胜,乃僇辱之。为革囊,盛血,卬而射之,命曰'射天'。武乙猎於河、渭之间,暴雷,武乙震死。"(《史记》第104页)射天是一件极其违逆天道的事,任何人都做不得,更何况贵为天子! 所以武乙不得好死,所谓"恶有恶报"是也。《荀子·礼论》:"天地者,生之本也;先祖者,类之本也;君师者,治之本也。无天地,恶生? 无先祖,恶出? 无君师,恶治? 三者偏亡,焉无安人。故礼,上事天,下事地,尊先祖而隆君师,是礼之三本也。"①禘,于卜辞当是祭祀用语。㞢,读作侑,祭名。

30.7:其鼍。

按:《拼合集》说本片与《合集》7572、17869及《英藏》476片缀合,即《合集》7572+17869+《英藏》476,前两片是蔡哲茂《甲骨缀合集》第185组,《英藏》476是黄天树所补。缀合后《拼合集》第279则的释文是:

王占曰:吉。不鼍其卫小不□。(《拼合集》第483页)

鼍,《说文》:"水虫。似蜥易,长大。从黾单声。"或说即扬子鳄。鼍,或隶作衙,《释文稿》原隶作鼍,似羊头羊角之形,《说文》所无。参阅《诂林》第0621条。据《释文稿》,金祥恒释作羊,通祥。《释文稿》说与卷上第24.10片的鼍是同字,鼍字是祭祀用语。参阅卷上第24.10片考释。《拼合集》隶作卫,或亦非是。据卜辞语法关系,其文意当是与鼍爬行有关的动词。

30.8:辛亥……贞,不(帀)……[亡]尤。

卝雈。

按:卝,拓片字迹与裂痕混在一起,看不清笔画,不知是何字。雈,从隹从卜从囗,《说文》所无,疑仍是舊(旧)字。舊,《说文》:"鸱舊,舊留也。从萑臼声。"卜辞残缺,不知是何意义。

30.9:癸卯卜,贞,壴,亡囚。

按:壴,下从豆,上从尞(燎柴形),《说文》所无。抑或是尞字之异构。参阅《诂林》第1526条。抑或是壴(鼓)字之异构。参阅《诂林》第2797条。存疑待考。本片卜辞疑是祭祀用语。

---

① 王先谦撰,沈啸寰、王星贤点校《荀子集解》,中华书局,1988年,第349页。

30.10：□寅卜，㱿贞，……奴人……［正］（征）罟。

按：㱿，武丁时贞人名。奴人，犹言登人，征召众人。罟，像蚕形，当是蜀字之初文。前之学者考释颇多，蒋玉斌认为"罟"当是古书中训为"老而无子"的"独"字的初文。卜辞是方国名。参阅卷上第9.7片及卷下第27.7片考释。

30.11：……贞，亡尤。
　　　甲子卜，行贞，王宓钆福，亡囚。

按：行，祖甲时贞人名。宓，祭名。钆，从廾持中。参阅《诂林》第0386条。卜辞当是表示祭祀时间的用语，裘锡圭读为夙，早晨。福，祭祀用语。本片卜辞亡尤与亡囚（祸）两种写法同时并行，说明"亡尤"尚未完全取代"亡囚"。

30.12：□弜来马，卪（承）。

按：弜，陈梦家说是方国名或氏族名。来马，进贡马匹。卪，从卩从廾，应是承字之省形。参阅《诂林》第0368条。承，或是殷王室接受马匹之人的署名。

30.13：□未卜，方贞，令帚往温（浴）。

按：方，武丁时贞人名。帚，从帚在宀下，读作寝。参阅《诂林》第2042条。根据语法关系卜辞是人名。也见于卷下第3.12片，曰新寝，寝庙。浴，从人在皿中，尚有水，当是沐浴字。参阅《诂林》第2648条。据《释文稿》，陈邦怀、叶玉森等释作温，地名，在今河南温县南。见《左传·隐公三年》。温县隶属于河南焦作市，地处豫北平原西部，南滨黄河，北依太行。

30.14：弜（弗）宓，叙夌。

按：宓，祭名。叙、夌，皆是祭名。

30.15：……壼……用……一……。

按：壼，从㐭省从山，《说文》所无，拓片也不太清楚，存疑待考。《诂林》亦未收此字。卜辞或是地名。或说是㐭方之山。据杨伯峻《春秋左传词典》："㐭丘，齐地。今山东鄄城县东北。……㐭延，郑地。今河南延津县北。"未知孰是。

30.16：勿尞。
　　　……爰。

按：尞，燎祭，燔柴之祭。爰，引也。卜辞简短，其义不明。

30.17：辛巳卜，即贞，血子岁牡［牛］。

按：即，祖甲时贞人名。血子，人名。参阅卷下第18.11片和卷下第39.17片考释。本片之血，从皿从囧（窗棱形），卷下第18.11片和卷下第39.17片之血字从皿从血块形，与本片略异，本片当释作盅。《说文》曰："盅，仁也。从皿，以食囚也。"参阅《诂林》第2644条。岁，岁祭。牡牛，公牛，祭祀时所用的牺牲。

30.18：方亡聅（听、闻）。

按：方，方国名。陈梦家说："方当在沁阳之北，太行山以北的山西南部。"（《综述》第270页）见于卷上第6.5片。亡，读作无，不。聅，从耳从口，郭沫若说："古圣字，亦即古声字，从口耳会意。圣以壬为声，字稍后起，声字更属后起。《左氏》'圣姜'，《穀》作'声姜'，字犹不别，入后二字始分化。"①聅字在大保簋铭文中是录子人名。但在本片卜辞中，显然不能如郭沫若所说读作圣或声。据语法关系来看，聅当是"听"字的初文。《说文》："聽，聆也。从耳、悳，壬声。"听，古亦同闻，《说文》："知闻也。从耳门声。"段注："往曰听，来曰闻。《大学》曰：'心不在焉，听而不闻。'引申之为令闻广誉。"知闻者，下报上上以知闻也。令闻，犹言美誉、美名。参阅《诂林》第0689条及卷下第7.13片考释。

31.1：戴［于］且乙。

按：戴，从戈从橐，《说文》所无。参阅《诂林》第2444条。卜辞当是祭祀用语，动词。

31.2：庚……贞，……于……豚。

按：豚，从豕从肉，《说文》："小豕也。从象省，象形。从又持肉，以给祠祀。"参阅《诂林》第1603条。卜辞做祭祀时用的牺牲。

31.3：䅆。

按：䅆，从秝声从亯，《说文》所无。参阅《诂林》第1991条。卜辞或是地名。

31.4：……眉……百亡……。

按：眉，也见于卷下第25.7片和卷下第28.6片，卜辞或是地名。百亡，或是指俘虏逃亡。卜辞太短无法确证。

---

① 郭沫若《两周金文辞大系图录考释·大保簋》，科学出版社，2002年，第71页。

31.5:□保央王□……。

按:《释文稿》说本片是王族卜辞字体。本书以为,保后一字当是央字。央,从大,从凵或从冂。参阅《诂林》第 0209 条。《说文》:"央,中央也。从大在冂之内。大,人也。央旁同意。一曰久也。"丁山说,王子央与武丁或是父子关系,或是弟兄行,待考。但是,子央氏当即《左传·哀公二十三年》"齐人取晋英邱"之英邱,介于齐、晋之间,与殷虚为较近,王子央的采地,或即在此。(《氏族制度》第 75 页)

31.6:茁狣。

按:茁,像鹿头形,鹿身则残缺,疑借作麓字。参阅《诂林》第 0615 条。卜辞或是地名。狣,左从豕,右侧所从笔画不清晰,《释文稿》隶作狣,《说文》所无,存疑待考。卜辞或是地名。

31.7:己……媚……。

按:媚,从女从眉或眉声,《说文》:"媚,说也。从女眉声。"《释文稿》据贝冢氏考证说是第一期所见的方国名。

31.8:[癸未卜,□贞,翌辛亥]王𠂤(拚、铺),𢆶氏(以)执。

按:据《释文稿》,胡厚宣说与《甲》第 1166 片同文。𠂤(拚、铺),从席从二臂,学界一般释作寻。本书以为从双臂从席的𠂤,当是"布席"即今言铺床、铺席子的"拚""铺"字的初文。𠂤正像双手铺席之形,古语曰布席,今则曰铺席。《说文》:"拚,扜持也。从手布声。"《康熙字典》引作"一曰舒也,布散也"。布散,犹今言摊开、铺开。《宋本玉篇》:"拚,相持也。"所以,𠂤既非寻字,亦非谢字,且与寻字的字形亦不类。《说文》寻本作𢇲:"𢇲,绎理也,从工从口,从又从寸。工口,乱也;又寸,分理之,彡声。此与襄同意。度人之两臂为寻,八尺也。"𠂤,卜辞当是一种席坐告祭礼。参阅卷上第 7.5 片、第 12.11 片和卷下第 9.4 片、第 10.7 片等考释。

𢆶,丁山以为即费,氏族名和地名。参阅卷上第 16.10 片考释。氏,读作以,用也。执,像双手被桎梏形,《释文稿》隶作讯,当是执字。讯字像人(俘虏)双手被反缚之形,从口,讯问之。

31.9:猴。

按:据《释文稿》,或释作猿,本书以为释作猴与字形更合。或释作猱。《玉篇》:"猱,兽也。"《广韵》:"猴也。"《诗经·小雅·角弓》:"毋教猱升木。"

毛传:"猱,猿属。"王国维释作夒,以为是帝喾,名夋,是商先祖契之父。参阅卷上第3.6片考释。《诂林》辨王说非是。参阅《诂林》第1094条。

31.10:呪。

按:呪,从兄从口,《诂林》第0763条收一从口从人之字,谓:"卜辞为方国名。"当是此字之异构。据《释文稿》,叶玉森释作与孔是同字,丁山以为即王子孔,武丁诸子之一。参阅卷下第27.9片考释。

31.11:□贞,鑊。

按:鑊,从隹从鬲,《说文》所无。当是鑊字之初文。参阅《诂林》第1772条。鑊,鼎大而无足曰鑊,后世的铁锅即由此演变而来。本片卜辞或是祭祀用语。

31.12:八方。

按:八方,"八方"二字的合书。《诂林》谓:"字不可识,其义不详。"参阅《诂林》第3123条。甲骨文中有几个上部从八的字,如八鱼、八豕等,见《诂林》。

31.13:不𢆉(。

按:𢆉(,从𢆉从凡,饶宗颐释作继。参阅《诂林》第3175条。《释文稿》隶作期。根据语法关系卜辞受副词不修饰,当作动词,或是祭祀用语。

31.14:□其贞,萑用。

按:萑,《释文稿》说像进器皿之形。细审拓片,疑像隹头有双角毛之形,即萑字,与《说文》蒦字(鸹鸹)当是同类鸟。参阅《诂林》第1761条。《释文稿》说是祭祀用语。卜辞简短,其义不明。抑或表示祭祀要用鹳。

31.15:……争……啇……再(服)……。

按:以上是《释文稿》的释文。细审拓片,当左行读作:服啇牛。啇,当从止商声,《说文》所无。《诂林》第2148条曰:"字从商从止,辞残,其义不详。"卜辞当是地名。服,《释文稿》隶作再,细审拓片,从人从又,当是服字。末一字是"牛"字。

31.16:麋。

按:麋,于省吾释作麋。参阅《诂林》第1709条。《说文》:"麋,鹿属。从鹿米声。麋冬至解其角。"似水牛而大，毛淡褐色，雄的有角，角像鹿，尾像驴，蹄像牛，颈像骆驼，原产我国，俗称"四不像"，冬至时节雄麋脱落其角。

31.17：𦫵。

按：𦫵，从艸京声。参阅《诂林》第 2027 条。《释文稿》隶作蒿字。卜辞当是地名或氏族名。

31.18：勿瘗（貍）。

按：勿右侧一字像用匕（枇杷，汤匙）从鼎镬中取食物（馂）之形，字的下部残缺，饶宗颐释作瘗（yì），即瘗埋。《吕氏春秋》："有年瘗土，无年瘗土。"高诱注："祭土曰瘗。年，谷也。有谷祭土，报其功也。无谷祭土，禳其神也。"或是鬻（yù）字。参阅《诂林》第 2755 条。卜辞当是祭祀用语。

32.1：亦冽。

按：亦，《说文》："人之臂亦也。从大，象两亦之形。"卜辞或借作夜晚的夜。冽，从水歹声，当是冽字，《说文》："水清也。从水列声。《易》曰：'井冽，寒泉食。'"卜辞当用作形容词，表示寒冷义。

32.2：曰妊。

按：妊，从女壬声。参阅《诂林》第 0573 条。卜辞当是人名。

32.3：启。

按：拓片字迹很不清晰，此从《释文稿》所释。卜辞中的启有天气开晴之义。

32.4：贞，……于……商……亡……。

按：该页之商字字迹也不清晰，从《释文稿》所释。卜辞中的商是地名。

32.5：卜，王，庚……吾䇞……。

按：本片与卷下第 29.17 片是同片，重出，但卷下第 29.17 片比本片清晰。

32.6：□午卜，乎复取……。

按：复，从𠅃或说从章（墉）省，从夊。参阅《诂林》第 0869 条。《释文稿》说复是人名，本辞或是氏族名。参阅卷下第 26.7 片考释。取，或是祭祀用语。

32.7：□卯卜，盌……。

按：盌，从倒山从皿，《说文》所无。《诂林》谓："字不可识，其义不详。"参阅《诂林》第2698条。《释文稿》以为卜辞或是祭祀用语。

32.8：王役睪……。

按：役，从人从殳，《说文》："古文役从人。"据卷下第26.18片卜辞，前之学者以为是役字，通假为疫。王疫，当指王生病，疫活用为动词。睪，从目从牛，拓片字迹不清晰，《说文》所无。抑或是郭沫若释作民，读作盲的那个字。参阅《诂林》第0608条。《释文稿》说可能是与疾病有关系的字。本书以为或与眼疾有关系的字，也指眼疾。存疑待考。

32.9：登。

按：登，从豆从三中，似豆中物丰盛之状，《说文》所无。或释作豐。参阅《诂林》第2807条。疑是登字异构。卜辞单字只辞，其义不明。或说是侯国名。

32.10：……扶史𡆥……二百，十一月。

按：扶，武丁晚期贞人名。史，从又持中，像手持笔置于笔筒之形，此乃史官之职事。史，当读作使，动词。𡆥，拓片不清晰，不知是何字。与《诂林》第0759条所收𡆥字字形颇近似，参阅该条。根据语法关系卜辞当是人名或族名。

32.11：……卜，𠶷……。

按：𠶷，像尖底侈口之酉形，或说从倒言形，唐兰释作皀，即厚字之初文。参阅《诂林》第3427条。卜辞或是祭祀用语。《释文稿》说是祭名。

32.12：□㞢敀……。

按：敀，从席从攴，像掸席或铺席之形，《说文》所无，或释作寻。参阅《诂林》第2232条。根据语法关系卜辞当是动词，《释文稿》说恐怕是祭祀用语。本书以为此字与从双臂从席的𢩱字，当是"布席"即今言铺床、铺席子的"拀""铺"字的初文。𢩱正像双手铺席之形，古语曰布席，今则曰铺席。敀字省一手，所表示的意义与𢩱当相同。参阅卷上第7.5片、第12.11片和卷下第9.4片、第10.7片等考释。

32.13：……卜，溄……王……亡……。

按：溄，从水从上下二羊，《说文》所无。参阅《诂林》第1565条。卜辞是人名。据《释文稿》，学者或释作洋，或释作溄；或说是武丁诸子之一，与武丁时贞人名是同一人，或说是祖甲时贞人名。《释文稿》以为是第一期至第二期贞人名。也见于卷下第41.5片卜辞。

32.14：庚戌……贞，今日……十一月。

……绝（断）……。

按：绝，从刀断丝。叶玉森《殷契钩沉》卷甲释作绝。或释作断。参阅《诂林》第3172条。《释文稿》说，断是地名。参阅卷上第12.12片及卷下第15.14片考释。

32.15：……叀……。

……卜，贞，王其㗊……帝升……王……。

按：㗊，从示从口从点，《说文》所无。参阅《诂林》第0736条。《释文稿》疑是祭祀用语。帝升，是卜辞常见的语词，陈梦家以为是升于宗庙的意思。（《综述》第470页）参阅卷上第4.15片和卷下第7.1片考释。

32.16：尧人。

按：《释文稿》说这是甲尾刻辞。尧，上从并立的两个土，下从人，释作尧。参阅《诂林》第0378条。《说文》："尧，高也。从垚在兀上，高远也。"兀是人的形变。丁山曰："尧山，殆因商之尧氏居此得名，不必为帝尧故都矣。"（《氏族制度》第131页）尧山位于河南鲁山县境内。

32.17：敓。

按：敓，从也或它或虫，从攴，《说文》所无。参阅《诂林》第1858条。陈梦家说："卜辞敓字象以杖击蛇，而蛇头小点象出血状，其字本为杀蛇之专字，其后则引申为杀。"（陈梦家《释敓释豕》，《考古社刊》第六期，第195页；参阅《综述》第285页）陈剑在《试说甲骨文的"杀"字》一文中联系金文用例做了详细分析，论证敓就是杀字。参阅卷上第28.4片以及卷下第23.3片考释。卜辞为祭祀时的用牲之法，其义与卯同，杀也。

32.18：五……眉……今……不……。

按：《释文稿》说，这个眉字下着人形，其写法与卷下第25.7片、第28.6

33.1：貞，敘燮。

丁未卜，暊貞，㇏方凹雈妣辛家，今秋王其從。

貞，其敘燮。

壬寅卜，暊貞，翌日癸卯王其逐。

甲辰。

按：《釋文稿》說，郭沫若將本片與卷上第 8.5 片綴合，字體相類似，但骨縫並不彌合。敘燮，祭名。暊，廩辛時貞人名。㇏方，卜辭做地名或氏族名，疑即陳夢家所說的黎方。卜辭之刀似從刀，或刀下從口作召，㇏疑即刀字之變。陳夢家說："卜辭的刀或召，可能是黎國之黎。""黎方在壺關黎亭。"(《綜述》第 287 頁) 凹，讀作典；雈，讀作蒦，即觀，皆是祭祀用語。妣辛，康丁之配。家，據《釋文稿》，郭沫若說是宗廟。秋，像秋蟬之形，或曰從龜從火，則是焦字的初文。參閱《詁林》第 1881 條。葉玉森《研契枝譚》釋作夏 (《整理與研究》第 130 頁)，唐蘭改釋作秋。參閱卷下第 12.14 片考釋。又見於卷下第 42.3 片。王其從，卜辭殘缺，未知王所從者是何人。王其逐，亦未知王所逐者是何獸。

33.2：尹[□卜]，貞，王[宓]羌甲麐，[亡]尤。

[甲辰卜，貞，王]宓[妣甲□]，亡尤。（以上是《前》卷一第 42.3 片）

甲戌卜，貞，王宓且甲麐，亡尤。

[甲午卜]，貞，王宓[麐訊，亡尤]。（以上是本片）

按：尹，祖甲時貞人名。宓，祭名。羌甲，殷先王之一。麐，拓片不是太清晰，像雙手持物（獸首）置於祭台之形，或釋作從鹿從丙的麐字，《說文》所無。羅振玉說："像兩手荐牲首於且上。"並引《周禮》為證。《詁林》曰："此當為薦進之薦之初形，卜辭以為祭登牲首之專名。"參閱《詁林》第 1027 條。

33.3：貞，令般（觳）又（右）奴左₌三牛。

按：般，從角從殳，葉玉森說像手持物擊角之形，與《說文》觳字為古今字，本義為擊角。"令觳"則觳似為商臣名或官名。參閱《詁林》第 1911 條。《釋文稿》說卜辭當是臣名或官名。左右，疑是古代軍隊左中右三軍之省稱。右廾，疑讀作右供，供牲的意思，故下文言三牛。左字下有重文號，似當為左供之省文。

33.4：贞，其归（馈）廌龙……。

按：《释文稿》说字体细小，是武丁晚期的字体。归，或如字读作归，或读作馈赠之馈。廌，从叶玉森、于省吾释。《说文》："廌，解廌，兽也，似山牛，一角。古者决讼，令触不直。象形，从豸省。"参阅卷上第30.13片及卷下第5.13片等考释。龙，字下部残缺，当是龙字。《释文稿》据他辞释作地名，本书疑与廌同为动物之名，做归（馈）的宾语。

33.5：□□卜，[叀]夒先又。

己巳卜，叀夒先又。

癸酉卜，弜（弗）来受禾。

癸酉卜，来禾于亳。

[癸]西[卜]，贞，受禾。

按：夒，据《释文稿》，在这种场合鲁宾先看着是族名，应该纳入先公夒同一个系统。先又，当是叙字的合文，卜辞是祭祀用语。弜，读作弗，同否定副词不。来禾，义同来年，祈求来年禾稼旺盛。亳，从乇上从三，《说文》所无。《诂林》引本片曰："乃祭祀之对象，当为神名。"参阅《诂林》第3290条。疑是殷先公之一的人名，陈梦家以为是王亥之父冥，《释文稿》以为陈说过于牵强。受禾，犹言受年。

33.6：壬寅卜，癸雨，大闻（昏），凤（风）。

按：闻，从耳从上下二手。于省吾释作揿，读作骤，卜辞"大揿风"，犹言大风骤起。参阅《诂林》第0688条。本书以为当是闻字之异构，卜辞读作昏。"癸雨，大昏，风"，当指占得癸日风雨交加，天昏地暗。凤，假借作风字。又见卷下第36.1片。

33.7：癸亥卜，其酌𢁣（䋣、绳）于河。

按：𢁣，饶宗颐说，䋣字从束从黾从戈，即绳字，读作慎，指祭时敬惧戒慎将事之义。《说文》所无。参阅《诂林》第3288条。据《释文稿》，前之学者解释颇多，但俱未足信。卜辞当是祭祀用语，或某个祭祀对象名。

33.8：己亥卜，㱿贞，㞢众之。十二月。

按：㱿，武丁时贞人名。㞢众之，据《释文稿》，或释㞢为往的意思，众之是方名。若读作"㞢众，之"，㞢是祭名，众是祭祀的对象，之是动词前往的意思，即侑众，往。这样卜辞的意义就好理解了。

33.9：丁卯卜，贞，妟絆白盅，用于丁。

癸酉卜，贞，旬亡𡆧。

癸亥卜，㱿贞，旬亡𡆧，二月。

癸未卜，贞，旬亡𡆧，二月。

按：妟，从爪从糸从女，像手牵女俘或女奴之形，疑是奚字的异体。参阅《诂林》第 0052 条和第 3152 条。絆，从糸从羊，像用绳索系羊形；或从又，则像手牵羊形。《说文》所无。参阅《诂林》第 1574 条和第 1576 条。妟絆，《释文稿》说，卜辞或是以人身做供牲。本书疑与卷下第 22.12 片之絆是同字，卜辞是方国名，或释作羌。盅，从皿从豊字头，《说文》所无。于省吾曾详加考证，说盅是絆方酋长之名。妟絆白盅，义为杀戮絆方酋长之名盅者以祭于丁。参阅《诂林》第 2696 条。王晖把妟字隶作系，把絆字隶作羌，说盅从廾囟皿，像双手捧囟置于皿中……应是以人头献祭。① 王晖说本片是武丁卜辞。用，杀羌伯首领以祭。（《综述》第 327 页）参阅卷下第 22.12 片考释。丁，殷先王庙号曰丁者，是祭祀对象。

33.10：帚杞示七𠂤又一𠂤，方。

按：帚杞，当读作妇杞，人名，或说是武丁诸妇之一。示，祭祀用语。七𠂤，七个𠂤（纯）。一𠂤，当是另一种祭祀用的品物。方，祭名。

33.11：㠯不鼍其□（行）……。

按：㠯，武丁时贞人名。与卷下第 29.17 片的㠯当是同字。也见于卷下第 25.17 片，可资参阅。鼍（tuó），本义是一种水虫，或说即扬子鳄。参阅《诂林》第 1870 条。卜辞受副词不修饰，当活用为动词，或是说贞人㠯不像鼍那样的爬行。其下所缺一字，根据残笔推测当是"行"字。

33.12：……争贞，不因㞢臣于冎（薶、埋），以子舌。

按：争，武丁时贞人名。囚，像人被囚于牢笼中之形。㞢，据《释文稿》，陈梦家以为是族名。（《综述》第 503 页）㞢臣，㞢族之臣。冎，像羊陷入口中之形，或即薶（埋）字之异构，《说文》所无。参阅《诂林》第 1554 条。卜辞当是用牲之法。舌，从辛从丙，《说文》所无。子舌，或隶作子商，卜辞是人名，或说是武丁诸子之一。本句卜辞大意是：贞得，让子舌（商）不要因㞢的臣而应埋之。参阅卷下第 16.14 片以及卷下第 41.9 片。

---

① 王晖《古文字与商周史新证》，中华书局，2003 年，第 312 页注释④。

下编 《殷虚书契后编》考释

34.1：贞，翌甲……劦自⊞衣，亡壱，七月。
　　　戊辰卜，争贞，勿幺（午）飨帚媷子子。
　　　按：劦，协祭。⊞，上甲。衣，衣祭，祭名。争，武丁时贞人名。据此片卜辞来看，则武丁时业已形成周祭制度了。幺，或是午字。《释文稿》将其与下一字壴字合释作飨。飨，从豆，上从往，与壴字形近，唯上部略异，《释文稿》隶作飨，飨祭。疑是壴字。媷，右从女左从食，《说文》所无。叶玉森隶作媷。参阅《诂林》第0514条。帚媷，读作妇媷，武丁诸妇之一，人名。子子，拓片当是"巳子"二字，其义不明。《释文稿》说，根据辞例推测当与占卜妊娠有关。

34.2：辛酉卜，𠕛受[年]。
　　　按：𠕛，像地穴相连之形，或释作宫，或释作雍。参阅《诂林》第2180条。根据语法关系，卜辞当是地名或方国名。

34.3：癸丑卜，于丁巳徏多冎，易日。
　　　辛丑贞，王令皋以子方奠于並（竝）。
　　　按：《释文稿》说本片与卷上第26.10片缀合。徏，或隶作徟，《说文》："迹也。从彳戈声。"段注："《豳风》'笾豆有践'，笺云：'践，行列皃。'按践同徟，故云行列皃。"根据段注徟是践字的异体，卜辞有前往的意思。参阅卷上第9.13片和第10.14片考释。冎，其构形理据不明，前之学者或据《说文》以为是宁字，又以为是贮字。参阅《诂林》第2856条。《释文稿》以为与官名的多马、多犬、多射等同类，或者是族名。根据语法关系卜辞多冎当是地名。皋，或释作昊，或释作央。参阅《诂林》第0212条。卜辞是人名。以，读作与，连词。子方，也是人名。奠，从酉从丌，像置酒坛于丌上之形，卜辞是祭祀用语。並，从二人加一横画，寓意二人相並。参阅《诂林》第0069条。根据语法关系当是地名。卜辞言奠于並，疑此处当有宗庙。其地望有多种说法，或说是殷王田猎地名。据卷下第35.1片卜辞並当是方国名。参阅卷上第26.10片考释。本句卜辞与卷下第36.3片大致相同，可资参阅。

34.4：帚媷娩，不其妠（嘉）。
　　　乙巳卜，丁未，㞢不其入不（否）？
　　　壬寅卜，见弗隻（获）正（征、围）𥂢。不爰（奚）。
　　　按：帚媷，读作妇媷。参阅该页第1片考释。娩，从宀从子从𠬞（反廾），像接产之形。其中的宀，像女性生殖器的外形，𠬞是双手向外拨开（双腿）之形，所以当是娩字。参阅《诂林》第2152条。其实，《诂林》第2142条、2143

407

条所收两个不识之字也应是媢字之异构。《释文稿》从陈邦怀等隶作弇,《说文》:"盖也。从廾从合。"音义与弇同。释弇除字形相近外,意义并不相同,当释作媢为是。又见于卷下第37.1片。妰,从女从力,郭沫若读作嘉,善也,卜辞指生男孩,生女孩卜辞则曰不其妰(嘉)。参阅《诂林》第0458条。看来早在殷高宗武丁时期殷王室就已经产生重男轻女的观念了。参阅卷下第37.1片考释。

弜,据《释文稿》,此处是氏族名。第二个不,读作否。见,据语法关系也当是氏族名或方国名。𠦪,或释作捍。参阅《诂林》第2401条。丁山释作戎,氏族名。(《氏族制度》第98页)拓片右侧还有"不妟"二字,《释文稿》未释。妟,当读作奚,指女性俘虏。不奚,当表示未抓获女性俘虏的意思。

34.5:癸丑卜,[宁]贞,乎臣𠥑(费)亏。

　　[癸丑]卜,宁[贞],……章(廊)……。

　　癸丑卜,宁贞,由圆令臣𠥑亏。(以上是本片卜辞)

　　按:《拼合集》说本片与卷下第37.6片缀合。《拼合集》第58则释文如下:

癸丑卜,[宁]贞:呼目𠥑亏。

贞:勿[呼]目𠥑亏。

癸丑卜,宁,贞:惠圆令目𠥑亏。

[癸]丑卜,宁[贞]:□埔□。

贞,于生八月□酒(酹)□丁□。

贞,弗其隼(擒)土方。

宁,武丁时贞人名。臣,据《释文稿》,或隶作目,据卷下第37.6片当是臣字,与𠥑(费)合称,为氏族名。《拼合集》也隶作目。(第386页)亏,似辛(尖刀)一类的刑具,或说是糱字的初文,读作乂,治也。参阅《诂林》第2496条。《释文稿》说卜辞是处理牺牲的祭祀用语。章,即廊。参阅卷下第27.14片考释。圆,细审拓片,当是从贝从囗(人面之形),《释文稿》采用陈梦家的隶定,隶作从贝从门。《说文》所无。参阅《诂林》第1922条。卜辞是武丁时贞人名。

34.6:辛亥贞,亡[卜]。

　　大戉于屮……。

　　按:"辛亥贞"三字是合书。本片卜辞读法不合一般文例,需结合具体内容释读。参阅拓片。据《释文稿》,于省吾说是第三期王族卜辞字体。戉,当是祭祀用语。卷上第30.6片"戉其伐",戉当是氏族名。屮,像中字(草初生之貌)。《诂林》谓:"乃祭名,亦为用牲之法。"参阅《诂林》第1380条。根据语法关系卜辞当是地名。

34.7:……骰贞,豙。

……骰贞,王🄰……豙🄱。

按:骰,武丁时贞人名。豙,从廾举中捕豕(或犬),像双手举中或畢(捕鸟网)捕豕之形,《说文》所无。参阅《诂林》第1054条。卜辞当用作动词,是一种捕野兽的动作,《释文稿》说有杀伐义,当是引申义。王🄰,王师驻扎。🄰,犹言次,驻扎。🄱,氏族名,或称🄱方。参阅卷上第18.4片考释。

34.8:叀王𠕋二牢用,王受又,大吉。

大吉。

乙亥。

大吉,兹用。

乙。

按:𠕋,从册从好,《说文》所无。参阅《诂林》第2941条。据《释文稿》,前之学者对本片及𠕋字考释很多,是第三、第四期与多子族有很大关系的卜辞,似乎是册封长子或子族一类的活动,故卜辞言大吉。卷下第39.16片有个𠕋字,抑或是其异构。参阅《诂林》第2943条。第五辞乙,《释文稿》隶作㠯,或说假借作乙,但是此种用法在卜辞中很罕见。细审拓片,乙字其末笔略微上钩,其写法与本片乙亥之乙全同,与小篆以字略似,故《释文稿》隶作㠯,其实非是。

35.1:☐……[卜],𠃌(幼)贞,王其啓及。

……[卜],㕚贞,並亡🄲,不䘏(丧)众。

……[卜],㕚贞,幼䋀,在……。

……[卜],㕚贞,令並……。

……[卜],㕚贞……。

按:𠃌,从力从幺,或隶作幼。参阅《诂林》第3176条。𠃌(幼)、㕚,皆是武丁时贞人名。啓,《释文稿》归纳卜辞除了与天气开晴有关系的意义之外,还有两种用法:其一是固有名词,地名或族名;其二用作动词,其意义不明,或者是征伐义,或者是来聘义。就本片卜辞而言,啓究竟是何意义,还得结合及字的意义来理解。及,在卜辞中一般是做连接词,或者是追及。若及是追及义,则啓或是开始义。王其啓及,义或为:王应该开始追及。

並，根据语法关系推断当是方国名，与卷下第34.3片之並当是同地，或同一个氏族。噩，或释作丧；丧众，师旅的损失，是无灾的具体内容。鰯，从鱼从网，《说文》所无。《诂林》亦未收此字。据《释文稿》，前之学者或释作渔字的异文。若如此解，则幼鰯(渔)当表示贞人幼在某处捕鱼。这与本片卜辞记载殷王之行事似乎不相合。根据语法关系来考察，下接"在……"，则幼鰯很可能是人名。《释文稿》也以为是人名或族名。

35.2：[辛]卯卜，扶贞，昌佥[卜]。凡疾，四日[乙]未夕攺(启)老。

按：扶，武丁晚期贞人名。昌，从且(祖字的初文)在口上，《说文》所无。《诂林》说是人名。参阅《诂林》第0765条。佥，从女从入，《说文》所无。《诂林》亦未收此字。卜辞也当是人名。据《释文稿》，前之学者或释作从女从竹的笁，则非是。拓片女字之上从入，不从竹。[卜]，祸忧，当指疾病。凡疾，据《释文稿》，前之学者解释颇多，然皆难以信从。本书以为，凡疾应该是[卜](祸忧)的具体内容，因此，凡疾应该就是叶玉森所解释的风疾，也即头痛病。参阅卷下第12.9片和第37.5片考释。这样来看，昌佥当是人名用字。

攺(启)老，《释文稿》说其意义不明，在这种场合，启老也许是使来朝的意思。本书以为，甲骨文启字有三种写法：(1)攺，从支从户，本义是开门；(2)启，从口攺声，本义是开口；(3)晵，从日攺声，本义是天气开晴。这三个词汇共同的抽象义是开，《说文》："启，开也。从户从口。"本义是开门或开口。引申之为抽象的开始义。就本片卜辞的具体义来看，当是咨询老者的意思。本片从支从户的攺(启)字，这种写法也见于卷下第40.5片，当是同一个字。

35.3：甲申贞，今月王步自……。

甲申贞，乙……。

……贞，今日……步自余，豙日风。

按：步自，从某地步行至某处。第二辞《释文稿》隶作"戊申贞，乙……"，非是。拓片在十(甲)左侧有一道斜裂纹与之相连，《释文稿》误将其看作是笔画，遂隶作"戊"申，其实是甲申。今日，《释文稿》隶作今月，误。余，据语法关系当是地名。豙，从大豕，《说文》所无。考古所说是武丁时的一员武将。参阅《诂林》第0238条。本书以为，"豙日凤(风)"也许是商代特殊的风名。《天水放马滩秦简》一号秦墓竹简《日书》有"入正月一日而风，不利鸡；二日风，不利犬；三日风，不利豕；四日风，不利羊；五日风，不利牛；六日风，不利马；七日风，不利人"的记载。"豙日凤(风)"也许是与豕有关系的风名。

未知孰是。又,《甲骨文合集》第14294片所记也是与风名有关的刻辞,参阅卷下第39.9片考释。

35.4:□其乎……嚈。

按:嚈,从𦥑(双手)从自(息)从巾,《说文》所无。《诂林》第0713条收有一个从自从巾、不从𦥑的字,谓是地名,当即嚈字。《释文稿》说,此字未见于他处,是地名或族名。

35.5:七月。

辛酉卜,王贞,余丙示,旋于舁(围)。

辛酉卜,王贞,余考……。

……王……行。

按:余,王的自称,下同。丙示,结合第二辞来考察,疑丙是衍文,本当作"余示",即余祭。或是"余于丙日示"之省文。旋,从𠂆从正。《说文》:"旋,周旋,旌旗之指麾也。从𠂆从疋。疋,足也。"参阅《诂林》第3020条。卜辞或是旋踵、返回义。参阅卷上第28.3片及卷下第20.16片考释。舁,从囗从二止,笔者以为当是围字。参阅卷上第10.5片、第16.5片和卷下第18.6片考释。根据语法关系本片之围当是地名。余考,王的父考,亡父曰考。

35.6:丁酉卜,方贞,大……大示百……。

丙午卜,贞,皋奠岁羌,卯牢。八月。

□亥卜于章(廊)……其屮用,八月。

……酚……伐。

按:本片卜辞按时间顺序(干支)及上下位置关系当如上读,《释文稿》将次序颠倒。方,武丁时贞人名。大示,《释文稿》说,大示与元示同,是祭祀直系祖神。《周礼·大宗伯》:"凡祀大神、享大鬼、祭大示,帅执事而卜日,宿眡涤濯,莅玉鬯,省牲镬,奉玉齍,诏大号,治其大礼,诏相王之大礼。若王不与祭祀,则摄位。"大示百,指大示时的用牲之数。

皋,卷上第26.10片及卷下第34.3片之皋是人名,或说是武丁时的重臣。奠,祭名。岁,祭祀时的用牲之法。

章,从上下二㐭,或从㐭从羊。参阅《诂林》第1983条、第1986条和第1987条。做地名,丁山说读作敦,即河南敦丘(今河南温县东)。本书释作埠,做地名即廊。参阅卷上第9.7片及第12.9片等考释。屮,读作侑,祭祀用语。酚、伐,也是祭祀用语和祭祀方式。伐,伐鼓之祭。

411

35.7：戊戌卜，争贞，……方㞙𢔶。

按：争，武丁时贞人名。方，方国名。㞙，从尸少，《说文》所无。参阅《诂林》第0009条。据《释文稿》，胡厚宣读作屎，卜辞是施肥的意思。参阅卷下第12.7片考释。𢔶，左上似从子，下从𣲖，右从彳，可隶作𢔶，《说文》所无。《诂林》谓："字不可识，其义不详。"参阅《诂林》第2357条。鉴于其字从彳，卜辞或用作动词，其义不详。

35.8：贞……𡜊……。

壬寅卜，贞，今日𩐁至，十月。

贞，不其□……。

按：𡜊，此字从女从壴，壴下拓片残缺不全，《说文》所无。卜辞或是人名。壬寅卜，《释文稿》隶作甲寅卜，误。𩐁，从麑从殳，《说文》所无。参阅《诂林》第1705条和第1706条。根据语法关系卜辞是人名或氏族名。

35.9：贞，不允涉，一月，在𦎫（敦）。

贞，叀……令从二𦁜……二月。

按：本片卜辞按时间顺序当如上读，《释文稿》将二辞顺序先后颠倒。涉，《说文》："徒行厉水也。"本义是步行涉水。𦎫（敦），地名。参阅该页第6片考释。𦁜，从糸从尹，《说文》所无。参阅《诂林》第3194条。二𦁜，《释文稿》说与卜辞多尹、白尹同，当是职官名。参阅卷上第31.9片和卷下第20.18片考释。

36.1：癸巳卜，贞，夕。

甲午卜，贞，夕。

乙丑卜，贞，夕。

丙寅卜，贞，夕。

丁卯卜，贞，夕，止雨。

己丑卜，贞，夕。

庚寅大闻（昏），风。

按：以上是《释文稿》隶定的顺序。拓片不是按干支顺序由下往上刻的，而是由上往下按干支先后顺序依次刻的，与一般卜辞的刻写规则不同。所以，本片卜辞当由上往下按时间顺序（干支先后）读作：

己丑卜，贞，夕。

庚寅大闻（昏），凤（风）。

癸巳卜，贞，夕。

甲午卜,贞,夕。

乙丑卜,贞,夕。

丙寅卜,贞,夕。

丁卯卜,贞,夕,止雨。

闻,读作昏。凤,读作风。参阅卷下第33.6片考释。止雨,当是雨止的意思。

36.2：……叠,……[亡]尤。

□□卜,贞,王宫示癸,叠日,[亡]尤。

按：叠,协祭。宫,祭也。示癸,商先公之一。《史记·殷本纪》："主壬卒,子主癸立。主癸卒,子天乙立,是为成汤。"（《史记》第92页）主癸即示癸。根据《史记·殷本纪》的记载,则示癸是大乙成汤之父。参阅卷上第8.14片考释。叠日,《释文稿》隶作酉日,非是,拓片是叠日。

36.3：……□……羞……。

己卯卜,取岳,雨。

壬午卜,岳莘于夠,叙（肆）。

岳于三户。

□□卜,贞,王令皋以子方,乃奠于並。

按：羞,从羌从糸,像系羌之形,或表示系押所俘获的羌人。参阅《诂林》第0064条。羞字左右还有残字。第二辞"取"是祭名。参阅卷下第23.10片考释。岳,陈梦家说是殷商先公之一。（《综述》第354、358~360页）本辞是求雨之祭,疑当仍是河岳之岳,为殷人心目中最高自然神之一。

夠,从兮旬声,异体旬在兮之上。参阅《诂林》第3325条。或释作监。参阅《诂林》第0639条。甲骨文监字从见从皿,此从兮旬声,与监字写法不同。或说读作禜（yóng 或 yíng）。① 《说文》："禜,设绵蕝为营,以禳风雨雪霜水旱疠疫於日月星辰山川也。从示,荣省声。一曰：禜、卫,使灾不生。《礼记》曰：'雩、禜,祭水旱。'"绵蕝,《史记索隐》引韦昭注："引绳为縣,立表为蕝。"后因谓制订整顿朝仪典章为"绵蕞"或"绵蕝"。根据语法关系卜辞当是被祭的场所名,即祭坛。参阅卷上第26.15片及卷下第3.16片考释。陈梦家说是殷先公之一。蔡哲茂说夠为殷人之神明,疑指农神之

---

① 连劭名《商代祭祀活动中的坛位》,《古文字研究》第二十二辑,中华书局,2000年。

"舜"。① 叞,从又从夋,《说文》所无。参阅《诂林》第0208条。连劭名隶作肆,无说。《说文》:"肆,极陈也。"摆设、陈列。《释文稿》隶作叙[娞]二字,但拓片只有叞一个字。

三户,据《释文稿》,或隶作三门,地名,或说是同地,见《史记·项羽本纪》引《水经注·漳水》注。据拓片,当是"三户"二字。连劭名谓古代城邑为方形,每面三门。三门或三户是商都南面的城门。其说可从。第二辞:"己卯卜,取岳雨。"连劭名隶乙卯,非是,拓片是己卯。连劭名读取为趣,谓"趣岳"即文献中所说的"走望"。走望,当是所谓望山川之祭。

皋,人名,或说是武丁时的重臣。以,读作与,连词。子方,也是人名。奠,祭也。並,地名,或说是殷王田猎地名,恐非是。参阅卷上第26.10片及卷下第34.3片考释。

36.4:田甬㕚。
　　按:田,上甲。甬,上从人下从用,疑是佣字。《诂林》第0114条收一上从人,下从同或凡的字,或即此字,谓:"字不可识,其义不详。"参阅《诂林》第0114条。卜辞当是祭名。

36.5:庚申卜,不殳□獸,其殳獸?
　　甲子卜,卅席,莱十一牛。
　　按:殳,从尸从殳,《说文》所无。《释文稿》隶作从干从殳的攼字,非是。参阅《诂林》第0083条及第0084条。但《诂林》隶作从人从殳亦非是,当是从尸从殳。根据语法关系卜辞用作动词,《释文稿》说有攻击的意思。拓片在殳字之后獸字之前当还有一个字,拓片字迹不清晰。獸(獸),从甾从犬,王襄等说是古猶字。参阅《诂林》第1108条。郭沫若说与从米从西从犬的是同字,即獸字。参阅《诂林》第2735条。卜辞是方国名。《释文稿》说是武丁时期地名。叶玉森说是犬戎之一,在今陕西附近,商代是寇边之国。(《整理与研究》第16页)犬戎在商末周初活动于陕西、甘肃一带。参阅卷上第15.15片考释。也见于卷下第42.4片。席,像席之形。《释文稿》说是祭祀用语。本书以为,席、祓,都是祭祀仪式。《释文稿》说本片与该页第6片的字体属于王室卜辞。

36.6:乙巳卜,叀西隹尸(淮夷)。
　　……令沖……宗。

---

① 蔡哲茂《甲骨新缀十则》,《古文字研究》第二十六辑,中华书局,2006年。

丁未……。
乙巳卜,叀北隹尸(淮夷)。
□□卜,且……兹。
乙巳卜,叀[东隹尸](淮夷)。
乙巳卜,叀¥令。
乙巳卜,叀凵(口)令。

按:隹尸,读作淮夷。西淮夷,居住在淮河流域上游的氏族。卜辞先后占卜西淮夷,北淮夷,东淮夷,还当有南淮夷,西周晚期铭文中还有南淮夷之称,如兮甲盘铭文等,可能是甲骨残缺之故而未能见。由此也证明,商周之际人的四方观念是按照太阳运行的平面轨迹而产生的,依次是东、南、西、北,与今日东西南北,两两相对的称法不同。

冲,从水,水中央从带斿的中,王国维、王襄等释作古冲字。或说借作中,连宗字读作中宗。参阅《诂林》第1315条。卜辞是人名或方国名。或说是贞人中,但是,字体结构不同,当并非同一人。¥,下从人上似头饰,《说文》所无。参阅《诂林》第0040条。叶玉森《殷契钩沉》曰《竹书纪年》"少康即位,方夷来宾",方夷疑即¥夷之误。¥是人名或方国名。赵平安认为此字与不用作人名、地名的"先"字有别,当释"失",即《逸周书·世俘》中的佚侯。① 罗琨据青铜器的出土地提示的线索考证说,失族的地望很可能在山西。凵,根据字形当是凵字,而不是口字。根据卜辞类推,凵也是人名或氏族名。

36.7:王固曰:其㞢牝,隹奔,弗得夸。

按:㞢,侑祭。牝,以母畜做牺牲。隹,仅残留上半截,当是隹字,读作唯。奔,从犬从廾。在甲骨文中,犬字和豕字的细微区别在于:瘦腹翘尾者是犬字,肥腹垂尾者是豕字。所以,据拓片本字从犬,不从豕,从廾,像双手奉犬行祭形。《诂林》谓:"其义不详。"参阅《诂林》第1586条。《释文稿》隶作豢。本书疑其与双手持豆之登字表义相类,有进献义,卜辞是祭祀用语,表示一种祭祀仪式。得,从又从贝,或从彳,《说文》:"行有得也。"参阅《诂林》第1918条。夸,《释文稿》说卜辞是处理牺牲的祭祀用语。参阅卷下第34.5片考释。《释文稿》说,据奔与夸字的关系推定,本片或是占卜杀戮牺牲而无事的意思。

---

① 赵平安《从失字的释读谈到商代的佚侯》,转引自罗琨《殷墟卜辞中的"先"与"失"》,《古文字研究》第二十六辑,中华书局,2006年。

36.8：王……偳……。
　　叀魝豕射，亡戋，㞷（毕、禽）。
　　按：偳，从人从再从土，像人于土上搭建构木之形，《说文》所无。据《释文稿》，郭沫若释作城塞之塞。参阅《诂林》第3103条及卷下第4.8片考释。魝，从虎从田，《说文》所无。参阅《诂林》第1674条。卜辞是地名，用来修饰豕，即叀射魝地之豕。戋，读作斩，斩伐。㞷，读作毕，擒获。亡戋㞷，意当为无所斩获，指田猎。

37.1：乙巳卜，亐贞，帚（妇）姘娩放（嘉），帚姘［娩允放］（嘉）。
　　贞，自不其隻（获）羌，十月。
　　按：亐，武丁时贞人名。妇姘，武丁诸妃之一。娩，从宀从子从屮（反卄），像接产之形。参阅《诂林》第2152条。卷下第34.4片娩字的写法与此略异，但是同一个字。《释文稿》采用陈邦怀等说隶作㝆，非是，当释作娩。参阅卷下第34.4片考释。放，从力从又，郭沫若读作嘉，有美好的意思，卜辞指生男孩。
　　𠂤，读作师，出征在外之军旅称师。隻，读作获，俘获。羌，指羌俘。

37.2：癸未卜，贞，旬亡𡆥。
　　三日乙酉，㞢来自东，𦘦（畫）乎🙽告，井方㞢。（以上是本片卜辞）
　　癸亥卜，宾贞：旬亡𡆥。
　　癸未卜，宾贞：旬亡𡆥。
　　癸巳卜，宾贞：旬亡𡆥。
　　癸卯卜，宾贞：旬亡𡆥。
　　癸丑卜，宾贞：旬亡𡆥。
　　□亡𡆥。（以上是《拼合集》第108则释文）
　　按：《拼合集》说与《铁》253.1片正缀合，即《合集》6665正＋16900正。（《拼合集》第413页）卜辞"癸未卜……三日乙酉"，可知上古时期计算时日均包括当日在内，即从开始之日到结束之日都计算在内，也就是我们现在所说的两头算。㞢，读作有。𦘦，从聿从乂，聿是手持笔的形象，下从乂，乂像所画之形，因此，王国维、郭沫若等隶作畫。参阅《诂林》第3092条。孙雍长《释"𦘦"》一文据徐同柏之说以为此字上从聿（笔），下所从者"是以手执笔所书写出来的一个符号"，是二爻相交的一个符号，𦘦是古"書"字。[①] 据语法

---

① 孙雍长《释"𦘦"》，《古文字研究》第三十辑，中华书局，2014年。

关系卜辞是人名。据考证是武丁封于东方的一个儿子。丁山以为是小辛、小乙之弟兄辈,武丁诸父之一。其地望与邲、防为近邻。参阅卷下第 4.11 片考释。卣,造字理据不明,《说文》所无。参阅《诂林》第 2882 条。卜辞是人名。参阅卷下第 26.4 片和第 27.3 片考释。

井方,据《释文稿》,有人释作"井方"合文,有人释作荆。据郭沫若考证,井方的地望大致在散关以东,岐山之南,至渭水的南岸一带。陈梦家说是山西河津县(今河津市)之耿国,今从陈梦家说,应当是位于殷之西或西北一带的耿国。(《综述》第 288 页)参阅卷上第 18.5 片和卷下第 6.13 片考释。弋,或释作捍。参阅《诂林》第 2401 条。丁山释作戎,氏族名或方国名。(《氏族制度》第 98 页)据《释文稿》,本辞当读作动词,含有攻伐义。其说可从。

37.3:□……□……。

　　己巳卜,㱿贞,犬征□,其凸(工)。

按:㱿,武丁时贞人名。犬,《释文稿》说犬是卜辞中常见的一个有力的部族,陈梦家以为即文献所见的昆夷、犬夷、犬戎,位于山西临汾县(今临汾市)境内。(《综述》第 294 页)其地望,据《释文稿》,前之学者论说颇多,今据陈梦家之说。征,卜辞有往的意思,其后所缺一字当是地名。凸,释作工已成定论,叶玉森以为即工典之工,或说读作贡。参阅《诂林》第 2905 条。据屈万里解释,本辞指有工事。其说或是。

37.4:贞,隹火,五月。

　　五月。

　　贞,隹⿱山吉令从璞(凿)周。

按:火,当指火星。殷正建丑,其五月当夏历四月,或有火星出现。⿱山吉,从山(或火)从吉,从四个小点,《说文》所无。参阅《诂林》第 1229 条。根据语法关系卜辞当是人名。令字之后省略宾语,《释文稿》说或是多子族。从,丁山释作小臣从。(《氏族制度》第 73 页)

璞(凿),从廾从辛从玉从箕从岩穴形。参阅《诂林》第 2122 条及第 2123 条。据《释文稿》,郭沫若释宼,叶玉森《说契》释凿,林义光释璞,唐兰、胡厚宣、陈梦家等从之,岛邦男从郭说读作撲伐之撲,撲伐即敦伐,大规模地攻伐。刘钊据裘锡圭对郭店简的考释,谓金文释作"撲伐"应改读作"翦伐"。本辞之"璞(凿)周"为"翦周",与《诗经·鲁颂·閟宫》"翦商"说法相同。①

---

①　刘钊《利用郭店楚简字形考释金文一例》,《古文字研究》第二十四辑,中华书局,2002 年。

林沄结合金文"撲伐"的字形分析,不同意读察通蔑之说,认为仍应读作撲。①

本书以为,从字形方面来考察,凿字正像人开凿山洞取玉石之形,所以叶玉森释凿是也。(《整理与研究》第93页)周,方国名,亦是地名。凿周,义当为开通通往周地的道路,就像西汉张骞开通西域之路后世称之为凿空一样。璞,指未雕琢过的玉石,释璞、释察读蔑皆与甲骨文字形所体现的造字含义不符,与卜辞文意亦不合。古文字考释如果没有字形方面的直接联系,仅是通过音义的辗转寻绎所得到的用法和意义,恐怕不可遽信。无论是甲骨刻辞还是青铜器铭文的用字,绝大多数与字形还是有一定内在联系的。

37.5:贞,子窊不征屮疾。

丁酉卜,㱿贞,杞侯烄弗其囚,凡屮疾。

按:窊,似从宀从女从足,《说文》所无,或释作宾,或释作媕,或释作嬿。参阅《诂林》第2066条。子窊,据《释文稿》,饶宗颐以为是武丁诸子之一。不征疾,当指不往是因有疾病的意思。参阅卷下第7.12片和第11.8片考释。

㱿,武丁时贞人名。杞侯,杞国之侯。烄,像手持火炬之形,《说文》所无。参阅《诂林》第3312条。卜辞当是杞侯的名字。囚,或释作骨。参阅《诂林》第3312条。根据卜辞文意当释作祸,祸忧,指疾病。

凡,据《释文稿》,叶玉森《研契枝谭》释凡借为风,"凡屮疾"读作有风疾,是头痛病;郭沫若读凡为遊盘之盘,《释文稿》以为郭说与卜辞文意不合;唐兰把囚读作卣,把凡释作同,本句意为獻同有疾,也即维同有疾的意思,《释文稿》以为唐的解字甚是无理;白川静也把凡读作般,但是,他责疑郭说,把般解作供物,即被除祸忧疾病的舞祭,《释文稿》指出般没有做舞祭的辞例,因而批评白氏之说无据;《释文稿》根据卜辞的具体辞例批评饶宗颐与唐说相同,有辗转通假之嫌;严一萍与叶玉森之说相同,把凡读作风,认为风是造成疾病的主要病因;而贝冢氏也与严一萍之说相似,《释文稿》结合疾病的起因与卜辞的辞例等批评贝冢氏之说,认为前之诸说皆难以置信。关于这句卜辞的意义,《释文稿》采纳屈万里的意见,即因不明了,只好暂时搁置,以俟来哲。本书以为叶玉森之解释可备一说。参阅卷下第12.9片和卷下第35.2片考释。

37.6:贞,勿(乎)臣奠(费)㝬。

贞,于之(生)八……酚丁。

---

① 林沄《究竟是"蔑伐"还是"撲伐"》,《古文字研究》第二十五辑,中华书局,2004年。

贞,弗其犇(擒)土方。二。

按:《拼合集》说本片与卷下第34.5片缀合。参阅卷下第34.5片考释。之,或隶作生,字下部残缺不全。犇,从隹从毕,像捕鸟网中有隹之形,《说文》所无。或释作罗,然与字形不合,或释作擒。参阅《诂林》第2826条。犇(擒)卜辞用作动词,有擒获义。弗其犇(擒)土方,义即没有擒获土方。

37.7:丁丑卜,㱿贞,今来羌七人用于□凸□。

戊寅卜,争贞,雨,其蔑。

按:㱿,武丁时贞人名。来羌,根据卜辞文意推测,抑或表示有羌俘来。凸,究竟为何字?由于字残难以确定,存疑待考。争,武丁时贞人名。蔑,据《释文稿》,前之学者众说纷纭,或说与殷之先公且又与雨有关联。蔑,《说文》:"劳目无精也。从苜,人劳则蔑然;从戍。"本义指目受伤害而不明,引申通无,没有。《诗经·大雅·板》:"丧乱蔑资,曾不惠我师。"此伤奢侈不节以为乱者也。蔑,通不、没有;资,资财;师,众庶。所以,卜辞"雨其蔑",等于贞卜"雨其无",贞问有雨否。

37.8:壬戌卜,亏贞,乎取□。不秦。

癸亥卜,亏贞,勿㞢(曾)用百羌。

按:亏,武丁时贞人名。秦,从廾(双手)持午(杵)下从秝,当是秦字的初文。参阅《诂林》第1041条。据《释文稿》,吴其昌释作春,孙海波释作秦,饶宗颐释作祭名。大抵上,卜辞做祭祀用语,动词。㞢,祭名。参阅卷上第24.10片考释,也见于卷下第16.14片。

38.1:贞,弗作王若。(右上角刻辞)

贞,叀[多]尹令从亩𩵋,古王事。

贞,叀多子族令从亩𩵋,古王事。

辛未……二告。

按:若,此若字人上举的双手与人体分开写,与一般若字的写法不同。参阅《诂林》第0333条。据《释文稿》,前之学者解释颇多,皆难以信从,《释文稿》释作若,可信。多尹,职官名。(《综述》第517页)亩,廪字的初文,或作禀。参阅《诂林》第2016条。《说文》:"谷所振入,宗庙粢盛,仓黄亩而取之,故谓之亩。从入,回象屋形,中有户牖。或从广从禾。"𩵋,像蜀(葵中虫)之形。参阅《诂林》第0627条。据《释文稿》,亩𩵋,陈梦家释作冬蜀,恐非是。根据语法关系卜辞当是人名。古王事,本片卜辞或是止息(做完)王事之义。参阅卷下第3.17片、第14.13片及第25.12片考释。

38.2：□□□其㞢来艰，𠬞。

按：第三个缺字拓片仅剩𠬞半边，不知是何字。𠬞，像双手上举有所持，或释作扬。参阅《诂林》第0379条。《释文稿》说当是人名或族名，本书疑恐非是，抑或是𠃉（夙）字的省形，早晨的意思，意为占卜言早晨将有来艰。

38.3：……贞，……其……。

乙巳卜，㱿贞，西土受年，三月。

按：㱿，武丁时贞人名。此西土之土，周边还有四点，叶玉森《殷契钩沉》卷甲释作土，据卜辞辞例叶说是也。（《整理与研究》第30页）卜辞有占卜四方受年者，如《殷契粹编》第907片："己巳，王卜，贞：今岁商受年？王占曰：吉。东土受年？［吉］。南土受年？吉。西土受年？吉。北土受年？吉。"受年，犹言受禾，指将有好年成。参阅卷下第24.2片考释。

38.4：乙丑……䣙其㞢（戎），……众𦨶。

按：䣙，从二丙，《说文》所无。杨树达释作更。参阅《诂林》第2138条。据《释文稿》，饶宗颐释作更，谓即《左传·昭公十年》的郠，在今山东沂水县境，地名。参阅卷下第25.7片考释。蔡哲茂在《武丁卜辞中䣙父壬身份的探讨》一文中说："结合《合集》01823卜辞羌甲、南庚与'䣙父壬'三人并举害王的现象来看，笔者可以合理的推测这里的'䣙父壬'身份特殊，应是武丁的父辈，死后庙号为'壬'。"且说："䣙父壬应该就是武丁时期常见的'白䣙'或'白䣙'，他很可能就是南庚之子。"①参阅卷下第25.7片考释。㞢，《释文稿》据李旦秋隶作至，于本辞当作动词，谓有攻伐之义。恐非是，仍当是氏族或方国名。拓片是㞢字，丁山曾释作戎，氏族名或方国名。参阅卷下第37.2片考释。下一辞《释文稿》隶作"……众𦨶……𦨶"，拓片仅有"……众𦨶"二字。《释文稿》多一𦨶字，非是。𦨶，上从𠬝，下从旗之支架形，《说文》所无。参阅《诂林》第3049条及卷下第27.11片考释。卜辞是方国名或氏族名。

38.5：翌王卣（酉）射虢兕，亡戈。

辛丑卜……。

按：拓片字迹不清晰。卣，读作酉。虢，当是虢字之初文，《说文》："虢，

---

① 蔡哲茂《武丁卜辞中䣙父壬身份的探讨》，《"中央研究院"历史语言研究所会议论文集之十》。

《易》:'履虎尾虩虩。'恐惧。一曰蝇虎也。从虎𧆨声。"参阅《诂林》第1675条及卷下第23.2片考释。结合卷下第23.2片卜辞,虩是虎名,非地名,可资参阅。

38.6:□□□□壴□沚或(国)。

令𤉲囚沚或(国)。

丁未卜,隹伊壱雨。

隹伊且(祖)庚。

按:沚或,当读作沚国。据《释文稿》,陈梦家释作武丁时的沚㠱的后裔。(《综述》第207页)据《诂林》,杨树达以为当是有莘氏之姓,其地在今陕西合阳县。孙亚冰、林欢以为在晋陕高原。一说有莘国在今山东曹县西北莘冢集。参阅卷上第9.9片、第17.5片,卷下39.6片考释。𤉲,从役从蘁,《说文》所无。《诂林》似未收此字。根据语法关系卜辞当是方国名。囚,像人(大)陷入凵穴中之形,《说文》所无。或说读作殪。参阅《诂林》第0054条。《释文稿》以为有陷落义。若此说成立,则沚国此时或已叛商。

伊,即伊尹,名伊,一说名挚,商初大臣。生于伊洛流域古有莘国的空桑涧(今河南嵩县莘乐沟)。因其母在伊水居住,以伊为氏,尹为官名。参阅卷上第1.13片、第26.10片和第22.1片等考释。壱雨,祈求降雨。

第四辞首字也应是隹字,参阅第三辞"隹伊"。《释文稿》隶作宗,非是。且庚,祖庚。

38.7:□兔执羌,隻(获)廿屮五,𦥑(聝)二。

按:兔,人名或族名。执,捕获。《释文稿》隶作牽,非是。参阅卷下第24.13片、第26.13片和第27.14片等考释。屮,读作又。𦥑,旧释作而。参阅《诂林》第3357条。《释文稿》据前人之说释作而,《说文》:"而,颊毛也。象毛之形。《周礼》曰:'作其鳞之而。'"释而(胡须)则卜辞文意不通。𦥑,林沄释作聝。黄天树曰:"𦥑像倒挂砍下的人头之形,一像头皮,𦥑像下垂的头发(而非颊毛),是聝字的象形初文。"(《拼三·序》第3页)

38.8:兹用,兹用。

丙午卜,丮福。

按:丮,疑是椃字之省形。椃福(凤福),与夕福相对。参阅卷下第25.4片考释。丮下一字残缺,《释文稿》隶作福,细审拓片是福字。

38.9：己丑……众……。

己丑卜，其集众，告于父丁，弜(弗)集。

按：集，拓片从二隹从才，当是集字之异构。参阅《诂林》第1779条。集众，当是集中众人之义。告，告祭。父丁，陈梦家说是武乙称呼庚丁。(《综述》第428页)弜(弗)集，弗集(众)之省文。

39.1：⺈……五千亩。

向……。

按：⺈，其构形理据不明，《说文》所无。《释文稿》说见卷下第6.1片，查卷下第6.1片中那个字像丁字之倒，与⺈字写法略异，当不是同一个字。五千，二字合文。

向，从宀从口，《说文》："北出牖也。"即朝北的窗户。卜辞是地名。参阅卷上第13.12片考释。

39.2：……卜，異。

秦于岳，秦即……。

按：異，从大，本片从卩，像双手举鬼头形之帽戴在头上之形。王国维说是戴字，是也。参阅《诂林》第0231条。因与常人不同，故曰異也。《诂林》说，異在卜辞或用作翼，即翼临；或用作泛指的时间词，犹言"他日"。其说或是。岳，河岳之岳，殷人心目中最重要的自然神之一。秦，或释作春。卜辞做祭祀用语。参阅卷下第37.8片考释。据《释文稿》，饶宗颐把"秦即"释作荐飧，恐非是。

39.3：弜……省……不□……。

按：弜，《释文稿》说在这种场合是人名或族名。卜辞残缺过甚，难以确定。

39.4：丁酉卜，大贞，彡(肜)告，其壴于唐，衣，亡尤，九月。

按：大，祖甲时贞人名。彡，读作肜，肜告，即肜祭，舞羽之祭。壴，鼓字的初文，伐鼓之祭。参阅卷下第6.2片考释。唐，当如王国维所说"卜辞之唐，必汤之本字"。衣，祭名。据《释文稿》，《殷契余论》第10.2片："辛亥卜，出贞，其鼓彡告于唐，九牛，一月。"内容、辞例与本片卜辞基本相同，可资参照。出，是祖庚时贞人名。祖庚之后是祖甲。

39.5：……𠬢……䍩。

按：𠬢，从又持丨，疑是尹字，拓片不太清晰。䍩，上从三个火或山，下从京,《说文》所无。《诂林》说是"妹京"二字的合文,卜辞或分书。参阅《诂林》第1996条。据《释文稿》,或释作妹京二字的合文,即妹邦。卜辞当是地名。参阅卷下第21.17片、第25.14片和第28.9片考释。抑或是"子京"二字的合文及异构,人名。参阅《诂林》第1999条。

39.6:□巳卜,贞,□□井□□从沚或(国)□。
　　　　己……。
　　按:据《释文稿》,陈梦家把井释作井方。井方,方国名。其地望,陈梦家说是山西河津县(今河津市)之耿国(《综述》第288页),郭沫若说是陕西岐山县渭水南岸。今联系沚国之地望,当以陈说为是。参阅卷上第18.5片、卷下第6.13片和第37.2片考释。沚或,即沚国,位于今陕西合阳县。参阅卷上第9.9片、第17.5片以及卷下第38.6片考释。

39.7:子其竒□……襄。
　　按:子,当是人名。竒,从帝从廾,像双手奉帝之形,《说文》所无。《诂林》谓:"辞残,其义不详。"参阅《诂林》第1134条。《释文稿》说,卜辞或是祭祀用语,其意义不明。右下侧残字疑是襄字。

39.8:癸卯贞,其又……六豕。
　　按:《拼合集》说本片与《英藏》2398片缀合,即《合集》33615＋41468。缀合后《拼合集》第213则的释文是:
　　□贞:其又报于上甲□,
　　□贞:其又报于上甲□,
　　□六羊寮六豕,
　　癸卯贞:其又□。(《拼合集》第459页)
《拼合集》第213则拓片卜辞当是从两侧向中央对刻的,其释文当如下读:
　　癸卯贞:其又(侑)六羊寮六豕,
　　贞:其又报于上甲,
　　贞:其又报于上甲。
　　又,读作侑,祭名。侑祭用六羊,燎祭用六豕。报,祭名。上甲,上甲微。

39.9:其秦年山峉于峉,肖豚。(本片)
　　山䙴峉,更小牢,又大雨。
　　䟛风更豚,又大雨。

雨。

按:《释文稿》说本片与《前编》卷四第4.26片缀合。拓片不太清晰,此从《释文稿》所释。屳、岀,以上二字皆从山,前一字从一,后一字从舛,《说文》所无。《诂林》说是合文。参阅《诂林》第1230条及第1232条。卜辞当是祭祀的两座山名,因为下一辞可以分开说。屳,从山从小,《说文》所无。《诂林》说是小山的合文。参阅《诂林》第1231条。卜辞当是山名,亦即地名。肖,似从残骨之形,《说文》所无。或说是洌字。参阅《诂林》第2874条。《释文稿》说是一种处理牺牲的祭祀用语。以上四个冷僻字,据《释文稿》,前之学者解释颇多,意见不一。拓片字迹不清晰,难以确解。

彶,据《释文稿》,王国维、郭沫若等亦已做过解释,《释文稿》据《京津》第520片等卜辞"东方曰析,风曰协。南方曰因,风曰凯。西方曰彔,风曰彝。北方曰伏,风曰殳"(《甲骨文合集》第14294片)以为当是祭祀西方风的祭祀用语。

39.10:丙子……方……今……凤(风)……。
一月。

按:凤,读作风。本辞残缺过甚,文意不明。

39.11:癸卯卜,大……又(侑)于高祖……。

按:大,当是祖甲时贞人名。高祖,下缺,疑当是高祖夒。高,像京或亭字。

39.12:壬戌卜,䎱大乙,兹鹿,八隻。
……徙……。

按:䎱,拓片字迹不清晰,疑从叩从考,《说文》所无。参阅《诂林》第0760条。根据语法关系卜辞当是祭祀用语。大乙,合文,即成汤。兹鹿,本辞抑或是"兹用……鹿八,隻(获)"之缺文。徙,前往。参阅卷上第9.13片考释。

39.13 卿(飨)……。
……盉(卣),亡尤。

按:卿,像二人相对皀(饭食)之形。参阅《诂林》第0337条。读作飨,飨祭。盉,从皿从卣,王国维释作卣。参阅《诂林》第2653条。《释文稿》曰与从二卣的䀎是贞人名。参阅卷下第16.16片及第17.16片考释。疑当是祭名。

39.14：戊，王其田牢，钆，亡戋。

于吕，亡戋。

按：本片卜辞与卷上第14.2片基本相同。牢，《说文》所无。此字当与卷上第12.1片、第13.7片、第13.13片以及卷上第14.2片从宀从午的牢字是同字，可能是书写不规范或拓片有划痕所致。参阅《诂林》第2047条。卜辞是地名。钆，从丮从中，或释作从戈，或释作扬，或说有击伐之义。参阅《诂林》第0382条。卜辞与王田猎有关，则非击伐义。裘锡圭说是凤字。参阅卷上第14.2片及14.6片考释。

吕，从日从口。参阅《诂林》第1140条。据《释文稿》，前之学者或释作旦，朝旦，朝祭的意思；或释作地名；或曰借作檀，表示祭祀的场所。据语法关系卜辞当是地名，或时间词，应释作旦。《说文》："旦，明也。从日见一上。一，地也。"吕字所从的口，是四方形大地的象征符号（古人以为天圆地方），或演变为一，所以《说文》曰："一，地也。"吕字构形正是旦字。与卷上第24.6片不是同一个字。

39.15：……卜，翌自泉叹，亡灾。

按：泉，地名。叹，从口从又，《说文》所无。前之学者或释作取。参阅《诂林》第0924条。根据语法关系卜辞是地名。参阅卷下第22.16片考释。

39.16：叀丙，删用。

癸酉卜，尞，叀羊。

……牛。

按：删，从子从止从册，《说文》所无。参阅《诂林》第2941条。据《释文稿》，前之学者对本片及竊字考释很多，是第三、四期与多子族有很大关系的卜辞，似乎是册封长子或子族一类的活动，故言大吉。本片卜辞之删，其意义亦当如是，为祭祀用语。卷下第34.8片有个从册从好的竊字，当是删字之异构。参阅卷下第34.8片考释。

39.17：丙［子卜，大］贞，翌丁丑且辛岁，击叙。

己卯卜，大贞，血子□十牡。

按：大，祖甲时贞人名。根据贞人名大推测，祖辛当是小辛。《史记·殷本纪》："帝盘庚崩，弟小辛立，是为帝小辛。""帝小辛崩，弟小乙立，是为帝小乙。""帝小乙崩，子帝武丁立。""帝武丁崩，子帝祖庚立。""帝祖庚崩，弟祖甲立，是为帝甲。帝甲淫乱，殷复衰。"（《史记》第102、104页）盘庚、小辛、小乙——武丁——祖庚、祖甲，为三代君王关系。岁，岁祭。叙，一种祭祀仪式。

血子，人名。也见于卷下第18.11片和卷下第30.17片，且辞例与此相似。牡，《说文》："畜父也。从牛土声。"本指雄性家畜，卜辞指用雄性家畜做牺牲。

40.1：吉。
　　叏牢。
　　按：叏，从父从才，《说文》所无。《诂林》谓："字不可识，其义不详。"参阅《诂林》第0894条。《释文稿》说卜辞是祭祀用语。

40.2：……冊正衙……。
　　……尹黄尹百牛。
　　按：冊，从册从口，与置册于丌上之典字是同字之异构，当是一种以典册行祭的仪式。《诂林》谓于省吾先生读作刪，犹今言砍，卜辞表用牲之数。参阅《诂林》第2937条。本书以为，冊表示告祭时还要供奉典册。参阅卷上第21.10片及第23.1片考释。正，于本片卜辞当如字读作正。衙，从行从步，《说文》所无。参阅《诂林》第2298条。据《释文稿》，或说是卫字，或说是步字之繁体，本书疑是前字之异体。卜辞用作人名或方国名。参阅卷下第11.9片考释。
　　尹，当用作动词，册命、任命担任尹之职。黄尹，《释文稿》说即伊尹。参阅卷上第29.4片考释。

40.3：癸丑[卜]，贞，翌[甲]寅其雨？二告。
　　辛……。
　　按：这是贞问第二日甲寅是否会下雨，所以，"其雨"之后应该用问号。《释文稿》漏释"二告"两字。

40.4：㞢于妣己，一牛。
　　按：㞢，侑祭。妣己，据陈梦家说，晚殷周祭卜辞法定配偶称妣己者有三：中丁奭妣己，且乙奭妣己，四且丁奭妣己。（《综述》第383页）陈梦家说"四且丁"必须是小乙之父祖丁，他在周祭中一直称为"四且丁"。（《综述》第426页）另外，本书卷上第26.6片称"且丁母妣己"，据称该片是武乙卜辞，则其称且丁便是武丁，那么，武丁配偶也有妣己者。据陈梦家《综述》直系法定配偶表，妣己是武丁旁系配偶及直系非法定配偶。（《综述》第452页）

40.5：癸未卜，贞，方允其啟，二月。

按：方，方国名。啟，《释文稿》隶作从攴从日的㫃，则非是。据《释文稿》，卷下第35.2片之啟老，有使来朝纳聘的意思。参阅卷下第35.2片及考释。

40.6：丁酉卜，觳贞，王勿㳅曰父乙。

按：觳，武丁时贞人名。㳅，像完整的羊头之形，《说文》所无。参阅《诂林》第0621条。卜辞疑读如蔑，祭名，用作动词。由于其常受否定副词勿修饰，因而含有强调肯定语气的作用。参阅卷上第24.10片、卷下第30.7片以及卷下第37.8片考释。曰，《释文稿》说同于，做介词。父乙，《释文稿》说是小乙。

40.7：贞，追弗其㠯（以）牛。

贞，勿尞于岳。

贞，今日雨。

按：追，根据语法关系当是祭名。㠯，读作以，用也。尞，祭名。岳，山名，殷人心目中两种崇高的自然神河与岳之一。

40.8：贞，尞三犬三羊。

贞，于且乙。

羊。

按：尞三犬三羊，可见举行燎祭时也用犬和羊做牺牲。

40.9：于……。

贞，王勿往出。

贞，㞢下乙。

按：出，根据语法关系当是地名。㞢，读作侑，祭名。下乙，陈梦家说："胡厚宣最先提出下乙即祖乙。"（《综述》第414页）

40.10：己卯[卜]，㞢不受年。

庚辰卜，贞，宁虫𩵋，寻不在兹。

歹。

按：㞢，从止从一插笔，《说文》所无。《诂林》第3419条收有一字与此字形近，谓是人名，细审两字的写法略异，当非一字。《释文稿》说恐怕是祭祀用语,本书根据语法关系推测当是地名或族名。宁,说者谓中空可贮物,究竟像何物则难以推定,读若贮。叶玉森谓是官名,丁山则说:"当是杼之本字,即今俗名的梭,用以缠纱织布的。"参阅《诂林》第2856条。卜辞当是官名或人名。屮,或说是捍字,或说是戎字。参阅卷下第37.2片考释。本辞或做动词,有攻伐之义。魚,从八从鱼,《说文》所无。《释文稿》引叶玉森释作地名。或释作渔字的异体。陈邦怀谓即颁之本字,卜辞作班赐讲。参阅《诂林》第1814条及卷下第24.3片考释。帚,读作妇。兹,代词,此。《释文稿》说是地名,恐非是。歹,是另一条残辞。

40.11:己卯卜,翌庚辰屮于大庚,至于中丁,一牢。

按:庚辰侑于大庚。据《释文稿》,郭沫若《卜辞通纂》说,从大庚至于中丁,中间尚有小甲、雍己、大戊,这是五世先王合祭的例子。

40.12:甲戌卜,出贞,其屮于大戊,牢。□

甲戌卜,出贞,王🖐(拱)屮于大戊,牢。二月。(《拼合集》第41则)

按:《拼合集》说本片与《合集》22823缀合,即《合集》22823+22824。(《拼合集》第375页)出,祖庚时贞人名。甲戌日侑于大戊。🖐,从廾从幺,本书疑也是拱字之异构。卜辞当是祭名。存疑待考。

40.13:贞,乎豕……。

按:豕,根据语法关系推断当是人名。武丁晚期有一个贞人名豕,未知是否即其人。

40.14:乙卯……贞,乎田于米,受年,一月。

按:田,在卜辞中大多数表示田猎,即打猎;其次是耕田,藉田。就本片卜辞来考察,很可能指藉田,因为下句曰"受年",说明与田猎无关。米,上从点或小圈,下从木,《说文》所无。或说是主字,主是火柱之象形,或释作朱。参阅《诂林》第1406条。根据语法关系卜辞是地名。参阅卷上第15.1片考释。

40.15:贞,寮。

己未卜,方贞,寮。

帚井(妇妌)黍,不其萑。

贞,寮。

……辰,帚井黍,其萑。

按：亐，武丁时贞人名。帚井，读作妇姘，武丁诸妇之一。黍，根据语法关系当用作动词种黍。萑，从艸从隹，《说文》所无。参阅《诂林》第1744条。据《释文稿》，前之学者有诸多说法，今取陈梦家之说释作获。卷下第28.16片之萑，当读作观，观瞻、巡视的意思。参阅卷下第28.16片考释。

40.16：友于滋。

按：友，像二手相叠之形，《释文稿》隶作双，非是，当是友字。参阅《诂林》第1024条。同师曰朋，同志曰友。《释文稿》引叶玉森说卜辞当是祭祀用语，义同侑。参阅卷下第2.5片考释。饶宗颐曰："某友某，谓某偕某。"陈炜湛注①："友者偕也。"滋，从水兹声。根据语法关系，卜辞当是地名。《说文》："滋，益也。从水兹声。一曰滋水，出牛饮山白陉谷，东入呼沱。"

41.1：……䒭，己未寇毇㠯，往自㪔（殽）圛。

按：䒭，或作䒭，中间不连接，疑下边少刻一横画，与䒭当是一字。《释文稿》根据卜辞用例归纳为祭祀用语。寇，从宀从攴从人，像人入室强取之形。《说文》："寇，暴也。从攴从完。"许慎释义则是，释形则非。甲骨文寇字应是三体会意字。毇，从八从嬴声，声符嬴像细腰马蜂。嬴或隶作龟，非是。参阅《诂林》第1882条。根据语法关系当是地名。

㠯，本义是刈草。据卷上第9.9片卜辞，疑是酿酒或祭祀用的包茅，即《左传·僖公四年》"管仲对曰：'……尔贡包茅不入，王祭不共，无以缩酒，寡人是征'"之包茅。《释文稿》以为是地名，恐非是。寇毇㠯，当是强取毇地或毇氏的㠯草，与西周曶鼎铭文"昔馑岁，匡众厥臣廿夫寇曶禾十秭"中"寇"的用法意义相同。徃，从土从止，徃字异体别构，土下也少刻一横画。㪔，或读作效，丁山释作殽，殽圛，即函谷关。（《氏族制度》第71页）圛，从口从夌，《说文》所无，或释作囵，非是。参阅《诂林》第2598条。其字应从夌，拓片笔画未刻全。

41.2：贞，……㞢（先）……橐……。

按：㞢，像人头上有装饰形，陈梦家隶作先，祖甲时贞人名。赵诚说释作先，非是。参阅《诂林》第0327条。橐，从口从朿或柬，《说文》所无。或释作

---

① 转引自陈炜湛《读花东卜辞小记》，载《纪念徐中舒先生诞辰110周年国际学术研讨会论文集》，巴蜀书社，2010年，第15页。

量。参阅《诂林》第2973条。据《释文稿》,前之学者或说是人名、族名,或说是地名,或说用作动词,说法不一,难以适从。本片卜辞残缺过甚,或是地名。

41.3:癸未卜,王㯱允来即弜(弗)。
　　□□卜,王来乎㕣奻。
　　按:㯱,从林从口,《说文》所无。参阅《诂林》第1425条及卷下第27.17片考释。根据语法关系,卜辞当是人名或族名。即,就也。《释文稿》说是即食,就餐的意思。弜,卜辞读作弗,否定副词。㕣,从二口左右相连,《说文》所无。参阅《诂林》第2182条及卷下第12.2片考释。根据《释文稿》说与卷下第34.2片的㕣是同字,但是二字写法略异,当非一字。卜辞用作人名或氏族名。奻,从目(臣)从又,疑是取字。参阅《诂林》第0605条。卜辞是人名或氏族名。参阅卷下第17.2片和卷下第27.2片考释。

41.4:戊□……王㞢丹。
　　……卜,贞,㞢……即。
　　按:丹,该字笔画有些残缺,且字迹也不太清晰,《释文稿》说恐怕是祭祀用语,其意义不明。第二辞"即"字字迹也不清晰。

41.5:……洋……三南……卯……。
　　按:洋,从水从羊,当隶作洋。卜辞另有㴖,从水从上下二羊,见于卷下第32.13片,《说文》所无。《诂林》谓与洋有别,不得同字。子洋是武丁时人名,㴖是祖甲时贞人名。参阅《诂林》第1565条。

41.6:雪□……。
　　按:雪,从雨从羽,叶玉森《说契》释作雪,谓像雪片凝华形,从雨为繁文。(《整理与研究》第71页)参阅《诂林》第1186条。卜辞指雪,或下雪,活用做动词,或指祭祀的对象。

41.7:庚……熹……。
　　按:熹,从壴从火,周边有四小点,《说文》所无。《释文稿》隶作熹,《说文》:"熹,炙也。从火喜声。"参阅《诂林》第2800条。据《释文稿》,郭沫若释作饎(chì),赤冢氏从之。《释文稿》说卜辞是祭祀用语。然此字周边还有四小点,与熹当不是一字。《诂林》谓有四小点之字是人名。

41.8：丙午卜，贞，王㝵大乙［奭］妣丙□，［亡尤］。
按：㝵，祭名。大乙，成汤。奭，配偶，或读作母。妣丙，大乙之配偶。

41.9：甲申余卜，子不䢅又言多亚。
己卯卜，我贞，令豖翌庚于隹。
按：《释文稿》说，关于本片异释很多。第一辞拓片字迹不清晰。䢅，从辛从丙，《说文》所无。孙诒让释作商。参阅《诂林》第2146条。子䢅，当是人名。参阅卷下第16.14片考释。多亚，职官名。
我，武丁晚期贞人名。豖，也是武丁晚期贞人名。己卯(16)之次日是庚辰(17)，故卜辞曰翌庚于隹。"于"字右上角有装饰性符号，与商末、周初金文(朕簋铭文)写法相同。可见殷商甲骨文与商末、周初金文属于一个系统的文字。隹，根据语法关系当是地名。

41.10：……盥，十二月。
按：盥，从皿从水从爪，拓片不太清晰，《释文稿》隶作盥。抑或是益或易字。参阅《诂林》第2646条和第2647条。卜辞或是祭祀用语。

41.11：……益䇂，不遘风。
□午卜，□贞，□乙□不。
按：益召，《释文稿》说或是卷下第24.3片的"魚益䇂"三字之残。"魚益䇂"之魚，当是祭名；益，增益之义，犹言加上。䇂(召)，或即倒字之初文的省形，卜辞用作祭名。参阅卷上第31.1片及卷下第24.3片考释。遘，遇也。

41.12：辛巳……于大……。
丙戌卜，丁亥，王阱毕，允毕(擒)三百又四八。
按：《拼续》说本片与《合集》33372缀合，即《合集》33371＋33372。缀合后《拼续》第418则释文如下：
辛子(巳)□于大□。二。
丙戌卜：丁亥，王陷毕。允毕三百又四十八。二。
弗毕。二。
弗［毕］。
己卯卜：王逐兕□弗□。二。
弗毕。二。(《拼续》第377页)
大，据语法关系来看，当是地名。阱，从口，从鹿或从包，罗振玉释作陷阱之阱。参阅《诂林》第1711条。就本片卜辞所记的内容与田猎有关且有捕获来看,当可从。毕,本义是捕鸟网,卜辞读作擒。

41.13:戊,王其射閃犾(狐),湄日亡戈,毕。
　　贞,乎射閃犾(狐),毕。
　　按:閃,从火门声,火光的样子。参阅《诂林》第2169条。据《释文稿》,或说是门字的繁文,恐非是。《诂林》以为是地名。犾,旧释狼,叶玉森释作狐。湄日,犹言终日。参阅卷上第14.6片和卷下第23.13片考释。

41.14:亡戈,毕犬。
　　按:毕,读作擒。

41.15:弜坓(堯),弗受又年。
　　按:弜,《释文稿》说当是人名或族名。弜,卜辞一般常读作弗,否定副词。但是,本片既有弜字,又有弗字,见于同版,可见本片弜字应是族名。坓,从臼从冉从土,不从火,像双手持土有所用,或表示取土筑室的意思,或即筑字之初文。西周金文也有此字,一般读作垚,举也。参阅《诂林》第3111条。《释文稿》以为本片是垦田的意思。参阅卷下第20.11片考释。弜坓,或表示弜举行筑土之事,故下文曰"弗受又(佑)年"。

41.16:壬午卜,𠂤乎御方于商。(左辞是本片刻辞)
　　壬午卜,𠂤贞,王令多眉、御方于商。
　　己巳卜,贞,犬中罒,在𤉨。(上二辞是第42.9片刻辞)
　　按:《释文稿》说本片与卷下第42.9片缀合。𠂤,读作次或师,武丁晚期贞人名。乎,拓片是乎字,《释文稿》隶作礻(示),非是。本句与《缀》第147片相同,陈梦家也隶作乎。御方,陈梦家说御方是犾犾之一支。(《综述》第283页)御方之名,见于《逸周书·世俘篇》,曰:"大公望命御方来,丁卯望至,告以馘俘。"于,有装饰性羡文,与西周初年朕簋铭文于字的写法相同。商,地名。根据《释文稿》,前之学者说法不一。陈梦家据卜辞把商分为商、丘商(商丘),大邑商(沁阳),天邑商(朝歌)和中商(安阳)四处。(《综述》第255~258页)《释文稿》以为单言的商,可能也不止一处。大邑商应该指殷都。参阅卷上第9.12片和第13.7片考释。

　　多眉,据《释文稿》,前之学者有多种说法。根据本片卜辞语法关系及多眉与御方并立而言来看,则多眉也当是族名或方国名。

犬,族名或方国名。⩜,读作侑,祭名。鬯,秬鬯,鬯酒。昭,拓片字迹不是太清晰,存疑待考。根据语法关系卜辞当是地名。

42.1:丁巳,▨(奏)旡,其豕?

翌丁卯酌,王受又。

按:▨,像双手持木之形,《说文》所无。《诂林》第1076条和第1082条所收皆非此字。《释文稿》说读作奉或拱,有敬献义。或释作奏,奏舞,谓奏乐舞蹈,乃求雨之祭。参阅卷上第26.14片,卷下第15.9片和15.15片考释。旡,似从斗,拓片不清晰,《释文稿》说是升字的异体,则奏升,当有奏乐奉升之义。其豕,卜问祭祀时是奏升,还是用豕。

42.2:……湄……。

于壬廼雨,亡戋。

按:湄,水边。廼,《释文稿》隶作卣,谓读作廼,拓片其实就是廼字。

42.3:戊午卜,我贞,今秋我入商。

按:我,武丁晚期贞人名。第二个我当是方国名,或许与贞人我有关。秋,像秋蝉之形,或曰从龟从火,则是焦字的初文。叶玉森《研契枝谭》释作夏(《整理与研究》第130页),唐兰改释作秋。参阅《诂林》第1881条及卷下第12.14片和第33.1片考释。

商,地名。根据《释文稿》,前之学者说法不一。陈梦家据卜辞把商分为商、丘商(商丘)、大邑商(沁阳)、天邑商(朝歌)和中商(安阳)四处。(《综述》第255~258页)《释文稿》以为单言的商,可能也不止一处。大邑商应该指殷都。参阅卷上第9.12片和第13.7片考释。

42.4:癸亥卜,今夕猷韋戋。

癸酉卜,朿宁风。

按:▨(猷),从甾从犬,王襄等说是古猶字。参阅《诂林》第1108条。郭沫若说与从米从酉从犬的是同字,即猷字。参阅《诂林》第2735条。卜辞是方国名。《释文稿》说是武丁时期地名。叶玉森说是犬戎之一,在今陕西附近,商代是寇边之国。(《整理与研究》第16页)犬戎在商末周初活动于今陕西、甘肃一带。参阅卷上第15.15片考释。韋,读作敦,结合下一字戋是地名,则敦是敦伐,即大规模击伐的意思。戋,殷之方国名或族名。参阅卷上第10.11片考释。朿,像四面带刺形,或释作束。参阅《诂林》第2571条。

433

据《释文稿》,前之学者解释颇多,说法不一,也难以适从。但大多数人把⼗释作巫,巫事,即以巫术祈求神灵的佑助,本片解为宁让巫祈求风。宁,从皿从丨,一般释作宁。参阅《诂林》第2667条。

42.5:□巳卜,子贞,孚(子)◯。

丙子卜,巡贞,乙用牛。(以上是本片卜辞)

……卜,㠯……巫妹◯孚。

按:《释文稿》说本片与《拾》第11.11片缀合。子,武丁晚期贞人名。孚,当是繁文子字,上像婴儿的头发。参阅《诂林》第0590条。卜辞读作子,也当是人名。◯,从廾从隹,《说文》所无。《诂林》第1083条所收从廾、中间从宀的一字与此相似,但略有差异,见拓片。据《释文稿》,或释作要,读作邀,邀福,即求福的意思;或释作刘濩,然皆难以信从。卜辞当用作动词,或为祭祀用语。巡,从巛从彳。王襄、罗振玉及《诂林》释作衍。《说文》:"衍,水朝宗于海也。从水从行。"郭沫若、陈梦家等释作巡。《说文》:"巡,延行儿。从辵川声。"参阅《诂林》第2341条。卜辞是武丁时贞人名。乙,据《释文稿》,陈梦家以为是祖乙。

㠯,读作次,师旅驻扎。巫妹,或与巫咸等相同,是人名;或说即妹邦,地名。《尚书·酒诰》:"王若曰:'明大命于妹邦。'"朱骏声《尚书古注便读》注:"王,成王也。妹,沬也,水名。沬邦,纣都,当在今河南卫辉府淇县东北。其初武丁迁居之,即《鄘》诗所云'沬乡',在朝歌西南也。"(第130页)参阅卷下第21.17片、第25.14片及28.9片等考释。◯孚,孚◯之倒,或是邀子,求子之祭,祭祀用语。存疑待考。

42.6:王叀次,令五族伐羗方。

弜(弗)令次,其每。

按:次,从欠从两点,住宿、驻扎。《尚书·泰誓中》:"王次于河朔。"或释作次。参阅《诂林》第0095条。五族,据《释文稿》,前之学者说法不一,或曰家族,或曰氏族,或曰五方之部族,或曰与多子族一样,是军旅组织的单位。本书以为当以部族兼军旅组织单位为是。羗,羌字的异体,或曰繁文。参阅《诂林》第0064条。羌方,陈梦家说:"羌方应理解为一流动的游牧民族,羌是他们的种姓。"又说:"羌可能与与夏后氏为同族之姜姓之族是有关系的。"(《综述》第281、282页)商周时已遍布于今陕西、甘肃、青海、新疆南部和四川西部一带。

其每,或曰每读作敏,有疲倦、懈怠义,卜辞与反悔义无关系。参阅卷上第14.5片考释。

42.7：辛……贞,……。
　　癸酉,余卜,贞,雷帚(妇)又(侑)子。
　　甲戌,余卜,贞,又□。
　　……卜,彡(肜)酻又史。
　　按：余,武丁时贞人名,或曰卜辞是王的自称。雷,从申从两个圈,申是闪电的象形,两个圈是闪电时炸雷的象形,释作雷是也。参阅《诂林》第1208条。雷妇,雷的夫人。又子,读作侑子。这是祈求生子之祭。彡,肜祭,祭了又祭曰肜祭。酻,祭名。又史,《释文稿》说皆是祭祀用语。

42.8：从于……。
　　于㣸偃。
　　在烣偃。
　　按：本片卜辞字迹不太清晰。㣸,从彳从衣从又,或说是衣字的繁文。或是从人从今从土的字,笔画不清晰,难以辨识,存疑待考。根据语法关系卜辞与偃一起当是地名。偃,郭沫若释作城塞之塞。参阅卷下第4.8片考释。烣,似从豕从火,《说文》所无。根据语法关系与偃一起也当是地名。崔恒升或释作庚,庚偃,地名,谓："在今河北新安县西。"①

42.9：壬午卜,㱿贞,王令多眉、御方于[商]。
　　己子(巳)卜,贞,犬㞢甾,在𠂤。
　　按：《释文稿》说本片与卷下第41.16片缀合。参阅卷下第41.16片考释。

42.10：丁亥,子卜,贞,马……。
　　按：子,武丁晚期贞人名。

42.11：戊辰卜,巡贞,我……。
　　□卯,余卜,贞,㠱……。
　　按：巡、余,皆是武丁晚期贞人名。我,或是殷王自称,或是方国名。㠱,读作次,师旅驻扎。

42.12：□翌日壬归,又大雨。
　　按：翌日,第二日。壬,日干名。歸,上从止下从帚,当是歸字的异构。参阅《诂林》第2995条。又,读作有。

---

① 崔恒升《甲金文地名考释》,《古文字研究》第二十二辑,中华书局,2000年。

42.13：癸卯卜，贞：不每，得？（《拼合集》第48则释文）

□其得不每。

按：《拼合集》说本片与《前》8.13.3片缀合，即《合集》439＋21791。得，从又从贝从彳。参阅《诂林》第1918条。《说文》："得，行有所得也。从彳䙷声。"每，从女，拓片下半截字迹不清晰。《释文稿》说与史不是同字，不明是何字。《拼合集》释作每，读作悔，谓："'悔'是《周易》常用的表示吉凶的术语。"（《拼合集》第381页）本书以为当读作敏，敏捷，引申有疲倦、疲劳义。

42.14：家，于家，于家。

按：家，从宀从豕，像室内养豕之形。《说文》："家，居也。从宀，豭省声。"参阅《诂林》第2044条。甲骨文当是会意字，非省声字。根据语法关系卜辞或是地名。

42.15：己丑卜，乙在小宗，又彳岁［自大］乙。

乙未……［在大宗］，自上⊞，六月。

在小宗，又彳岁自大乙。

按：又、彳(示)、岁，皆是祭名。上⊞，上甲（微）。陈梦家说："以上的大宗、小宗都是宗庙。其分别是：大宗的庙主自大甲起，小宗的庙主自大乙起。"（《综述》第473页）

42.16：戊子卜，……贞，余隻（获）……。

□亥，子卜，贞，尸归。

□亥，子卜，贞，在川，尸归。

按：子，武丁晚期贞人名。尸，据《释文稿》，饶宗颐释作子尸，人名。川，根据语法关系当是地名。

43.1：戊戌卜，子陋于河祀。

按：陋，从阜亚声，《说文》所无。《诂林》未收此字。子陋，当是人名。祀，《说文》："祭无已也。从示，巳声。"《释文稿》隶作河兄，细审拓片，从示巳声，当是祀字，祭名。参阅《诂林》第1856条。

43.2：申丂尹陟。

按：申，《释文稿》说与卷下第2.5片的场合同样，是人名或族名。验之拓片，本片是申字，而卷下第2.5片是册字，写法完全不同，当不是一个字。

参阅《诂林》第 1207 条。丂,《说文》:"气欲舒出。勹(气)上碍於一也。丂,古文以为亏字,又以为巧字。"参阅《诂林》第 3364 条。于卜辞其意义不明,也许是祭祀用语。尹陟,陈梦家说是大戊的相伊陟。(《综述》第 364、365 页)

43.3:戊子卜,子贞,今翌启因。

　　按:子,武丁晚期贞人名。今翌,据《释文稿》,饶宗颐说是今日翌日。因,从大在口中。张政烺说:"从形音义三方面考察当释为蕴,其本义为藏,埋是引申义,而人的死用因字来表示则是由埋义再引申出来的。"参阅《诂林》第 0247 条。根据贞卜的内容来看,启因当是贞问今明两日天气是否开晴的意思。

43.4:叀兹栅用人又五,王受又。

　　　栅用。

　　按:栅,从示从册,《说文》所无。参阅《诂林》第 2936 条。卜辞应是祭祀用语,当指祭祀时用典册祭祀山川神灵。参阅卷上第 24.2 片考释。用人,人字不太清晰,或是用人做牺牲的意思。根据卜辞辞例疑当是某个数目字,或即千字。因下文是"又五"二字,可见其当是千字,千字从人从一。

43.5:癸卯,子卜,……兑往豕(逐)。

　　　用一牛……豚。

　　按:子,武丁晚期贞人名。兑,从父从兑,《说文》所无。参阅《诂林》第 0103 条。根据语法关系卜辞是人名。豕,《释文稿》或说是逐字之省,即往逐豕的省略;或说是地名。本书根据人们的语言表述以为当是逐字之残缺,拓片在豕字下正残缺了。

43.6:□屄卜,亡子亩。

　　按:屄,从尸从小(少),《说文》所无。或说是屎字,或说是一个与粪田(施肥)等农事有关的字。参阅《诂林》第 0009 条。根据本片卜辞辞例来看,当是贞人名。但是,陈梦家《综述》"卜人断代总表"中无此人。(《综述》第 205 页)子亩,疑是"子高"二字,卜辞是人名。《释文稿》疑是武丁诸子之一。

43.7:甲戌卜,扶贞,方其盨于东,九月。

　　按:扶,武丁晚期贞人名。方,氏族名。盨,从大(人)立于舟上,人手中还有竹篙。参阅《诂林》第 3131 条。叶玉森《殷契钩沉》卷乙释作槀盨舟之盪。(《整理与研究》第 58 页)《论语·宪问》:"南宫适问于孔子曰:'羿善射,奡盪舟,俱不得其死然。'"何晏集解引孔安国曰:"奡多力,能陆地行舟。"可见古代传说还是有其根据的,并非完全空穴来风。卜辞之盪,或有侵犯义。东,东鄙。

43.8:我玨。

按:我,方国名。玨,像二玉相连,疑即珏字。参阅《诂林》第 3254 条。卜辞是族名,或为祭品之名。卷下第 27.12 片珏字从二玉从凵,写法与本片略异,或即此字的异构。

43.9:甲[辰],王……伐……在弎(域),一月。

八日辛亥,允戈伐二千六百五十六人,在邘(方)城。

按:拓片不是很清晰。伐,《释文稿》说是俘虏的意思。弎,从二或颠倒,或说域字之异构,或说即《说文》諅字之初文。《说文》:"諅,乱也。从言幵声。"然与字形不类。参阅《诂林》第 2400 条和第 2403 条。根据语法关系卜辞是地名。戈,疑是衍文,因下文有伐字,伐字从戈,故衍。伐,征伐也。邘,读作方;方城,地名。

参考文献[①]

罗振玉:《殷虚书契后编》,载《罗雪堂先生全集》第七编,台北文华出版公司、台北大通书局,1968~1977年影印本。简称《后编》。
罗振玉:《殷虚书契考释三种》,中华书局,2006年。
池田末利:《殷虚书契后编释文稿》,广岛大学文学部中国哲学研究室1964年油印本,又见《甲骨文献集成》第九册,四川大学出版社,2001年。简称《释文稿》。
郭沫若主编:《甲骨文合集》,中华书局,1978~1982年。简称《合集》。
彭邦炯、谢济、马季凡:《甲骨文合集补编》,语文出版社,1999年。简称《补编》。
胡厚宣主编:《甲骨文合集释文》,中国社会科学出版社,2011年。
宋镇豪、段志洪:《甲骨文献集成》,四川大学出版社,2001年。
陈梦家:《殷虚卜辞综述》,中华书局,1992年。简称《综述》。
王国维:《观堂集林》,中华书局,1984年。
郭沫若:《卜辞通纂》,科学出版社,1983年。
郭沫若:《甲骨文字研究》,蓝灯出版社,1976年。
于省吾主编:《甲骨文字诂林》,中华书局,1996年。简称《诂林》。
胡厚宣:《甲骨学商史论丛初集》,河北教育出版社,2002年。
裘锡圭:《裘锡圭学术文集》,复旦大学出版社,2012年。
黄天树:《黄天树古文字论集》,学苑出版社,2006年。
黄天树:《甲骨拼合集》《甲骨拼合续集》《甲骨拼合三集》,学苑出版社,2010、2011、2013年。分别简称《拼合》《拼续》《拼三》。
蔡哲茂:《甲骨缀合集》,乐学书局有限公司,1999年。
蔡哲茂:《甲骨缀合续集》,文津出版社有限公司,2004年。
李学勤、彭裕商:《殷墟甲骨分期研究》,上海古籍出版社,1996年。
刘钊、洪飏、张新俊:《新甲骨文编》,福建人民出版社,2009年。
黄德宽:《开启中华文明的管钥——汉字的释读与探索》,北京师范大学出版社,2011年。
黄德宽:《古文字谱系疏证》,商务印书馆,2007年。
黄德宽主编:《安徽大学汉语言文字研究丛书·李家浩卷》《徐在国卷》《高岛谦一卷》,安徽大学出版社,2013年。
吴振武:《〈古玺文编〉校订》,人民美术出版社,2011年。
徐在国:《隶定古文疏证》,安徽大学出版社,2002年。

[①] 部分文献在正文中使用了简称,现将简称附于相应文献后。

赵平安：《隶变研究》，河北大学出版社，2009年。
赵平安：《新出简帛与古文字古文献研究》，商务印书馆，2009年。
丁山：《甲骨文所见氏族及其制度》，中华书局，1999年。简称《氏族制度》。
萧楠：《甲骨学论文集》，中华书局，2010年。
喻遂生：《甲金语言文字研究论集》，巴蜀书社，2002年。
四川大学历史文化学院编：《纪念徐中舒先生诞辰110周年国际学术研讨会论文集》，巴蜀书社，2010年。
陕西师范大学、宝鸡青铜器博物馆主办，夏麦陵编辑：《黄盛璋先生八秩华诞纪念文集》，中国教育文化出版社，2005年。
王蕴智：《字学论集》，河南美术出版社，2004年。
王晖：《古文字与商周史新证》，中华书局，2003年。
落合淳思：《甲骨文字に歴史を読む》，东京筑摩书房，2008年，第166页。
许慎：《说文解字》，中华书局，1983年。简称《说文》。
段玉裁：《说文解字注》，上海古籍出版社，1984年。简称《段注》。
《宋本玉篇》，北京市中国书店，1983年。简称《玉篇》。
司马迁：《史记》，中华书局，1985年。
王先谦撰，沈啸寰、王星贤点校：《荀子集解》，中华书局，1988年。
杨伯峻撰：《春秋左传注》，中华书局，1990年。简称《左传》。
朱骏声撰、叶正渤点校：《尚书古注便读》，台湾花木兰文化出版社，2013年。
叶正渤：《叶玉森甲骨学论著整理与研究》，线装书局，2008年。简称《整理与研究》。
叶正渤：《金文标准器铭文综合研究》，线装书局，2010年。
叶正渤、李永延：《商周青铜器铭文简论》，中国矿业大学出版社，1998年。
《古文字研究》第十八辑、第二十二辑至三十辑，中华书局，1992、2000至2014年。
宋镇豪：《甲骨文中的梦与占梦》，《文物》，2006年第6期。
王冠英：《任鼎铭文考释》，《中国历史文物》，2004年第2期。
李学勤：《论应国墓地出土的簠盉》，《平顶山师专学报》，1999年第1期。
许进雄：《第五期五种祭祀祀谱的复原——兼谈晚商的历法》，《古文字研究》第十八辑，中华书局，1992年。
赵平安：《释甲骨文中的"𢆶"和"𢆉"》，《文物》，2000年第8期。
叶正渤：《〈逸周书·度邑〉"依天室"解》，《古籍整理研究学刊》，2000年第4期。
叶正渤：《𢆉其卣三器铭文及晚殷历法研究》，《故宫博物院院刊》，2001年第6期。
叶正渤：《我方鼎铭文今释》，《故宫博物院院刊》，2001年第3期。
叶正渤：《从原始数目字看数概念与空间方位的关系》，《南阳师范学院学报（社会科学版）》，2003年第5期。
叶正渤：《卜辞"来娝"研究》，《殷都学刊》，2004年第1期。
叶正渤、陈荣军：《关于"亚"字符号的文化解析》，《东南大学学报（哲学社会科学版）》，2004年第4期。
叶正渤：《释"正"与"围"》，《考古与文物》，2005年增刊《古文字论集（三）》。
叶正渤：《"归福"本义考源》，《辞书研究》，1999年第5期；《毓祖丁卣铭文与古代"归福"礼》，《古籍整理研究学刊》，2007年第6期。

附　　录

一、冷僻字索引

（说明：冷僻字是指不经常使用的和《说文》所无的字，标注的页码是《后编》原书和考释中第一次出现的页码。）

卷上

第1页：秝、丁、丅、殻、出、屮、酢、彡、㝉、㚔、翌、𦥑、甗、㕣、㚔。

第2页：叙、馭、耂、丫。

第3页：罖、妌、龟、囘、燹、枭、𥻦。

第4页：猒、𣦼、頔、猭。

第5页：彀、㫚、田、㽕、邜、尞、田、敘、𢎘、㗊、㫚。

第6页：㕻、㝔、灷、匚、㘿、媟、媟。

第7页：㕜、𠂤、𠂤、𠂤、帥、𣂼、𠬝、韛、桑（驫）、𡔼、𠬪、敤、逗、囧。

第8页：昜、方、匚、呂、畕、丙、叡、阝、𢆶、孫、囘。

第9页：㹜、龟、若、𩠐、㤅、章、亳、亶、罒、旬、潨（湔、洗）、蚰、巜、雉、征、徟、逾。

第10页：敝、夆、圉、夌、猒、登、苦、妟、屼、𡽫、跮、沚、𡕥、敫、𥻦。

第11页：宁、騳、𡨄、泂、戈、柏、𣲎、宙。

第12页：牢、屖、召、臼、𥂴、栢、㞢、合、𣆪、舄、𡰪、𣪊、单、𦚢、鰡、勅。

第13页：媫、㜎、爅、光、纒、𠓜、濕、㬎、𤝞、鄝、殺。

第14页：坙、粃、枊、㓛、剢、阣、宋、臿、𠙵、離、徛、破。

第15页：朱、𣎵、皿、𢎥、𤱃、虍、儿、㝎、湌、㬎、𥻦、棘。

第16页：𠆢、需、𠕋、䨓。

第17页：奴、䢔。

第18页：葚、㱲、虘、鄘、㞢、𠂎、屮、再、㐬、盈、蘆、虐、卤。

第19页：瀧、罕、𦿁、门。

第20页：备、叙。

第21页：炏、殷、𦣞、兩。

第22页：㲋、𣥂、兂、剛、𨸏。

第23页：䣕、卣、𦬆、殷。

第24页：栅、昌、㝅、丫、𠣛。

第25页：纖、羍、驛、囚、冗、牝、𡙎。

441

第26页：冎,皋,奠,架,坐,匸。

第27页：（无）。

第28页：彐,甾,箙,旋,攸,逐,㠯。

第29页：㠱,衡,戠,火。

第30页：歎,芙,娷,㐱,伤,豖,戈,㚤。

第31页：圂,紉,妍,囙。

第32页：（无）。

卷下

第1页：麃,麞。

第2页：囗,陔,狄,衎,衍,仈。

第3页：韹,麟,盅,骭,帚,寇,圂,卣。

第4页：鏨,囟,炎,官,眈,偅,燃,妥,妻。

第5页：膏,盨,叔,鷹,祝,剁。

第6页：𠂆,堇,彔,弢。

第7页：𣅀,𢎨,陸,狀,丩,殷,盉,跓,舟,禹。

第8页：亢,醮,圼,洼,霪,中,采。

第9页：𦥑,林,冒,门。

第10页：㐬,叙,瞽。

第11页：廾,瑟,衖,衝,屮,仳,炊。

第12页：甲,潁,澡,𤓸,衔,卓,遜,段,齒,遨,牧,敏。

第13页：魞,矣,致,高,曡,槳,倈,纹。

第14页：䙴,𣚎,戝,資,敄,𠄎,㔾,甈,壬,呈,戠,祝,舅。

第15页：眷,爾,秊,㕣,㐅,咪,回,枛,刞,䋤,伇,魚,牂,奻,眲,育。

第16页：念,羑,龟,罢,㛮,䣊,䰟,忾,叹,魅,廿,幸,袭。

第17页：罗,婷,弓,祿,罣,姝,姓,䪉,遣。

第18页：熯,旻,䍐,宆,俯,㚇,患,炉。

第19页：聫,瞠,趺,羿,芥,歙。

第20页：䰜,贏,向,小,斳,㹜,片,仳,坐,孚,武,訊,𤔲,厎,舌。

第21页：紝,烙,𣱻,閟,爢,𦬅,眖,𩵋,羋,𢀰,掔,棽。

第22页：候,依,雉,卬,苴,羛,甬,囲,賁,妟,盉,備,衛。

第23页：窒,虓,吊,綐,𩛥,斯,辈,𣲎,虐,㕣,凼,㣈,覚,觳。

第24页：告,酒,異,禹,屵,囟,窐,妥,名（黎）。

第25页：甲,贾,茣,𢎨,夾,雈,囡,㠯,𣬈,㸙,孊,謢,幼。

第26页：夘,倷,陕,卓,好,睨,邻,舌,伇。

第27页：𤰈,㞋,𭐁,簫,苍,㛼,凸,亯。

第28页：臽,㱃,㱿,品,米,𩵋,利,釆。

第29页：穴,𠬝,㒸,汝,奴,𤖻,奸,吾,咊,吕,速。

第30页：𨸏,廾,雊,久,畢,光,㠯,衙,締,衛,什,冉,豈,𠦪,召,𠅃,恥。

第31页：𣏂,誓,苗,犾,呪,分,𠛱,萑,㸤,䧘,苐,荥,驚。

第32页：盅,军,登,䭴,𢁥,阜,澤,咡。

第33页：𠣜,虜,般,雹,𣎺,載,人,甫。

第34页：娘,㕣,妟,屮,𦎧,篇。

第35页：䋁,昌,令,攺,笒,豪,帚,㣈,𡥀。

第36页：夠,叔,甬,殳,奔,飽。

第37页：阜,占,㝎,窖,凸。

第38页：箤,亯,虢,臬,酱,因,𤓸。

第39页：𠫉,𠬝,斎,舂,面,峕,屮,屵,鹍,牟,吕,珊。

第40页：麦,卯,屮,鹏,朱。

第41页：共,鼠,圓,橐,閖,用,昭。

第42页：先,屮,㝯,丑,筊,𤝵。

第43页：阣,烒,亯,羊,盛,斨。

二、本书作者古文字研究成果目录

(一)学术论著

1.《商周青铜器铭文简论》,合著,第一作者,中国矿业大学出版社,1998年。1999年获江苏省政府社科优秀成果评选三等奖。
2.《金文月相纪时法研究》,独著,学苑出版社,2005年。2008年获江苏省高校人文社会科学成果评选二等奖。
3.《叶玉森甲骨学论著整理与研究》,独著,线装书局,2008年。2011年获江苏省政府社科优秀成果评选二等奖。
4.《金文标准器铭文综合研究》,独著,线装书局,2010年。2012年获江苏省高校人文社会科学成果评选三等奖。
5.《金文四要素铭文考释与研究》,独著,台湾花木兰文化出版社,2015年。2016年获江苏省政府社科优秀成果评选三等奖。
6.《古代语言文字学论著序跋选编》,合著,第一作者,线装书局,2015年。
7.《金文历朔研究》,独著,上海古籍出版社,2016年。
8.《武成时期铜器铭文与语言研究》,独著,台湾花木兰文化事业有限公司,2019年。

(二)学术论文

1.《小臣静簋铭文献疑》,《南京师范大学学报(社会科学版)》,1997年第2期。
2.《说"X"》,《淮阴师专学报》,1997年第3期。
3.《"归福"本义考源》,《辞书研究》,1999年第5期。
4.《略论西周铭文的记时方式》,《徐州师范大学学报(哲学社会科学版)》,2000年第3期。
5.《略析金文中的"夕"》,《徐州师范大学学报(哲学社会科学版)》,2001年第2期。
6.《我方鼎铭文今释》,《故宫博物院院刊》,2001年第3期。
7.《弋其卣三器铭文与晚殷历法研究》,《故宫博物院院刊》,2001年第6期。
8.《从甲骨金文看汉民族时空观念的形成》,《语言研究》,2001年增刊。
9.《月相和西周金文月相词语研究》,《考古与文物》,2002年第3期。

10. 《貄簋铭文考释》，《古文字研究》第二十四辑，中华书局，2002年。
11. 《西周金文月相词语与静簋铭文的释读研究》，《文博》，2002年第4期。
12. 《从原始数目字看数概念与空间方位的关系》，《南阳师范学院学报（社会科学版）》，2003年第5期。
13. 《卜辞"来媸"研究》，《殷都学刊》，2004年第1期。
14. 《关于"亚"字符号的文化解析》，《东南大学学报（哲学社会科学版）》，2004年第4期。
15. 《关于几片甲骨刻辞的释读》，《古文字研究》第二十五辑，中华书局，2004年。
16. 《20世纪以来西周金文月相问题研究综述》，《徐州师范大学学报（哲学社会科学版）》，2004年第5期。
17. 《〈殷虚书契前编集释〉研究》，《汉字研究》第一辑，2005年。
18. 《造磬铭文研究》，《中国文字研究》第六辑，2005年。
19. 《甲骨文否定词研究》，《殷都学刊》，2005年第4期。
20. 《释"正"与"围"》，《考古与文物》，2005年增刊《古文字论集（三）》。
21. 《厉王纪年铜器铭文及相关问题研究》，《古文字研究》第二十六辑，中华书局，2006年。
22. 《西周标准器铭文疏证（一）》，《中国文字研究》第七辑，2006年。
23. 《叶玉森古文字考释方法浅论》，《江苏大学学报（社会科学版）》，2006年第3期。
24. 《亦谈覞簋铭文的历日和所属年代》，《中国历史文物》，2007年第4期。
25. 《毓祖丁卣铭文与古代"归福"礼》，《古籍整理研究学刊》，2007年第6期。
26. 《从历法的角度看逨鼎诸器及晋侯稣钟的时代》，《史学月刊》，2007年第12期。
27. 《叶玉森与甲骨文研究》，《镇江高专学报》，2008年第2期。
28. 《西周标准器铭文疏证（二）》，《中国文字研究》第十一辑，2008年。
29. 《宣王纪年铜器铭文及相关问题研究》，《古文字研究》第二十七辑，中华书局，2008年。
30. 《周公摄政与相关铜器铭文》，《古文字研究》第二十八辑，中华书局，2010年。
31. 《西周纪年考》，吉本道雅著，叶正渤摘译，《辽东学院学报（社会科学版）》，2010年第2期。
32. 《亦谈晋侯稣编钟铭文中的历法关系及所属时代》，《中原文物》，2010年第5期。
33. 《共和行政及若干铜器铭文的考察》，《纪念徐中舒先生诞辰110周年国际学术研讨会论文集》，巴蜀书社，2010年。

34.《西周标准器铭文疏证(三)》,《中国文字研究》第十四辑,2011年。

35.《亦谈伯㦰父簋铭文的时代》,《长江文明》第七辑,2011年。

36.《穆王时期重要纪年铭文历朔考(一)》,《中国文字研究》第十五辑,2011年。

37.《頴方彝铭文献疑》,《考古与文物》,2011年第4期。

38.《伯㦰(歼)父簋铭文试释》,《考古与文物》,2012年第3期。

39.《释㦰(歼)》,《古文字研究》第二十九辑,中华书局,2012年。

40.《速鼎铭文历法解疑》,《盐城师范学院学报(人文社会科学版)》,2012年第6期。

41.《晋公戈铭文历朔研究》,《殷都学刊》,2013年第1期。

42.《此鼎、此簋铭文历朔研究》,《中国文字研究》第十七辑,2013年。

43.《蔡侯盘、蔡侯尊铭文历朔与时代考》,《中原文物》,2013年第5期。

44.《西周若干可靠的历日支点》,《殷都学刊》,2014年第1期。

45.《〈殷墟书契后编〉所见象刑字浅析》,《古文字研究》第三十辑,中华书局,2014年。

46.《师兑簋二器铭文历法解疑》,《中国文字研究》第二十二辑,2015年。

47.《释古文字中的"中、矦、的"——兼论古代射矦礼》,《中原文化研究》,2016年第2期。

48.《纪年铜器铭文的历法断代问题》,《古文字研究》第三十一辑,中华书局,2016年。

49.《论"四"字的构形与文化含义》,《辽东学院学报(社会科学版)》,2017年第2期。

50.《浅析〈说文〉从八之字》,《辽东学院学报(社会科学版)》,2018年第4期。

后　记

　　光阴荏苒,岁月如梭,不知不觉已到古稀之年,难怪坐久了腰会酸,在电脑前看东西时间长了眼会花,岁月使然,自然规律不可违也。

　　2013年11月,承蒙诸位不知姓名的评审专家关照,本人申报的国家社科基金后期资助项目"《殷虚书契后编》考释"获准立项。余已信守承诺,按期完成,并于2015年11月底申请结项,2017年2月获批结项。按照全国哲学社会科学规划办公室的安排,书稿交由商务印书馆出版。本着慎始敬终的做事原则,本书《〈殷虚书契后编〉考释》几易其稿,最后交付出版社。在书稿即将出版之际,本人趁便谈谈三十余年来读书做学问的点滴体会,权作学术之路的一次总结。

　　首先谈立志。《荀子·劝学》篇曰:"无冥冥之志者,无昭昭之明;无惛惛之事者,无赫赫之功。"故立志为首。然于现实生活中,由于种种主客观原因,人们最初的人生理想未必皆能实现。这就需要适时地调整自己的奋斗目标,以期实现自己的理想。古人有言曰:"大上有立德,其次有立功,其次有立言,虽久不废,此之谓不朽。"(《左传·襄公二十四年》)于我,立德不可求,立功又无缘,唯立言一事尚可尽力而为,遂为终身之志。此乃诸葛亮所谓"淡泊以明志,宁静以致远"耳。

　　俗语曰:"有志者立长志,无志者常立志。"于而立之年立志尤为重要。志向已立,应为之而奋斗,且不可后悔动摇。因其乃根据实际情况所立之志向,是预期通过自己的努力可以实现得了的目标,并非好高骛远不切实际的痴心妄想,所以不能因环境改变而反悔。通过几年踏踏实实的努力,相信必能取得一定的成果。有人总结人的理想的实现需要具备几个要素:天资＋勤奋＋机遇。本人觉得三者缺一不可,而立志又为其首。

　　再次谈行动和读书。目标既明,动力始生;动力既生,行动随之。此行动必须是持之以恒的。苏东坡曰:"古之立大事者,不惟有超世之才,亦必有坚忍不拔之志。"(《晁错论》)此一行动既包括不断地学习,充实提高自己,更包括不断地实践,运用所学知识去探索、去创造。对于人文社会科学研究者来说,知识的积累是必要的。唐代大文豪韩愈在《答李翊书》中写道:"将蕲至于古之立言者,则无望其速成,无诱于势利,养其根而俟其实,加其膏而希其光。根之茂者其实遂,膏之沃者其光晔。仁义之人,其言蔼如也。"韩愈此言同样适用于学术研究。故吾侪无论做哪门学问,都需要踏踏实实地静下心来扎扎实实地读几部专业根底书,打牢专业基础,同时了解本领域的相关信息和最新研究动态。读书做学问,要坐得住冷板凳,不为外物所诱惑,心无旁骛,坚定不移,方可有所成就。

韩愈《进学解》曰:"业精于勤荒于嬉,行成于思毁于随。"学习亦然。故读书应多思考,受启发。我曾对多届本科生讲,大学四年如果你的心智仍未开启,那么四年大学等于白念。心智开启的标志,就是从别人的书或文章中获得启发,从而萌发研究的课题、学会科学的研究方法。若仍懵懵懂懂,则心智未获开启也。教者有责,学者有失。

其次谈学术研究的态度。我常对研究生讲,在学习阶段,书本里所说的应该认为都是正确的。但是,当专业知识积累到一定程度、具有一定的判断能力之后,就应该对书本里所说的抱怀疑的态度。这样才能发现问题,进而想法解决问题。孟子曰:"尽信《书》,则不如无《书》。吾于《武成》,取二三策而已矣。"(《孟子·尽心下》)孟子对《尚书》尚且如此,何况他书乎。前不久看到北京大学一位教授写文章说,怀疑精神是北京大学的传统精神。北大前校长胡适曾讲过:"要大胆的假设,小心的求证。"假设是由怀疑引起的,对于学术研究来说是允许的。不允许怀疑,不是学术研究应有的态度;没有怀疑,学术研究、学术探索就无法深入,就接近不了真理。学术研究就是要探索真理,还事物之本来面目,寻求其发展演变的规律。当然,怀疑要讲出怀疑的道理,尽管假设暂时得不到事实的验证,但要讲清楚假设的原因与结果、条件与现象之间存在的某种必然性、某种内在联系,假设不是凭空想象。

再谈学术争论。受客观条件和各人学术修养的影响,对于同一个学术问题不同的人可能得出不同的研究结果,这就是学术观点不同,故做学问不可避免地会遇到学术观点不同的情况。一旦发生学术争论,批评他人的错误应有理有据,在批评别人的学术观点包括研究方法的同时,应该阐明自己的学术观点或研究方法的所谓正确性、先进性。学术争论应秉持只谈学术,方有益于学术研究,应持宽容、尊重对方的人格和尊严的态度,避免言语伤人。如果是熟人,要做到学术争论不影响个人之间的友谊。如果只批评别人的不对,又不阐明自己的观点或研究方法,那不是学术争论,那是为批评而批评,无益于其他读者和学术研究;如果再不懂得尊重他人的人格和尊严,则不足与论也。于己,亦然也。本人历来慎写商榷性文章。余之为文,首先列出他人的观点,即学术背景介绍,此乃学术规范所要求,然后正面阐述、论证自己的观点。材料尽量充分,方法力求科学、创新,结论与材料之间须有必然的逻辑联系。至于别人如何看待你的研究成果,应该相信大多数读者的判断能力。

最后谈谈读书做学问与养生。《庄子·养生主》曰:"吾生也有涯,而知也无涯。以有涯随无涯,殆已。"故读书做学问乃至做多大的学问,本人只求尽力而已,不拼命,不虚度光阴,为学术、为社会做出贡献即可。在我那部《金文标准器铭文综合研究》一书后记中业已写道:"做任何事情,都尽心尽力地去做好。这是我一贯的做事原则。"

也不与他人争高下。这一点早在我的《金文标准器铭文综合研究》一书后记中就已写道:"本人无意苦争春,亦不想招来群芳妒,只想做自己认为该做的事而已。"至今依然如此。孟子曰:"君子有三乐,而王天下不与存焉。父母俱存,兄弟无故,一乐也;仰不愧于天,俯不怍于人,二乐也;得天下英才而教育之,三乐也。"(《孟子·尽心上》)本人唯有读书做学问此一乐,足矣。

以上是本人多年来读书做学问以及做人积累的经验,未必成熟,愿与诸君分享。是为之记。

最后,感谢商务印书馆徐从权和徐童两位编辑为本书的出版付出的辛勤劳动。

叶正渤
2018 年 5 月 30 日